Kurt Möller / Siegfried Schiele (Hrsg.)

Gewalt und Rechtsextremismus.
Ideen und Projekte für soziale Arbeit
und politische Bildung

W0067087

Dr. Volker Reinhardt
Wohnpark Kreuz 1
78073 Bad Dürrheim
Tel. 0 77 26 / 92 95 65

Didaktische Reihe der Landeszentrale für politische Bildung Baden-Württemberg

Herausgeber dieses Bandes:

Kurt Möller, Prof. Dr.; geb. 1954; Hochschullehrer an der Fachhochschule für Sozialwesen Esslingen; z.Zt. Leitung zweier Forschungsprojekte zu den Themen „Ungleichheitsideologien und Gewaltakzeptanz bei Mädchen und jungen Frauen im biographischen Verlauf" und „Entstehungs- und Entwicklungsbedingungen rechtsextremer Orientierungen bei 13- bis 15jährigen Jungen und Mädchen". Veröffentlichungen u.a.: „An den Bedürfnissen und Interessen ansetzen!" Zur Grundlagendiskussion in der Jugend- und Erwachsenenbildung, Opladen 1988; Jugend – Staat – Gewalt. Politische Sozialisation von Jugendlichen, Jugendpolitik und politische Bildung, Weinheim und München, 2. Aufl. 1992 (hrsg. mit W. Heitmeyer und H. Sünker); Die Bielefelder Rechtsextremismus-Studie. Erste Langzeituntersuchung zur politischen Sozialisation männlicher Jugendlicher, Weinheim und München, 2. Aufl. 1993 (mit W. Heitmeyer u.a.); Jugendarbeit in rechten Szenen. Ansätze – Erfahrungen – Perspektiven, Bremen 1993 (mit F. J. Krafeld und A. Müller).

Siegfried Schiele, geb. 1939; Direktor der Landeszentrale für politische Bildung Baden-Württemberg; Lehrbeauftragter für Didaktik der politischen Bildung am Institut für Politikwissenschaft der Universität Tübingen; 1970-1974 Fachleiter und Professor am Seminar für Studienreferendare in Tübingen; 1974-1976 Parlamentsrat im Landtag von Baden-Württemberg; seit 1976 Direktor der Landeszentrale. Veröffentlichungen u.a.: Das Konsensproblem in der politischen Bildung (hrsg. mit H. Schneider), Stuttgart 1977; Terrorismus, Sonderheft von »Politik und Unterricht«, Okt. 1980, hrsg. von der Landeszentrale für politische Bildung Baden-Württemberg; Die Familie in der politischen Bildung – Konsens auf dem Prüfstand der Praxis (hrsg. mit H. Schneider), Stuttgart 1980; Politische Bildung im öffentlichen Auftrag (Red.), hrsg. von der Landeszentrale für politische Bildung Baden-Württemberg; Wahlen, Heft 1/1984 von »Politik und Unterricht«, hrsg. von der Landeszentrale für politische Bildung Baden-Württemberg; Konsens und Dissens in der politischen Bildung (hrsg. mit H. Schneider), Stuttgart 1987; Politische Bildung als Begegnung (Hrsg.), Stuttgart 1988; Rationalität und Emotionalität in der politischen Bildung (hrsg. mit H. Schneider), Stuttgart 1991; Verfassungspatriotismus als Ziel politischer Bildung? (hrsg. mit Günter C. Behrmann), Schwalbach/Ts. 1993; Die schwierigen Bürger (hrsg. mit G. Hepp und U. Uffelmann), Schwalbach/Ts. 1994.

Kurt Möller
Siegfried Schiele (Hrsg.)

Gewalt und Rechtsextremismus

Ideen und Projekte für soziale Arbeit
und politische Bildung

Mit Beiträgen von
Sahabettin Atli, Ingrid Braun-Badie-Massud,
Klaus Farin, Jochen Gerstner,
Michael Heinisch, Harald Klingebiel,
Andreas von Hören, Martin Koppold,
Franz Josef Krafeld, Jonas Lanig,
Elke Lutzebäck, Margarete Mehring-Fuchs,
Kurt Möller, Andrea Müller,
Ralf-Erik Posselt, Rolf Richter,
Die Ruhrkanaker, Sigrun Scheve,
Siegfried Schiele, Gundula Sperling,
Hagen Thiel, Bernd Wagner

Redaktion: Siegfried Frech

WOCHENSCHAU VERLAG

Die Deutsche Bibliothek – CIP-Einheitsaufnahme

Gewalt und Rechtsextremismus : Ideen und Projekte für soziale Arbeit und politische Bildung / Kurt Möller ; Siegfried Schiele (Hrsg.). Mit Beitr. von Sahabettin Atli ...
– Schwalbach/Ts. : Wochenschau-Verl., 1996
    (Didaktische Reihe der Landeszentrale für
    politische Bildung Baden-Württemberg)
    ISBN 3-87920-383-0
NE: Möller, Kurt [Hrsg.]; Atli, Sahabettin

© by WOCHENSCHAU Verlag, Schwalbach/Ts.
   1996

Druck: Fuldaer Verlagsanstalt
Gedruckt auf chlorfreiem Papier
Printed in Germany
ISBN 3-87920-383-0

Inhalt

VIII

Vorwort

Die politische Kultur einer jeden Gesellschaft bemißt sich in starkem Maße nach der Art und Weise, wie Gewalt verteilt und gebändigt ist. Demokratien sprechen dem Staat das Gewaltmonopol zu und verwandeln auf diese Weise die Angst vor unkontrollierter Gewalt in den Respekt vor dem Gesetz. Diese „innere Pazifizierung" unserer Gesellschaft darf jedoch nicht darüber hinwegtäuschen, daß Gewalt nur begrenzt domestizierbar ist und daß es in modernen Gesellschaften Sphären gibt, in denen Gewalt und Gewalttätigkeit zu verzeichnen sind. Gerade weil die Anwendung von Gewalt durch Verbote und Regeln eingeschränkt und sanktioniert wird, werden wir durch spektakuläre Gewalttaten aufgeschreckt und verunsichert.

Seit den rechtsextremistischen Exzessen entwickelte sich eine intensive öffentliche und akademische Diskussion. Neben bedenklichen Analysen und düsteren Prognosen wurden auch warnende Stimmen laut, die eine ernsthafte Auseinandersetzung mit dem Themenkreis Gewalt und Rechtsextremismus forderten. Wie unterschiedlich ernst man auch die Lage einschätzt, so herrscht zumindest darüber Einigkeit, daß dieser Entwicklung Einhalt zu gebieten ist. Die derzeitige scheinbare Ruhe darf über das immer noch vor vorhandene Gefährdungspotential nicht hinwegtäuschen.

Der Unsicherheit über die Ursachen von Gewalt und Rechtsextremismus entspricht eine gewisse Ratlosigkeit hinsichtlich pädagogischer und politischer Strategien. Neben der Bandbreite an Büchern zur Ursachenbenennung von Gewalt und Rechtsextremismus ist die Anzahl derjenigen Veröffentlichungen, die sich mit schulischen und außerschulischen Gegenstrategien und praktischen Modellen der Bildungsarbeit beschäftigen, vergleichsweise bescheiden.

Die Absicht der vorliegenden Publikation der Landeszentrale für politische Bildung Baden-Württemberg liegt weniger in der Bereicherung der analytischen Diskussion. Vorgestellt werden vielmehr Aktions- und Arbeitsfelder der sozialpädagogischen und politischen Bildung, die sich durch ihren innovativen Gehalt auszeichnen, die

experimentierfreudig sind und ihren Ausgangspunkt „vor Ort" neh-
men: Projekte, in denen konzeptionelle Überlegungen und praktische
Umsetzung stimmig sind und die an der Lebenswelt von gefährdeten
Jugendlichen ansetzen.

Neu ist in diesem Band der didaktischen Reihe auch der unternom-
mene Versuch, Sozialarbeit und politische Bildung auf ihre gemeinsamen Interessen und Kooperationsmöglichkeiten hin abzufragen. Die
einzelnen Beiträge verstehen sich daher auch als Impuls zum Nachdenken über eine engere Vernetzung bzw. Verzahnung von sozialer Arbeit
und politischer Bildung.

Siegfried Schiele
Direktor der Landeszentrale für politische Bildung
Baden-Württemberg

Kurt Möller / Siegried Schiele

Zur Einführung

Gewalt und Rechtsextremismus – an Erörterungen der Problematik herrscht gegenwärtig in Politik, Medien, Wissenschaft und Öffentlichkeit kein Mangel. Insbesondere Anschläge wie die in Hoyerswerda, Rostock-Lichtenhagen, Mölln und Solingen haben mittlerweile breit ausgefächerte Themenzuwendungen bewirkt. In Bildungsveranstaltungen unterschiedlicher Art, Meldungen und Kommentaren von Rundfunk und Presse, ja selbst in Fernseh-Unterhaltungsprogrammen werden ausgedehnte Phänomenbeschreibungen, analytische Ursachenerkundungen sowie mehr oder minder pointierte und/oder hilflose Ab- und Einschätzungen über geeignete gesellschaftliche Gegensteuerungen unternommen. Da werden Hearings und Talk-Shows veranstaltet, Experten und Expertinnen präsentiert, jeweils neue Untersuchungen und Bücher auf den Markt geworfen und die letzten Nischen einschlägig belasteter Jugendkulturen ans Licht gezerrt. Reaktionen reichen von pflichtschuldigster Empörungs- und Ekelbezeugung über Formen des symbolischen Protestes (z.B. Lichterketten) und eindringliche Warnungen vor einem Rückfall in die Barbarei bis hin zu moralischen Appellen zu mehr Fremdenfreundlichkeit sowie Vorschlägen für erzieherische und juristische Maßnahmen. Folgerichtig kann nicht ausbleiben, daß auch soziale Arbeit und politische Bildung sich in Zugzwang sehen. Auf Tagungen und Kongressen, in Seminaren und Kursen, in Papieren und Konzepten, aber auch mittels erster Praxisprojekte werden Erkenntnisse, Erfahrungen und Bewertungen zusammengetragen, gesichtet, verworfen oder weiterentwickelt. Das Thema erlebt eine Hochkonjunktur. Schließlich hat es sich selbst mit allem Nachdruck auf die Tagesordnung gesetzt.

Wenn also zweifelsfrei öffentliche wie fachöffentliche Aufmerksamkeit gegeben ist, wenn Diskussions-Wirbel entfacht, Informationsbedarf augenscheinlich weitgehend befriedigt, Lösungsinteresse bekundet und Praxisumsetzung angesteuert wird, was soll dann ein Buch, das sich erneut dem Thema zuwendet? Muß es nicht unweigerlich bereits Bekanntes zum x-ten Male umschlagen? Worin liegt die spezifische Sichtweise des vorliegenden Sammelbandes? Welche Stränge der Debatte werden mit ihm aufgegriffen und akzentuiert, und welche Lücken von Diskussions-Landschaft und Publikations-Szenerie will er abdecken?

Mindestens fünf Anmerkungen mögen die hier verfolgten Schwerpunktsetzungen erläutern:

Zum ersten entspricht die bisher vorhandene Breite und Intensität (sozial-) pädagogischer Zuwendung zur Problematik von Gewalt und Rechtsextremismus keineswegs bruchlos der jeweiligen realen Gefährdungslage. Durch die überraschende Wahl eines DVU-Abgeordneten in die Bremer Bürgerschaft im September 1987 erst ganz allmählich in Gang gebracht und unter Hinweis auf anschließende REP-Wahlerfolge fortgesetzt, erhielt die Diskussion erst durch die Vorkommnisse von Hoyerswerda jene Schübe, die ihre schlagartige Hausse einleiteten bzw. sicherten. Vor den genannten Ereignissen fanden Warnungen vor einer Gefahr von rechts keinen starken Widerhall. Obwohl ernstzunehmende Jugendstudien schon seit Mitte der achtziger Jahre das Anschwellen einer Welle rechter Ideologie registrierten und publizierten, begegnete man ihnen anfänglich in weiten Teilen von sozialer Arbeit und Pädagogik eher mit Beschwichtigung. Bestenfalls sah man sich gezwungen, im kleinen Kreis entsprechende Vorkommnisse eher hinter vorgehaltener Hand zu besprechen. Insbesondere Schulleiter fürchteten um den Ruf ihrer Schule, würden sie mit offen zu Tage getretener Fremdenfeindlichkeit von Schülern und Schülerinnen oder auch nur schwelender Problematik an die Öffentlichkeit treten. Im Bereich von Jugendarbeit setzte man vorzugsweise zunächst auf die stille Ausgrenzung auffällig gewordener Jugendlicher. Sie wurde in dem Maße mit der außenwirksamen Deklaration „nazifreier Zonen" in der Jugendarbeit verbunden, wie die Öffentlichkeit – vor allem durch Jungwähleranalysen aufgeschreckt – die Existenz von rechtsorientierten Jugendlichen nach und nach zur Kenntnis nahm und nach Abhilfe rief. Dabei koppelte sich das fachöffentliche Interesse größtenteils noch sehr deutlich an Berichte von Wahlerfolgen rechter und rechtsextremer Parteien wie DVU, NPD und „Republikaner" an und unterlag mithin leider auch deren temporalen Schwankungen. Für manch eine(n) zeitigten dabei die Meldungen über die Stabilisierung rechter Wahlerfolge anscheinend eher Gewöhnungs- als Skandalisierungseffekte und bewirkten nur noch erneute Stimmenzuwächse des rechten Lagers. Eine durchgängige Beschäftigung mit dem Thema wurde dadurch nicht eben befördert. Die schon vor „Hoyerswerda" statistisch deutlich angewachsene, danach aber explosionsartig zunehmende Zahl von fremdenfeindlichen Gewaltexzessen und sonstigen ähnlich gelagerten Straftaten ließ freilich bald jeden Beschwichtigungs- und Ausweichversuch absurd

erscheinen. Gewalt und Rechtsextremismus stiegen nunmehr unweigerlich auch in der Breite der Arbeitsfelder zum offen diskutierten heißen
Eisen der Pädagogik auf. Nachdem im Jahre 1994 die ganz spektakulären Gewalttaten ausblieben, die Zahl fremdenfeindlicher Taten zurück-
ging und auch die Ereignisse des Himmelfahrtstages in Magdeburg
nicht den Aufmerksamkeitswert von „Solingen" erreichten oder gar
übertrafen, scheint sich zunehmend die Vorstellung zu verbreiten, das
Problem sei im Griff, seine Brisanz am Abflauen. Jedenfalls registrieren
nicht wenige Veranstalter der Fort- und Weiterbildung nachlassendes
Interesse, womöglich gar einen gewissen Überdruß am Thema, vielleicht
ein Überfüttertsein mit entsprechenden Angeboten.

Dieses Buch verhält sich in diesem Sinne bewußt antizyklisch. Nicht
indem es die naive Absicht verfolgt, in die Köpfe seiner Leser und
Leserinnen nun doch noch notwendigerweise das hineinzubläuen, dem
sie sich anderenorts eher entziehen würden. Es insistiert vielmehr
darauf, daß - trotz gegenteiligen Augenscheins - die hinter der sich aus-
breitenden gesellschaftlichen Gewalt steckenden Problemlagen weiter
zur Bearbeitung anstehen und ihre Folgen keineswegs ausgestanden
sind. Es zieht damit die Lehren aus einer zu engen Verkoppelung von
themenzentrierter Medien- und Pädagogik-Konjunktur, die letztlich
auch zu dem vielfach mit Recht beklagten „Den-Problemen-Hinterher-
hecheln" der sozialen und pädagogischen Arbeit führt. Demgegenüber
gilt es, langfristig statt anlaßzentriert aus eigenen analytischen Bemühungen und eigenen konzeptionellen Vorstellungen der Disziplin
heraus offensiv die gestalterischen statt bloß reaktiven und reaktionisti-
schen Perspektiven pädagogischer Arbeit zur Geltung zu bringen. Denn
die Bekämpfung von Gewalt und Rechtsextremismus kann auf Dauer
nicht aus einem „Anti" heraus erfolgen. Wer nicht nur gegen die per-
sonifizierten Symptomträger zu Felde ziehen will, sondern eingesehen
hat, wie wichtig es ist, soziale und pädagogische Arbeit mit ihnen zu
machen, muß nach neuartigen Befriedigungsformen für jene Bedürfnisse Ausschau halten, die dem problematischen Denken und Verhalten
Antrieb geben, ohne selbst deshalb schon demokratiezersetzend sein zu
müssen. Beispiele dafür, wie dies in jeweils unterschiedlicher Anlage
geschehen könnte, stellen die in diesem Buch gesammelten Projektbeschreibungen dar.

Zum zweiten scheint gegenwärtig eine gewisse Theoriemüdigkeit die
Diskussion um politische und erzieherische Gegenstrategien zu Gewalt
und Extremismus zu belasten. Die gängigen Erklärungskonzepte unter
Stichworten wie beispielsweise „Individualisierung", „Pluralisierung",
„Modernisierung" und „Desintegration", aber auch „Dominanzkultur"

und „Wohlstandschauvinismus" haben inzwischen einen Bekanntheitsgrad erreicht, der sie teilweise schon der Alltagssprache einverleibt hat. Wenn dabei freilich auch wesentliche Aussagebestandteile der hinter solchen Schlagworten stehenden Theoriebezüge ignoriert, negiert, vernachlässigt, modifiziert oder verzerrt werden, so beeinträchtigt dies noch längst nicht in jedem Fall das subjektive Gefühl, sich als recht gut informiert zu empfinden. Hinzu kommt, daß der Handlungsdruck innerhalb der Praxis größtenteils derart hoch ist, daß die Akribie akademisch geprägter Ursachenanalysen oft nahezu lächerlich, weil abgehoben und realitätsblind, erscheint. Man registriert dann ein erhebliches Mißverhältnis zwischen dem Wust und – bestenfalls – der Differenzierungswut theoretisch-analytischer Überlegungen und der Kargheit von entsprechenden Umsetzungsphantasien, insbesondere der geringen Anzahl nachweisbar effektiver und womöglich gar wegweisender Praxisvorschläge und -beispiele. Dieses Buch setzt in erster Linie auf die Überzeugungsstärke und Illustrationskraft von Praxis. Ihr soll Gelegenheit gegeben werden, unter Beweis zu stellen, daß die Mühe gewalt- und extremismusbekämpfender Arbeit sich lohnt und Erfolge möglich sind.

Zum dritten erhebt die Publikation den Anspruch, nicht irgendwelche Beispiele gewaltbekämpfender bzw. -verhindernder Arbeit dokumentieren zu wollen. Die Beiträge unterlagen einer sorgfältigen Auswahl. Dabei waren nicht die Etabliertheit des jeweiligen Projekts oder seines Trägers, seine bisherige Lebensdauer, seine explizit gemachte Unterfütterung mit Theorie, sein Bezug zu renommierten Forschungsprojekten, seine literaturgespickte Darstellung, die stilistisch ausgefeilte Präsentation entscheidende Selektionskriterien, sondern allein sein Innovationsgehalt, sein Experimentiermut und die versuchte Stringenz, mit der wahrgenommene Ausgangspunkte vor Ort, konzeptionelle Überlegungen und praktische Umsetzungen miteinander verbunden werden. In der Gesamtschau erweist sich, daß solche Kriterien häufig gerade solche Ansätze erfüllen, die kleinrahmig vorgehen, gleichsam „von unten" gewachsen statt „von oben" verordnet sind, jedenfalls keinen großen „Sozialkonzern" im Rücken haben und sich teilweise (noch immer) als Selbsthilfe verstehen. Auch wenn seit einigen Jahren der traditionelle Antifaschismus seinen Alleinvertretungsanspruch zur Bekämpfung rechtsextremer Tendenzen verloren hat und neue Initiativen an Zulauf gewonnen haben, so ist doch das Verhaftetsein in herkömmlichen Denkweisen und Formen politischer Aufklärung noch groß. Demgegenüber zeigt sich schon seit langem, daß eine verkopfte historische Bildung allein gerade bei Jugendlichen ziemlich ineffektiv

4

ist. Die von der Neuen Rechten aufgegriffenen Problemlagen sind qualitativ neuartig gegenüber denen des historischen Faschismus der 30er und 40er Jahre. Die Gleichung: Ausbau der Unterrichtung über die Greuel des Nationalsozialismus = Rechtsextremismus-Bekämpfung, Gewaltsensibilisierung und Demokratiestabilisierung geht schon lange nicht mehr auf. Selbst wenn nach wie vor bestehende eklatante Informationsdefizite über die Zeit der nationalsozialistischen Gewaltherrschaft bei jungen Leuten aufgearbeitet wären, sind damit noch längst nicht jene Bedürfnis- und Problemlagen bearbeitet, die sie gegenwärtig mit gewalthaltigem und extremistischem Gehabe zu verarbeiten suchen: das Gefühl politischer Ohnmacht, tiefgreifende (Orientierungs-)Verunsicherungen durch die Schattenseiten der Risikogesellschaft, die Dauerberieselung durch Konsum, Werbung und Medien, die Migrationsschübe rund um den Erdball, um nur einige der „neuen" Konfliktlagen zu nennen.

Die in diesem Band vorgestellten Projekte können beanspruchen, eben solche neuartigen Lebensbedingungen und Gefährdungslagen als Ausgangspunkte einzukalkulieren und ihre Strategien darauf einzustellen. Indem sie von kognitivistischen Verkürzungen Abstand nehmen, beziehen sie die mentalitätsbezogene, stimmungsbewegte, emotionale und körperliche Seite der Gefährdungslage Betroffener ausdrücklich mit ein und versuchen ihr z.B. mittels Beziehungsarbeit, kulturpädagogischer oder lebens- und arbeitsweltbezogener Anteile zu begegnen. Sie bewegen sich tastend in Neuland vor, riskieren den Mißerfolg und müssen ihn stellenweise auch einräumen, aber sie haben das Verdienst, nach Lösungen abseits ausgetretener Pfade zu suchen und dadurch weiterreichende Anstöße zu geben. Daß sie dabei z.T. den Charakter von Werkstattberichten besitzen, ist diesem Umstand geschuldet.

Im vereinigten Deutschland ist es verkürzt, allein West-Modelle auf ihre Tauglichkeit zu prüfen. Gerade auch in Ostdeutschland existieren – teils nicht erst seit dem Beitritt der Ex-DDR und nicht allein im Rahmen des von der Bundesregierung für die fünf neuen Länder seit 1992 aufgelegten Aktionsprogramms gegen Aggression und Gewalt (AgAG) – eine Reihe von bemerkenswerten Herangehensweisen. Die in diesem Band vorgestellten zwei Beispiele von jeweils recht unterschiedlicher Geschichte und Kontur wurden auch ausgewählt, weil ihre Transferierbarkeit auf West-Verhältnisse gegeben erscheint.

Zum vierten will der Band deutlich machen, daß Gewalt und Rechtsextremismus keine reinen Erziehungs- und/oder Jugendprobleme sind und folglich gesellschaftlich auch nicht allein über pädagogische Arbeit mit Jugendlichen angegangen werden können. Diese Aussage gilt sowohl in bezug auf das Arbeitsfeld als auch in Hinsicht auf die Zielgruppe. Zum einen stellen die Beiträge in ihrer Gesamtheit klar, daß politisch konturierte Probleme, wie es (fremdenfeindliche) Gewalt und Rechtsextremismus sind, politisch induzierte Ursachen haben und insofern auch politisch zu bearbeiten sind. Pädagogik kann hier nicht Ausfallbürge spielen. Ihrem Selbstverständnis ist es zuwider, sich zu politischen Zwecken funktionalisiert zu erfahren. Im Gegenteil: Sie kann nicht umhin, Weichenstellungen im politischen Raum einzufordern; primär solche Weichenstellungen, die die Lebensbedingungen des (potentiellen) Klientels betreffen, aber auch solche, die die eigene Arbeit absichern. Zum anderen unterstreicht die Projektesammlung die Notwendigkeit pädagogischen (Re-)Agierens in der vollen Breite und Vielfalt ihrer Arbeitsfelder. Nicht allein Schule und Jugendarbeit, sehr wohl auch die Erwachsenenbildung ist gefordert. Die rechten Wahlerfolge, die ja nun einmal durch das Votum der 18jährigen und Älteren zustandekommen, der mal offene und mal stillschweigende Beifall für Krawallaktionen Jugendlicher (nicht allein in Hoyerswerda und Rostock-Lichtenhagen) sowie die nachweislich gerade unter Älteren verbreiteten unverhohlenen Rufe nach strafferen politischen Führungsfiguren, einer härteren Hand und rabiaterer staatlicher Repression verweisen geradewegs auf die Verantwortung von Erwachsenen. Als professionelle und familiäre Erzieher und Erzieherinnen stellen sie daneben mittelbar, aber einflußreich wichtige Faktoren im Ursachengeflecht der Problematik dar. Deshalb kann sich Erwachsenenbildung unmöglich darauf beschränken, in vornehmer Zurückhaltung und geflissentlicher Selbstausblendung die sogenannte „Jugendgewalt" in Kursreihen und Vortragsveranstaltungen zu thematisieren und auf die Sensibilisierung ihres eigenen Klientel für deren Anteile am Problem zu verzichten.

Last but not least verfolgt dieses Buch zum fünften auf unterschiedlichen Ebenen und in ausgewählten Beispielen den Gedanken einer Stärkung der Kooperation von sozialer (einschließlich sozialpädagogischer) Arbeit und politischer Bildung. Die bisher noch weithin geltenden Grenzziehungen und gegenseitigen Abschottungen der Arbeitsfelder lassen sich nicht sinnvoll weiter aufrechterhalten. So hat man es gerade innerhalb der rechten Jugend-Szene – je härter sie sich gibt, um so deutlicher – größtenteils mit einer Klientel zu tun, wie sie für die soziale Arbeit typisch ist: subjektiv und objektiv oft hochgradig problembelastete, persönlich äußerst konfliktbehaftete Individuen und Gruppen, denen materiell und vor allem beziehungsmäßig grundlegende Ressourcen für Lebens-Sicherheiten schwinden oder bereits verloren sind. Andererseits äußern sich bei ihnen daraus folgende Lebensschwierigkeiten durch manifesten, manchmal aber auch nur latent vorhandenen politisch artikulierten Protest, sind sie also im Vergleich mit der „Kundschaft" anderer Arbeitsgebiete sozialer Arbeit eher atypisch. Politische Bildung wiederum wendet sich entweder als schulische Veranstaltung an ein unter sozialen, kulturellen und politischen Aspekten durchschnittlich zusammengesetztes Publikum oder hat meistens faktisch, wenn auch selten intentional, eher die politisch besonders Motivierten, Interessierten und Aktiven als Teilnehmer und Teilnehmerinnen für ihre Veranstaltungen im Visier. Schon durch die Art ihrer Angebote setzt sie auf verbale Artikulationsfähigkeit, verbindliche Einhaltung von und Anmeldung für Termine(n), kognitive Argumentationsmuster und eine intellektuell geprägte Streitkultur. Selbst wenn und wo sie schon lange nicht mehr staatsbürgerliche Bildung im Sinne der fünfziger und frühen sechziger Jahre betreibt, politische Bildung auch immer als Persönlichkeitsbildung versteht und an den politischen Gehalten des Alltags der Teilnehmenden anzusetzen verspricht, sind ihr die weniger strukturierten, vergleichsweise beziehungsintensiveren und „ganzheitlicheren" Ansatzpunkte, Methoden und Verfahren der sozialen Arbeit eher fremd. Beiden Arbeitsfeldern, sozialer Arbeit und politischer Bildung, wird durch die Rechtsextremismus- und Gewalt-Problematik die Frage nach dem Stellenwert des Politischen, aber auch nach der Bedeutung des Sozialen in ihrer jeweiligen Praxis neu aufgenötigt, mehr noch: die Frage ihrer Kooperation steht an. Der vorliegende Band versteht sich deshalb auch als Beitrag zum Nachdenken über eine engere Vernetzung der beiden Gebiete. Es ist deshalb auch mehr als ein Zufall, wenn der Leiter einer Landeszentrale für politische Bildung und ein Hochschullehrer für Sozialpädagogik diesen Band gemeinsam herausgeben.

Zu den Beiträgen im einzelnen:

Die beiden ersten Artikel haben die Funktion, einen theoriegeleiteten Rahmen für das bessere Verständnis, den jeweiligen Stellenwert und die Einordnung der folgenden Praxisbeispiele zu zimmern.

Der einführende Aufsatz von *Kurt Möller* bereitet die analytischen Grundlagen sozialarbeiterischer und pädagogischer Projekte der „neuen" Extremismus- und Gewaltbekämpfung auf. Er faßt den aktuellen Stand der sozialwissenschaftlichen Diskussion über die Ursachen und die wesentlichen Spezifika der Problematik zusammen und leitet daraus einige wichtige Grundzüge politisch-pädagogischer Schlußfolgerungen ab.

Siegfried Schiele begründet aus der Sicht des politischen Bildners die Funktion der politischen Bildung bei der Bekämpfung und Verhinderung von Fremdenfeindlichkeit und extremistischer Gewalt. Unter Hinweis auf die offensichtlichen Grenzen des traditionellen Selbstverständnisses von politischer Bildung plädiert er leidenschaftlich für eine Vernetzung mit Feldern sozialer Arbeit.

Der Beitrag von *Bernd Wagner* und *Rolf Richter* über die dreijährigen Erfahrungen mit der Berlin-Brandenburger Geschichtswerkstatt knüpft insofern an traditionellen Vorstellungen der Rechtsextremismus-Bekämpfung an, als er die historische Aufklärung von Jugendlichen in den Mittelpunkt des Interesses rückt. Einerseits stößt er damit in offensichtliche Wissenslücken, die der „verordnete Antifaschismus" der DDR bei Jugendlichen in Ostdeutschland übriggelassen hat, andererseits zielt er im Rahmen eines Projektverbunds mit Straßensozialarbeit auf Zielgruppen ab, die an der Schwelle zu rechtsextremer Organisierung stehen, mithin ein einschlägiges politisches Interesse hegen und daher relativ leicht für historische Bildung erreichbar sind.

Jonas Lanigs Vorschläge für Gewalt- und Extremismus-Bekämpfung im Arbeitsfeld Schule gehen weit über eine derartige Zuspitzung hinaus. Sie bieten eine Fundgrube relativ leicht umsetzbarer Ideen für die Praxis des Schulalltags – auch gerade außerhalb des Geschichts- oder Sozialkunde-Unterrichts.

Der Artikel von *Elke Lutzebäck* und *Franz Josef Krafeld* stellt die Entstehungsgeschichte, den Praxishintergrund und die grundlegenden Handlungsansätze jenes Jugendarbeits-Konzeptes dar, das gegenwärtig wohl am akzentuiertesten die Diskussion um die pädagogische Arbeit mit rechtsextrem orientierten Jugendlichen bestimmt: die sogenannte „akzeptierende Jugendarbeit".

Anschließend skizziert *Andrea Müller*, wie auf dem Hintergrund und im Verbund mit Projekten dieses Ansatzes im Rahmen von durchaus experimenteller politischer Jugendbildungsarbeit auch kulturpädagogische (hier auf Musik und Video bezogene) Projekte mit „rechten" Jugendlichen unter Anknüpfung an das bei ihnen repräsentierte „kulturelle Kapital" denk- und realisierbar sind.

Das von *Klaus Farin* im Anschluß daran gezeichnete Bild von der Subkultur der Skinheads räumt unter Bezugnahme auf eigene gründliche Recherchen mit manchen öffentlich verbreiteten Vorurteilen gegenüber der Rechtslastigkeit dieser Szene auf und plädiert aus der Sicht des Journalisten für mehr Gelassenheit in Bewertung und Umgang sowie für ein Vertrauen auf die Stärkung der Selbstheilungskräfte der Gesamt-Szene auch im Hinblick auf ihre recht(sextrem)en Segmente.

Auf die gewaltpräventive Wirkung des aktiven Einsatzes der Videokamera hebt der Arbeitsbericht von *Andreas von Hören* ab. Er propagiert ein produktorientiertes statt ausschließlich prozeßorientiertes Vorgehen, innerhalb dessen erwachsene Fachleute als Anleiter eher katalysatorische als pädagogisierende Rollen einnehmen und eine ihrer primären Aufgaben darin verorten, über die Publikation der erstellten Filme ihren jugendlichen Produzentinnen und Produzenten neue Zugänge zur Veröffentlichung ihrer Anliegen und Probleme zu eröffnen.

Eine ebenfalls medien- und kulturpädagogische Annäherung stellt das Freiburger Theaterprojekt „Sehnsucht" dar, über dessen Ausgangspunkt, konzeptionelle Einbindung in „akzeptierende Jugendarbeit", Verlauf und Perspektiven *Ingrid Braun-Badie-Massud, Jochen Gerstner* und *Margarete Mehring-Fuchs* informieren. Sie stellen dabei heraus, daß gerade über die längerfristige Zusammenarbeit „rechter", politisch neutraler, und „linker" deutscher wie ausländischer Jugendlicher an einem Produkt, dessen Erstellung eher alltagsfremde Darstellungsweisen der eigenen Person erfordert und ermöglicht, auf Dauer neue Motive für Toleranz und gegenseitige Akzeptanz aufgebaut werden können.

Einen reisepädagogischen Ansatz verfolgt der von *Sahabettin Atli* beschriebene Versuch, über eine gemeinsame Begegnungsreise von „rechten" ostdeutschen Jugendlichen aus Hoyerswerda und türkischen jungen Leuten aus Kiel in die Türkei ethnisch geprägte Konflikte und Vorbehalte untereinander abzubauen.

Michael Heinisch und *Hagen Thiel* geben einen Abriß über ihre Arbeit mit rechtsextrem orientierten – von ihnen lieber schlicht weniger stigmatisierend als „schwierig und gefährdet" bezeichneten – Jugendlichen im Ostteil Berlins. Die noch zu DDR-Zeiten gegen vielfältige Widerstände in einer Nische der evangelischen Kirche betriebene Sozialarbeit mit dieser Klientel hat sich inzwischen zu einem breit angelegten Ansatz lebensweltorientierter Jugendarbeit ausgeweitet, innerhalb derer das Angebot von Wohn- und Arbeitsmöglichkeiten eine herausgehobene Rolle spielt.

Mit einer Gruppierung, der Gewalt und recht(sextrem)e Neigungen in besonders hohem Maße zugeschrieben wird, jugendlichen Fußball-Fans, arbeiten die Fan-Projekte. *Harald Klingebiel* vom Fan-Projekt von Werder Bremen gibt in seinem Text Idee und Verlauf eines Projektes wieder, das über einen Kooperationsbezug von fußballorientierter Jugendsozialarbeit und Kulturpädagogik eine politische Einmischung der Fans mit dem Ziel einer DFB- und UEFA-Richtlinien gegenläufigen gewaltreduzierenden Stadiongestaltung unterstützt.

Ralf-Erik Posselt vermittelt mit seinem Beitrag einen auszugsweisen

Einblick in Grundüberlegungen und Aktivitäten der Initiative „Courage", einer Initiative, die sehr weitgehend innerhalb und im Umfeld der Jugendarbeit entstand, sich aber nicht als sozialarbeiterische Einrichtung, sondern als Sammelbecken antirassistisch denkender Menschen überhaupt versteht und über konkrete Aktionen Wege zu einer gewaltfreien multikulturellen Gesellschaft zu ebnen versucht.

Anknüpfend an holländische Vorbilder von Antidiskriminierungszentren sind mittlerweile auch in Deutschland ähnliche Einrichtungen dabei, sich zu gründen. Die Arbeit des seit 1994 bestehenden Anti-Rassismus-Informations-Centrums (ARIC) von NRW stellt *Sigrun Scheve* vor. Sie macht deutlich, daß neben i.e.S. pädagogischer Arbeit auch neue politische Weichenstellungen für eine Bekämpfung von Fremdenfeindlichkeit unabdingbar sind.

Die Überlegung, daß Gewaltverzicht zu erreichen, nicht nur Ziel von Jugendlichen und Jugendarbeit sein muß, sondern sich im Rahmen einer gesamtgesellschaftlichen Aufgabe auch für diejenigen stellt, die Gewaltauswüchsen explizit zu begegnen versuchen oder die zufällig in Gewaltsituationen hineingeraten, ist Ausgangspunkt des von *Martin Koppold* vorgestellten Ansatzes. Er beschreibt, wie mit den aus Erfahrungen der Friedensbewegung abgeleiteten Trainings mehr Gewaltfreiheit, mindestens aber Deeskalation erreicht werden kann.

Auch das bezeichnenderweise bei einer Einrichtung der Erwachsenenbildung, dem Landesverband der Volkshochschulen Niedersachsens, angesiedelte Bus-Projekt „friendship" reflektiert die Anfälligkeit jugendlicher wie erwachsener Bevölkerungsgruppen für Xenophobie und Fremdenfeindlichkeit. *Gundula Sperling* faßt Ansatzpunkte und erste Erfahrungen mobiler interkultureller Arbeit zusammen.

Keinen in sich geschlossenen Beitrag, aber kleine Einblicke in ebenso wichtige wie spannende Aktivitäten liefern die *„Ruhrkanaker"*, eine multikulturelle Kinderclique aus dem Ruhrgebiet mit Illustrationen aus ihrem Bilderbuch „Was ist nur los in Feuerland?" sowie mit Hinweisen auf ihre anderen Aktivitäten und ihr Selbstverständnis.

Den einzelnen Projekten ist durchweg an Rückmeldungen interessierter Leser und Leserinnen gelegen. Die Kontaktaufnahme und der direkte Austausch soll durch die Kontaktadressen erleichtert werden, die zum Teil im Autorenverzeichnis ausgewiesen sind.

Die Beiträge dieses Bandes gehen im wesentlichen auf eine Tagung zurück, die die Hochschule für Sozialwesen Esslingen gemeinsam mit der Landeszentrale für politische Bildung Baden-Württemberg im Juni 1994 in Esslingen als Ideenwerkstatt für die Praxis sozialer Arbeit und politischer Bildung im Rahmen ihres Hochschultages veranstaltete. Zusätzlich wurden Beiträge von Projekten aufgenommen, die aus organisatorischen oder terminlichen Gründen damals nicht präsentiert werden konnten, deren Wahrnehmung und Diskussion aber nicht minder interessant erscheint. Allen Autorinnen und Autoren sei herzlich für die Mühe ihrer Projektdarstellung gedankt, besonders jenen, für die als Praktiker und Praktikerinnen das Abfassen schriftlicher Konzepte nicht eben zur Alltagsarbeit gehört. Ein weiterer Dank gilt Herrn Frech von der Landeszentrale für politische Bildung Baden-Württemberg für seine Unterstützung beim mühevollen Redigieren der Texte sowie der studentischen Vorbereitungsgruppe der diesem Band zugrundeliegenden Tagung.

B. Theorierahmen

Kurt Möller

Gewalt und Rechtsextremismus

Konturen – Erklärungsansätze – Grundlinien politisch-pädagogischer Konsequenzen

Keine Frage: Gewalt und Rechtsextremismus gehören seit Ende der 80er und Anfang der 90er Jahre zu den auffälligsten und dominierendsten gesellschaftlichen Konfliktlagen in Deutschland. Entsprechend breit und vehement werden in der letzten Zeit einschlägige Orientierungsbestände und Vorkommnisse diskutiert, Vermutungen über ihre Ursachen angestellt und zu ziehende Konsequenzen formuliert. Dabei erfolgt die thematische Auseinandersetzung zumeist im Rahmen der Debatte über eine angeblich ausufernde sogenannte „Jugendgewalt".

Aber werden die Erscheinungsweisen damit tatsächlich richtig eingeordnet? Nehmen die Delikte tatsächlich auf breiter Front quantitativ zu, wie es die gebräuchliche Formel von der „zunehmenden Gewaltbereitschaft (Jugendlicher)" unterstellt? Werden sie qualitativ brutaler ausgeführt? Hat es nicht schon früher in ähnlicher Weise Gewalt, gerade unter Jugendlichen, gegeben, und stellt der grassierende Rechtsextremismus nicht einen Bodensatz an un- und antidemokratischen Umtrieben dar, der schon lange vor rechten Stimmenzuwächsen bei Wahlen und vor den Ereignissen von Hoyerswerda vorhanden war?

Und woher kommt die Gewalt, woher die Hochkonjunktur des Rechtsextremismus der letzten Jahre? Rühren sie aus den historischen Wurzeln des Nationalsozialismus? Vielleicht aus einem allgemeinen Werte-Verfall? Aus dem Vorlagen-Charakter problematisch zu bewertender Mediendarstellungen? Aus einer zunehmenden Spaltung der Gesellschaft in soziale Sicherheits- und Unsicherheitssektoren womöglich? Oder eher aus sozialer Desintegration breiter Bevölkerungskreise?

Gar aus der Selbstverständlichkeit, mit der die Angehörigen der weiß-westlichen Dominanzkultur ihre Wohlstands-Privilegien gegenüber ImmigrantInnen und BezieherInnen sozialer Unterstützungsleistungen glauben verteidigen zu müssen? Eher von den Rändern oder aus der Mitte der Gesellschaft?

Vor allem aber: Was tun, wenn in Presse und Rundfunk sich Meldungen über Gewalttätigkeiten häufen, wenn Fremdenfeindlichkeit (wieder) offen gezeigt und gar propagiert wird, wenn brutale Schläger AusländerInnen und andere Minderheiten „aufklatschen", Parteien und Organisationen der extremen Rechten Zulauf und Wahlerfolge verbuchen können, Asylbewerberheime und Wohnungen von Menschen nicht-deutscher Nationalität angezündet werden? Demonstrieren? Rechtliche Verschärfungen gegenüber Gewalttätern und rechten Haßgruppierungen und Propagandaführern? Asyl und Einwanderung erschweren oder gar unterbinden? Oder umgekehrt: Integration und Einbürgerung erleichtern? Mehr Polizei? Soziale und pädagogische Arbeit ausbauen und/oder wieder mehr Gewicht auf Werte-Erziehung legen?

Um Antworten näherzukommen, bemühen wir uns zunächst um einen knappen deskriptiven Überblick über die Phänomene, prüfen dann auf diesem Hintergrund die wichtigsten Erklärungsansätze und ziehen abschließend einige zentrale Schlußfolgerungen für den politisch-pädagogischen Umgang mit dem Problem.

Gewalt – quantitative und qualitative Konturen

Eine hier nicht im einzelnen auszubreitende Zusammenschau empirischer Forschungsergebnisse zu allgemeinen Gewaltproblemen ergibt:

Die Frage, ob ein genereller Gewaltanstieg in Deutschland zu verzeichnen ist, läßt sich allein schon aus methodischen Gründen so pauschal nicht beantworten. Insbesondere fehlen verläßliche Zeitreihen. Außerdem differieren die einzelnen Untersuchungen zugrundeliegenden Gewaltdefinitionen, Operationalisierungen und Erfassungswege. Auch der Stellenwert von Erkenntnissen über bloße Gewaltbefürwortungen bzw. Gewaltbereitschaften im Vergleich zu nachgewiesenen oder eingestandenen Gewalttätigkeiten ist strittig.

Dennoch verdichten sich – vorsichtig zu interpretierende – Hinweise auf Gewaltzuwächse in bestimmten Bereichen über die letzten Jahre hinweg.

Während die Zahl der schweren Tötungs- und Vergewaltigungsdelikte sowie der schweren und gefährlichen Körperverletzung stagniert oder sogar zurückgeht, scheint die Gewalt im Alltag von Herrn und Frau Jedermann anzuwachsen: Neben Diebstahl und Wohnungseinbrüchen, Delikte, die von der Polizei nicht als Gewaltkriminalität erfaßt werden, nehmen leichte vorsätzliche Körperverletzungen, Straßenkriminalität und vor allem Raub zu (vgl. die Polizeilichen Kriminalstatistiken (PKS) der letzten Jahre). Nach Längsschnittuntersuchungen bei Schülern und Schülerinnen gilt dies darüber hinaus aber auch für Erpressung und andere gewalthaltige Auseinandersetzungen unter Jugendlichen, die im Dunkelfeld der polizeilichen Statistiken bleiben:

Entwicklung der Häufigkeit von Gewalthandlungen Jugendlicher

	1986	1988	1990	1994	Sign.<
7. Schuljahr					
Sachbeschädigung	12,3	11,3	–	17,4	.001
Körperverletzung	28,1	29,9	–	35,7	.001
Erpressung	2,2	7,5	–	29,7	.001
Raub/Diebstahl unter ersch. Umständen	19,4	13,2	–	29,7	.001
Mindestens eines der Delikte	41,2	38,2	–	53,4	.001
9. Schuljahr					
Sachbeschädigung	14,4	12,1	13,2	19,6	.001
Körperverletzung	18,0	26,2	29,7	33,3	.001
Erpressung	2,2	10,7	12,7	20,7	.001
Raub/Diebstahl unter ersch. Umständen	16,1	15,2	16,3	26,5	.001
Mindestens eines der Delikte	32,4	36,0	40,2	52,8	.001

Prozentualer Anteil von Jugendlichen, die angeben, entsprechende Handlungen im Zeitraum des letzten Jahres mindestens einmal ausgeführt zu haben. (Für 1990 liegen für die 7. Jahrgangsstufe keine Daten vor.) Quelle: Mansel 1995.

Daß die politische Gewalttätigkeit und -bereitschaft sich seit Ende der achtziger Jahre nach rechts verlagert hat, ist eindeutig. Nähere Betrachtungen zur Struktur der gesamten Täterschaft (zur rechtsgewirkten siehe weiter unten) ergeben vorerst:

Während die Gesamtkriminalität im Osten Deutschlands überdurchschnittlich ist, ist die Belastung mit Gewaltkriminalität dort (noch?) niedriger als im Westen. In beiderlei Hinsicht kann aber wohl eine nach dem Beitritt erfolgte explosionsartige Zunahme unterstellt werden, auch wenn methodisch exakte Zeitvergleiche mit der DDR-Zeit aufgrund ihres anderen Rechtssystems, anderer Strafrechtstatbestände und anderer Verfolgungs- und Erhebungspraktiken nicht möglich sind. Die politische Gewalttätigkeit wie entsprechende Gewaltbereitschaften scheinen in den neuen Ländern merklich stärker vertreten zu sein als in den alten (vgl. z.B. Friedrich u.a. 1991; Förster u.a. 1993; Deutsches Jugendinstitut 1992; IPOS 1992; Schneider/Hoffmann-Lange 1993; Heitmeyer u.a. 1995). Dies gilt ganz besonders deutlich für das politisch rechts geprägte Gewalt-Potential (dazu detaillierter Möller 1993c; vgl. auch weiter unten).

Zumindest soweit die Polizei (noch) nicht eingeschaltet wird, scheint sich unter Gewaltakzeptierenden der Anteil Besserausgebildeter bzw. in höheren Bildungsgängen befindlicher Jugendlicher überdurchschnittlich stark zu vergrößern (vgl. Mansel 1995).

Zwar ist der prozentuale Anteil von Kindern, Jugendlichen und Heranwachsenden an der Gesamtkriminalität innerhalb der letzten zehn Jahre in Deutschland gesunken, allerdings sind die Kriminalitätsbelastungsziffern bei den über 14jährigen rasant nach oben geschnellt. Vornehmlich bei den Raubdelikten schlagen sie zu Buche (vgl. Polizeiliche Kriminalstatistik 1993, 75 und 221). Bei älteren Jugendlichen werden unterhalb der polizeilichen Registrierungsschwelle liegende Gewaltakzeptanzen im allgemeinen weniger registriert. Sie bauen sich – zumindest nach dem von einschlägigen Erhebungen erweckten Anschein – entweder tatsächlich ab (vgl. Behnken u.a. 1991; Utzmann-Krombholz 1994; Mansel 1995) oder verlagern sich von eigenen Gewaltbereitschaften weg in Richtung auf Forderungen nach staatlicher Repression (vgl. Kaase/Neidhardt 1990; Heitmeyer u.a. 1992).

Unter geschlechtsspezifischer Perspektive fällt das (PKS-registrierte) neunfache Überwiegen männlicher Gewalttäter ins Auge. Zusätzlich scheint die Faustregel zu gelten: Je härter das Delikt, um so wahrscheinlicher ist der Täter männlich. Gleichwohl sind bei den AkteurInnen von Gewalthändeln unterhalb der Schwelle polizeilicher Ermittlungsarbeit weitaus größere Anteile von Mädchen und jungen Frauen zu beobachten (Utzmann-Krombholz 1994; Heitmeyer u.a. 1995; vgl. auch Ferstl u.a. 1993; Niebel u.a. 1993; Dettenborn 1993; Harnischmacher 1994). Ihre Steigerungsraten übertreffen die der Jungen und jungen Männer klar, zum Teil erheblich (vgl. Mansel 1995). Vor allem die im Westen lebenden Frauen/Mädchen reduzieren ihren Abstand bezüglich Gewaltakzeptanz zu ihren männlichen Altersgenossen (vgl.

z.B. Melzer 1991; IPOS 1993; Schneider/Hoffmann-Lange 1993; Heitmeyer u.a. 1995).

Ausländerkriminalität hat bei methodenkritischer Betrachtung der einschlägigen offiziellen Erhebungen der Strafverfolgungsbehörden (vgl. z.b. Dörmann/Dreyer 1993) längst nicht jenen Stellenwert, der ihr in einem Teil der Medien und der öffentlichen Diskussion attestiert wird. Dennoch muß dem Kriminalitätszuwachs der oft schlecht integrierten zweiten und dritten Migranten-Generation erhöhte Aufmerksamkeit gezollt werden (vgl. auch Heitmeyer u.a. 1995, 405).

Eine sukzessive Verjüngung der Gewalttäter-Szene im Sinne einer überproportional anwachsenden Belastung des frühen Jugendalters läßt sich nicht zweifelsfrei belegen. Allerdings kann eine qualitative Verschiebung dahingehend vermutet werden, daß ein mehr kalkulierender Einsatz von schädigenden Vorgehensweisen, wie er sich etwa im Zuwachs von Erpressungsversuchen zeigt, auch innerhalb dieser Altersgruppe um sich greift (vgl. Mansel 1995).

Ansonsten lassen sich qualitative Veränderungen im Sinne einer Eskalation des Gewaltniveaus nicht mit hinreichender Exaktheit erkennen. Es gibt jedoch zu denken, daß Raub sich immer stärker zu einem Jugenddelikt entwickelt und jeder sechste bis jeder fünfte Jugendliche bereits Waffen bei sich trägt. Polizei- und Sozialarbeitspraktiker beobachten über den Tellerrand statistischer Erhebungen hinaus einen sukzessiven Verlust an Selbstregulationsmechanismen von Gewalt, gerade unter Jugendlichen. Die Akzeptanz von Unterwerfungsgesten des Unterlegenen, rituelle Einbindungen der Anlässe und Verläufe von Gewaltsamkeiten, moralische Hemmungen der Eskalation und das Einhalten von Ehrenkodizes wie der Verzicht auf Angriffe auf Schwächere, Jüngere oder Frauen verschwinden danach zusehends, während die Rücksichtslosigkeit und die Rohheit der Ausführung zunehmen (vgl z.B. Weschke 1993), letzteres augenscheinlich besonders in Ostdeutschland.

Bei alldem darf aber auch nicht die Verantwortung der Erwachsenengesellschaft für die Gewalt von Jugendlichen aus dem Auge verloren werden; dies zum einen im Hinblick auf die konkrete Zurichtung von Kindern und Jugendlichen als Opfer ihrer Gewalt z.B. durch zweifelhafte Erziehungsmittel in den Familien (vgl. zusammenfassend Wimmer-Puchinger 1995) oder im Falle sexuellen Mißbrauchs (vgl. Baurmann 1991; Kavemann/Lohstöter 1984 sowie zusammenfassend Neubauer 1995), zum anderen als Produzentin eben jener Lebensbedingungen für die junge Generation, die gewalthaltig und -generierend wirken.

Rechtsextremismus –
quantitative und qualitative Konturen

Als besondere Variante politischer Gewaltförmigkeit erlebt Rechtsextremismus Ende der achtziger und Anfang der neunziger Jahre in Deutschland einen rasanten Aufschwung. Dies gilt sowohl für organisatorische Zuwächse (vgl. dazu die Verfassungsschutzberichte der letzten Jahre) und zum Teil eklatante Stimmenzuwächse für die Parteien rechtsaußen bei Wahlen (vor allem in Bremen 1987, in Berlin 1989, bei der Europawahl 1989, in Bayern 1990, in Bremen 1991, in Baden-Württemberg und Schleswig-Holstein 1992, in Hamburg 1993 sowie bei der Europawahl 1994) wie auch für unorganisierte politische Haltungen und Aktionsweisen dieser Couleur. Zentraler thematischer Kristallisationspunkt sind die mit der Migration verbundenen Probleme für Deutschland als Aufnahmegesellschaft, zu deren Lösung Abwehr und Ausgrenzung von Menschen anderer Nationalität propagiert wird.

Im Rahmen der in den letzten 10 Jahren um das 20fache gestiegenen Zahl rechtsextremer Gewalttaten ist eine explosionsartige Zunahme seit 1991 besonders beunruhigend. Erschreckende Zuspitzungen stellen die Eskalationen fremdenfeindlicher Gewalt seit dem Sommer 1991 dar. Sie führten bis heute zu einer Stabilisierung der Zahl entsprechen-

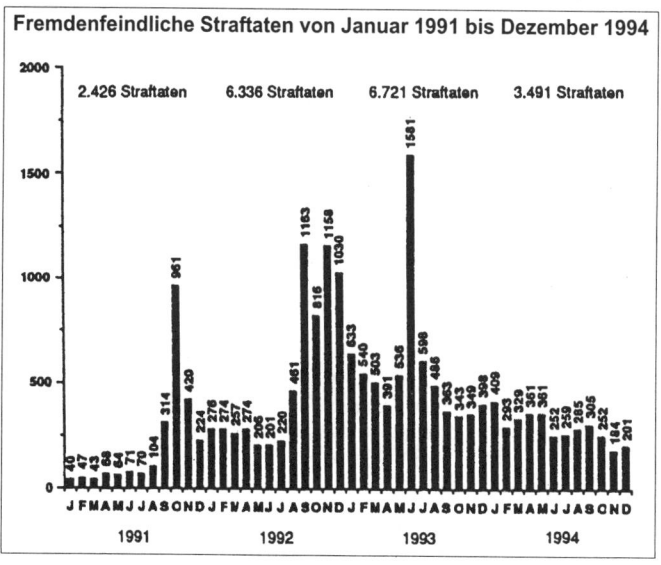

17

der Straftaten auf einem gegenüber früher um ein Vielfaches erhöhten Niveau. In diesem Bereich lassen sich also Gewaltzuwächse mit Sicherheit konstatieren (siehe Tabelle: Fremdenfeindliche Straftaten 1991 bis 1994). Bedrohungsdelikte eingerechnet sind ca. 40% bis 50% dieser Straftaten als Gewalttaten einzustufen. Der Rest besteht im wesentlichen aus Propagandadelikten. Letztere haben im Gegensatz zu den Gewalttaten seit dem Jahre 1993 noch zugenommen, woraus sich eine ideologische Verfestigung der Szene ablesen läßt.

Ein Vergleich des Ostens und des Westens der neuen Republik ergibt auf die jeweilige Einwohnerzahl bezogen nach BKA-Erkenntnissen eine etwas stärkere Belastung der neuen Länder.

An der zahlenmäßigen Entwicklung fremdenfeindlicher Straftaten ist außer ihrer Höhe besonders problematisch, daß – bis auf den Brandanschlag von Mölln, der nicht AsylbewerberInnen, sondern erstmals einer Gastarbeiterfamilie galt – eine dramatische Zunahme jedesmal nach aufsehenerregenden Anschlägen eintrat. Statt eines Mitleids- oder Solidarisierungseffekts mit den Opfern setzt sich also ein Stimulationseffekt für weitere gleichgelagerte Aktionen durch. Durch Signal-Gewalt werden weitere Gewalt-Potentiale aktivierbar. Hemmschwellen werden offenbar übersprungen, wenn Gewaltanwendung sich zu normalisieren scheint. Legitimationen scheinen dann dem Motto folgen zu können: „Wenn die anderen sowas machen, dann zeigen wir auch offen, was wir denken". Höchst problematisch müssen sich in diesem Zusammenhang zum einen die vor allem nach Hoyerswerda und Rostock sowie innerhalb der Asylrechts-Debatte beobachtbaren, ja vorherrschenden Reaktionen der etablierten Politik, insbesondere der Regierenden, erweisen, die eher das sogenannte „Ausländerproblem" als das Problem fremdenfeindlicher Gewalt ins Visier nehmen; zum anderen liefert ein breites „Verständnis für rechtsradikale Tendenzen aufgrund des Ausländerproblems" innerhalb der deutschen Gesamt-Bevölkerung willkommene Legitimationshintergründe. Zum Zeitpunkt der Krawalle von Hoyerswerda im September 1991 stellte eine EMNID-Umfrage bei ca. einem Drittel deutscher BürgerInnen solche Haltungen fest (vgl. Der Spiegel 4/1992). Da kann nicht verwundern, wenn Jugendliche selbst gegenwärtig mehrheitlich der Ansicht sind, angesichts alltäglicher Gewalt sei die aggressive Reaktion Jugendlicher verständlich, und immer noch 12% (West) bzw. 18,6% (Ost) meinen: „Man muß leider zur Gewalt greifen, weil man nur so beachtet wird" (vgl. Heitmeyer u.a. 1995, 134).

Die zugrundeliegenden Mentalitäten und ideologischen Versatzstücke finden sich also nicht nur bei den rechten Akteuren, sondern streuen in ihren einzelnen Bestandteilen breit innerhalb der deutschen Bevölkerung (vgl. vor allem Heitmeyer 1987; Friedrich u.a. 1991; Melzer u.a. 1991; Melzer 1992; Deutsches Jugendinstitut 1992; Schneider/Hoffmann-Lange 1993; IPOS 1993; Utzmann-Krombholz 1994; Heitmeyer u.a. 1995) und auch bei den Wählern und Wählerinnen der großen Volksparteien (vgl. Stöss 1993). Vorbehalte gegenüber Migranten bis hin zu expliziter Migrantenfeindlichkeit steigen in den neunziger im Vergleich zu den achtziger Jahren an. Restriktionen werden in erster Linie gegen weiteren Zuzug, weniger gegen die seit Jahrzehnten in Deutschland lebenden und in Arbeit befindlichen Ausländer (und ihre Familien) gefordert. Die hartnäckigsten Ressentiments betreffen Asylbewerber (vgl. die entsprechenden ALLBUS- und IPOS-Studien; Zusammenfassung bei Willems 1993a). Hintergrund der Distanzierungen sind eher selten explizit rassistische Vorurteile, häufiger hingegen Konkurrenzängste, vor allem Wohnraum, Arbeitsplätze und Sozialleistungen betreffend, und Probleme der inneren Sicherheit, die man mit der Anwesenheit von Ausländern in Deutschland verbunden sieht (vgl. z.B. EMNID 1993; Utzmann-Krombholz 1994). Hinzu kommt die subjektive Wahrnehmung einer Bevorteilung von Ausländern gegenüber Deutschen durch die Politiker; dies wohl besonders bei der Bevölkerung im Osten, die sich zu über 80% als „Deutsche zweiter Klasse" behandelt sieht (vgl. Institut für Empirische Psychologie 1992) und vermutlich auch daher in vergleichsweise höherem Maße rechtsextreme Tendenzen dahingehend offenbart, eigene Integration über die Ausgrenzung Nicht-Deutscher anzustreben (vgl. Friedrich u.a. 1991; Melzer u.a. 1991; Förster u.a. 1993; Deutsches Jugendinstitut 1992; Schneider/Hoffmann-Lange 1993; Heitmeyer u.a. 1995) .

Überdurchschnittlich stark tragen Jugendliche und junge Erwachsene den Trend nach rechts. Sowohl der Zuwachs von organisatorischen Zusammenschlüssen und Wählerstimmen als auch der von entsprechenden Haltungen und Aktionen informeller Gruppierungen wird wesentlich durch sie bewirkt. Mehr noch: Je radikaler und militanter sich Rechtsextremismus gebärdet, um so eher wird er von jungen Leuten ausagiert (vgl. die o.a. Studien sowie den Befund, daß rd. 90% der fremdenfeindlichen Straftäter der bis April 1992 registrierten Delikte unter 25 Jahre alt waren). Allerdings ist der Anteil erwachsener fremdenfeindlicher Straftäter - zumeist mit hoher allgemeiner Kriminalitätsbelastung, weit überdurchschnittlicher Arbeitslosigkeit und Affinität zu rechtsextremen Gruppierungen - im Anstieg begriffen und beträgt inzwischen rd. 20% (vgl. Willems u.a. 1994).

Den Löwenanteil an rechter Gewalttätigkeit stellen Jungen und junge

Männer. Mädchen und junge Frauen spielen eher am Rande und in bestimmten Segmenten eine Rolle. Je violenter der Rechtsextremismus nach außen tritt, um so höher ist der Anteil maskuliner Akteure. Auf der Einstellungsebene reduziert sich der Geschlechterabstand erheblich, ja kehrt sich in einzelnen Fragebereichen sogar um. Offenbar verlaufen Anfälligkeiten geschlechtsspezifisch (vgl. Möller 1991; 1995a). Insbesondere im Westen der Republik zeigen sich aber rein quantitativ betrachtet Angleichungstendenzen (Melzer u.a. 1991; Schneider/Hoffmann-Lange 1993; Heitmeyer u.a. 1995).

Soweit die Betrachtung rechtsextreme Gewalttäter und einschlägig Gewaltbereite betrifft, ist auf der methodischen Grundlage polizeilicher Ermittlungspraxis, die sicher nur ein selektives Abbild der realen Phänomene bieten kann, ein eher niederes Bildungsniveau und eine Dominanz von Angehörigen unterer Sozialmilieus feststellbar. Arbeitslose sind bei jugendlichen Tätern nur leicht, bei Erwachsenen klar überdurchschnittlich vertreten; ansonsten handelt es sich zumeist um Facharbeiter bzw. ungelernte Arbeiter. Auffällig viele Verdächtige und Verurteilte haben bereits in der Vorzeit polizeiliche Ermittlungen oder gar Verurteilungen über sich ergehen lassen müssen. Mehr oder minder spontane, jedenfalls nicht oder nur sehr selten organisatorisch eingebundene oder gar gesteuerte Gruppentaten im Nahfeld des Lebensraums der Täter, aus dem Kontext informeller Cliquen heraus unter Alkoholeinfluß begangen, dominieren. Die Schwerpunktverlagerung der Tatorte von der Kleinstadt zur Großstadt deutet an, daß in jüngerer Zeit neben Asylbewerbern auch stärker die meist in städtischen Agglomerationen lebenden nationalen Minderheiten der sogenannten „Gastarbeiter" Angriffsziel sind (vgl. detaillierter: Willems 1993a; Willems u.a. 1994).

Soweit der Familienkontext nur in formaler Hinsicht interessiert (wie bei Willems 1993a und Willems u.a. 1994), sind keine diesbezüglichen Auffälligkeiten bei rechtsextrem Orientierten festzustellen. Wenn jedoch die Qualität der Familienbeziehungen auch hinter der Fassade formaler Intaktheit einbezogen wird, zeigt sich – zumindest auf der Ebene rechtsextremer Einstellungen –, wie prekär das Fehlen verläßlicher und emotional befriedigender Bindungen zu den Eltern ist (vgl. Utzmann-Krombholz 1994; auch Heitmeyer u.a. 1995).

Erklärungsansätze

Zu unterscheiden sind Erklärungsansätze, die sich entweder nur auf die Existenz beziehungsweise Entwicklung von Gewalt oder von Rechtsextremismus beziehen und solche, die sich auf die Verbindung von rechtsextremer Gesinnung beziehungsweise Handlung und Gewalt konzentrieren. Insofern letztere im Mittelpunkt des Interesses dieses Bandes steht, beschränken wir uns hier auf entsprechend zugeschnittene Konzepte.

Soweit es sich bei ihnen nicht um schlichte, leicht entkräftbare Alltagstheorien handelt oder sie nur einzelne Aspekte der Gesamtthematik betreffen, auf die aus Platzgründen hier nicht im einzelnen eingegangen werden kann (vgl. etwa zu Ost-/West-Unterschieden z.B. neben den schon genannten empirischen Untersuchungen zusammenfassend: Pfahl-Traughber 1992; Heinemann/Schubarth 1992; Möller 1993c; zu Aspekten geschlechtsspezifischer Anfälligkeit neben den unten genannten Arbeiten auch Birsl 1994; zur Skinhead-Problematik z.B.: Farin/Seidel-Pielen 1993; Mischkowitz 1994; zum Zusammenhang mit Autoritarismus: Hopf 1990; Lederer 1993; Oesterreich 1993), konkurrieren vor allem drei Ansätze miteinander: das individualisierungstheoretisch argumentierende Theorem sozialer Desintegration (Heitmeyer u.a.), die Dominanzkulturthese (Rommelspacher, Holzkamp u.a.) und das konflikt- und subkulturtheoretische Modell (Ekkert, Willems u.a.).

Kernaussage des *Individualisierungstheorems* ist, daß im Zuge der Auflösung alltagsweltlicher, von Generation zu Generation tradierter, gleichsam „naturwüchsiger" Milieus mit ihren spezifischen Wohn- und Kommunikationsformen sowie politischen Werte- und Deutungswelten tiefgreifende Wandlungsprozesse der sozialen Beziehungen zwischen den Subjekten um sich gegriffen haben. Die Subjekte werden sukzessive aus traditionellen Bindungen und Versorgungsbezügen herausgelöst und auf ihr individuelles (Arbeitsmarkt-)Schicksal mit seinen Chancen und Risiken verwiesen. Der vereinzelte Einzelne wird zum „Planungsbüro seines eigenen Lebenslaufs" (Ulrich Beck). Soziale Ungleichheit individualisiert sich. Modernisierungsprozesse sind die sozial-strukturelle Basis dafür. Dazu zählen vor allem die Erhöhung sozialer und räumlicher Mobilität, die dadurch bedingte Urbanisierung der Wohnumwelten, die Schaffung sozialstaatlicher Sicherungs- und Steuerungssysteme, verfeinerte Binnendifferenzierungen in beruflichen und betrieblichen bzw. behördlichen Status-Hierarchien, der Rückgang der Erwerbsarbeitszeit, die Ausweitung von Konkurrenz-

Beziehungen etwa auf das Bildungssystem und damit ihre biographi-
sche Vorverlagerung auf den Kern der heutigen Jugendphase, die
Internationalisierung von Abhängigkeiten, insbesondere von Arbeits-
marktabhängigkeiten und die davon ausgelösten länder- und kultur-
übergreifenden Migrationsprozesse rund um den Erdball, die Media-
tisierung der Informationsübermittlung und der Erfahrungsprodukti-
on sowie die Virtualisierung des Kommunikationssystems, die Ver-
rechtlichung intersubjektiver Beziehungen, die Monetarisierung sozialer Hilfeleistungen, die Prägung von Präsentations- wie Wahrneh-
mungsweisen durch Besitz von Konsumartikeln.

Folge für das politische Orientierungsverhalten ist eine Enttraditio-
nalisierung „ständisch" eingefärbter Klassenlagen und das Verblassen
der vormaligen Evidenz, in einer Klassengesellschaft zu leben. Von
daher zerbröseln die Selbstverständlichkeiten einer unter Berufung auf
Traditionen vornehmbaren politischen Verortung der eigenen Person.
Dieser Umstand bringt einerseits eine historisch neuartige Options-
vielfalt, als deren Kehrseite andererseits aber auch weitreichende
Verunsicherungen für die Individuen mit sich, weil der traditionsver-
mittelte, kollektive Erfahrungs- und Deutungszusammenhang verlo-
rengeht und intermediäre Instanzen wie Familie, Arbeitsgruppe, Nachbarschaft u.ä. in ihrer Bedeutung für die politische Orientierung ihren
alten Stellenwert einbüßen. Gleichzeitig nimmt die Komplexität und
globale Vernetzung sozio-politischer Problem- und Konfliktlagen in
einer Weise zu, die ihre individuelle Bearbeitungsmöglichkeit immer
unwahrscheinlicher werden läßt. Das Abschmelzen der Milieus und
ihrer Orientierungsfunktionen hinterläßt damit gleichsam ein Vakuum sozialer und politischer Standortbestimmung und Identitätsbildung. Es schlägt sich auf der Schattenseite des Individualisierungspro-
zesses als verunsichernde soziale Desintegration nieder. Die Medien
des Erwerbs und Erhalts von Anerkennung – einer Anerkennung, die
sowohl Wertschätzung, aber auch vor allem gleichsam noch „darunter"
das Zuerkennen gleicher sozialer, kultureller und politischer Rechte
meint – verlieren dadurch ihre Verbindlichkeit bzw. entschwinden. In
eben diese Leerstelle können nun Angebote ethno-biologischer oder
anderweitig (quasi-)naturvermittelter Zuordnungsmerkmale hinein-
stoßen. Die Eingrenzung bzw. Abgrenzung der eigenen Person, Gruppe
oder Ethnie wird dann über „naturvermittelte" Ungleichheitskriterien
wie Rasse, Hautfarbe, Nation, Geschlecht etc. ansteuerbar. Fünf Be-
schaffenheiten machen diese Merkmale dafür scheinbar so tauglich. Sie
sind sinnlich konkret wahrnehmbar, weisen zeitliche Konstanz auf,
sind praktisch irreversibel, ihr Besitz ist ebensowenig argumentativ

erworben wie argumentativ abweisbar, und sie können als Ausgleich für soziale Verluste in zentralen gesellschaftlichen Leistungsbereichen dienlich sein. Gerade bei Jugendlichen können sie um so mehr verfangen, als die sich in jener Lebensphase befinden, die auf den Erwerb und die Ausbildung einer eigenständigen Identität zugeschnitten ist und innerhalb derer deshalb Fragen von Selbstbild, Zugehörigkeit und Differenz hochgradig virulent werden und auf Antwort drängen. Je tiefer die Verunsicherung subjektiv erlebt wird, desto naheliegender wird es prinzipiell, die Gewalt-Option zu Darstellungs- und Durchsetzungszwecken zu wählen. Dabei setzen Jugendliche nicht nur aus entwicklungspsychologischen Gründen, sondern auch weil ihnen Zugänge zu legitimen Gewaltformen fehlen, teilweise eher auf physische Gewaltsamkeit. Sie meinen sie mit in weiten Teilen der Gesellschaft vagabundierenden und auch teils als Begründungen für legalistische Gewaltpraktiken dienenden biologischen oder biologistischen Ausgrenzungskriterien unterlegen zu können.

Aufweichungstendenzen vorgeblicher Normalitäten der Lebensführung und Identitätsbildung betreffen auch zentral geschlechtsspezifische Verhaltens- und Orientierungskerne: Tradierte Identifikations- und Rollenbezüge erodieren zusehends. Mädchen und Frauen gewinnen damit einerseits neue Optionen auf ein selbstbestimmteres Leben, in dem nicht zuletzt Beruf, Politik und Öffentlichkeit einen Bedeutungszugewinn verbuchen können. Andererseits sehen sie sich damit aber in angestammte Männerbereiche versetzt, innerhalb derer sie noch nicht auf einen bewährten Bestand weiblicher Durchsetzungsstrategien zurückgreifen können. Vielmehr müssen sie diese größtenteils entweder erst neu entwickeln oder ihrer geschlechtsspezifischen Facettierung gänzlich entkleiden. Während manche dabei zu scheitern drohen, deshalb den Rückzug in überkommene Rollenmuster antreten und damit dem konservativen bis reaktionären, gleichwohl als Signum gesellschaftlichen Neuaufbruchs „verkauften" Frauenbild der Rechten entsprechen, steuern andere quasi eine „verquere Emanzipation" durch den Versuch einer Männerrollen-Imitation an, für die maskulinistisches Verhalten als Inbegriff von Stärke und Handlungsmächtigkeit erscheint. Während Erstgenannte sich etwa bei den „Republikanern" wiederfinden, halten sich letztere im Umfeld gewaltbereiter rechtsorientierter Jungen-Cliquen - etwa in Teilen der Skinhead-Szene - auf.

Nicht wenige Männer und Jungen hingegen suchen die von ihnen empfundenen geschlechtsspezifischen Individualisierungsverluste durch einen Rückgriff auf althergebrachte Männlichkeitsmuster zu kompensieren. Das prämoderne Männlichkeitsbild rechter Ideologie mit seiner Lobpreisung von Werten wie (Körper-)Kraft, Schmerzresistenz, rücksichtsloser Opferbereitschaft für eine als richtig erachtete Idee und Soldatentum bietet entsprechende Vorbilder zuhauf. Einerseits fand es im historischen Faschismus seine prekäre Zuspitzung, so daß er als ideologischer Fundus dienen kann. Andererseits kann es aber auch – und dies macht gerade seine in der Gegenwart anhaltende Brisanz aus – auf weitverbreiteten Prinzipien männlicher Sozialisation aufbauen (vgl. Böhnisch/Winter 1993), als deren Konsequenz die Akzeptanz von sozialer Ungleichheit, Ungleichbehandlung und Gewalt, also die Kernelemente des rechten Extremismus, gestärkt und mehr oder minder subtil gefördert wird.

Die VertreterInnen der *Dominanzkulturthese* werfen nun dem von ihnen als „Defizitthese" etikettierten, im Kern individualisierungtheoretisch argumentierenden Ansatz vor, geschlechtsspezifische Differenzen bei Rechtstendenzen allenfalls marginal zum Thema zu machen und in Ermangelung eines theoriegeleiteten Rekurses auf die soziale Grundkategorie „Geschlecht" daher auch nicht erklären zu können. Es fehle die Einsicht darin, daß die beiden Kernelemente von Rechtsextremismus, Ungleichheitsideologien bzw. -mentalitäten und personale Gewaltakzeptanz, in bestimmter Weise auch die gesellschaftlich dominierende Form des Geschlechterverhältnisses durchzögen (vgl. Holzkamp/Rommelspacher 1991, 33). Deshalb lege die „Defizitthese" die grundlegende Geschlechterhierarchisierung der „patriarchalen Kultur" (ebd.) nicht frei, konstruiere rechtsextreme Tendenzen als bloßes Problem marginalisierter Jugendlicher und entlaste die Täter rassistischer Gewalt durch die Konstruktion einer Opferrolle für sie. Sie verfehle, sie als auf entsprechende gesellschaftliche „Hinweisreize" (etwa der BILD-Zeitung) reagierende Exekutanten männlicher Dominanz, „unbewußter gesellschaftlicher Aggressionen" sowie des damit „elementar" zusammenhängenden (vgl. ebd., 34) „strukturellen Rassismus" (Rommelspacher 1993a, 80) einer auf kapitalistisch motivierte Expansion und egoistische Privilegiensicherung setzenden deutschen „Interessengemeinschaft von Wohlstandsbürgern" (dies. 1993b, 203) begreifen zu können.

Insofern „Kennzeichen 'herrschender' Ideologien" sei, „daß sie Teil des Selbstverständnisses der Unterdrückten werden" (ebd., 205), könnten Frauen und Mädchen auch als Kollaborateurinnen von Männern und Jungen auftreten, zumal auch sie sich nicht über eine vorschnelle Gleichsetzung von Rassismus und Sexismus (vgl. ebd.) aus der um Ab- und Ausgrenzung bemühten Mehrheitskultur der „weißen, christlich sozialisierten Deutschen" herausstehlen und aus den entsprechenden Abwehrhaltungen und/oder gar -kämpfen gegenüber MigrantInnen heraushalten könnten.

Eine nüchterne Durchmusterung der Argumente läßt erkennen: Das wohl 1991 erstmals publizierte, allerdings auch 1993 immer noch vorgebrachte Monitum der „Geschlechtsblindheit" trifft in der Tat sehr weitgehend auf die 1987 erstmals aufgelegte Heitmeyer-Studie über rechtsextreme Orientierungen bei Jugendlichen zu – ebenso wie im allgemeinen auf die bis dahin veröffentlichten anderen thematisch einschlägigen Untersuchungen. Es kann jedoch spätestens seit 1991, nachweislich eigentlich schon seit Ende 1990 (vgl. Möller 1990), nicht mehr ohne weiteres aufrechterhalten werden (vgl. Siller 1991; Möller 1991, 1993a), wie z.B. Meyer (1993) auch richtig erkennt. Seine Neuauflage (vgl. Holzkamp/Rommelspacher 1991; Rommelspacher 1991, 1993a, b) steht in umgekehrt proportionalem Verhältnis zu seiner Stichhaltigkeit. Davon unberührt bleibt die Feststellung, daß es insgesamt in der einschlägigen Forschungslandschaft eklatante Lücken geschlechtsspezifisch reflektierender empirischer Forschung gibt – gerade bei den Vertreterinnen der Dominanzkulturthese.

Ähnlich überholt ist das Argument, Ungleichheit und Gewalt würden nicht als konstitutive Elemente des gesellschaftlich dominierenden Geschlechterverhältnisses begriffen (vgl. dagegen z.B. Möller 1991, 37). Allerdings läßt sich darüber streiten, ob zur Kennzeichnung der herrschenden Geschlechterhierarchisierung Begriffe wie „Patriarchat" oder „patriarchale Kultur" (s.o.), die einmal als „Kampfbegriff(e) ... der Frauenbewegung" Sinn gehabt haben mögen (Gerhard 1993, 13), (noch) analytischen Gewinn versprechen. Mit Ute Gerhard (1993, 12/13) ist jedenfalls zu beobachten, daß „das Konzept Patriarchalismus selbst in der Frauenforschung heute größtenteils als überholt (vgl. K. Hausen 1986), wenn nicht als wissenschaftlich unbrauchbar bezeichnet wird (vgl. L. Gordon 1990, 22)" und „in einem breiten und nahezu selbstverständlichen Konsens von 'Geschlecht' -'Gender' als dem seriöseren Begriff und grundlegenderen Strukturierungsprinzip" abgelöst wurde. Zumindest aus der Sicht von Jungen- und Männerforschung läßt sich aus der gender-Perspektive die vorhandene Geschlechterhierarchisierung vorläufig am besten mit der Begrifflichkeit der „hegemonialen Männlichkeit" fassen (vgl. Carrigan n.a. 1985; Connell 1987, 1990). Sie bringt – anders als der Patriarchats-Begriff – auch zum Ausdruck, daß Männlichkeitsprinzipien nicht nur als Unterdrückungsmechanismen für Frauen, sondern unter Umständen auch für Männer selbst wirksam sind und daß entsprechende Strukturen sich ebensowenig zwangsläufig abbildungskongruent in Männerpersönlichkeiten niederschlagen müssen, wie sie von Frauen nicht mitgetragen werden können. Dieser Hinweis ist gerade im hier fokussierten Zusammenhang wichtig, weil er die Überlagerung von geschlechtsspezifischer durch kulturelle Hierarchisierung zu erklären hilft, die auch Holzkamp/Rommelspacher sehen, wenn sie etwa auf die privilegierte Rolle der (deutschen) Frau „als Weiße gegenüber Schwarzen, als Christin gegenüber Juden und Jüdinnen, als Besitzende gegenüber Abhängigen und Besitzlosen" (1991, 36) verweisen. Bei ihnen bleibt jedoch der Zusammenhang von „weiß-westlicher" und „männlicher" Dominanzkultur nur vage: Sie erklären nur, daß, nicht aber wie, herrschende Ideologien von den Unterdrückten übernommen werden, und sehen bei der Reaktion auf Andersartigkeit vermittels Unterwerfungsbestrebungen „einen elementaren Ursprung im herrschenden Umgang mit dem Geschlechterverhältnis" (ebd., 34; nahezu wortgleich: Rommelspacher 1991, 85). Fraglich bleibt, ob im praktizierten Geschlechterverhältnis tatsächlich nur einer von mehreren Ursprüngen oder der einzige oder zumindest entscheidende Ursprung verortet wird. Sollte letzteres nicht der Fall sein – wie der unbestimmte Artikel es in der oben zitierten Wendung grammatikalisch andeutet –, bleibt offen, welche anderen Faktoren mit jeweils welchen Gewichtungen verantwortlich zu machen sind.

Ebenso unscharf wie die männliche Dominanzkultur durch den zugrundegelegten Patriarchatsbegriff gekennzeichnet wird, wird der diagnostizierte mehrheitsgesellschaftliche Anspruch auf „weiß-westlich-christliche" Kulturdominanz mit Hilfe des „Rassismus"-Begriffs gefaßt: Während anfänglich der „Rassismus"-Begriff eher beiläufig thematisiert wird, rückt er inzwischen in den Vordergrund und wird als Gegenbegriff zu dem des Rechtsextremismus aufgebaut, dem vorgehalten wird, er ziele primär auf die Randbereiche des politischen Gesamtspektrums (vgl. Rommelspacher 1993a, 72). Ganz abgesehen davon, daß diese Kritik dem „soziologischen Rechtsextremismus"-Begriff des Individualisierungs-Ansatzes und seinen permanent und längst vor dem Auftauchen der „Dominanzkulturthese" vorgetragenen Verweisen auf die Verantwortung gesellschaftlicher Zentralinstanzen und ihrer VertreterInnen nicht gerecht wird (vgl. schon Heitmeyer 1987, auch Heitmeyer 1990; zuletzt Heitmeyer 1993, 1994 und Möller 1993b, 1994), wird die „Rassismus"-Definition derart ausgeweitet, daß sie ganz allgemein „die Herabsetzung anderer Menschen, um ihre Funktionalisierung für die eigenen Interessen und die Absicherung des eigenen Status zu rechtfertigen" (Rommelspacher 1993a, 68), meint, unabhängig davon, ob sie kulturalistisch oder biologistisch argumentiert. Diese Ausweitung trägt zweifellos – so z.B. Chr. Hopf (1993, 381) – „zu einer Vernebelung vorhandener Unterschiede in den Mustern und Motiven fremdenfeindlicher Argumentationen, Emotionen und Handlungen bei und erschwert insofern auch ihre wissenschaftliche Analyse". Ein differenzierterer Sprachgebrauch ist demgegenüber in der Lage, die Unterschiedlichkeit und Kongruenzflächen z.B. nationalistischer, ethnozentristischer, (neo)faschistischer und rassistischer Mentalitäten und Argumente zu markieren. Die Hypothese von der strukturellen Verankerung von Rassismus wirft zudem die von der Dominanzkulturthese bislang unbeantwortete Frage auf, warum, diese vorausgesetzt, denn nicht jedes Gesellschaftsmitglied – und dies in gleicher Weise – rassistisch ist oder wieso nicht wenigstens alle Männer bzw. männlichen Jugendlichen auf vorliegende gesellschaftliche Hinweisreize entsprechend gleichgerichtet reagieren. Sie verschweigt auch, ob und wenn ja, wie die angenommenen „unbewußten gesellschaftlichen Aggressionen" damit zusammenhängen und wieso sie überhaupt „unbewußt" sind.

Unklar bleibt ebenfalls, wie die mit Hans Jonas als „Alexander-Syndrom" bezeichnete, internalisierte Expansionstendenz von Macht und Reichtum bei den kapitalistisch sozialisierten Individuen des „goldenen" Westens sich aus der ihr inhärenten Offensive in die Defensivstrategie der Privilegiensicherung umformt. Selbst wenn objektiv die Verteidigung des erreichten Wohlstandsniveaus im geographisch kleinen Sicherheitssektor des Globus dessen kolonialistische Bemächtigungsbestrebungen nicht zu stoppen vermag, ja eher voraussetzt, geschieht doch subjektiv die Abschottung des westlichen Lebensstandards aus Bedrohungsgefühlen heraus. Verelendungs- und Abstiegsängste grassieren längst nicht mehr nur in den unteren Schichten der Gesellschaft. Subjektive Empfindungen wie diese aber lassen sich nicht dadurch aus der Welt schaffen, daß sie über ihre objektive Falschheit aufgeklärt werden, etwa dadurch, „die eigene Prägung durch die Mehrheitskultur" „bewußt zu machen" (Rommelspacher 1993b, 207). Sie zu bearbeiten, bedarf es vielmehr zunächst eines Verständnisses für ihre subjektive Funktionalität bei jedem/r einzelnen und der politischen Zuwendung zu den realen und nicht nur phantasierten Problemen, die sie auslösen.

Der *konflikt- und subkulturtheoretische Ansatz* hat gegenüber der Dominanzkulturthese den Vorteil, über eigene empirische Unterfütterung (vorrangig durch die o.e. Aktenanalysen von fremdenfeindlichen Straftätern; vgl. Willems 1993a sowie Willems u.a. 1994) zu verfügen.

Auch er setzt sich vornehmlich mit dem (in seinen Anfängen älteren) individualisierungstheoretischen Konzept auseinander. Der Hauptvorwurf ihm gegenüber geht dahin, es könne zwar Orientierungsprobleme und Anomietendenzen erklären, es sei aber zu großrahmig, um Gewaltanwendung als Reaktion auf solche Momente ableiten zu können, schließlich reagierten die Individuen auch anders auf Individualisierungstendenzen denn durch Gewalttätigkeit. Zudem wird in Anrechnung gebracht, „Hinweise auf defizitäre Familienstrukturen, auf besondere soziale Problemlagen (wie erhöhte Arbeitslosigkeit, fehlender schulischer Abschluß) und eine vorherrschende soziale Herkunft der Tätergruppen aus der Unterschicht k(ö)nnten nur für einen Teil der Tatverdächtigen gefunden werden" (Willems 1993b, 145), die Unterstützung fremdenfeindlicher Gewalttaten durch Nachbarn und Anwohner deutete gerade auf eine Integration in die Nachbarschaft hin und der ländliche Einzugsbereiche der Täter spräche nicht für wohl eher in Großstädten kulminierende Individualisierungserfahrungen als Tathintergründe (vgl. Willems 1993a, 253f.; Willems u.a. 1994, 74). Außerdem zeige die Geschichte, „daß gerade in hochintegrierten Gesellschaften Gewalt gegen Fremde ausgeübt wird, daß dagegen Toleranz und Achtung vor allgemeinen, d.h. nicht auf die eigene Gruppe beschränkten, Menschenrechten gerade den Abbau partikularistischer und lokaler Integrationsmechanismen voraussetzen" (Eckert 1993, 141).

Daher wird ein „konflikttheoretischer Ansatz" (Willems u.a. 1994) favorisiert, in dessen Zentrum die neuen „Einwanderungskonflikte und die politische Brisanz von Fremdheitserfahrungen" (Willems 1993a) gerückt werden. Fremdenangst, Fremdenfeindlichkeit und rechtsextreme Gewalt gegen Fremde entstehen danach durch individuell und politisch nicht oder schlecht verarbeitete Fremdheitserlebnisse, die Relativierung kultureller Standards, die Veränderung von Lebensgewohnheiten sowie sich ausbreitende Konkurrenzsituationen durch Immigration, die ihrerseits entweder ethnisch-kulturelle Divergenzen konfliktgeladen zu Tage treten lassen oder die Ethnisierung vorhandener sozialer Konfliktlinien (z.B. von Verteilungskonflikten) generieren. Vorstellungen von Verteilungsungerechtigkeiten im Sinne einer wahrgenommenen Privilegierung von ImmigrantInnen können dann den Eindruck relativer Deprivation heraufbeschwören. Die weite Verbreitung solcher Konflikte und entsprechender Abschottungsreaktionen der Einheimischen nahezu überall in den wohlhabenden Ländern Europas wird als Beleg für die Internationalität, Nicht-Marginalität, fehlende Jugendspezifik und Dauerhaftigkeit der Problematik angeführt. Eskalation und räumliche Diffusion der Gewalttaten werden darauf zurückgeführt, daß lokale Spannungen im Umfeld von Aussiedler- und Asylbewerberunterkünften aufgrund ihrer mangelnden politischen Bearbeitung Gewaltbereitschaften erzeugten bzw. vorhandene politisch aufluden und die entstehende Gewalt in der Lage war, Aufmerksamkeit zu erzeugen und zunächst scheinbare Lösungen im Sinne ihrer Akteure herbeizuführen, zumal sie im Osten nur mangelhaft polizeilich bekämpft und über flächendeckende Medienberichterstattungen für Gleichgesinnte Vorbild-Charakter gewinnen konnte. Eine entscheidende Funktion der Produktion, Konfirmation und Verstärkung von Gewaltbereitschaften und -motiven nehmen in solchen Prozessen nach dieser Auffassung die durch Individualisierungsschübe sich ausdifferenzierenden, sich pluralisierenden und miteinander um Geltung konkurrierenden jugendlichen Subkulturen ein, die immer stärker medienkompatiblen und marktförmigen Mechanismen der Stilisierung ihres Angebots an Anerkennungsmedien unterliegen. Insofern marktförmige Kulturangebote auch gerade Aggression und Kampf stimulieren, bekommt die Gewaltsymbolik unter dem von Jugendlichen erlebten Druck zur Selbststilisierung Anschlußfähigkeit für reale Lebenssituationen, in denen sie sich befinden. Da sie als maskuline Attribute stilisiert werden, sprechen sie gerade die Jungen und die jungen Männer an. Im Rahmen von Einwanderungskonflikten erhält diese Gewaltakzeptanz einen politischen Sinn und neue Dynamik (vgl. Eckert 1993).

Eine kritische Beleuchtung des Ansatzes wird ihm zunächst eine gewisse Plausibilität nicht absprechen können. Insofern nur fremdenfeindliche Gewalttaten, nicht aber auch andere Gewaltakzeptanzen rechtsextremer oder anderer Provenienz zu erklären beansprucht werden, liegt es in der Tat nahe, den in den Aufnahmeländern sich abzeichnenden Konflikt um die Migration in den Mittelpunkt der Betrachtung zu stellen. Durchaus realistisch wird auch auf die real existierende und nicht nur gänzlich phantasierte Problematik aktueller globaler Wanderungsbewegungen und damit verbundener Integrationsschwierigkeiten in den Immigrationsstaaten abgehoben: die Handhabungsprobleme ethnisch-kultureller Divergenzen und die Tendenzen zur Ethnisierung sozialer Problemlagen. Eskalation und Ausbreitung fremdenfeindlicher Gewalt auch auf mangelnde politische und ggf. polizeiliche Reaktion zurückzuführen, erscheint durchaus sinnfällig. Sicherlich muß ebenfalls den Medien und den von ihnen verbreiteten Kulturmustern eine problematische Rolle innerhalb dieses Prozesses zugesprochen werden.

Schwächen des Ansatzes offenbaren sich aber zumindest an den folgenden Punkten: Zum ersten ist der gegenüber dem Individualisierungs/Desintegrations-Ansatz vorgebrachte Haupteinwand mangelnder Bezogenheit auf gewaltgenerierende Detailprobleme von Individualisierungsfolgen so nicht stichhaltig. Der Ansatz weiß durchaus empirisch gesichert Bedingungen zu benennen, die ein gewaltsames Bearbeiten von Individualisierungserfahrungen wahrscheinlich machen. Vor allem die neue Heitmeyer-Studie (1995) legt diesbezüglich eine Fülle an recht detaillierten Erkenntnissen vor. Zusammengefaßt erweisen sich danach nicht oder weniger strukturelle Faktoren wie nicht vorhandene formale Zugehörigkeiten zu Vereinen und Organisationen oder äußerlich erkennbar gebrochene Normalfamilienformen oder Bildungskarrieren als prekär. Entscheidend sind vielmehr sozial-emotionale Faktoren wie:

- mangelnde emotionale Beziehungsqualitäten innerhalb der Familie, insbesondere fehlende soziale Unterstützung
- laxe (bei Mädchen im Osten Deutschlands aber auch als zu streng erlebte) und inkonsistente Erziehungsstile
- eigene Gewalterfahrungen, insbesondere Schläge
- hoher Leistungsdruck bei gleichzeitig vorhandenen Versagensgefühlen
- subjektive relative Statusdeprivation und Statusfrustration (besonders bei westdeutschen Jugendlichen)
- unzureichende Verläßlichkeit, nicht-diskursive Kommunikationsformen und hoher Konformitätsdruck im Freundeskreis

sowie individuell repräsentierte Merkmale wie:

- hohe externale und internale Kontrollüberzeugungen
- Mißtrauen gegenüber anderen Menschen
- die Konstruktion eines unkritischen ambivalenzfreien Selbstbilds bei im Grunde niedrigem Selbstwertgefühl
- hedonistische Lebensauffassungen (vor allem im Zusammenhang mit expressiver Gewalt) sowie Konsumorientierungen bei geringen Realisierungschancen und
- instrumentalistische Arbeitsorientierungen (zur Relevanz letzteren vgl. auch die qualitative Studie von Heitmeyer u.a. 1992).

Die Stärke des Einflusses dieser Kriterien schwankt dabei geschlechtsspezifisch und nach Milieuzugehörigkeiten. Insbesondere Angehörige der zahlenmäßig anwachsenden Milieus, des hedonistischen, des aufstiegsorientierten und des traditionslosen Arbeitermilieus sind danach besonders gefährdet.

Zum zweiten sind die eigenen empirischen Analysen der „Konflikttheoretiker" und ihre Interpretationen durchaus zu problematisieren:

Es muß berücksichtigt werden, daß sie sich fast ausschließlich nur auf die Spitze des Eisberges an fremdenfeindlicher Gewaltakzeptanz beziehen: Gewaltbefürwortende Einstellungen, generelle, aber auch solche, die sich auf Fremde beziehen, werden nicht erhoben; Gewalttätigkeiten kommen nur als fremdenfeindlich motivierte in den Blick der Forscher; dabei stützt man sich auf (polizeiliche) Erhebungen, die nicht nur einer niedrigen Aufklärungsquote unterliegen, sondern auch theoretisch-wissenschaftliche Kriterien vermissen lassen. Sie können also - so die Selbstsicht - „nicht ... als Bestätigung oder Widerlegung im Sinne wissenschaftlicher Methodologie" (Willems 1993a, 107) eingesetzt werden.

Eckert, Willems u.a. übersehen - wie auch andere Kritiken (vgl. Rommelspacher a.a.O. oder Held u.a. 1991; vgl. zur Kritik an der Daten-Interpretation von Held u.a. auch W. Hopf 1994) -, daß Desintegration nicht primär auf strukturelle und formale soziale Einbindungen bzw. deren Fehlen, sondern in erster Linie auf die sozial-emotionale Seite von Beziehungsmustern, Zugehörigkeiten und Wertewelten hinter der Maske womöglich weiter bestehender formaler Integration bezogen ist. In dieser Hinsicht laufen die Verweise auf die relative Strukturnormalität des sozialen Hintergrunds Rechtsextremer bzgl. Familie, Schulbildung, Arbeit u.ä. ins Leere.

Die neueren Ergebnisse der Aktenanalysen von fremdenfeindlichen Straftätern lassen manche der 93er-Interpretationen ins Wanken geraten. Die Befunde zum Bildungsniveau geben durchaus Tendenzen in Richtung auf Marginalisierung und relative Deprivierung zu erkennen, zumal wenn man bedenkt, inwieweit die heutige Hauptschule für die Generation, der die Verdächtigen entstammen, zur Restschule geworden ist. Die hohe allgemeine Kriminalitätsbelastung und die gestiegene Arbeitslosigkeitsrate stellen ebenfalls die soziale Integration der Betroffenen zunehmend in Frage (vgl. zu ähnlichen Befunden in bezug auf andere Studien W. Hopf 1994). Die Unterstützung fremdenfeindlich violenter Jugendlicher durch ältere Nachbarn und andere erwachsene Claqueure muß durchaus nicht als Beleg für eine Wohnumfeld-Integration gesehen werden, sondern kann ebensogut, ja angesichts der oben berichteten Befunde sogar eher, als Hinweis auf die Exekutionsfunktion Jugendlicher für gesellschaftlich allgemein weiter verbreitete fremdenfeindliche Haltungen interpretiert werden. Für insgesamt eher geringere Integration in die Erwachsenen-Umwelt spricht auch die bei gewalttätigen Jugendlichen vergleichsweise höhere Unzufriedenheit mit der familiären Erziehung und die niedrigere politische Übereinstimmung mit den Eltern (vgl. Heitmeyer u.a. 1995,

377). Das Argument, die Ballung von fremdenfeindlichen Straftaten in ländlichen Gebieten deute auf eher geringere Individualisierungseinflüsse hin, wird entkräftet durch den neueren Befund einer Verlagerung entsprechender Vorkommnisse in die Großstädte. Außerdem zeigen neuere Untersuchungen, daß sich im Hinblick auf Individualisierungsniederschläge in Werten und Normen städtische und ländliche Lebenslagen in den Ländern der alten Bundesrepublik homogenisieren und sich in Ostdeutschland sogar eher ein Land-Stadt-Metropole-Gefälle zeigt (vgl. ebd., 312). Daß traditionale Integrationsmechanismen wie starre Hierarchiestrukturen, Rollenfestlegungen und hohe Konformitätszwänge Gewalt begünstigen, steht ebenso außer Frage wie die Gewaltreduktionsfunktion einer Universalisierung der Menschenrechte. Aus der Individualisierungs-Perspektive ist deshalb nicht die allmähliche Auflösung dieser Integrationsmechanismen per se das Problem. Sie kann geradezu befreiend wirken. Die Schwierigkeit liegt vielmehr darin, daß mit dieser Auflösung auch die weitgehend kollektiv verankerten Medien gegenseitiger Akzeptanz verloren gehen, ohne daß dabei gleichzeitig neue Formen intersubjektiver Anerkennung an ihre Stelle treten.

Zudem treten explikative Leerstellen zu Tage: Warum lokale Konflikte bis zu Gewalttätigkeiten von Pogromausmaß eskalieren und warum sie in Gewalthandeln gegen die Konfliktgegner, nicht aber in Protest gegen die politisch Verantwortlichen münden, bleibt letztlich ungeklärt. Wenn als Erklärungsversuch der Einfluß der medial und marktförmig geprägten, öffentlich verbreiteten Gewaltsymbolik auf jugendliche Subkulturen bemüht wird, so fragt sich, wieso gerade sie, aber nicht andere, gewaltferne Annoncen, auch nur bei Teilen der heutigen (Medien-)Jugend, Attraktivität entfalten kann und warum sie gerade nationalistisch und ethnisch und nicht etwa mit dem Generationen-, dem Geschlechter- oder dem Klassenkonflikt geladen wird. Ganz abgesehen davon zieht die mit Recht gesehene Relevanz der konsumkulturellen Gewaltsymbolik die Frage nach sich: Müßte nicht vielleicht zukünftig auch stärker die erlebnisgesellschaftliche Überformung des politischen Verhaltens in die Analyse mit einbezogen werden (vgl. Möller 1995b)?

Zwischenfazit

Je differenzierter die Phänomene von Gewalt und Rechtsextremismus in Deutschland betrachtet werden, desto notwendigerweise filigraner fallen auch die theoretischen Erklärungen für sie aus. Die Problematik erweist sich immer mehr als ein hochkomplexes Geflecht von in ihrer Wirkung schwer durchschaubaren Faktoren. Es sträubt sich gegen einen oberflächlichen und raschen Zugriff, zumal dann, wenn Übersichten und Aussageebenen über hochaggregierte soziale Gruppierungen unterschritten werden und konkrete Anfälligkeiten für überschaubare Personengruppen und womöglich sogar Einzelpersonen benannt werden sollen. An dieser Stelle kann kleinrahmige, qualitativ verfahrende Forschung ihre Stärken einbringen. Der Mangel an echten Längsschnitt-Daten läßt zudem Entwicklungsprozesse über einen längeren Zeitraum hinweg nur unzureichend erkennen, worunter auch theoretische Erklärungsversuche leiden.

Die Verschachtelungen und gegenseitigen Abhängigkeiten von Entstehungs- und Entwicklungsbedingungen sind der reichen Facettierung und der gesellschaftlichen Zentralität der Problematik geschuldet. Sie wiederum rühren daher, daß sie viel weniger als ideologisches Relikt des Faschismus denn als Modernisierungsfolge (weltweite Migration und Internationalisierung von Konfliktlagen, Expansion von Marktförmigkeit, mediale Durchdringung des Alltags, Individualisierung von Zwischenmenschlichkeit etc.) begreifbar ist. Deshalb läßt sie sich auch nicht auf ein nur deutsches, reines Randgruppen-, Jugend- oder auch nur Männerproblem und auf das offen zutagetretende Gewalthandeln reduzieren, das zudem noch vorübergehender Natur wäre. Eigentlich sind auch schon die die Diskussion leitenden Begrifflichkeiten wie Ausländer- oder Fremdenfeindlichkeit irreführend, handelt es sich bei dem damit Bezeichneten doch im Kern um einen innergesellschaftlichen Zivilisationsverlust, der im nachhinein ethnisiert wird. Sind sich die o.e. Erklärungsansätze darin im wesentlichen einig, so lassen sich daneben trotz aller Divergenzen weitere Gemeinsamkeiten und weiterführende Erkenntnisse finden, die zur Fundamentierung pädagogischer Überlegung dienlich sein können. Bezüglich von Sozialisationsinstanzen und -horizonten dürfte gerade angesichts sich durchsetzender Individualisierungsschübe gelten, daß die formale Zugehörigkeit zu äußerlich leicht identifizierbaren Lebenskonstellationen zunehmend an Aussagekraft verliert, wogegen die Bedeutung individueller Orientierungen in Abhängigkeit von ihren umfeldgeprägten Durchsetzungschancen zulegt:

Der Situation der *Familien* bzw. der elterlichen Erziehung kommt eine wesentliche Funktion als Wirkfaktor zu: Unabhängig davon, ob es sich um Alleinerziehenden-Haushalte, sogenannte „Normalfamilien" oder familienähnliche Konstellationen handelt, spielen „social support", in erster Linie im Sinne einer leistungsunabhängigen sozio-emotionalen Akzeptanz und Unterstützung, sowie Gewaltfreiheit und Konsistenzen elterlichen Erziehungsverhaltens wichtige Rollen bei der Gewaltprävention (vgl. auch C. Hopf 1994).

Cliquenzugehörigkeit erhöht zwar die Anfälligkeit für rechtsextreme und gewalthaltige Orientierungen, aber nicht per se. Ähnlich wie im Rahmen der primären Sozialisationsinstanz begünstigen erfahrener bzw. erwartbarer Rückhalt in Krisensituationen, eine diskursive Kommunikationskultur und ein niedriger Konformitätsdruck, die gewalthaltige Interaktionsdynamiken im Regelfall erst gar nicht entstehen lassen, gewaltfreies Agieren.

Mediale Einflüsse, etwa über Szene-Musik, Fanzines oder Filme, aber auch vermittels Berichterstattungen über Gewaltsamkeit und die „rechte Gefahr" hinterlassen ihre Spuren vermutlich weniger im Sinne eines simplen Informations-, Stimulations- und Imitations-Mechanismus. Wirksamer dürfte die Vermittlung von z.T. kulturell legitimiert, mindestens aber kopierbar erscheinenden Gewaltsymboliken sein, die (jugend)kulturell permanent umgeschlagen werden und in denen sich vornehmlich Männlichkeitsbilder andienen, die Stärke und Durchsetzungsfähigkeit in Skripten prämoderner Maskulinität suggerieren. Soweit sie ein Outlaw-Image außerhalb gesellschaftlicher Akzeptanz transportieren, kommen sie dem jugendlichen Bedürfnis nach Abgrenzung entgegen.

Extensiver *Alkoholgenuß* kann mit seiner enthemmenden Wirkung nicht Ursachenzusammenhänge, aber Auslösesituationen und Eskalationen bilden bzw. aufbauen.

In *Schule und Arbeitswelt* sind nicht so sehr – und anscheinend immer weniger – formale Zuordnungen zu bestimmten Statusgruppen relevant. Ebenfalls sind nicht allein Kontinuitätsbrüche, sondern vor allem hochtrabende eigene oder elterliche Statuserwartungen ohne ausreichende Realisierung bzw. wahrgenommene Realisierungschancen prekär. Nicht nur – vielleicht sogar weniger – der Abbruch von Bildungslaufbahnen und Arbeitslosigkeit an sich als vielmehr überzogener Bildungs- bzw. Karriereehrgeiz und instrumentalistische Arbeitsorientierungen in Richtung auf Geldverdienst, Karriere etc. erweisen sich als problematisch (vgl. auch Heitmeyer u.a. 1992).

Personal repräsentierte Gefährdungspunkte liegen vor allem in
- Empfindungen relativer Deprivation,
- einem niedrigen Selbstwertgefühl, das nach außen von einer Kritik abwehrenden Fassade von Selbstüberschätzung gleichsam verdeckt und abgeschottet werden soll,
- mangelnder Empathiefähigkeit,
- Abwendung von der Übernahme der Verantwortlichkeit für sich und andere,
- unzureichend ausgeprägter Reflexivität,
- mehr oder minder permanenten Konkurrenzängsten und (darauf basierendem) Mißtrauen sowie
- hohen externalen, aber auch internalen Kontrollüberzeugungen.

Aus den genannten sozialisatorisch wirksamen und personal repräsentierten Anfälligkeitskonstellationen entsteht ein hochexplosives Gebräu offensichtlich vor allem dann, wenn der *Öffentlichkeit Unterlassungen* oder *Fehlleistungen* unterlaufen:
- wenn die Gesellschaft als ganze die ihren Modernisierungstendenzen innewohnenden Verursachungskontexte schlicht leugnet und deshalb unbearbeitet läßt,
- legitime Kanäle der Veröffentlichung wahrgenommener Problemlagen und speziell der politischen Beteiligung nicht wahrgenommen oder als verstopft angesehen werden (müssen),
- die etablierte Politik durch Nicht-Handeln „glänzt" und dabei auch selbst nolens volens die Ethnisierung sozialer Konflikte betreibt,
- polizeiliche und justizielle Reaktionen unterbleiben, auf sich warten lassen, inkonsequent ausfallen oder so angelegt sind, daß sie gar als Belohnung gewaltförmigen Handelns interpretiert werden können,
- Pädagogik Ignoranz oder Ausgrenzungsstrategien gegenüber auffälligen Jugendlichen und Erwachsenen favorisiert, statt das sie umtreibende Anerkennungs-Dilemma anzugehen und funktionale Äquivalente für das problematische Verhalten zu vermitteln.

Politisch-pädagogische Konsequenz: Strategie der Anerkennung

Symptombeschreibung und -explikation verdeutlichen, daß eine rein pädagogisch-sozialarbeiterische Lösung der Problematik Illusion wäre. Zu tief sind ihre Ursachen in sozio-ökonomischen Entwicklungsprozessen angelegt, zu stark von politischen Regulierungen abhängig, zu breit in kulturellen Mustern eingelagert und damit letztlich zu fest im Zentrum der Gesellschaft verhaftet. Genau deshalb verbietet sich auch das ausschließliche Vertrauen in die Effektivität und Effizienz polizeilicher und justizieller Reaktionen.

Aufgrund der quantitativen und vor allem qualitativen Unterschiedlichkeit von Anfälligkeiten innerhalb der verschiedenen Regionen, Altersgruppen, Geschlechter sowie Bildungs- und Sozialmilieus ist zudem ein einheitliches Konzept der Gewalt- und Rechtsextremismusbekämpfung wenig erfolgversprechend. Vielmehr ist eine in diesem Band deshalb auszugsweise entfaltete Vielfalt von Ansätzen gefragt, die jeweils den besonderen Gegebenheiten vor Ort und den angesprochenen Zielgruppen gerecht werden. Ein Königsweg läßt sich nicht finden.

Gleichwohl: Ohne hier im einzelnen auf Desiderate für den gesamtgesellschaftlichen öffentlichen Umgang mit der Problematik, für die diversen Teilbereiche von Ökonomie, Medien, Politik, Polizei und Justiz oder auch nur für die einzelnen Arbeitsfelder von sozialer Arbeit und Pädagogik eingehen zu können, erscheint über all diese Bereiche hinweg eine Strategie ein grundlegender Bearbeitungsweg sein zu können: die *Strategie wechselseitiger Anerkennung* (vgl. auch Honneth 1994; Heitmeyer u.a. 1995).

Die obige Analyse ergab in nuce, daß im Zuge des Abschmelzens kollektiver interpersonaler Bindungen und Abhängigkeiten sowie darauf ausgerichteter sozialer wie personaler Identitätsbezüge sich nicht nur die Chancen auf eine individuelle Lebensgestaltung erhöhen, sondern auch ein sich vergrößerndes Vakuum intersubjektiver Anerkennung entsteht. Der/die Einzelne wird einerseits in die Lage versetzt, milieu-, alters- oder geschlechtsspezifische Fesseln und Bornierungen abzustreifen, kann aber andererseits immer weniger darauf vertrauen, daß sein/ihr gesellschaftlicher Standort und die damit verbundenen Status- und Prestigewerte bzw. Rechte durch unhinterfragbare Zugehörigkeiten gesichert werden. Positionen und damit verknüpfte Verfügungsmöglichkeiten und Akzeptanzen müssen in einem viel größeren Maße als in traditionellen Gesellschaften erworben werden.

Leistungsfähigkeit, ökonomische Besitzvermehrung und Konsum sind die zentralen Mechanismen, die unsere Marktgesellschaft dafür bietet, auch wenn sich klassenspezifische und ständisch eingefärbte Verteilungsprinzipien in manchen Nischen noch halten. Zwar sind die genannten Mechanismen dabei, sich auch in den internationalen Beziehungen (vor allem innerhalb des globalen Marktes) wachsende Geltung zu verschaffen, Nationalstaatlichkeit erweist sich aber nach wie vor als ein Hemmnis, wertet es doch Geburt bzw. Abstammung und Seßhaftigkeit höher als Mobilität. Insofern Leistung, Besitz und Konsum auf Güter zielen, die nicht unbegrenzt zur Verfügung stehen, müssen die Akteure zu ihrem Erwerb in Konkurrenzverhältnisse treten. Letztere werden dadurch angeheizt und aufrechterhalten, daß die Knappheit der Güter immer nur zeitlich beschränkt existiert und die Bedürfnisse nicht statisch sind, sondern sich marktwirtschaftlich dynamisiert weiterentwickeln und auf immer neue Befriedigungen drängen.

Dieser Kontext gebiert eine Reihe von Problemen für die an ihm Beteiligten, zumindest die folgenden:

1. Woher sollen diejenigen ihre Anerkennungen (sowohl im Sinne von Wertschätzung wie von Zuweisung gleicher Rechte) beziehen, die im Konkurrenzkampf um Leistungsfähigkeit, Besitzvermehrung und Konsum nicht mithalten können? Welche Vermittlungsfaktoren von Anerkennung stehen ihnen noch offen, ohne daß sie sich gezwungen sehen, ihre Ziele auf illegalem oder illegitimem Wege zu erreichen?

2. Auch diejenigen, die als Modernisierungsgewinner leben, müssen einen ständigen Konkurrenzkampf ausfechten, müssen sie doch gewärtigen, daß die Begehrlichkeiten anderer realer oder potentieller Konkurrenten ihr bereits erreichtes und/oder das noch zu erlangende Wohlstands- und Prestigeniveau gefährden.

3. Obwohl sich Arbeits- und Konsummärkte längst internationalisiert haben, regelt nationale Zugehörigkeit den Zugang zu Anerkennungen auf prämodern statische Weise, indem sie von individuellen Anstrengungen nahezu völlig entkoppelt ist und Rechte nach den Kriterien von Blut und Boden verteilt. Sie kann damit als Schutzmechanismus für diejenigen wirken, bei denen Lebensraum und nationale Zugehörigkeit in eins fallen, gleichzeitig aber – und dies ist die Kehrseite – einen Ausgrenzungsmechanismus für solche Menschen bilden, die in einer Nation leben, deren formale Zugehörigkeit sie nicht besitzen.

Gewalt und Rechtsextremismus sind mithin auf Dauer nicht polizeilich und justiziell, sondern nur dann ernsthaft abbaubar, wenn es gelingt,

– die vorhandenen Medien der Anerkennung für alle sozialverträglich und dann leichter zugänglich und nutzbar zu machen. Dabei genügt es nicht, der Reduzierung sozialstaatlicher Kompensationen für Modernisierungsverlierer entgegenzutreten. Mindestens ebenso dringlich ist ihre Reformierung anzugehen;

– neue Medien der Anerkennung zu etablieren und damit einerseits die Zentralität von Leistungsfähigkeit, Besitzvermehrung und Konsum in Schranken zu verweisen, andererseits aber auch die politischrechtliche Anerkennung von ImmigrantInnen und anderen Minderheiten als gleichberechtigte BürgerInnen zum Zwecke einer De-Ethnisierung von sozialen Konflikten zu forcieren und durchzusetzen (vgl. den Beitrag von Scheve in diesem Band). Damit würde in diesem Bereich erleichtert, was auch in anderen Bereichen ansteht, nämlich

- die interindividuelle Wechselseitigkeit von Anerkennungen sicherzustellen.

Es kommt also nicht nur darauf an, mehr Toleranz gegenüber fremdartig erscheinenden Lebensstilen zu entwickeln und das pluralistische Motto „leben und leben lassen" zu verfolgen. Viel wichtiger ist eine auf Gegenseitigkeit beruhende Gleichbehandlung in sozialer und kultureller Akzeptanz sowie in rechtlicher Hinsicht. Anerkennung meint in mindestens zweierlei Hinsicht mehr als bloßes Gewährenlassen. Zum ersten ist sie an die Wechselseitigkeit der Akzeptanz gebunden. Sie findet ihre Grenzen letztlich dort, wo die Akzeptanz als gleichberechtigtes Individuum auf Dauer nicht entsprechend erwidert wird. Zum zweiten schließt sie auch die Anerkennung der eventuellen Hilfsbedürftigkeit anderer und die Entwicklung einer entsprechenden Verantwortlichkeit für sie ein (vgl. in diesem Zusammenhang auch das Konzept „akzeptierender Jugendarbeit" von Krafeld/Lutzebäck in diesem Band).

Diese zugegebenermaßen recht abstrakten Zielvorgaben sind in konkrete Vorgehensweisen transformierbar. Keineswegs erschöpfen sie sich aber darin, allgemein an mehr Ausländerfreundlichkeit und Toleranz zu appellieren, intensivere sozialarbeiterische Zuwendung zu rechten und/oder ausländischen Jugendlichen zu propagieren oder den Ausbau respektive eine Neuorientierung der politischen Bildung zu fordern. So wichtig entsprechende Bemühungen auch sind: Sie laufen viel weitreichender auf das Erfordernis einer *Breitbandinitiative von Wirtschaft, Politik und Pädagogik* hinaus. Anders ist die im Gespräch über die Ursachen von Gewalt und Rechtsextremismus immer wieder zu Recht ins Spiel gebrachte „Mitte der Gesellschaft" gar nicht zu beeinflussen. Öffentliche Appelle, Sozialarbeit und politische Bildung vermögen bestenfalls Symptome zu bekämpfen, vorhandene Problemlagen zu entkrampfen, und strukturelle Veränderungen einzuklagen, vielleicht sogar sie mitzutragen, sie sind aber nicht in der Lage, Strukturen aus eigener Macht selbsttätig zu verändern. Erst recht sind pädagogische Luftschlösser und sozialhygienische Therapeutika in the long run wirkungslos. Während erstere Erwartungshaltungen aufbauen, die unerreichbar sind und deshalb als De-Legitimation letztlich auf die Zunft zurückschlagen, schaffen letztere zwar bestenfalls zunächst Beruhigung an der Front, sind aber keine ursachenbezogenen Strategien. Zu ihnen gehören mit Blick auf die oben angeführten Postulate unter anderen die folgenden Gesichtspunkte:

- Zugangserleichterungen für vorhandene Anerkennungsmedien oder wenigstens ihre Kompensationen zu schaffen, bedeutet, durch eine breit angelegte Reformpolitik Sorge dafür zu tragen, daß mehr als bislang *Chancengleichheit* vom Schlagwort zur Realität wird. Dies beinhaltet

- durch eine gleichrangige Unterstützung von *Familien*, familienähnlichen Konstellationen und familienergänzenden bzw. -ersetzenden Hilfen schon für Kinder primäre Sozialisationsbedingungen zu schaffen, die ihnen eine möglichst belastungs- und gewaltfreie Entwicklung garantieren. Dazu gehört u.a. ein Ausbau der familienpolitischen Förderung von Kindererziehung, eine arbeitsmarktpolitische Berücksichtigung der Relevanz von Erziehungs- und Familienarbeit für Frauen wie für Männer, die pädagogische Qualifizierung der bislang eher unter Unterbringungs- und Betreuungsaspekten gesehenen Kindergarten-, Hort- und Heimerziehung;

- Jugendliche kollektiv nicht allein in pädagogisch inszenierten Gruppen ansprechen zu wollen, sondern über eine gezielte Förderung von und pädagogische Arbeit mit informellen jugendlichen *Cliquen*, ihre eigenen Potentiale von Selbstorganisation und -hilfe zu qualifizieren (vgl. auch Krafeld 1992). So könnten ihnen zu Suff, Konformitätsdruck und Gewalt alternative Vermittlungsformen von Kohäsion, interner und externer Kommunikation und Krisenbewältigung, aber auch neue Ebenen der Vermittlung von Selbstwert erfahrbar werden. Vordringlicher Beachtung bedürfen dabei die Cliquen der jüngeren Jugendlichen, die vermutlich noch am ehesten pädagogisch beeinflußbar sein dürften, sowie die inländischen Jugendlichen mit fremdem Paß, die als Zielgruppe (sozial)pädagogischer Maßnahmen fast ausschließlich unter Betreuungsmaximen und viel zu wenig unter Qualifizierungs-, Förderungs-, geschweige denn empowerment-Perspektiven anvisiert werden;

- über geeignete Praktiken *handlungsorientierter Medienarbeit* junge Leute aus der Passivität bloßen Medienkonsums herauszuführen und ihnen die Sensibilisierungs-, Reflexions-, Mitteilungs-, Beteiligungs- und Machtfunktion von Medien an die Hand zu geben; dies damit sie funktionale Äquivalente für den Aufbau eines tragfähigen Selbstbilds über neu erworbene Kompetenzen und Kommunikationsformen erfahren können und sich nicht gezwungen sehen, zum

„Öffentlichkeitsarbeitsmittel" der Gewalt greifen zu müssen (vgl. dazu von Hören und Braun-Badie-Massud in diesem Band);

- nicht nur die Zugänglichkeit und Durchlässigkeit des *Bildungssystems* zu verbessern – insbesondere für die diesbezüglich eklatant benachteiligte Gruppe der ausländischen Jugendlichen –, sondern auch durch eine „innere Schulreform" die Weiterentwicklung in Richtung auf die entsolidarisierende, den Qualifikationserfordernissen des Arbeitsmarktes gänzlich unterworfene „Wettbewerbsschule" zu stoppen. Der Bildungsbegriff darf nicht völlig dem des Qualifikationserwerbs geopfert werden. Es müssen wieder stärker soziale Kompetenzen gefördert werden – und dies nicht nur im Grund-, Sonder- und Hauptschulbereich. In diesem Sinne kann eine Vernetzung von Schule und Jugendarbeit über bloße Kooperation der Einrichtungen hinaus als innere Verzahnung ihrer Arbeitsprinzipien fruchtbar gemacht werden;

- *Ausbildungs- und Arbeitsplätze* seitens des Staates und der Wirtschaft in ausreichendem Maße gerade in Problemregionen wie z.B. den neuen Ländern ersatzweise über außerbetriebliche Ausbildung und einen zweiten Arbeitsmarkt zur Verfügung zu stellen, aber darüber hinaus auch Realisierungsgegebenheiten für sachlich-inhaltliche Arbeitsinteressen im Arbeitssystem zu verbessern (vgl. auch den Beitrag von Heinisch in diesem Band);

- vermittels *sozial-, tarif-, steuer- und wohnungspolitischer Vorkehrungen* die immer weiter auseinanderklaffende Schere zwischen reich und arm zu schließen, materielle Ressourcen gerechter zu verteilen und damit (auch relative) Deprivationslagen zu verringern. Nicht zufällig haben wir es bei rechtsextremen und anderen Gewalttätern vielfach mit Multiproblemfällen zu tun, bei denen die politische Kriminalität nur einen Akzent innerhalb einer insgesamt in die Schieflage geratenen Lebenssituation ist.

Neue Medien der Anerkennung und damit der Selbstwertkonstruktion können nicht per Dekret erlassen werden. Erst recht bewirken sie wenig, wenn sie nur durch Moral gestützt werden, nicht aber in den Systemen von Wirtschaft, Recht und Politik zur Anwendung gelangen. Immerhin aber läßt sich an alten Formen anknüpfen. *Menschenwürde, Rechtsgleichheit, Kooperativität*, „ehrenamtliches" *öffentliches Engagement, Solidarität, Hilfsbereitschaft* und *Fürsorge* sind beispielsweise Kriterien interpersonaler Wertschätzung und Akzeptanz, die in ihrer Existenz auf Dauer unhintergehbar sind. Denn eine Gesellschaft ist nur als Netz des Austausches von Waren und Dienstleistung schlichtweg nicht überlebensfähig. Eine entsprechende Werte-Erziehung verkommt aber nur dann nicht zu einem abstrakten, rabulistischen Gerede, wenn sie die Schaffung von Realisierungsbedingungen für die zu vermittelnden Werthaltungen mit einbezieht. Nur brainstormingartig zusammengefaßt bedeutet dies z.B.:

- ökonomisch, rechtlich und politisch sicherzustellen, daß mangelnde Leistungsfähigkeit, fehlender Besitz und geringe Konsummöglichkeiten, die sich massenhaft in Armut niederschlagen, nicht ein *menschenwürdiges* Leben be- oder gar verhindern. Es sei gestattet, daran zu erinnern, daß Armut vor dem Heraufdämmern kapitalistischer Wirtschaftsweisen durchaus nicht in der heutigen Weise ehrabschneidend wirkte. Eine Gesellschaft, die Obdachlose und SozialhilfeempfängerInnen (oder auch Behinderte) ins Abseits stellt, muß sich nicht wundern, wenn bei Teilen der jungen Generation Ideologien vom angeblich lebensunwerten Leben (wieder) verfangen und entsprechende Übergriffe passieren.

- Rechtsextreme Gewalt trifft nicht zufällig Menschen, denen Rechtsgleichheit entweder weitgehend juristisch verwehrt wird (etwa Ausländer oder homosexuelle Paare) oder die von relevanten Teilen der Gesellschaft alltagskulturell als weniger achtenswert oder gar als minderwertig eingestuft werden. Die Sphären von Politik, Wirtschaft und Recht unterliegen einer besonderen Verpflichtung bezüglich der Demonstration einer vorerst zumindest partiellen *Rechtsgleichheit* und einer ihr folgenden tatsächlichen Gleichbehandlung. Eine Integrationspolitik für in Deutschland lebende Ausländer, die unter anderem die Möglichkeit für doppelte Staatsangehörigkeiten, den Erwerb der deutschen Staatsbürgerschaft durch Geburt in Deutschland, Gleichstellung auf dem Arbeitsmarkt, Wahlrechte, Antidiskriminierungsregelungen und Einbürgerungserleichterungen vorsieht, muß und kann Vorbild-Charakter für den Abbau ethnischnationaler Konfliktlinien entwickeln. Verfassung und nicht Nation muß der bindende Bezugspunkt einer Modernitätsbestrebungen angemessenen künftigen Gesellschaftsverfassung sein.

- *Kooperativität* übersteigt den Rang eines Kriteriums auf dem beruflichen Stellenmarkt dann, wenn Betätigungs- und Erwerbsarbeitsverhältnisse so ausgelegt sind, daß die Gemeinsamkeit der Leistung vom Planungsprozeß an für die Beteiligten erkennbar und damit der je spezifische Beitrag des einzelnen in seiner Funktion für ein gemeinsames Produkt schätzbar wird. Daraus folgt, vor allem in Schule und Arbeitswelt in größeren Projektzusammenhängen Sinnbezüge deutlich werden zu lassen, statt der Zerstückelung und Fremdbestimmung von Arbeits- und Lernprozessen durch Taylorisierung,

Überspezialisierung und Stundentakt Vorschub zu leisten. Die Gelegenheit, sachlich-inhaltliche Arbeits- und Lerninteressen verwirklichen zu können, schützt vor einem Rückzug in instrumentalistische Orientierungen und damit auch vor einem zentralen Gefährdungspunkt in bezug auf die Übernahme rechtsextremer Einstellungen und Verhaltensweisen.

- Unbezahltes *öffentliches Engagement* einschließlich Selbsthilfe muß Erleichterung erfahren und eine Neubewertung im Sinne einer Aufwertung gegenüber der Erwerbsarbeit erlangen, ohne der Versuchung zu erliegen, es als Rationalisierungsreserve für bezahlte Jobs einzusetzen. Freiwilligenbüros, Dienstleistungsbörsen verschiedener Art, (organisierte) Nachbarschaftshilfe auf Gegenseitigkeit, Freistellungsregelungen für ehrenamtlich Tätige und ähnliche Initiativen zu fördern, bewirkt auch die Verbreiterung eines Begriffs von Arbeit, der seine Zentrierung auf Erwerbsinteressen in Frage stellt, die gesellschaftliche Nützlichkeit von Arbeit durch neue Belohnungsformen sanktioniert und damit auch neue *Definitionskriterien von Leistungsfähigkeit* Eingang finden läßt. Vergleichbares gilt für dezidiert politisches Engagement. Politiker- und Parteienverdrossenheit und den nicht zuletzt auch daraus erwachsenden Gefahren von Demokratieunzufriedenheit und illegitimer politischer Partizipation ist nicht allein durch die Erleichterung des Zugangs zu bereits bestehenden *politischen Beteiligungsformen* (nicht nur) für die junge Generation entgegenzusteuern. Vor allem bedarf es umsetzbarer politischer und pädagogischer Phantasien dahingehend, wie neue Wege für die Jugend zur und in der Politik entwickelt und möglichst flächendeckend umgesetzt werden können (vgl. als Beispiel auch den Beitrag von Klingebiel in diesem Band). In dieser Hinsicht kommt neben einer Vermehrung (vielleicht teilweise auch altersspezifischer) plebiszitärer Elemente Konzeptionen von lokalen und bezirksorientierten Jugendräten, in denen heute schon auch Jugendliche nicht-deutscher Nationalität aktiv sein können, besondere Bedeutung zu.
- Werte wie *Solidarität, Hilfsbereitschaft* und *Fürsorge* lassen sich nicht oder jedenfalls nicht erschöpfend durch professionelle Beziehungsarbeit wie etwa die „bezahlte Liebe" der Sozialarbeit, oder durch Großorganisationen wie Gewerkschaften, Kirchen und Wohlstandskonzerne umsetzen. Ihre Bedeutung muß gerade für Kinder und Jugendliche im gegenseitigen Alltagsumgang erfahrbar werden. Dies bedeutet aber auch, Erziehung weniger im Sinne einer informierenden Aufklärung über objektive Sachverhalte als vielmehr als aktive

Erfahrung anzulegen. Die nachhaltigsten Lernprozesse vollziehen sich eher in Aktion und ihrer reflexiven Verarbeitung als vermittels vornehmlich rezeptiver Aufnahme von Neuem. Nur durch *lebendige Erfahrung* können auch überzogene Kontrollüberzeugungen internaler und externaler Art abgebaut werden.

- Insofern Handeln immer auch *emotionale Qualität* besitzt und gerade Werte wie die obigen nicht schlichtweg paukbar sind wie abstrakte Mathe-Formeln, wird eine rein kognitive Strategie der Wissensvermehrung erfolglos bleiben. Dies betrifft in besonderem Maße sowohl die Informationsvermittlung über den Nationalsozialismus als auch den Bekämpfungsversuch xenophober Vorurteile gegenüber MigrantInnen vermittels der Aufklärung über den objektiv meßbaren ökonomischen und kulturellen Gewinn, den Deutschland aus der Anwesenheit von AusländerInnen zieht. Er bleibt solange bestenfalls äußerliches Wissen, wie er nicht aus eigener Erfahrung mit positiven Beispielen belegt werden kann.
- Zudem ist prekär, wenn gerade traditionell überlieferte sogenannte „weibliche Moralen" (Gilligan), die ein Gutteil dieser Werte beinhalte(te)n, in einer Art von „verquerer Emanzipation" mit der unkritischen Anpassung an die Männerwelten von Konkurrenzehrgeiz, Dominanzwillen und rücksichtsloser Durchsetzung auf dem Altar der Modernisierung geschlechtsspezifischer Verhaltensweisen als Relikte prämoderner Verhältnisse geopfert werden, statt daß ihre Bedeutsamkeit auch für die andere Hälfte der Menschheit unterstrichen wird. Männer und Jungen sind auch gerade deshalb für Rechtsextremismus und Gewalt besonders anfällig, weil das gängige Männerbild Durchsetzungsfähigkeit um nahezu jeden Preis propagiert, dabei Solidarität auf Kumpelhaftigkeit reduziert und Hilfsbereitschaft zumeist allenfalls auf partikularistische Zusammenhänge bezieht. *Männer und Jungen einbeziehende Gleichstellungspolitik und geschlechtsreflektierende Arbeit* kann die Bedeutsamkeit anderer Formen des Zusammenhalts erfahrbar machen, nicht zuletzt dadurch, daß die Relevanz von Familienarbeit auch für das männliche Geschlecht verdeutlicht wird.
- In einer Gesellschaft, in der interindividuelle Anerkennung als Integrationsmechanismus mehr und mehr an die Stelle kollektiver Einbindungen tritt, muß die Gegenseitigkeit der Respektsbezeugung sichergestellt sein. Wesentliche Voraussetzung dafür ist die Fähigkeit zur *Perspektivenübernahme* in einem mehr als strategischen, die Absichten des jeweiligen Gegenübers abcheckenden Sinne. Erst Perspektivenübernahme ermöglicht die Einsicht in die Relativität des

eigenen Standpunkts und damit in dessen Vermittlungsfähigkeit mit dem des anderen. Sie erweist sich damit als entscheidende Vorbedingung für den Erwerb von Kompetenzen gewaltfreier Konfliktaustragung, wie sie nicht nur multi-ethnische Problemkonstellationen verlangen. Zusätzliche Qualität erlangt sie, wenn sie *empathisch* verläuft, also nicht nur Verstehensbereitschaften, sondern darüber hinaus auch Einfühlungsbereitschaften einschließt. Diese öffnen den Zugang zu jenem Definitionsteil von Anerkennung, der *Verantwortlichkeit* meint. Die Wechselseitigkeit der Anerkennung ist nämlich mehr als ein Austauschgeschäft. Die Reflexion der externalen Folgen des eigenen Handelns und von Unterlassungen, deren Fehlen oder Mangelhaftigkeit sich häufig in unzureichendem Unrechtsbewußtsein von Gewaltbefürwortern und -tätern niederschlägt, ist als unhintergehbare Voraussetzung gewaltfreier Zwischenmenschlichkeit gezielt zu entwickeln. Entsprechende Verfahren sind unter anderem pädagogisch, aber nicht nur im Rahmen politischer Bildung, trainierbar, beispielsweise in Trainings von Zivilcourage (vgl. Koppold in diesem Band). Verantwortlichkeit können Jugendliche zum einen nur dann erwerben, wenn ihnen auch Verantwortung zugestanden wird; zum anderen ist sie als Erziehungsziel nur dann glaubwürdig, wenn sie auch von Erwachsenen vorgelebt wird. Im Hinblick auf technologiepolitische, ökologische und militärische Fragen wird Jugendlichen diesbezüglich eher ein gegenteiliger Eindruck erzeugt. Ganz abgesehen davon beweist sich Verantwortlichkeit aber gerade besonders eingängig in den eher alltagseingelagerten Feldern der Lebensführung innerhalb des öko-sozialen Nahraums. Eine Verstärkung der politischen und pädagogischen *Gemeinwesenorientierung*, die sich auch in einer Vernetzung professioneller sozialer Dienstleistungs- und Hilfeeinrichtungen vor Ort und im Stadtteil niederschlägt, kann den Blick wieder deutlicher auf die kleinen Lebenswelten ausrichten helfen. Die erwachsenen Angehörigen eines Gemeinwesens können insofern in die Pflicht genommen werden, als sie die auftretenden Probleme mit den zugehörigen Jugendlichen nicht nur als Jugend- oder Ausländer-, sondern auch als allgemeinere Gemeinwesenprobleme perzipieren müssen, für deren Entstehen und Bearbeiten auch sie Verantwortung tragen. Die ultima ratio staatlicher Repression verliert damit ihren problematischen Rang. Die (politische) Erwachsenenbildung steht damit vor Herausforderungen, die ihre bislang gängigen Arbeitsweisen und Veranstaltungsformen überfordern und weitere Öffnung hin zu sozialpädagogischen Prinzipien abverlangen.

Fazit

Gewalt und Rechtsextremismus bilden Problemlagen, die mehr sind als aktuelle Konflikte an den Rändern der Gesellschaft. Die Dauerhaftigkeit und Zentralität ihrer Ursachenkontexte (und im übrigen auch ihre Internationalität) lassen kurzfristige, anlaßzentrierte, reaktive und nur auf auffällige, marginalisierte und stigmatisierte Gruppierungen zielende Bearbeitungsweisen bestenfalls als Versuch der Kappung von Zuspitzungen, letztlich aber als Gefechte auf Nebenkriegsschauplätzen erscheinen. Sie stellen sich als Symptome einer modernisierungsinhärenten Zersplitterung der Gesellschaft dar, der die überlieferten Integrationsmedien ausgehen. Insofern lenken sie die Aufmerksamkeit auf das Schmelzen sozialer Kerne. Es zieht insoweit weitreichende Folgen nach sich, als auf Kohäsion bei Strafe eines Verlustes von Zwischenmenschlichkeit nicht gänzlich verzichtet werden kann, sie aber nun auf neue Weise gesucht werden muß. Die dafür zur Verfügung stehenden Mechanismen indes erweisen sich sowohl in ihren modernistischen Versionen im Rahmen von Markt, Medien und Konsum als auch in ihren prämodernen Varianten von Nationalisierung, Ethnisierung oder gar Biologisierung eher als Auslöser, Legitimationen und Katalysatoren von Ungleichheitsideologien und Gewalt (oder in Hinsicht auf die erstgenannte Gruppe teilweise bestenfalls als in dieser Hinsicht neutral) denn als geeignete Gegensteuerungen. Während Nationalisierung, Ethnisierung und Biologisierung noch auf die Karte der Bindungen zu Integrationszwecken setzen, beziehen sich die modernisierten Formen auf individuelle Repräsentationen. Sie tun damit den Individualisierungstendenzen der Gesellschaft Genüge, enthalten aber in verschiedenen Momenten ihrer Ausformungen (Konkurrenzehrgeiz und Mißtrauen, Dominanzwillen, Hedonismus, Instrumentalismus etc.) Elemente einer Dissozialisierung, die die Grenzen zu gewaltsamer Durchsetzung entweder heute schon durchbrechen oder künftig aufzulösen drohen.

Daher führt kein Weg an der allmählichen Etablierung neuer Medien wechselseitiger Anerkennung der Individuen als Gleichberechtigte und gleich zu Behandelnde vorbei. Dabei kann die Revitalisierung und Modernisierung überkommener Interaktionsweisen und Wertvorstellungen durchaus hilfreich sein.

Während den Sphären von Politik, Wirtschaft und Recht im eher großrahmigen Prozeß entsprechender struktureller Einflußnahme Schlüsselfunktionen zukommen, ist die Position sozialer und pädagogischer Arbeitsgebiete nachrangig angesiedelt. Ihre Stärken erwachsen jedoch daraus, daß sie zwar nicht zu überschätzende, aber auch nicht unwesentliche Sozialisationsfaktoren vornehmlich für die nachwachsende Generation darstellen, in der Regel im mikrosozialen Alltag der Individuen plaziert sind und dabei nicht nur defensiv-therapeutische, sondern auch offensiv-strukturelle Wirkungen zu entfalten vermögen. Letzteres setzt freilich voraus, professionelles Handeln in diesen Feldern mehr als beiläufig auch als politisches Handeln zu begreifen.

Literatur

Baumann, M.: Junge Menschen und sexuelle Delinquenz. In: Rotthaus,W. (Hrsg.): Sexuell deviantes Verhalten Jugendlicher. Dortmund 1991, S. 29-69

Behnken, I. u.a.: Schülerstudie '90. Jugendliche im Prozeß der Vereinigung. Weinheim und München 1991

Bundeskriminalamt (Hrsg.): Polizeiliche Kriminalstatistik 1990-1993

Bundesministerium des Inneren (Hrsg.): Verfassungsschutzberichte 1986 bis 1993

Böhnisch, L./Winter, R.: Männliche Sozialisation. Weinheim und München 1993

Carrigan, T./Connell, R.W./Lee, J.: Toward a new sociology of masculinity. In: Theory and society, 14 (1985), S. 551-604

Connell, R.W.: Gender and power. Sydney 1987

Connell, R.W.: The state, gender and sexual politics. In: Theory and society, 19 (1990), S. 507-544

Dettenborn, H.: Entwicklung und Ursachen von Aggression in der Schule. Wie Schüler darüber denken. In: Pädagogik und Schulalltag 1/1993, S. 60-67

Dettenborn, H.: Schutz, Gegenwehr, Ratsuche - Wie Schüler auf Aggression in der Schule reagieren. In: Pädagogik und Schulalltag 2/1993, S. 175-185

Deutsches Jugendinstitut (Hrsg.): Schüler an der Schwelle zur deutschen Einheit. Politische und persönliche Orientierungen in Ost und West. Opladen 1992

Dörmann, U./Dreyer, Chr.: Ausländer in der Kriminalstatistik – Bundesgebiet und Hessen. In: Koch-Arzberger, C. u.a. (Hrsg.): Einwanderungsland Hessen? Daten, Fakten, Analysen. Opladen 1993

Eckert, R.: Vom „Schläger" zum „Kämpfer". Jugendgewalt und Fremdenfeindlichkeit. In: Der Bürger im Staat 2/1993, S. 135–142

Farin, K./Seidel-Pielen, E.: Skinheads. München 1993

Ferstl, R./Niebel, G./Hanewinkel, R.: Gutachterliche Stellungnahme zur Verbreitung von Gewalt und Aggression an Schulen in Schleswig-Holstein. Kiel 1993

Förster, P./Friedrich, W./Müller, H./Schubarth, W.: Jugend Ost – Zwischen Hoffnung und Gewalt. Opladen 1993

Gerhard, U.: Differenz und Vielfalt – Die Diskurse der Frauenforschung. In: Zeitschrift für Frauenforschung 11 (1993), H. 1 u. 2, S. 10–21

Gordon, L. (Ed.): Women, the state and welfare. Madison 1990

Harnischmacher, R.: Gewalt an Schulen. Theorie und Praxis des Gewaltphänomens. Rostock 1994

Hausen, K.: Patriarchat. Vom Nutzen und Nachteil eines Konzepts. In: Journal für Geschichte (1986), H. 5, S. 12ff.

Heinemann, K.-H./Schubart, W. (Hrsg.): Der antifaschistische Staat entläßt seine Kinder. Jugend und Rechtsextremismus in Ostdeutschland. Köln 1992

Heitmeyer, W.: Rechtsextremistische Orientierungen bei Jugendlichen. Weinheim und München 1987

Heitmeyer, W.: Rechtsextremismus, Fremdenfeindlichkeit und die Entpolitisierung von Gewalt. In: Albrecht, P.-A./Backes, O.: Verdeckte Gewalt. Frankfurt/M. 1990, S. 151–173

Heitmeyer, W.: Gesellschaftliche Desintegrationsprozesse als Ursachen von fremdenfeindlicher Gewalt und politischer Paralysierung. In: Aus Politik und Zeitgeschichte. Beilage zur Wochenzeitung Das Parlament, B 2-3/93 vom 8.1.1993, S. 3–13

Heitmeyer, W.: Das Desintegrations-Theorem. Ein Erklärungsansatz zu fremdenfeindlich motivierter, rechtsextremistischer Gewalt und zur Lähmung gesellschaftlicher Institutionen. In: Ders. (Hrsg.): Das Gewalt-Dilemma. Frankfurt/M. 1994, S. 29–69

Heitmeyer, W. u.a.: Gewalt. Schattenseiten der Individualisierung bei Jugendlichen aus unterschiedlichen Milieus. Weinheim und München 1995

Heitmeyer, W./Buhse, H./Liebe, J./Möller, K./Ritz, H./Siller, G./Vossen, J.: Die Bielefelder Rechtsextremismus-Studie. Weinheim und München 1992, 2. Aufl. 1993

Held, J./Leiprecht, R./Marvakis, A.: „Du mußt so handeln, daß Du Gewinn machst ..." Empirische Untersuchungen und theoretische Überlegungen zu politischen Orientierungen jugendlicher Arbeitnehmer. Duisburg 1991 (DISS-Text Nr. 18)

Hoffmann-Lange, U./Gille, M./Ott, S./Schneider, H.: Angleichung oder Stabilisierung geschlechtsspezifischer Muster? In: Der Bürger im Staat 43 (1993), H. 3, S. 185-196

Holzkamp, C./Rommelspacher, B.: Frauen und Rechtsextremismus. Wie sind Mädchen und Frauen verstrickt? In: päd extra/demokratische erziehung 19 (1991), H. 1, S. 33-39

Honneth, A.: Desintegration. Bruchstücke einer soziologischen Zeitdiagnose. Frankfurt/M. 1994

Hopf, C.: Autoritarismus und soziale Beziehungen in der Familie. In: Zeitschrift für Pädagogik 3/1990

Hopf, C.: Einführung: Zu den Fragestellungen der Veranstaltung und zu den Begriffen „Ethnozentrismus" und „Rassismus". In: Lebensverhältnisse und soziale Konflikte in Europa. Verhandlungen des 26. deutschen Soziologentages in Düsseldorf 1992 (hrsg. im Auftrag der Deutschen Gesellschaft für Soziologie von Bernhard Schäfers). Frankfurt/New York 1993, 379-381

Hopf, C.: Rechtsextremismus und Beziehungserfahrungen. In: Zeitschrift für Soziologie 6/1994, S. 449-463

Hopf, W.: Rechtsextremismus von Jugendlichen: Kein Deprivationsproblem? In: Zeitschrift für Sozialisationsforschung und Erziehungssoziologie 3/1994

Institut für Empirische Psychologie (Hrsg.): Die selbstbewußte Jugend. Orientierungen und Perspektiven 2 Jahre nach der Wiedervereinigung. Die IBM-Jugendstudie '92. Köln 1992

IPOS: Einstellungen zu aktuellen Fragen der Innenpolitik in Deutschland. Mannheim 1988, 1989, 1990, 1991, 1992

IPOS: Jugendliche und junge Erwachsene in Deutschland Februar/März 1993. Ergebnisse jeweils einer repräsentativen Bevölkerungsumfrage in den alten und neuen Bundesländern. 1993

Kaase, M./Neidhardt, F.: Politische Gewalt und Repression. Berlin 1990 (Bd. IV von Schwind/Baumann u.a. 1990)

Kavemann, B./Lohstöter, I.: Väter als Täter. Sexuelle Gewalt gegen Mädchen. Reinbek 1984

Krafeld, F.-J.: Cliquenorientierte Jugendarbeit. Weinheim/München 1992

Lederer, G.: Erkenntnisse zur „autoritären Persönlichkeit" heute. In: Schäfers, B. (Hrsg.): Lebensverhältnisse und soziale Konflikte im neuen Europa. Verhandlungen des 26. Deutschen Soziologentages in Düsseldorf 1992. Frankfurt/New York 1993, S. 382-389

Mansel, J.: Quantitative Entwicklungen von Gewalthandlungen Jugendlicher und ihrer offiziellen Registrierung. In: Zeitschrift für Sozialisationsforschung und Erziehungssoziologie 2/1995

Melzer, W./Lukowski, W./Schmidt, L.: Deutsch-polnischer Jugendreport. Lebenswelten im Kulturvergleich. Weinheim und München 1991

Melzer, W.: Jugend und Politik in Deutschland. Opladen 1992

Meyer, B.: Mädchen und Rechtsextremismus. In: Otto, H.-U./Merten, R. (Hrsg.): Rechtsradikale Gewalt im vereinigten Deutschland. Bonn und Opladen 1993, S. 211-218

Mischkowitz, R.: Fremdenfeindliche Gewalt und Skinheads. Wiesbaden 1994

Möller, K.: Über die Verlockung traditioneller Frauenbilder und Klischees. Die Anfälligkeit von Mädchen und Frauen für den Rechtsextremismus. In: Frankfurter Rundschau vom 30.9.1990

Möller, K.: Geschlechtsspezifische Aspekte der Anfälligkeit für Rechtsextremismus in der Bundesrepublik Deutschland. In: Frauenforschung. Informationsdienst des Forschungsinstituts Frau und Gesellschaft 9 (1991), H. 3, S. 27-49

Möller, K.: Rechte Jungs. Ungleichheitsideologien, Gewaltakzeptanz und männliche Sozialisation. In: Neue Praxis 23 (1993)(a), H. 4, S. 314-328

Möller, K.: Zusammenhänge der Modernisierung des Rechtsextremismus mit der Modernisierung der Gesellschaft. In: Aus Politik und Zeitgeschichte. Beilage zur Wochenzeitung Das Parlament B 46-47/93 vom 12. November 1993(b), S. 3-10

Möller, K.: Gewaltpotentiale im Westen und im Osten – Problemskizzen aus der Sicht sozialer Arbeit. In: Böllert, K./Otto, H.-U. (Hrsg.): Soziale Arbeit in einer neuen Republik. Bielefeld 1993(c), S. 78-118

Möller, K.: Jugendarbeit als Lösungsinstanz gesellschaftlicher Gewaltverhältnisse: Eine magische Inszenierung. In: Heitmeyer,W. (Hrsg.): Das Gewaltdilemma. Frankfurt 1994, S. 242-272

Möller, K.: Jugend(lichkeits)kulturen und (Erlebnis-)Politik. Terminologische Verständigungen. In: Ferchhoff, W./Sander, U./Vollbrecht, R. (Hrsg.): Jugendkulturen – Faszination und Ambivalenz. Weinheim und München 1995(b), S. 171-185

Möller, K.: Fremdenfeindlichkeit – Übereinstimmungen und Unterschiede bei Jungen und Mädchen. In: Engel, M./Menke, B. (Hrsg.): Weibliche Lebenswelten gewaltlos? Münster 1995, S. 64-86

Neubauer, G.: Sexueller Mißbrauch an Kindern. In: Hurrelmann, K./Palentien, Chr./Wilken, W. (Hrsg.): Anti-Gewalt-Report. Weinheim und Basel 1995, S. 94-106

Neunter Jugendbericht. Bericht über die Situation von Kindern und Jugendlichen und die Entwicklung der Jugendhilfe in den neuen Bundesländern (hrsg. vom Bundesministerium für Familie, Senioren, Frauen und Jugend). Bonn 1994

Niebel, G./Hanewinkel, R./Ferstl, R.: Gewalt und Aggression in schleswig-holsteinischen Schulen. In: Zeitschrift für Pädagogik 5/1993, S. 775-798

Oesterreich, D.: Autoritäre Persönlichkeit und Gesellschaftsordnung. Weinheim und München 1993

Pfahl-Traughber, A.: Rechtsextremismus in den neuen Bundesländern. In: Aus Politik und Zeitgeschichte. Beilage zur Wochenzeitung Das Parlament B 2-4/92 vom 10.1.1992, S. 11-21

Rommelspacher, B.: Rechtsextreme als Opfer der Risikogesellschaft zur Täterentlastung in den Sozialwissenschaften. In: 1999. Zeitschrift für Sozialgeschichte des 19. und 20. Jahrhunderts (1991), H. 2, S. 75-87

Rommelspacher, B.: Männliche Jugendliche als Projektionsfiguren gesellschaftlicher Gewaltphantasien. Rassismus im Selbstverständnis der Mehrheitskultur. In: Breyvogel, W. (Hrsg.): Lust auf Randale. Jugendliche Gewalt gegen Fremde. Bonn 1993(a), S. 65–82

Rommelspacher, B.: Männliche Gewalt und gesellschaftliche Dominanz. In: Otto, H.-U./Merten, R. (Hrsg.): Rechtsradikale Gewalt im vereinigten Deutschland. Bonn und Opladen 1993(b), S. 200–210

Schneider, H./Hoffmann-Lange, U.: Gewaltbereitschaft und politische Orientierungen Jugendlicher. Ergebnisse empirischer Studien bei Jugendlichen in West- und Ostdeutschland. In: Der Bürger im Staat 2/1993, S. 128–134

Schwind, H.-D./Baumann, J. u.a. (Hrsg.): Ursachen, Prävention und Kontrolle von Gewalt, 3 Bde. Berlin 1990

Siller, G.: Junge Frauen und Rechtsextremismus – Zum Zusammenhang von weiblichen Lebenserfahrungen und rechtsextremistischem Gedankengut. In: deutsche jugend 39 (1991), H. 1, S. 23–32

Stöss, R.: Rechtsextremismus und Wahlen in der Bundesrepublik. In: Aus Politik und Zeitgeschichte. Beilage zur Wochenzeitung Das Parlament. B 11/93 vom 12.3.1993, S. 50–61

Utzmann-Krombholz, H.: Rechtsextremismus und Gewalt: Affinitäten und Resistenzen von Mädchen und jungen Frauen. Studie im Auftrag des Ministeriums für die Gleichstellung von Frau und Mann des Landes Nordrhein-Westfalen. Düsseldorf 1994

Weschke, E.: Kommunale Gewaltprävention – Beispiel Berlin. In: Bewährungshilfe 3/1993, S. 261–286

Willems, H.: Fremdenfeindliche Gewalt. Einstellungen – Täter – Konflikteskalationen. Opladen 1993(a)

Willems, H.: Gewalt gegen Fremde. Täter, Strukturen und Eskalationsprozesse. In: Der Bürger im Staat 2/1993, S. 143–148(b)

Willems, H./Würtz, St./Eckert, R.: Analyse fremdenfeindlicher Straftäter. Bonn 1994

Wimmer-Puchinger, B.: Erziehungsgewalt – Die Schlüsselrolle der Familie. In: Hurrelmann, K./Palentien, Chr./Wilken, W. (Hrsg.): Anti-Gewalt-Report. Weinheim und Basel 1995, S. 79–90

Siegfried Schiele

Die kurzen Arme politischer Bildung

Seit einigen Jahren konzentrieren sich viele Anstrengungen politischer Bildung auf die Frage: Wie kann man der zunehmenden Gewaltbereitschaft begegnen? Die analytische Literatur zu diesem Thema kann man von der Menge her kaum mehr bewältigen, die Foren und Tagungen nicht mehr überblicken. Die politische Bildung hat also nicht geschlafen, sie hat vielmehr die Herausforderung angenommen.

Und doch wird man sich nicht selbstzufrieden zurücklehnen können, wenn man mit offenen Augen aus den Fenstern politischer Bildung in die gesellschaftliche Wirklichkeit blickt. Ich stimme folgendem Urteil zu: „Viele haben das Gefühl, 'etwas dagegen tun' zu müssen. Doch die Bilanz vieler Unternehmungen ist trotz redlichen Bemühens und anerkennenswerten Einsatzes negativ" (1).

Manche Aktivitäten scheinen geradezu verdecken zu wollen, daß man keinen wirklichen Ansatz zur Lösung der Frage kennt, wie man mit Möglichkeiten politischer Bildung der zunehmenden Gewaltbereitschaft begegnen kann.

Politische Bildung als Reparaturbetrieb und Feuerwehr

Es war immer eine wichtige und verantwortungsvolle Aufgabe politischer Bildung, Information und Aufklärung zu betreiben. In unserem Zusammenhang gehört es auch zu den unbestreitbaren Aufgaben politischer Bildung, zu vermitteln, wie die Phänomene der Gewalt beschrieben und die Ursachen von Gewalt umrissen werden können. Aber abgesehen davon, daß man nie zu eindeutigen Antworten kommen kann - z.B. welche Rolle spielen die „68er" in unserem Zusammenhang? -, reizt natürlich die Frage mehr, was man gegen das stärkere

Umsichgreifen von Gewalt tun kann. Die Zurückhaltung der Pädagogik ist verständlich. Begibt man sich nicht auf unsicheres Terrain? Ist Zurückhaltung nicht ein Gebot intellektueller Redlichkeit?

Ein anderes Argumentationsmuster weist darauf hin, daß Schule allgemein und politische Bildung im besonderen nicht eine Reparaturwerkstatt der Gesellschaft seien. Wenn es sich nur um eine Prestigefrage handeln würde, müßte man diese Argumentation zurückweisen. Hätte man das Zeug zur Reparatur, dann heraus damit! Wenn damit die Gewalt eingedämmt werden könnte, wäre auch eine kostspielige Reparatur immer noch wesentlich preiswerter als ein durch Gewalt verursachter Zusammenbruch der Gesellschaft. Da liegt schon näher, daß man nicht so richtig weiß, wie man reparieren soll.

Auf einer ähnlichen Ebene liegt die häufig angewandte „Alibi-Position" politischer Bildung. In diesem Fall reagiert man auf Gewalt dadurch, daß man eine Veranstaltung politischer Bildung durchführt oder eine Unterrichtseinheit über Gewalt plant, um Aktivität nachweisen zu können. Man hat etwas unternommen, selbst wenn einen Zweifel plagen, ob dieses Tun Sinn macht. Diese Form der Reaktion ist in der Politik und bei der politischen Bildung häufig zu beobachten. Es tritt ein großes Problem in unserer Gesellschaft auf. Der politische Bereich reagiert darauf auch dadurch, daß er die politische Bildung aufruft, sich damit zu befassen. Im besten Fall werden sogar Sondermittel zur Verfügung gestellt. Dieser Mechanismus funktioniert schon fast automatisch. In diesem Fall hat die politische Bildung die schon oft beschriebene „Feuerwehrfunktion". Wenn es irgendwo brennt, soll sie beim Löschen helfen. Sie muß, wenn sie ehrlich ist, in den meisten Fällen bekennen, daß sie gar kein Löschwasser hat. Was sie bei gesellschaftlichen und politischen Krisen relativ rasch verfügbar machen kann, das sind wichtige Informationen und erste Analysen, die ihr von der Wissenschaft zur Verfügung gestellt werden und die sie so weitergeben sollte, daß sie breiteren Kreisen in unserer Gesellschaft verfügbar sind. Mehr kann sie kurzfristig nicht leisten.

Politik und Gesellschaft verlangen aber mehr. Sie erwarten von der politischen Bildung Medizin, welche die Krankheit heilt. Wir wissen aber auch, daß Informationen und Kenntnisse allein nicht ausreichen, um Verhaltensweisen zu ändern. Schon damit ist bewiesen, daß die politische Bildung gesellschaftliche Krankheiten nicht mit Orientierungswissen kurzfristig heilen kann. Trotzdem sollte sie nach wie vor Informationen anbieten, jedoch im klaren Bewußtsein, daß diese Mühe allein bei weitem nicht ausreicht, um gefährlichen Entwicklungen in unserer Gesellschaft wirksam entgegenzuwirken.

Die Verkopfungsgefahr politischer Bildung

Politische Bildung ist also keine therapeutische Einrichtung. Sie kann wesentlich mehr Wirkung entfalten, wenn sie präventiv und langfristig angelegt ist. Auch das ist noch keine Garantie für Erfolg, aber eine notwendige Voraussetzung. Auch eine präventiv ausgerichtete politische Bildung muß substantiell erneuert werden. Wie Kenntnisse allein in der therapeutischen Anwendung keine Heilung bringen können, ist die Vermittlung von Informationen als Kern der politischen Bildung in der Prävention nicht wirksam genug. Dennoch habe ich den Eindruck, daß Lehrpläne, Lehrbücher und Unterrichtswirklichkeit immer noch als Hauptproblem mit der Stoff-Fülle zu kämpfen haben. Trotz wohlklingender Präambeln und Festreden ist der Schulalltag zu stark vom Nürnberger Trichter dominiert. Eine politische Bildung dieses Zuschnitts führt aber nicht zu einem rationalen und selbständigen, wertbezogenen Urteil als Ziel politischer Bildung, sondern zum Überdruß und zur Langeweile bei Schülerinnen und Schülern.

In diesem Zusammenhang kann nur kurz darauf hingewiesen werden, daß das Problem der „Verkopfung politischer Bildung" und das Verhältnis von Rationalität und Emotionalität noch längst nicht gelöst sind (2). Wenn diesen Fragestellungen in der didaktischen Diskussion nicht energischer zu Leibe gerückt wird, dann braucht man sich über die relative Folgenlosigkeit politischer Bildung nicht zu wundern. In der Regel werden beim Bildungsprozeß die affektiven Komponenten zu wenig beachtet, oder es wird davon ausgegangen, daß sich affektive Lernziele als Begleiterscheinung politischen Unterrichts quasi von selbst einstellen. Wird bei der didaktischen Analyse die affektive Dimension wenig oder gar nicht berücksichtigt, dann ist die Gefahr von ungewollten Nebenwirkungen gerade in diesem Bereich gegeben.

Natürlich ist es richtig, daß die Möglichkeiten der Schule in bezug auf die rationale Wirkung größer sind als hinsichtlich der emotionalen Dimension, aber sie sollte doch die ihr verbleibenden Chancen nutzen (3). Im außerschulischen Bereich sind die Möglichkeiten wesentlich günstiger, die affektiven Komponenten im Bildungsprozeß stärker zu berücksichtigen, aber die Spielräume werden auch hier zu wenig genutzt.

Politisches und soziales Lernen

Gerade wenn wir uns fragen, ob und wie politische Bildung der zunehmenden Gewaltbereitschaft wirksam begegnen kann, dürfen wir nicht von einem engen Begriff politischer Bildung ausgehen. Politisches Lernen kann und darf sich nicht im Erwerb von Kenntnissen und Methoden erschöpfen. Deshalb müssen wir uns klar machen, daß das soziale Lernen ein wichtiger Bestandteil politischer Erziehung ist. Schon die Reformpädagogik hat auf diese Zusammenhänge hingewiesen. Das aktive und bewußte Miteinander in der Schule, das Festlegen und Einüben von Spielregeln bringen Strukturen zum Tragen, die das friedliche Miteinander in der Gesellschaft zum Teil abbilden und vorbereiten. Gleichzeitig werden so auch Werte vermittelt, die einer nur verbalen Vermittlung bei weitem überlegen sind.

Die Bedeutung des sozialen Lernens nimmt zu in einer Zeit, in der sich traditionelle Milieus mehr und mehr auflösen. Das Milieu vermittelt kaum noch Werte und Spielregeln, die für den Bestand unserer Gesellschaft Bedeutung haben. Dabei kann in diesem Rahmen nicht auf die Problematik der bisherigen Formung der Menschen durch traditionelle Milieus eingegangen werden. Eine Idealisierung würde zu Recht kritisch beleuchtet. Aber die Frage bleibt, welche Bereiche die Rolle der früheren Milieus bei der Vermittlung von sozialen Verhaltensweisen übernehmen.

Das Problem wird noch verschärft, wenn man bedenkt, daß sich auch die Rolle der Familie stark geändert hat. Die traditionell wichtige und prägende Großfamilie gibt es nur noch in Ausnahmefällen. Auch die Kleinfamilie verliert zunehmend an Boden. Mag sein, daß mit diesem Phänomen viele Probleme zusammenhängen, welche Politik und Gesellschaft auf andere Weise kaum befriedigend lösen können. Wer im familiären Bereich kein Vertrauen entwickeln und keine sozialen Tugenden erfahren und erwerben kann, kann diese Defizite nur sehr mühsam kompensieren. Daß in dieser Perspektive die Rolle der Schule wichtiger wird, liegt auf der Hand.

Neulich hörte ich bei einer Tagung vom Rektor einer Hauptschule: „Wir machen zur Zeit 80 % Sozialarbeit und 20 % Unterricht." Damit werden die angesprochenen Probleme drastisch unterstrichen. Wenn also Schule angemessen reagieren soll, dann muß sie stärker als bisher die herkömmlichen Unterrichts- und Fächerstrukturen aufbrechen und alles tun, was zur Stärkung des Schullebens beiträgt. An der Organisation und Gestaltung des Schullebens müssen die Schülerinnen und Schüler ihrem Alter gemäß beteiligt werden. So kann das in manchen Fällen angeschlagene Selbstwertgefühl aufgebaut und gestärkt werden.

Wenn es eine banale Aussage ist, daß Zuwendung in der gegebenen Situation wichtiger ist als Information, dann wundert man sich, weshalb aus solchen Einsichten kaum Konsequenzen gezogen werden. Jedenfalls wird deutlich, daß politische Bildung, auf ein enges Schulfach begrenzt, wenig ausrichten kann, wenn es um so elementare Fragen geht. Sie hat auch als Schulfach Bedeutung, da sie eine ganze Reihe von kognitiven Qualifikationen, die für unsere Demokratie Bedeutung haben, vermitteln muß, sollte jedoch den Horizont weiten und das soziale Lernen als mindestens gleich wichtige Aufgabe begreifen und an der Gestaltung des gesamten Schullebens interessiert sein und mitwirken. Was würde es z.B. nutzen, wenn unsere Jugend über den formalen Aufbau und die Wirkungsmechanismen unserer Demokratie Bescheid wüßte, aber nicht über die sozialen Tugenden verfügte, den gegebenen Rahmen auch wirklich auszufüllen und die Demokratie weiterzuentwickeln? Ich plädiere also für eine stärkere Vernetzung von politischem und sozialem Lernen. In diesem Zusammenhang darf man darauf verweisen, daß es angebracht wäre, sich wieder stärker mit dem oft falsch interpretierten Friedrich Oetinger auseinanderzusetzen, wie es neulich treffend Walter Gagel getan hat (4).

Es bleibt natürlich eine Unsicherheit im Bereich des politisch-sozialen Lernens, weil die Forschung bislang zu wenig konkrete Ergebnisse auf den Tisch legen kann. In diesem Stadium läuft man Gefahr, unbeweisbare Behauptungen aufzustellen bzw. Leerformeln zu strapazieren. Die vorhandenen Probleme zwingen uns aber zu einer intensiveren Forschungstätigkeit und zur interdisziplinären Zusammenarbeit.

Die Notwendigkeit der Zusammenarbeit wird anschaulich, wenn man sich die Möglichkeiten vor Augen führt, die man im pädagogischen Feld gegen die Gewalt in unserer Gesellschaft zur Verfügung hat. Das folgende Schaubild verdeutlicht, daß nur ein Zusammenwirken von politischer Bildung, pädagogischen Maßnahmen innerhalb und außerhalb der Schule sowie Anstrengungen im politischen und gesellschaftlichen Feld insgesamt Aussicht auf Erfolg haben können. Die Arme der politischen Bildung allein sind zu kurz.

Pädagogische Maßnahmen gegen Gewalt

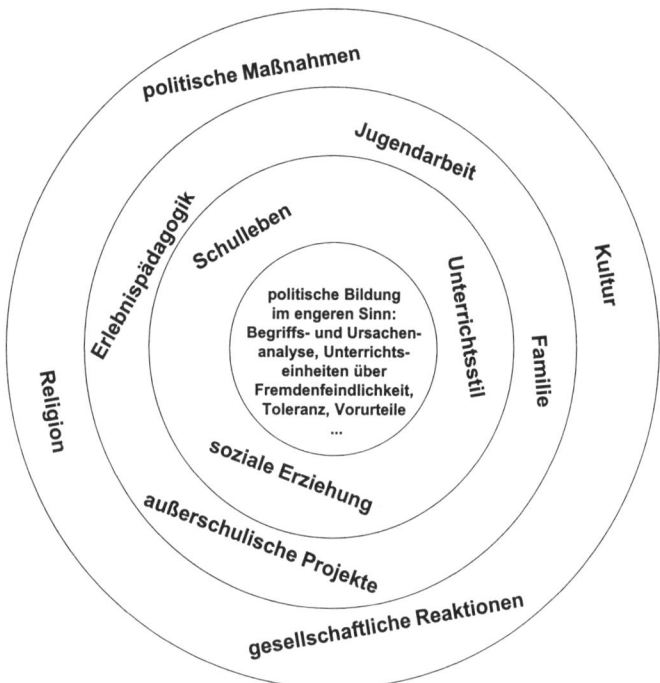

Politische Bildung und Sozialpädagogik

Wir wollen noch einen Blick auf das außerschulische Feld werfen und hier besonders den sozialpädagogischen Bereich beleuchten.

Die sozialpädagogischen Dienste sind auch im Blick, wenn es um die Bekämpfung von Gewalt in unserer Gesellschaft geht. Allerdings herrscht dort der Eindruck vor, daß man „immer erst dann gerufen wird, wenn das Kind schon in den Brunnen gefallen ist" (5). Auch die Sozialpädagogik könnte ihre Stärke viel besser in der Prophylaxe entfalten. Sie muß nach Kriterien wissenschaftlicher Rationalität arbeiten und sich Ziele und Perspektiven setzen. Bei dem gegenwärtigen Arbeitsanfall besteht jedoch die Gefahr, daß sich im Alltag eine Kluft zwischen praktischer Arbeit und wissenschaftlichen Erkenntnissen auftut.

Auf diesem Hintergrund ist es erfreulich, daß die Sozialpädagogik nicht resigniert, sondern die Kräfte bündelt, um mit Erfolg z.b. auch in der rechtsextremen Szene zu arbeiten. So heißt es in der bekannten Studie „Jugendarbeit in rechten Szenen": „Die Auflösung einer lange währenden Auffassung wurde bereits eingangs erwähnt: derjenigen nämlich, man könne mit rechtsextrem Orientierten nicht pädagogisch arbeiten. Die z.T. mehrjährige Existenz von sozialpädagogischen Projekten in rechten Szenen ist lebendiger Gegenbeweis" (6). Es wird jedoch niemand so kühn sein zu behaupten, daß es schon sichere Wege zum Erfolg gebe. Diese Schrift bündelt ja auch Projekte, die auf unterschiedliche Weise neue Wege suchen, mit gewaltbereiten Jugendlichen in Kontakt zu kommen und sie wieder gesellschaftlich integrieren zu helfen. Dabei handelt es sich in der Regel um erfolgversprechende Ansätze, die man unter der Überschrift „akzeptierende Jugendarbeit" zusammenfassen kann. Man kann den vielleicht mißverständlichen Begriff „akzeptierende Jugendarbeit" auch anders fassen. Friedhelm Vahsen spricht z.b. von „interkultureller sozialer Erziehung und sozialer Arbeit" (7).

Bei etlichen Projekten sind Elemente erlebnispädagogischer Arbeit im Vordergrund, andere legen den Akzent auf aktives Mittun etwa im Rahmen eines Jugendzentrums und auf die Stärkung des Selbstwertgefühls. Schon diese wenigen Andeutungen machen klar, daß im außerschulischen Bereich traditionelle Konzepte politischer Bildung versagen müssen. Viele gutgemeinten Broschüren erreichen die Gruppen nicht, für die sie verfaßt wurden. Tagungen und Seminare in feinen Bildungshäusern sind ebenfalls nicht der Rahmen für erfolgversprechende Konzepte.

Wir brauchen eine stärkere Verzahnung der politischen und der sozialpädagogischen Arbeit. Das kann in der Weise geschehen, daß die politische Bildung Multiplikatoren aus dem sozialpädagogischen Bereich zum Erfahrungsaustausch zusammenholt. Dabei können und sollen auch neue wissenschaftliche Erkenntnisse vermittelt und diskutiert werden, ohne die sozialpädagogische Arbeit oft blind sein muß. Dann kann das Nebeneinander fruchtbar aufgebrochen werden, das Friedhelm Vahsen so beschreibt: „Die Hilflosigkeit der Helfer, aber auch die Hilflosigkeit der wissenschaftlichen Interpreten im pädagogischen Feld tritt aus den Projektberichten hervor" (8).

Wenn sich politische Bildung im schulischen und außerschulischen Bereich abkapselt, sich in eine enge Definition pressen läßt und sich im wesentlichen auf Wissensvermittlung beschränkt, muß sie vor der Herausforderung der zunehmenden Gewaltbereitschaft kapitulieren.

Das neue Gesicht politischer Bildung

Die wichtige Studie „Alltagsästhetik und politische Kultur" (9) hat deutlich gemacht, daß die Ästhetisierung der sozialen Welt die politische Kultur verändert hat. Der Aspekt der Ästhetisierung kann in unserem Zusammenhang nicht näher untersucht werden, hat aber auch mit unserem Thema zu tun. Auch wir haben festgestellt, daß eine konventionell angelegte politische Bildung mit der zunehmenden Gewalt nicht adäquat umgehen kann. In der genannten Studie heißt es: „Die Öffnung des sozialen Raums ist das zentrale Lernziel auf der Ebene der Veranstaltungskultur. Voraussetzung für eine solche Öffnung des sozialen Raums ist die Entwicklung neuer Angebote und 'Marketingformen' von und für die politische Bildung, mit deren Hilfe die Zielgruppen in ihrer jeweiligen alltagsästhetischen Lebenswelt tatsächlich erreicht und deren je spezifische Kommunikationsgewohnheiten und -defizite zum Ausgangspunkt ihrer Arbeit gemacht werden." (10)

Wenn sich politische Bildung im schulischen und außerschulischen Bereich abkapselt, sich in eine enge Definition pressen läßt und sich im wesentlichen auf Wissensvermittlung beschränkt, muß sie vor der Herausforderung der zunehmenden Gewaltbereitschaft kapitulieren. Da sie aber die Disziplin ist, der die Sorge um den Bestand und die Entwicklung unserer Demokratie besonders anvertraut ist, muß sie alles tun, um ihre relativ kurzen Arme dadurch zu verlängern, daß sie eine Vernetzung aller Bereiche organisiert, die der politischen Bildung benachbart sind. So kann sie auch der Gefahr der Theorie- und Kopflastigkeit entrinnen, mit der sie sich immer wieder konfrontiert sieht. Nur so wird dann auch eine Brücke zur Einstellungs- und Verhaltensdimension gebaut, die in den Konzepten rein kognitiv ausgerichteter Lernprozesse ausgeblendet bleiben. Politische Bildung will und muß aber doch den Anspruch haben, erfolgreich zu arbeiten. Freilich wird der Erfolg bei diesem Metier nie auch nur annähernd meßbar sein können. Der Gesellschaft ist aber auch nicht geholfen, wenn in der Art des Schwarzen-Peter-Spiels jeweils anderen Bereichen die Schuld an der Misere zugeschoben wird. Selbstbewußt sollte die politische Bildung ihre Rolle spielen und alles daran setzen, um offen und offensiv im präventiven Feld die demokratische Basis in unserer Gesellschaft zu stärken und zu verbreitern. Das ist ihre Hauptaufgabe. Sind gesellschaftliche Krankheiten aufgetreten, so sollte sie sich aber auch nicht resignierend zurückhalten, sondern im Verbund mit der Sozialpädagogik und anderen Bereichen im Rahmen ihrer Möglichkeiten bei der Therapie mitwirken. Die politische Bildung kann für die schwere Arbeit in den nächsten Jahren neue Kraft und Wirkung entfalten.

Anmerkungen

1 Krafeld, Franz Josef/Möller, Kurt/Müller, Andrea: Jugendarbeit in rechten Szenen. Bremen 1993, S. 150
2 vgl. Schiele, Siegfried (Hrsg.): Politische Bildung als Begegnung, Stuttgart 1988 und Schiele, Siegfried/Schneider, Herbert (Hrsg.): Rationalität und Emotionalität in der politischen Bildung. Stuttgart 1991
3 vgl. Wilhelm, Theodor: Sittliche Erziehung durch politische Bildung. Zürich 1979, S. 58
4 Gagel, Walter: Geschichte der politischen Bildung in der Bundesrepublik Deutschland 1945–1989, Opladen 1994, S. 49–76
5 Geiger, Daniela/Österle, Ursula/Vogel, Steffen: Sozialarbeit, Sozialpädagogik und ihr Berufsbild. In: Zwischenbilanz zum 75. Jahr der Gründung der „Sozialen Frauenschule" in Stuttgart, heute „Fachhochschule für Sozialwesen Esslingen". Esslingen 1992
6 Krafeld, Franz Josef/Möller, Kurt/Müller, Andrea, a.a.O., S. 24
7 Vahsen, Friedhelm: „Gebt mir 'ne echte Aufgabe" – Vom Umgang der Pädagogik mit Rechtsextremismus". In: Otto, Hans-Uwe/Merten, Roland (Hrsg.): Rechtsradikale Gewalt im vereinigten Deutschland. Jugend im gesellschaftlichen Umbruch. Opladen 1993, S. 393–401, S. 394
8 Vahsen, Friedhelm: a.a.O., S. 399
9 Flaig, Bertold Bodo/Meyer, Thomas/Ueltzhöffer, Jörg: Alltagsästhetik und politische Kultur. Bonn 1993
10 a.a.O., S. 213–214

C. Praxisfelder und Praxisbeispiele

Bernd Wagner/Rolf Richter

Die Geschichtswerkstatt der Jugend des Berlin-Brandenburger Bildungswerkes e.V.

Erste Erfahrungen, Beobachtungen, Überlegungen

I.

Die Geschichtswerkstatt der Jugend ist ein Projekt des Berlin-Brandenburger Bildungswerkes, welches sich seit 1991 mit jugendpolitischer Bildung befaßt.

Das Programm der Werkstatt wird in Kooperation mit dem Kommunalprojekt Fürstenwalde (Spree), einem Verbund von Projekten der Jugendhilfe in Fürstenwalde-Stadt, erstellt und realisiert. Dieser Verbund wurde 1991 durch die Stadtverwaltung Fürstenwalde gemeinsam mit dem Jugendförderungsverein -alpha- e.V., dem Berlin-Brandenburger Bildungswerk und weiteren Mitgliedern mit dem Ziel, gewaltminimierende Jugendarbeit zu leisten, in Fürstenwalde (Spree) konzipiert. Die Arbeit des Verbundes wurde 1992 und 1993 durch das Sonderprogramm des Bundesjugendministeriums gegen Aggression und Gewalt gefördert.

Die Grundkonzeption des Verbundes umfaßt unter anderem die standortbezogene Straßensozialarbeit und sozialpädagogische Intervention an den Trefforten gewaltbereiter Jugendlicher in Fürstenwalde-Nord, -Mitte und -Süd, den Aufbau, Ausbau und die Betreuung von Gruppen, die Vorbereitung und Durchführung von Begegnungen verschiedener Jugendgruppierungen und die Organisation von Freizeitveranstaltungen. Darüber hinaus bietet der Verbund unter anderem individuelle Begleitung, Kulturarbeit, Bildung und Einzelfallhilfe an. Die Arbeit dient unmittelbar der Verwirklichung des Kinder- und Jugendhilfegesetzes.

Die Geschichtswerkstatt begann mit ihrer Arbeit 1991. Sie war ein Teil der Initiative des Berlin-Brandenburger Bildungswerkes, rechtsextreme, rechtsextrem-orientierte bzw. rechtsextrem-gefährdete Jugendliche anzusprechen, damit sie Möglichkeiten entdecken, anders als in der Form von Feindbildern und Gewalt ihre Beziehungen zu der politischen und sozialen Umwelt zu gestalten. Dieser Ansatz, der bewußt einen stigmatisierenden Umgang mit jenen Jugendlichen, der in der ostdeutschen Gesellschaft auch infolge der Selbststigmatisierung der Jugendlichen durch massive und gezielte Gewaltaktivitäten durchaus verbreitet ist, vermeiden will, ergab sich aus Forschungen in der DDR aus den Jahren 1988–1991 zu rechtsextremen Orientierungen, Ideologiemustern, Szenen und Organisationen.

Seinerzeit wurde unter anderem festgestellt, daß in rechtsextrem orientierten Gruppen Jugendlicher, auch ganz verschiedener Entwicklungsniveaus und sozialer Zusammensetzung, rechtsextreme Ideologieorientierungen aus Mythen über die deutsche Geschichte erwuchsen. Das reichte von der begierigen Kommunikation mit alten Menschen, die die Zeit der NS-Diktatur erlebt hatten, über die Beschäftigung mit Literatur über jene Zeit bis hin zu Diskussionen in den Gruppen über den Orientierungswert der NS-Diktatur für die Gegenwart und Zukunft. Viele der intelligenten Vertreter der Szene wiesen im Fach Geschichte im Verhältnis zu naturwissenschaftlichen Fächern überdurchschnittliche Leistungen auf.

Damals wurde ebenfalls festgestellt, daß es eine enge Beziehung zwischen ideologisierten Feindbildern, der Gruppe Jugendlicher und gerichteter Gewalt gab. Ideologische Reflexionen gaben Erklärungshintergründe für vollzogene Gewalt oder waren Basis von Motivationen für Gewalt. Dadurch setzte sich in der Entwicklung eine Spirale der Gewalt und Ideologisierung in Gang, die nicht dominant von außen bestimmt wurde. Die Wahrnehmung dieser Relationen ließ die Mitglieder des Berlin-Brandenburger Bildungswerkes zur Ansicht kommen, einen Ansatz zu entwickeln, der genau diese Spirale beeinflußt, d.h. ihre Entwicklungsgeschwindigkeit zu verringern oder sie gar aufzuheben, den Kreislauf zu durchbrechen sucht. Allerdings wurden die Erwartungen von Beginn der Arbeit an immer wieder überprüft und modifiziert. In jedem Fall jedoch blieb bis heute der Grundanspruch, antidemokratischen, antihumanen Verhaltensweisen zu begegnen und humanistisches, sozial gestaltendes Verhalten zu fördern, erhalten. Damit war der Ansatz der Geschichtswerkstatt von vornherein kein karitatives sozialpädagogisches Modell oder ein Jugendbewegungsprojekt, das eine vollständige oder partielle Identifikation mit dem Denken und Verhalten der Jugendlichen bedingt hätte. Es ging nicht von der neuklassischen Marginalisierungsthese aus und entsprang auch nicht der Vorstellung freischwebender Milieus und Identitäten, aus denen Jugendliche ihr Menü des Denkens und Verhaltens entnehmen. Viel wichtiger erschien es, die Jugendlichen aus der gesellschaftlichen Entwicklung ihres Lebensmilieus und der daraus entstehenden Verhaltensweisen als geschichtliche Logik zu verstehen.

II.

Die Geschichtswerkstatt durchlief Anfang 1991 eine Testphase, in der sie sich sehr deutlich an Jugendliche wandte, die in der neonazistischen Skinheadbewegung mit Parteibeziehungen eingebunden waren und eine starke autoritäre Szenen- und Gruppenstruktur besaßen. Es stellte sich heraus, daß die jungen Männer den Diskussionsangeboten ein sehr großes Interesse entgegenbrachten. Alle sahen sie diese Gespräche als Möglichkeit, die Wirksamkeit rechtsextremer Argumentation zu testen und zugleich die Ansichten der ideologischen Gegner zu perforieren. Zwar ergab sich, daß einige aus diesem Zusammenhang später weiter in den Runden mitwirkten, insgesamt war nach einigen Zusammenkünften jedoch eine zunehmende Distanz des organisatorisch relativ festgefügten militant-ideologischen Flügels festzustellen, der sich bald differenzierte: in eine Richtung, die Kontakt zu Sozialarbeitern hielt, und eine andere, die ihn ablehnte und eine aggressive Haltung einnahm.

Das Projekt wurde nach dieser Testphase räumlich in eine andere Jugendfreizeiteinrichtung verlagert. Hier setzte sich das Publikum anders zusammen. Die Jugendlichen waren jünger und zu einem relativ großen Anteil Mädchen. Die zwar vorhandene, jedoch geringere Gewaltbereitschaft und ihre weniger ausgeprägte Feindbildorientierung sowie ein ideologischer Alarmismus waren Umstände, die die

Fortführung der Arbeit günstig beeinflußten. Dabei war immer in Rechnung zu stellen, daß Jugendliche aus diesem Kreis durchaus mit aktiven Rechtsextremisten in Verbindung stehen, von daher beeinflußt und indoktriniert werden. Gleichzeitig verstehen sich die Jugendlichen als „rechts", d.h. sie begreifen sich als Bestandteil einer „zeitgeistigen" Art von Jugendkultur, die mit einem politisch-lebensweltlichen Attribut versehen ist und eine Art der Weltbetrachtung und der Lebensgestaltung verkörpert. Die Ausprägung dieser Orientierung bestimmt durchaus die Grade der Aufgeschlossenheit gegenüber rechtsextremen Angeboten, die den „Zeitgeist" zu repräsentieren scheinen, wie gegen Ausländer zu sein, Gewalt als legitimes Durchsetzungsmittel zu verstehen usw. Insgesamt handelte es sich mehr um das Vor- und Umfeld des „harten" Rechtsextremismus, um rechtsextrem, rechtsradikal und rechtskonservativ orientierte, antisemitisch gefährdete und gewaltbereiten (namentlich ausländerfeindlichen) Ideologien, Vorurteilen und Schlagwörtern geöffnete und – in unterschiedlichem Maße – verpflichtete Jugendliche.

In der bewußten Konzentration auf das Vorfeld des straff organisierten Rechtsextremismus und auf seine personellen Ressourcen schien uns ein pädagogisch wie jugendpolitisch nützliches Vorgehen zu liegen. Den beteiligten Pädagogen (hier als Kurzwort für Sozialarbeiter und Mitarbeiter des Bildungswerkes) waren jedoch drei Punkte von vornherein illusionslos deutlich:

Erstens sollte der Einstieg über die Geschichtsbilder und die historisch-politischen Vorstellungen, namentlich der deutschen Geschichte seit 1933, erfolgen. Besonders in bezug auf die Jahre 1933–1945 gab es ausgeprägte und erklärte Interessen der Jugendlichen, es schien möglich, relativ rasch miteinander ins Gespräch zu kommen. Viele konnten auf Bilder, Fotos, Bücher, Briefmarken, Prospekte, Numismatiken und militärische Effekten, die sie über die Nazi-Zeit und den Krieg gesammelt hatten, verweisen, andere zitierten sofort Berichte ihrer Großväter über Kriegserlebnisse.

Zweitens war den Pädagogen die Begrenztheit ihrer Anstrengungen von Anfang an wohl bewußt. Sie kümmerten sich um das Geschichtsdenken in einer Gruppe von Jugendlichen, entscheidende gesellschaftliche Ursachen und Bedingungen für die Entwicklung von Rechtsextremismus lagen jedoch außerhalb ihrer unmittelbaren Handlungsreichweite. Sie mußten auch mit dem Vorwurf leben, wirkungslose Idealisten zu sein, die sich mit dieser Art Arbeit nur selbst beruhigen wollten und das „Gesellschaftliche" ignorierten.

Drittens waren sich die beteiligten Pädagogen einig, daß sie auf keinen Fall in das Gewand von Spießgesellen des Rechtsextremismus und Neonazismus schlüpfen wollten, um sich den Jugendlichen anzubiedern, so rasch ihr Vertrauen zu erlangen und Zugang zu erhalten zur „politischen Intimsphäre", zur Mentalität wie Familiengeschichte. Jeder Pädagoge legte stets Wert darauf, daß geistig, politisch und kulturell zwischen ihm und jedweder Form von Rechtsextremismus eine Trennlinie besteht, die er nicht betritt, geschweige denn übertritt. Es durfte und sollte auch keinen Moment bei den Jugendlichen der Eindruck entstehen, als ob nunmehr im Club eine betont NS-freundliche und grundgesetzfeindliche Atmosphäre oder gar Struktur geschaffen werden solle. Vielmehr mußte – und dies war ein längerer Prozeß – eine Atmosphäre geschaffen werden, in der ein jeder seine Fragen zum Nazismus, zum Stalinismus, zur Demokratie, zur heutigen Welt in Ruhe aussprechen kann, in der ihm zugehört wird und in der er Gelegenheit erhält, seine Meinungen zu prüfen und zu korrigieren, indem er sich gleichsam – mit Hilfe der Pädagogen – „an der Geschichte reibt", sich mit ihr intensiv auseinandersetzen muß und seinen Kenntnishorizont erweitern kann. Das aber braucht Zeit und Geduld.

III.

Überblickt man diese über dreijährige Arbeit, so wird sofort augenscheinlich, wie eng Geschichte und Gegenwart – natürlicherweise – in ihr verbunden sind. Das zeigt sich zuvorderst darin, daß in einem Gespräch über etwas Historisches geradezu blitzschnell Gegenwärtiges aus Politik und persönlichem Alltag behandelt wird. Als an einem heißen Sommertag 1993 die Veranstaltung „Stauffenberg – Patriot oder Verräter?" angesetzt und 33 Jugendliche erschienen waren, drehte sich nach wenigen Minuten die lebhafte und zum Teil laute Diskussion um solche Punkte wie *„Stauffenberg und andere wollten das Chaos", „Wurden wir im Osten nach 1989 verraten?", „Was wird mit den Arbeitsplätzen im Reifenwerk?", „Kriminelle handeln, die Ordnungsmacht Polizei ist machtlos und faul", „Ausländer und Asylanten werden gefördert, wo ist die Förderung für meine Mutter?", „Demokratie – das ist viel Geschwätz; Ordnung, Sicherheit, Geregeltheit sind notwendig!", „Im Nationalsozialismus herrschte Ordnung, die Jugend war hoch im Kurs; die Stauffenberg-Leute wollten das alles vernichten", „Wo ist die Lehrstellenförderung heute – wir gehen vor die Hunde", „Wir sind Deutsche; wir wollen arbeiten und schuften, aber wir kriegen keine Chance", „Für die Arbeit ist zu wenig Geld da, aber um angebliche Rechtsextreme zu verfolgen, wird Geld ausgegeben."* – In dieser Diskussion wie in einer Fülle von Gesprächen wurde evident, daß die

Anfälligkeit und Hinwendung zum rechtsextremen Denken mit ungelösten drückenden sozialen, ökonomischen, finanziellen, mentalen,
statusmäßigen und kulturellen Problemen beim einzelnen Jugendlichen und seiner Familie verknüpft ist und so ins Gesellschaftliche
hineinreicht.

Das auf der Alltagsebene Erlebte wird von Jugendlichen oft sehr stark
generalisiert. Durch die starke Generalisierung persönlicher Erlebnisse, wie zum Beispiel der Verlust des Arbeitsplatzes beim Vater oder
Kriminalität durch Fremde, prägen sich Feindbilder aus. An diesem
Punkt ergibt sich eine Schnittstelle zu rechtsextremistischen Organisationen, die solche Tendenzen bestätigen und mit ihren Programmen
und Angeboten festigen. Kommt zu so einem Prozeß noch die oft
schnell vorgenommene Stigmatisierung der Jugendlichen hinzu, die
sich von ihrer Haltung her „rechts" zugehörig fühlen, verhärten sich
rasch die Fronten. Eine übernommene, vorgelebte Strategie zur Konfliktlösung durch Gewalt und geprägte Feindbilder ergeben eine
explosive Mischung, die sich in entsprechenden Taten äußern kann
und bereits geäußert hat.

Es ist nicht nur bei der Verallgemeinerung persönlicher Erlebnisse
zu belassen. Differenzieren zu lernen ist ein wichtiger Schritt, der es
Heranwachsenden erleichtert, Ereignisse in einem klaren Licht zu
sehen, sie einschätzen zu können und damit auch persönliche Entscheidungen zu treffen. Es ist deshalb wichtig, auch den einzelnen
jungen Menschen und nicht nur die Gruppen zu sehen. Die Jugendlichen befinden sich in einem geistigen Lern- und Aneignungsprozeß, in
dem sie nach Werten suchen. Die Wertbestimmung erfolgt dabei vor
allem in zwei Linien: zum einen in der Bezugnahme auf Werte, die den
Egoismus festigen und freisetzen helfen, wie das Streben nach Geld,
Anerkennung, Respekt und Macht, zum anderen in der Überhöhung
kollektivistisch-humanistischer Werte wie Kameradschaft und Vertrauen, die aber durch ideologisch bestimmte Abgrenzungen stark auf
die Gruppe oder Szene fixiert sind und im Außenverhältnis gegenüber
dem Fremden, Feindlichen nicht akzeptiert werden.

Die Wertbestimmung ist sehr eng mit der „Sinnfrage" –„*Wo kommen
wir her, und wo geht es hin?*" - verbunden. Hier gibt es eine starke Hinwendung zu einer historischen Betrachtungsweise, die nicht selten in
einer mythischen Betrachtung der NS-Diktatur mündet. Es werden
sozialpolitische Maßnahmen der Nationalsozialisten herausgestri-
chen, Soldaten- und Heldentum, der Wille zur Durchsetzung und zur
Macht bewundert und die Illusion der Volksgemeinschaft als Vision
benutzt. Der Holocaust wird zumeist verdrängt oder von deutlich

rechtsextrem orientierten Jugendlichen direkt geleugnet. Andererseits ist eine grundsätzliche Ablehnung ideologischer Anstrengung, verbunden mit dem Wunsch, ein „ganz normales" Leben in Sicherheit, Geborgenheit und materieller Absicherung führen zu können, festzustellen.

Allein am Beispiel der genannten Veranstaltung wurde deutlich, wie wichtig es allein ist, daß ein freies Diskussionsforum für die Jugendlichen existiert und daß in einem Milieu, das nicht von Rechtsextremisten und Neonazis beherrscht wird, gestritten werden kann und dabei auch z.B. rassistische Gedanken ausgesprochen und – natürlich – auch zurückgewiesen werden können. Möglicherweise liegt in diesem Pro- und Contra-Diskutieren der eigentliche Reiz für die Jugendlichen – sie nehmen zur Zeit noch den engeren historischen Stoff stark rezeptiv auf und nicht, wie in einer „Werkstatt" üblich, kreativ, aktiv erarbeitend, gestaltend. Selbstgestaltete Arbeitsergebnisse wie bebilderte Studien, Erinnerungsblätter oder Produkte selbständiger Arbeit mit Zeitungs- und anderen Quellen bilden noch die Ausnahme.

IV.

Die Pädagogen waren stets bemüht, realistisch an ihre Aufgaben heranzugehen, um rechtsextrem orientierte Sichtweisen aufzulockern und demokratisches, humanistisches Denken – Schritt für Schritt! – zu befördern.

Erstens bot eine Fahrt in das Museum der ehemaligen Heeresversuchsanstalt Peenemünde hinreichend Gelegenheit, über das Verhältnis von Technik, nationalsozialistischer Herrschaft und Wirkungen auf als Feinde erklärte Völker zu sprechen. Da das Museum die technische Leistung des deutschen Faschismus – den Start der ersten Weltraumrakete durch Deutsche – in den Vordergrund stellt und dies von der Jugendgruppe – durchaus begierig – auch so aufgenommen wurde, mußten, um sich an der Geschichte „reiben" zu können und um sie differenzierter darstellen zu können, noch weitere Diskussionsmöglichkeiten erschlossen werden, so mit Hilfe eines Filmes und weiterem Material aus dem KZ Dora Mittelbau (Nordhausen) und mit Hilfe von britischen Darstellungen über die Wirkungen der V1 und V2. Elementar bedeutungsvoll war es hier, die Wirkungen von exzellenter Technik in NS-Hand erfassen zu wollen, also auch über Leid und Terror sprechen zu wollen und diese ganz einfach erst einmal zur Kenntnis zu nehmen.

Zweitens diente eine Fahrt zum Zentralfriedhof Halbe (Land Brandenburg) nicht nur einer Gedenkminute, sondern dazu, nazistische Kameradschaft am Verhalten der Armeeführung unter General Busse zu befragen, der mit einem SS-Kommando Wehrmachtseinheiten überrollte und aus dem Kessel Halbe, die Truppe allein lassend, ausbrechen wollte, um sich zu retten. Hierzu wurde – nicht zuletzt vor dem erlebnisintensiven Friedhofshintergrund – wohl ein spürbarer Erkenntnisfortschritt unter den Jugendlichen erzielt, besonders zum „Lieblings- und Reizthema": Kameradschaft und Sinn des Kämpfens (s. Anlage). Der Ausflug hinterläßt einen bleibenden Eindruck. Eine Mitarbeiterin hörte später, wie ein Teilnehmer der Halbe-Fahrt einem anderen bewegt und empört von der menschenverachtenden Einstellung der Armeeführung und dem sinnlosen Tod der Soldaten erzählte.

Drittens war mit der Club-Aufführung des Films von Bernhard Wicki „Die Brücke" daran gedacht, das Gespräch zwischen Jugendlichen zu befördern. Indes: Viele Jugendliche verließen nach Ende der Aufführung schweigend den Raum und versuchten, die starke emotionale Wirkung, die der Film auf sie hatte, voreinander zu verbergen. Der Dialog zweier Zurückgebliebener: „*Na, willste immer noch an die Front?*" Der Angesprochene senkt den Kopf: „*Nee, ick gloobe nich.*" Erst eine Weile später kehren die anderen Jugendlichen wieder in den Raum zurück, und es kann über das Gesehene miteinander gesprochen werden. Auch hier wird die enge Beziehung, die die Jugendlichen durch den Film zu den Schicksalen Gleichaltriger aufbauen können, zum Auslöser für die Betroffenheit gegenüber den Ereignissen. Manches half das künstlerische Werk genauer erkennen: mögliche individuelle Motive für den sinnlosen Endkampf; die Frage nach dem Sinn eines solchen Todes; die Frage, ob eine Verantwortung für „das Vaterland" anders aussehen könnte.

Viertens brachte ein Jugendlicher mehrere Originalstahlhelme, die er gesammelt hatte, in den Club mit und beschrieb sie. Möglicherweise war das Stahlhelm-Interesse durch die öffentliche Rückbesinnung in der Region auf den Chirurgen und Erfinder des Stahlhelms, den Berliner Universitäts-Professor August Bier, gefördert worden. Er hatte im nahegelegenen Dorf Sauen gelebt und forstwirtschaftlich experimentiert. Seinen Namen trägt seit 1989 ein Gymnasium im nahen Beeskow. In der Gesprächsrunde wurde nicht nur differenziert über A. Biers Wirken gesprochen, sondern es konnte der Bogen zu den Massenvernichtungsmitteln und globalen Bedrohungen von heute geschlagen werden.

Fünftens äußerten einige Jungen den Wunsch, den Invalidenfriedhof in der Berliner Scharnhorststraße kennenzulernen. Ein Junge legte dort auf dem Grab des Fliegers Mölders, auf dem schon ein Blumengebinde eines Bundeswehrkorps lag, einen Blumenstrauß nieder. Diese Fahrt wurde aber vor allem genutzt, um über Scharnhorst, dessen Grab sich ebenfalls dort befindet, und über seine Stellung in der Militär- und Politikgeschichte in ihren nationalen und demokratischen Bezügen zu sprechen. Zugleich entflammten die alten Fragen über „Leistungen und Verbrechen" der deutschen Luftwaffe im Zweiten Weltkrieg und ihrer Repräsentanten neu, so anzeigend, daß es Themen ohne Ende zu geben scheint.

Sechstens schuf die Veranstaltung „Weihnachten 1943 und der Alltag im deutschen Volk" Möglichkeiten, stärker familiengeschichtliche Fragen und Großeltern-Erinnerungen einzubeziehen. An Beispielen des „Wunschkonzertes für die Wehrmacht", Briefen aus Stalingrad und Schilderungen „aus der Heimat" wurde versucht, erste Einblicke in psychologische Mechanismen der Manipulation in Verbindung mit den „normalen Alltagsproblemen" und dem furchtbaren Krieg zu gewinnen.

Siebtens brachte die Club-Aufführung des Films „Die Abenteuer des Werner Holt" stärker Jugendliche in die Diskussion, die nicht als rechtsextrem gefährdet anzusehen sind. Schauten die einen – immer noch und wieder – anerkennend oder auch fasziniert auf den Nazi Wolzow, so fragten diese Jugendlichen stärker nach Motiven für Holts Wandlung und begrüßten die Aufführung als „Lernmöglichkeit" dreißig Jahre nach der Uraufführung des Filmes in der DDR.

Achtens eröffnete eine Fahrt nach Berlin, genauer zu den Stätten der NS-Herrschaft und des Terrors in der Wilhelm- und Voßstraße, die Möglichkeit, das Bild über die Herrschafts- und Terrorinstitutionen zu vertiefen. Beeindruckt zeigten sich alle im Hof der Stauffenberg-Gedenkstätte, in dem der Attentäter ermordet worden war. Die Besichtigung der Ausstellung brachte für die meisten erstmals ein dichtes Bild von der sozialen, weltanschaulichen und politischen Differenziertheit der Hitlergegner. Über das Attentat Stauffenbergs oszillierten die Meinungen indes weiter zwischen „Patriot – Mutiger Soldat – Verräter".

Neuntens wurde die Club-Aufführung des Filmes „Der längste Tag", also die Landung der westlichen Alliierten in der Normandie 1944, nicht nur mit geographischem Kartenstudium verbunden, sondern auch die Frage gestellt: „Wie sähe die Welt aus, wenn Hitler für immer gesiegt hätte?" Hieraus sollte die Bedeutung der Antihitlerkoalition und der „Aktion Overlord" ermessen werden. Es zeigte sich eine deutliche Spreizung der Interpretationen: Während einigen das Ausmaß germanozentrischer Weltherrschaft schon gut deutlich war, verharrten andere auf einer Position von der welthistorischen Bedeutung des Nationalsozialismus als Ordnungs-, Wirtschafts-, und Kulturmacht „eigener Art".

Zehntens wurden zwei Veranstaltungen zum Stalinismus durchgeführt. Dazu wurde ein Historiker eingeladen, der über Stalinismus, NKWD und deutsche Opfer forscht und der von einer Sozialarbeiterin auf dem Podium befragt wurde. Die Jugendlichen konnten ihre Fragen ebenfalls stellen. In einer zweiten Veranstaltung analysierten die Jugendlichen Artikel aus der Ortszeitung vom März 1953, in denen von Stalins Tod und von Betroffenheits- und Verpflichtungserklärungen „der Fürstenwalder Werktätigen" zu lesen war. Es war interessant, daß neben dem Bedürfnis, noch mehr Einzelheiten über die GULAGs zu erfahren, in beiden Zusammenkünften die Frage gestellt und - kontrovers - diskutiert wurde, ob so eine Diktatur (so ein Diktator) noch einmal eine reale Chance haben könnte.

V.

Einige ausgewählte, nur kurz angeleuchtete Beispiele. Sie sollen keine pädagogische Theorie bedienen. Diese Anstrengungen erwuchsen aus zutiefst praktischen Bedürfnissen. Am Beginn stand das Leben, nicht die Theorie.

Erweist sich dieser Weg als tragfähig, Jugendliche, die noch nicht zum Kern des Rechtsextremismus zählen, aber sich in dessen Umkreis bewegen, fühlen und von ihm beeinflußt werden, von einer einschlägigen Entwicklungsrichtung abzuhalten? Kann man so dem Rechtsextremismus wirksam begegnen? Mancher mag müde und wissend lächeln.

Die Mitarbeiter des Bildungswerkes sind behutsam im Umgang mit festen Schlüssen. Sie sehen noch einen Versuchscharakter des Projekts. Vieles kann erst die Zukunft zeigen. Sie wissen: Sie schaffen den Rechtsextremismus nicht ab, sondern versuchen, seinen Einfluß auf eine ganz kleine Gruppe zurückzudrängen, und zwar über die Geschichtsbilder. Sie wollen und können so keine „neuen" Menschen erziehen, aber den Jugendlichen behilflich sein, genauer und kritisch in die Geschichte ihres Volkes, in die Vergangenheit des Nationalsozialismus und der Diktaturen hineinzuschauen, Legenden und Manipulationen aufzudecken, sich kritisch mit jedweder Geschichte auseinanderzusetzen; viel zu fragen, bevor man urteilt oder gar seine Lebensposition an rechtsextremen geschichtlichen Vorbildern orientiert - das wollen sie schon. Dazu gingen sie zunächst von denjenigen Themen und Fragen aus, die von den Jugendlichen selbst kamen. Vieles fehlt noch, worüber gesprochen werden müßte: die Juden und die Shoa, die Arbeiterbewegung, die Hitlerjugend, Hitler – wer er war, wer ihn wählte, wer ihn bezahlte, und wem nützte er eigentlich? Wieso kam es eigentlich zu 1933, zum Krieg?

Die Pädagogen wußten und fanden sich bestätigt: Generell gibt es ein großes Geschichtsinteresse bei diesen Jugendlichen, das „Tagesinteresse" freilich kann recht unterschiedlich sein. Mancher Junge schwieg in drei, vier Veranstaltungen; „und sagte kein einziges Wort". Es gibt starke Anzeichen, daß die Anstrengungen fruchten und sinnvoll sind. Hieb- und stichfeste sozialwissenschaftliche „Beweise" indes wollen die Pädagogen nicht so schnell ausgemacht wissen.

Unter Umständen kann es schon viel sein: rechtsextreme, neonazistische „Bilder" zu erschüttern; kritische Fragen auszulösen und Antworten anzudeuten; einen Samen für demokratisches, humanistisches Geschichtsverständnis zu legen. Diese Jungen und Mädchen sollen viel wissen und erfahren, um nicht eines Tages sagen zu müssen: *„Das habe ich nicht gewußt."*

Die Demokratie, das Grundgesetz, die Menschenrechtserklärung – all das bedarf der Umsetzung im Alltag. Immer und überall in Deutschland.

Anlage

Halbe mahnt jeden von uns

Am Sonnabend, dem 6. November 1993, waren wir mit den Angehörigen unserer Geschichtswerkstatt der Jugend des Jugendclubs Nord in Fürstenwalde auf dem Zentralfriedhof in Halbe.

Es war ein trüber Novembertag. Indes lag es nicht nur am Wetter, daß viele von uns ihren eigenen Gedanken und Eindrücken nachhingen.

Halbe: In den letzten Apriltagen 1945 tobte hier eine schwere Kesselschlacht. Truppen der 1. Belorussischen Front unter Marschall Schukow und der 1. Ukrainischen Front unter Marschall Konew schlossen am 23./24. April 1945 um das Gebiet von Halbe und Lübben einen riesigen Kessel. In ihm befanden sich große Teile der deutschen 9. Armee unter General Busse und der 4. deutschen Panzerarmee. Ungefähr 200.000 Mann. Ihre Lage war hoffnungslos. Hitler hatte absolutes Durchhalten befohlen und den Durchbruch, um ihm und seiner Regierung in Berlin zu helfen. Die sowjetische Seite hatte den eingeschlossenen Deutschen unter Busse ein Kapitulationsangebot unterbreitet. General und „Kamerad" Busse lehnte ab und suchte seine eigene Haut zu retten. Damit begann das große Sterben der 9. deutschen Armee und der Zivilbevölkerung. Im Kessel befanden sich ca. 200.000 Mann mit etwa 2000 Geschützen und Granatwerfern sowie 300 Panzern und Sturmgeschützen. Die ihnen gegenüberstehenden sowjetischen Verbände waren ihnen an Soldaten um das 1,4fache und an Geschützen um das 3,7fache überlegen. Die Panzerwagen waren auf beiden Seiten etwa gleich in der Anzahl.

Erst am 1. Mai schwiegen die Waffen. Mehr als 40.000 Tote blieben zurück. Es war ein sinnloser Tod. Zum gleichen Zeitpunkt standen die sowjetischen Truppen, die Halbe umgangen hatten, schon in Berlin in der Schönhauser Allee.

In Halbe liegen etwa 22.000 Tote; von etwa 8000 konnten die Namen ermittelt werden. Auf dem Friedhof liegen auch deutsche und ausländische Zivilisten, Angehörige der Roten Armee der UdSSR sowie Tote, die in einem Lager des sowjetischen Geheimdienstes NKWD nach 1945 in Kertschendorf ums Leben kamen.

Am 6. November 1993 waren wir fast allein auf dem Waldfriedhof in Halbe. Allein mit 22.000 Toten, darunter viele im Alter zwischen 17 und 20 aus der untergegangenen 9. Armee.

Erfahrungsbericht eines Teilnehmers (vgl. S. 56)

Jonas Lanig

Fremdenfeindlichkeit überwinden –
Eine Sammlung konkreter Projektideen
für die Schulpraxis

Die Morde von Mölln und Solingen, die Anschläge auf Asylbewerberheime, aber auch die ganz alltäglichen Erscheinungsformen rechter
Gewalt haben an unseren Schulen echte Betroffenheit ausgelöst. Die
meisten Schulen haben darauf in irgendeiner Weise reagiert. So
bildeten sich mancherorts Schweigekreise oder Lichterketten rund ums
Schulhaus. Anderswo wurde ein großes Transparent ausgehängt, auf
dem sich die Schule zu ihrem multikulturellen Miteinander bekannte.
Später folgten Malwettbewerbe, Fotoausstellungen oder Lesungen.
Und nach wenigen Wochen war das alles wieder vergessen. Manche
dieser Aktionen verhedderten sich in ihrer eigenen Symbolik. Symbolische Aktionen wie Lichterketten oder Schweigekreise sind sicherlich
legitim. Mehr noch: Sie können Schülern helfen, ihre Angst, ihre Wut
und ihre Ratlosigkeit zu artikulieren. Wer Trauer empfindet, will damit
nicht alleine bleiben. In der Schulgemeinschaft lassen sich solche
Gefühle mit anderen teilen. Das haben z.B. die vielen türkischen
Kinder erfahren, die die Morde von Mölln als einen traumatischen
Einschnitt erlebten und denen die symbolischen Bekenntnisse ihrer
Mitschüler und Lehrer sehr viel bedeuteten.

Andererseits dürfen solche Gesten guten Willens pädagogisches
Handeln nicht ersetzen. Wer sich mit einer Kerze vor das Schulhaus
stellt, für den sollte die pädagogische Auseinandersetzung mit Fremdenfeindlichkeit und Gewalt erst beginnen. Er hätte sich hier auf ein
langfristiges Projekt einzulassen, das von solchen kurzlebigen Aktionen höchstens angestoßen werden kann. Nur wer einen langen Atem
hat, wird hier etwas verändern.

Die pädagogische Antwort auf den Golf-Krieg sollte uns eine
Warnung sein: Zwar gelang es damals, viele hunderttausend Schüler zu
mobilisieren. Zwar waren es eindrucksvolle Demonstrationen, mit
denen Lehrer und Schüler vor dem bevorstehenden Krieg warnten.
Aber während im Nahen Osten noch geschossen wurde, waren die
Schulen schon zur Tagesordnung zurückgekehrt. Mit dem Verhältnis

von Krieg und Frieden wollte sich nach dem Aktionismus der ersten Tage bald niemand mehr ernsthaft auseinandersetzen. Dabei wäre es eigentlich Aufgabe der Schule, durch kontinuierliche Arbeit an einem bestimmten Thema ein Gegengewicht zur Hektik der Schlagzeilen zu setzen. Schließlich haben diese ein immer kürzeres Verfallsdatum. Deshalb genügt es nicht, wenn die Schule ihren guten Willen demonstriert, es ihr aber an geeigneten Umsetzungsstrategien fehlt. Denn jedes pädagogische Engagement bleibt nur gut gemeint, solange es sich untauglicher Methoden bedient.

Die pädagogische Auseinandersetzung mit Fremdenfeindlichkeit und Gewalt ist also immer auch eine Frage der Methodenwahl. Und hier zeigt sich, daß der Regelunterricht mit seinem Repertoire eingeschliffener Lern- und Arbeitsformen überfordert ist. Deshalb haben sich die meisten Lehrkräfte, die sich dieser Auseinandersetzung stellen, für die Methode des Projektlernens entschieden. Sie sind dabei freilich auf keinen dogmatischen Projektbegriff fixiert, wollen also nicht gleichzeitig handlungsbezogen, schülerzentriert, produktorientiert und ergebnisgeleitet arbeiten. Aber sie haben für sich erkannt, daß sie mit dem Lernen in Projekten ihre Schüler besser erreichen. Gerade diejenigen unter ihnen, die sich nicht über die Sprache definieren und deshalb für die Botschaft der Gewalt besonders anfällig sind, können über solche Formen praktischen Lernens zurückgewonnen werden. Außerdem setzt die Projektarbeit zumeist bei der Lebenswelt der Schüler und bei ihren unmittelbaren Erfahrungen an. Hier erleben sie, wie auch ihr Alltag von latenter Fremdenfeindlichkeit und subtiler Gewalt geprägt ist. Aus der Beschäftigung mit fernen und fremden Dingen wird hier die überraschende Erkentnis: „Tua res agitur." Die Beschäftigung mit diesem Thema setzt voraus,

- daß sich die Schüler ausführlich über die Erscheinungsformen und die Ursachen rechter Gewalt informieren,
- daß sie sich selbst und ihre Umwelt entsprechend sensibel beobachten,
- daß sie die Auseinandersetzung mit dem Fremden suchen, statt die Urteile und Vorurteile anderer ungefragt zu übernehmen,
- daß sie sich mit denen solidarisieren, die von rechter Gewalt besonders bedroht sind,
- daß sie selber Alternativen zur Gewalt entwickeln und Möglichkeiten einer friedlichen Konfliktbewältigung ausprobieren.

Die folgenden Projektideen sind zunächst nicht mehr als Ideen. Manche von ihnen wurden schon in konkrete Projekte umgesetzt, andere sind reine Kopfgeburten. Ob sie wirklich etwas taugen – das haben die Lehrer und Schüler zu entscheiden, die sich von solchen Ideen anregen oder abschrecken lassen.

Sich informieren

„Wie hoch schätzt du den Anteil der Asylbewerber an der Gesamtbevölkerung?" – Das wollte ein Team des Bayerischen Fernsehens von den Schülern verschiedener Gymnasien wissen. Das Ergebnis dieser Umfrage hätte verheerender nicht ausfallen können. Fast die Hälfte der befragten Schüler war davon überzeugt, dieser Anteil liege um die 10%. Solche Fehleinschätzungen haben entsprechende Fehlurteile zur Folge. Falsche Zahlen begründen meist ein falsches Weltbild. Wer nicht annähernd abschätzen kann, wie hoch der Anteil der Asylbewerber an der Gesamtbevölkerung wirklich ist, wird sich um so lieber dem Gerede von der „Asylantenflut" anschließen.

Deshalb kann es der Schule nicht gleichgültig sein, wenn ihre Schüler schlecht informiert sind. Schließlich versteht sie sich als ein Ort der Aufklärung. Und bei aller berechtigten Kritik an der Kopflastigkeit schulischen Lernens sollte sie an diesem Anspruch festhalten. Mit dem moralischen Appell an einen sensiblen Umgang mit der Geschichte oder an eine gute Nachbarschaft zwischen den Menschen unterschiedlicher Kulturen kann es nicht getan sein. Viele Jugendliche wollen erst durch harte Fakten überzeugt sein. Diesem Bedürfnis sollte die Schule entgegenkommen.

Wer sich informieren will, sollte nicht nur mit Zahlen, Daten und Namen eingedeckt werden. Informationen sollen aufklären und nicht abschrecken. Deshalb wird sich der Unterricht um neue Formen der Informationsvermittlung bemühen müssen. So macht es auf die Schüler mehr Eindruck, wenn sie vor Ort recherchieren oder wenn sie sich aus erster Hand informieren. Die Arbeit im Archiv, das Gespräch mit Zeitzeugen oder die Exkursion sind wirkungsvollere Formen der Aufklärung als Lehrervortrag und Tafelanschrift.

So kann das *Blättern in alten Fotoalben* schon Schülern der Grundschule etwas bringen. In den Alben, die ihre Großeltern und Urgroßeltern angelegt haben, erfahren sie etwas vom Alltag im Nationalsozialismus. Vom Fahnenappell beim Arbeitsdienst bis zur Hochzeit in Wehrmachtsuniform – das umfassende System totalitärer Herrschaft ist immer präsent und läßt kaum noch private Nischen zu. Aus den eindrucksvollsten Fotos stellen die Schüler dann vielleicht einen Bildband zusammen.

Wenn die *Schüler im Stadtarchiv* alte Tageszeitungen und verstaubte

Aktenordner durchforsten, werden sie mehr über die Innenansicht des NS-Systems erfahren als in vielen Unterrichtsstunden. Hier werden sie z.b. herausfinden, welche Betriebe von der Enteignung jüdischer Mitbürger profitierten. Oder sie werden entdecken, in welchem Umfang braune Lokalgrößen auch nach 1945 in der Kommunalpolitik mitmischten. Was sich auf den ersten Blick als eine eher trockene Angelegenheit ausnimmt, wird so zu einem spannenden Stück Zeitgeschichte.

Über die Zeit des Nationalsozialismus äußert sich die offizielle Schulchronik eher zurückhaltend. Deshalb werden die Schüler wissen wollen, wie sich *Unsere Schule zur NS-Zeit* verhalten hat. Bei ihren Nachforschungen werden sie z.b. auf ehemalige Klassenbücher stoßen, in denen die Namen der jüdischen Schüler plötzlich gelöscht wurden. Oder sie werden in alten Schulbüchern stöbern und dabei entdecken, daß sich die antisemitische Propaganda auch noch in Diktaten und Rechenbüchern nachweisen läßt. Die Ergebnisse werden in einer Schulchronik für die Jahre 1933–1945 zusammengefaßt. Diese Chronik könnte auch als Anlage zum offiziellen Jahresbericht der Schule erscheinen.

Wer sich umfassend informieren möchte, wird nicht nur in schriftlichen Dokumenten blättern wollen. Deshalb sollte sich die Klasse auch eine Exkursion vornehmen – z.b. um *Vergessene Synagogen* aufzuspüren. Vor allem im ländlichen Raum finden sich solche Relikte einer verdrängten Kultur, aus denen inzwischen Scheunen, Kfz-Werkstätten oder Supermärkte geworden sind. Die Schüler halten diese aufgelassenen Zentren jüdischen Lebens mit der Kamera oder mit dem Skizzenblock fest. Daraus könnte dann ein Kalender werden, der von der Schule verlegt und vertrieben wird.

Eine andere Exkursion könnte die Schüler dorthin führen, wo sich in ihrer Stadt das multikulturelle Leben konzentriert. Zum Programm einer solchen *MultiKulTour* könnte z.b. ein Besuch im Centro Espagnol oder im türkischen Sportverein gehören. Die Schüler haben hier Gele-genheit, an einer Sitzung des Ausländerbeirats teilzunehmen und mit dem italienischen Konsul zu diskutieren. Bei ihrer Tour werden die Schüler ihre Stadt als bunte Kulturlandschaft erleben und über die richtige Balance zwischen Identität und Integration zu reflektieren haben.

Noch eindrucksvoller gerät eine solche Exkursion, wenn die Schüler dabei von Zeitzeugen begleitet werden. So kann eine Schule versuchen, Kontakte zu einer ehemaligen Zwangsarbeiterin aufzunehmen. Sie führt die Schüler zu den *Stätten der Zwangsarbeit* in ihrer Stadt, berichtet von ihrer Verschleppung aus der Heimat und von ihrem Leben zwischen Lager und Fabrik. Auch Verfolgte des NS-Regimes werden bereit sein, die Schüler zu den Orten der Verfolgung und des Widerstands zu führen.

Weil ein Bericht der Betroffenen die Schüler eher erreicht als jeder Lehrervortrag, sollte das Klassenzimmer immer wieder zu einem Ort des Erzählens werden. So könnte *Die andere Erdkundestunde* den Kontakt zu Asylbewerbern aus der Dritten Welt ermöglichen. Sie berichten hier über die Situation in ihren Herkunftsländern und erklären, warum sie zu politischen Flüchtlingen geworden sind. Auch die Lebensbedingungen in den örtlichen Flüchtlingsunterkünften oder die Hürden und Härten des Anerkennungsverfahrens können Gegenstand ihres Berichts sein.

Schließlich werden die Schüler auch am eigenen Beispiel herausbekommen wollen, wie weit auch ihr Alltag von rassistischen Verhaltensritualen geprägt ist. In einer Reihe von Kneipen und Diskotheken gilt z.B. ein *Off Limits für Ausländer*.

Deshalb schwärmen die Schüler aus, um die einschlägige Szene zu testen: Werden hier ausländische Jugendliche problemlos eingelassen? Wie rassistisch gebärden sich die Türsteher? Wie tolerant verhalten sich die Besucher? – Das Ergebnis könnte eine Schwarze Liste sein, in der die entsprechenden Etablissements aufgelistet sind.

Sensibilität lernen

Fremdenfeindlichkeit beginnt nicht erst da, wo Molotow-Cocktails gegen ein Asylantenheim geworfen werden. Der scheinbar harmlose Witz, das fröhlich geschmetterte Liedchen, der raffiniert gemachte Werbespot – so können Ressentiments aufgebaut und fremdenfeindliche Vorurteile bedient werden. Deshalb müssen auch solche vermeintlichen Harmlosigkeiten ernstgenommen werden.

Daraus leitet sich nicht zuletzt ein Auftrag für die Schule ab: Sie hat die Schüler auch für diese subtileren Erscheinungsformen der Fremdenfeindlichkeit zu sensibilisieren. Und sie hat dabei zunächst bei ihrer unmittelbaren Lebensumwelt anzusetzen. Auch ihre Teilnahme an Lichterketten und Schweigekreisen hindert viele Schüler nicht daran, sich die Zeit mit dem Erzählen fremdenfeindlicher Witze zu vertreiben oder im Klassengespräch immer wieder die bekannten Klischees aufzuwärmen.

Genauer zuzuhören, schärfer hinzusehen, sensibler wahrzunehmen – das wäre ein erster Schritt. Denn wer gelernt hat, sich und andere kritisch zu beobachten, wird nicht so leicht zu verführen sein.

So könnten die Schüler zu überraschenden Einsichten kommen, wenn sie sich den *Rassismus auf der Schulbank* vornehmen. Denn in fast jedem Schulhaus lassen sich Belege für rassistische Meinungen und Verhaltensweisen finden. Da sind die Zitate im Erdkundebuch, die immer noch das Bild von den kulturlosen Schwarzen malen. Da sind ausländerfeindliche Kritzeleien oder diskriminierende Lehrerzitate. Die Schüler sammeln solche Belege und gestalten damit eine Ausstellung.

Im Witz erfreut sich die fremdenfeindliche Attitüde einer ungebrochenen Popularität. Deshalb untersuchen die Schüler die Machart und Verbreitung solcher *Witze, bei denen einem das Lachen vergeht.* Dazu lassen sie sich von ihren Mitschülern erzählen, welche Witze derzeit die größten Lacher auslösen. Sie durchforsten aber auch die Humorabteilungen der Illustrierten und Jugendzeitschriften. In einer Sendung für den lokalen Hörfunk stellen sie dann die Ergebnisse ihrer Nachforschungen vor.

Viele Lieder, die bei Klassenfahrten oder im Skilager geschmettert werden, propagieren einen ungeschönten Rassismus. Auch in Bierzelten oder Faschingshochburgen läßt sich mit diesem *Rassismus nach Noten* die Stimmung kräftig anheben. Die Schüler tragen besonders signifikante Beispiele zusammen – vom legendären „Negeraufstand in Kuba" bis zum „alten Häuptling der Indianer". Daraus könnte eine Anti-Hitparade werden, die von den Schülern entsprechend verfremdet oder kommentiert wird.

Die Werbung geht da zwar etwas geschickter vor. Aber gerade das macht sie so gefährlich. Denn der heimliche *Rassismus in der Werbung* erschließt sich nicht jedem. Der fette Häuptling eines Negerstamms z.B., der ein Röckchen aus lauter Kreditkarten trägt, ist kein gelungener Gag der verantwortlichen Werbeagentur. Hier sollen vielmehr rassistische Klischees instrumentalisiert werden. Als profunde Kenner der Fernsehwerbung werden die Schüler zahlreiche Beispiele rassistisch eingefärbter Spots ausfindig machen. Sie werden zu einer Video-Collage montiert. Vielleicht gelingt es auch, die Mitarbeiterin einer Werbeagentur in den Unterricht einzuladen und mit ihr einzelne Textoder Filmproben zu diskutieren.

Diese Vorurteile, mit denen hier die Werbung kalkuliert, kann jeder an sich selbst festmachen. Das wird deutlich, wenn die Schüler einen *Atlas der Vorurteile* anlegen. Dazu wird im Klassenzimmer eine große Weltkarte aufgehängt. Auf ihr markieren die Schüler für jedes Land, welche Stereotype seinen Bewohnern gerne angehängt werden. Hier erscheinen die Franzosen als lebenslustige Charmeure, die Russen als phlegmatische Wodkaschlürfer oder die Schweizer als die zu Reichtum gekommenen Nachfolger des Alm-Öhi.

In Namen und Begriffen werden solche Vorurteile verdinglicht. Und viele junge Menschen bedienen sich solcher Formulierungen, ohne deren semantischen Hintergrund zu reflektieren. Deshalb sollte es sich lohnen, „*Das Wörterbuch des Unmenschen*" in einer neuen Ausgabe aufzulegen. Von „Asylbetrug" bis „Zupfer" sind hier alle Begriffe dokumentiert, mit denen die Ausgrenzung ausländischer Menschen sprachlich beglaubigt wird. An Auszügen aus diesem Werk dürfte auch die örtliche Tageszeitung interessiert sein.

So notwendig die Reflexion eigener Denk- und Sprachhaltungen auch sein mag – sie kann die authentische Auseinandersetzung mit dem Schicksal anderer nicht ersetzen. Dieser Auseinandersetzung bedarf es aber, um die eigene Sensibilität zu trainieren. So können die Schüler z.B. selber nacherleben, wie sich ein *Leben aus dem Karton* gestaltet. Dazu organisieren sie eines jener Lebensmittelpakete, wie sie an die Bewohner von Flüchtlingsunterkünften ausgegeben werden. Sie versuchen, daraus eine akzeptable Mahlzeit zusammenzustellen – und werden bald merken, daß solche Pakete weder auf das Prinzip einer ausgewogenen Ernährung noch auf kulturelle Besonderheiten Rücksicht nehmen.

Erfahrungen dieser Art vermittelt auch das *Unsichtbare Theater*: Hier werden die Schüler in der Fußgängerzone oder in der U-Bahn zu Akteuren – aber die Passanten ahnen nicht, daß alles nur Theater ist. So, wenn sich zwei Jungen in der Öffentlichkeit küssen und damit das gesunde Volksempfinden herausfordern. Hier können die Schüler miterleben, wie sich brave Bürger in aggressive Geiferer verwandeln, wie sie über die beiden herziehen. Wer sich so einmal in der Rolle einer Minderheit erlebt hat, dem wird es leichter fallen, sich mit den Ausgegrenzten und Diskriminierten zu solidarisieren. Mit der Juxerei einer „Verstehen-Sie-Spaß?"-Sendung hat das Unsichtbare Theater deshalb nichts zu tun.

Sich mit dem Fremden auseinandersetzen

Fremdenfeindlichkeit ist immer auch ein Ausdruck von Fremdheit. Wer keinen Kontakt zu Menschen anderer Kulturen, Generationen oder sozialer Milieus hat, kann über deren Lebenssituation nur spekulieren. Das ist die Basis vieler Vorurteile und Aggressionen. Schüler, die keinen Zugang zu anderen Kulturen haben, sind für fremdenfeindliche Parolen besonders empfänglich. Hier bündeln sich unterschiedliche Projektionen zu einem diffusen Bild vom Fremden.

Wo es an einer solchen Begegnung mit dem Fremden fehlt, ist auch von der Schule keine große Hilfe zu erwarten. Zwar dürfte es kaum noch eine Klasse geben, in der die deutschen Schüler unter sich wären – aber die Schule weiß mit der multikulturellen Zusammensetzung ihrer Schülerschaft kaum etwas anzufangen. Eher begreift sie sich als ein kulturelles Niemandsland, in dem die Unterschiede, aber auch die Konflikte zwischen den Kulturen ausgeblendet sind.

Außerdem sehen viele in ihr einen abgeschlossenen Mikrokosmos, in dem kulturelle Profile zur Unkenntlichkeit verschmelzen. Deshalb käme es darauf an, ein anderes Selbstverständnis zu entwickeln und die Fremdheit in den eigenen Reihen zum Thema zu machen. Ebenso wichtig wäre es, die Schule zu öffnen und die Auseinandersetzung mit fremden Lebenssituationen außerhalb der Schulmauern zu suchen. Hier wären jene authentischen Begegnungen möglich, durch die sich bestehende Klischees und Ressentiments abbauen ließen.

Schon in der Grundschule sind solche Begegnungen möglich – auch wenn sie hier eher nachgestellt als authentisch erlebt werden. So kann die ganze Klasse ein *Pessach-Fest* feiern und sich damit zum ersten Mal mit den Traditionen jüdischen Lebens auseinandersetzen. Dazu wird zunächst das Zimmer von allem „Gesäuertem" gereinigt. Dann werden die Matzen gebacken. Und wenn das Festmahl schließlich beginnt, ist den Schülern vieles gar nicht mehr so fremd. Da stellt sich dann bald auch die richtige Feiertagsstimmung ein.

Auch mit einem Vergleich von *Kirche – Synagoge – Moschee* haben viele Grundschulen bereits Erfahrungen gesammelt. Beim Besuch anderer Gotteshäuser wird den Schülern deutlich, daß alle Religionen bestimmte Rituale ausbilden und daß sich dahinter historische Erfahrungen und Erinnerungen verbergen. Das ist um so notwendiger, als z.B. der Islam zunehmend dämonisiert wird. Da wird auf viele Schüler die eigene Anschauung einen stärkeren Eindruck machen als das zwielichtige Bild, das viele Medien von dieser Weltreligion zeichnen.

Die Zeiten, in denen italienische Migranten als „Katzelmacher" diffamiert wurden, sind längst vorbei. Im Gegenteil: In Küche und Gastronomie ist die Bereicherung durch andere Kulturen allgemein anerkannt. Die Schüler nutzen diese Erfahrung und geben ein eigenes Kochbuch heraus. Unter dem Titel „*Was Eltern so alles anrichten*" haben die Mütter der ausländischen Schüler hier zahlreiche Rezepte aus ihren Heimatländern beigesteuert. Das könnte ein Anreiz sein, die interessantesten Rezepte gemeinsam zu kochen und damit im Schülercafé ein Festmahl zu gestalten.

Nirgendwo ist Fremdheit so deutlich ausgeprägt wie im privaten

Kreis der Familie. Deshalb wäre ein *Schüleraustausch in der eigenen Klasse* für die meisten eine aufregende Erfahrung. Dazu tauschen deutsche und ausländische Schüler für ein paar Tage Wohnung und Familie. Hier erleben sie vielleicht einen ganz anderen Lebensstil, sind sie vielleicht auch von den vielen Gemeinsamkeiten überrascht. Während der Austausch mit einer englischen oder französischen Schule inzwischen vielerorts zu den selbstverständlichen Standards des Schullebens gehört, wäre dieser Schüleraustausch in den eigenen Reihen wirklich ein Novum.

Demgegenüber hat man mit einer *Klassenfahrt in die Türkei* an manchen Schulen gute Erfahrungen gemacht. Dabei stellen türkische Schüler ihren deutschen Klassenkameraden die Heimat ihrer Eltern und Großeltern vor. Während sie in Deutschland nach der mühsamen Balance zwischen BRAVO und Bauchtanz, zwischen westlichen Vorbildern und türkischen Familientraditionen suchen, ist hier das kulturelle Profil noch weitgehend unbeschädigt. Noch nachhaltiger wäre der Eindruck auf die deutschen Schüler, wenn es zu einem regelmäßigen Austausch mit einer türkischen Partnerschule käme.

Wo ein solcher Austausch nicht möglich ist, würde sich eine Korrespondenz anbieten. Über einen *Briefwechsel mit jüdischen Emigranten* z.B. haben die Schüler Gelegenheit, sich mit fremden Lebenserfahrungen auseinanderzusetzen. In vielen Städten ist es üblich, jene ehemaligen Mitbürger, die unter den Nazis die alte Heimat verlassen mußten, zu sich einzuladen. Und von den Besuchern aus Israel wird dabei immer wieder gewünscht, mit jungen Deutschen zusammenzutreffen. Ein Besuch im Klassenzimmer könnte so der Auftakt zu einer dauerhaften Korrespondenz werden.

Auch mit der *Arbeit auf einem jüdischen Friedhof* erschließt sich den Schülern eine fremde Kultur. Gerade im ländlichen Raum finden sich noch viele dieser Friedhöfe, die für ein ausgeprägtes jüdisches Leben stehen und um die sich heute niemand mehr kümmert. Hier kartieren die Schüler die verfallenen Gräber, hier legen sie die Wege frei und bessern den morschen Bauzaun aus. Vielleicht könnte das für sie ein Anreiz sein, auch andere Spuren jüdischen Lebens freizulegen. So könnten sie untersuchen, was aus den ehemaligen Synagogen geworden ist oder wo sich Reste des Jiddischen im heimatlichen Dialekt erhalten haben. Das Ergebnis solcher Recherchen wird ihnen bewußt machen, daß es auch in früheren Generationen einen lebhaften Austausch zwischen den Kulturen gegeben hat.

Ein anderer Beitrag zur Auseinandersetzung mit Fremdheit: Schülerinnen testen im Selbstversuch, wie wirksam fremdenfeindliche Verhaltensmuster auch heute noch sind. Dazu binden sie sich ein Kopftuch um und mischen sich unter die Menschen ihrer Stadt. Bald sind sie nur noch *Die mit dem Kopftuch* – und entsprechend werden sie behandelt. Da müssen sie damit rechnen, im Supermarkt beiseite gedrängt zu werden oder sich in der U-Bahn aggressive Kommentare anhören zu müssen. Da werden sie von der Zugauskunft wie unmündige Kinder behandelt und in ihrer Stamm-Disco erst gar nicht eingelassen. Später berichten sie in der Schülerzeitung über ihre Erfahrungen als „Die mit dem Kopftuch".

Solidarität lernen

Auf die Dauer werden sich die Schüler nicht mit der Rolle stiller Beobachter begnügen wollen. Irgendwann werden sie den Wunsch haben, aktiv zu werden und ihre Erfahrungen mit Fremdenfeindlichkeit und Gewalt in konkrete Aktionen einzubringen. Diesen Wunsch wird man ihnen nicht abschlagen wollen – und gleichzeitig darauf achten, daß daraus kein inhaltsloser Aktionismus wird.

Deshalb sollte jeder dieser Aktionen eine kritische Bilanz bisheriger Aktivitäten vorangehen. So erfahren die Schüler, daß symbolische Gesten schnell zum Selbstzweck werden. Oder sie registrieren, daß viele Aktionsformen bestehende Vorurteile eher bestätigen als sich mit ihnen auseinanderzusetzen.

Die Aktivitäten der Schüler sollten nicht an den Betroffenen vorbei geplant werden. Deshalb sollten sie diejenigen in ihre Vorbereitungen einbinden, die durch die Gewalt von rechts bedroht sind. Bei vielen Aktionen muß außerdem sichergestellt sein, daß sie auch über einen längeren Zeitraum durchzuhalten sind. Wer eine Patenschaft eingeht oder ein Betreuungsangebot offeriert, muß sich bewußt sein, daß daraus kein Strohfeuer werden darf.

Kaum eine Fernsehanstalt, kaum eine staatliche Behörde, die keine Kampagne gegen Fremdenfeindlichkeit und Gewalt gestartet hätte. Diese Kampagnen sind in der Regel gut gemeint, aber nicht immer gut gemacht. So ist das Motto *„Mein Freund ist Ausländer"* wenig hilfreich. Denn es geht ja gerade um die Solidarität mit denjenigen, mit denen uns keine Freundschaft verbindet, zu denen wir nicht einmal Kontakt haben. – Die Schüler untersuchen die Stärken und Schwächen solcher Kampagnen. Und bald werden sie vorschlagen, eine eigene Kampagne zu starten, die derartige Fehler nicht wiederholt. Dazu entwerfen sie Anzeigentexte und produzieren sie Videospots. Vielleicht lassen sich die Medien vor Ort für diese Vorschläge gewinnen.

Viele gute Aktionen beginnen an der eigenen Schule. So auch der Versuch, *Multikulturelle Feiertage* gemeinsam zu begehen. Schließlich macht es keinen Sinn, auch an Schulen mit einem hohen Ausländeranteil jeweils nur die deutschen Feiertagstermine zu würdigen. Dazu geben die Schüler einen eigenen Feiertagskalender heraus. Und sie sorgen dafür, daß die Feiertage anderer Kulturen nicht nur im Kalender auftauchen, sondern mit Festen, Umzügen oder Dekorationen Eingang in das Schulleben finden. Damit wird dokumentiert, daß der Dialog zwischen den Kulturen hier nicht nur in einer Richtung geführt wird.

Viele Schulen verweisen stolz auf die vielen Kulturen, die sich unter ihrem Dach zusammenfinden. Wenn es aber bei einer nur physischen Koexistenz bleibt, ist damit nicht viel gewonnen. Wichtiger als alle demonstrativen Bekenntnisse sind deshalb konkrete Projekte im Rahmen eines interkulturellen Austauschs. So können Schüler aus unterschiedlichen Herkunftsländern z.B. gemeinsam einen Rock-Titel produzieren. Ein solcher *selbstproduzierter Ethnorock* sollte möglichst viele Instrumente und Stilrichtungen integrieren – so daß sich hier möglichst alle an der Schule vertretenen Kulturen wiederfinden.

Solidarität beweist sich nicht zuletzt im Konfliktfall. Deshalb macht es Sinn, wenn sich Lehrer und Schüler gemeinsam an der bundesweiten *Aktion Courage* beteiligen. Durch das bekannte Button mit dem Zebra bekennen sie sich zu einer Selbstverpflichtung: Überall, wo rassistische Witze oder fremdenfeindliche Sprüche verbreitet werden, melden sie sich zu Wort. Überall, wo andere provoziert oder tätlich angegriffen werden, schreiten sie ein. Je mehr sich an dieser Aktion beteiligen, um so leichter wird es den einzelnen fallen, Zivilcourage zu zeigen. Über die Aktion Courage lassen sich auch Kontakte zu anderen Schulen vermitteln, die sich demselben Anliegen verschrieben haben.

Die Selbstverpflichtung, die mit dem Bekenntnis zur Aktion Courage verbunden ist, gilt selbstverständlich auch außerhalb der Schule. Wie sich ein wirkungsvolles Engagement ohnehin nicht auf die eigene Schule begrenzen läßt. So können die Schüler z.B. im Rahmen einer öffentlichen Veranstaltung Aufklärungsarbeit leisten. „*Asyl gestern – Asyl heute*" – das könnte der Titel einer solchen Veranstaltung sein. Hier kommen Menschen zu Wort, die in der Zeit des Nationalsozialismus emigrieren mußten und in anderen Ländern Aufnahme fanden. Hier erzählen aber auch die Bewohner einer benachbarten Flüchtlingsunterkunft von ihrer Situation im Heimatland und in der Bundesrepublik Deutschland.

Viele junge Ausländer haben sich eigenen Sportvereinen angeschlossen. Hier hätte die Fußballmannschaft der Schule eine wichtige Aufgabe: Anstatt sich zum x-ten Male mit den Teams der anderen Schulen zu messen, könnte sie ein *Turnier ohne Grenzen* organisieren. Hier sind in erster Linie solche Mannschaften angesprochen, die unter einer ausländischen Fahne antreten. Auch die Bewohner einer Flüchtlingsunterkunft sollten sich zum Mitmachen motivieren lassen. Die lokale Presse wird dieses Ereignis gerne aufgreifen. Und mit Sicherheit werden sich Sponsoren finden lassen, die einen entsprechenden Wanderpokal stiften.

Schließlich werden die Schüler denen, die von rechter Gewalt bedroht sind, auch ganz konkret helfen wollen. Zu denken wäre hier z.B. an Service-Angebote, die sich speziell an ausländische Mitbürger richten. So könnten sich die Schüler z.B. vornehmen, *Neue Formulare* auszuarbeiten: Die Formulare, wie sie von Ämtern und Behörden ausgegeben werden, sind oft schon für Deutsche nicht verständlich. Um so größere Probleme haben damit ausländische Mitbürger. Deshalb nehmen sich die Schüler die einschlägigen Anträge, Bescheide oder Fragebögen vor und versuchen, diese sprachlich zu überarbeiten. Ihre türkischen, spanischen oder griechischen Mitschüler übersetzen sie dann in ihre Muttersprache. In der Regel werden die betroffenen Ämter keine Einwände haben, die neuen Formulare an ihre Klienten auszugeben.

Wenn es um praktische Hilfe geht, werden die Schüler in erster Linie an die hier lebenden Asylbewerber denken. Ein Besuch in einer ihrer Unterkünfte wird sie davon überzeugen, daß sie hier unter unwürdigen Bedingungen untergebracht sind.

Mit einer *Spielstube im Flüchtlingsheim* könnte wenigstens den Kindern geholfen werden, die unter der Enge und der schlechten Ausstattung dieser Unterkünfte besonders zu leiden haben. Dazu bauen die Schüler einen leerstehenden Keller zusammen mit den Eltern zu einem kindergerechten Raum aus. Das Spielzeug wird im Rahmen einer schulinternen Sammelaktion zusammengetragen. Und wenigstens einmal in der Woche gestaltet eine Arbeitsgemeinschaft der SMV einen Spielenachmittag für diese Kinder.

Friedfertigkeit trainieren

Blutlachen auf dem Schulhof, mafiaähnliche Strukturen im Klassenzimmer und ganze Waffenarsenale in den Büchertaschen – das Bild, das manche Medien von der Gewalt an unseren Schulen zeichnen, ist sicherlich überzogen. Kritische Chronisten des pädagogischen Alltags müssen aber einräumen, daß das Gewaltpotential unter den Schülern größer geworden ist. Vor allem beobachten sie außerdem eine neue Qualität der Gewalt: Die Auseinandersetzungen unter den Schülern respektieren keine Spielregeln mehr. Dem Schwächeren wird kein Schutzrecht zuerkannt; der Überlegene kann mit ihm nach Belieben umspringen.

Im Gespräch mit den Schülern zeigt sich, daß diese Gewalt längst als ein probates Mittel der Konfliktbewältigung akzeptiert haben. Eine eher diffuse Gewaltbereitschaft wird durch solche nachgeschobenen Rechtfertigungen rehabilitiert. Und diese Aufwertung schlägt sich nicht zuletzt in einem rüder gewordenen Ton, in einer aggressiveren Sprache nieder.

Hier hat die Schule ein Kontrastprogramm anzubieten: Sie hat den Schülern am konkreten Beispiel zu vermitteln, daß es auch andere Strategien der Konfliktlösung gibt und daß sich diese Friedfertigkeit trainieren läßt. Auch hier bleibt der bloße Appell wirkungslos. Nur durch praktische Übungen lassen sich die Schüler von der Untauglichkeit jeder Gewaltphilosophie überzeugen. Der Gewaltverzicht muß für sie sinnlich nachzuvollziehen sein.

So könnte die Schule eine *Friedenswerkstatt* anbieten: Hier geht es weniger um Konfliktlösungen im internationalen Maßstab, sondern um solche im unmittelbaren Lebensumfeld der Schüler. Deshalb werden hier Konflikte aufgegriffen, wie sie sich täglich im Pausenhof oder auf dem Schulweg ereignen. Im Unterricht werden diese Konflikte nachgestellt. Anschließend wird nach Alternativen gesucht: Hätte sich in solchen Fällen nicht auch eine gewaltfreie Lösung angeboten? – Dazu bedürfen die Schüler keiner weiteren Anleitung. Wie es auch ohne Gewalt ginge – das wird ihnen bald selber klar.

Dabei ist die Schule oft in der Gefahr, sich jeweils nur mit den potentiellen Tätern zu beschäftigen. Ebenso wichtig sollten ihr aber diejenigen sein, die eine gewalttätige Situation aus der Sicht des Opfers erleben. Deshalb könnte die Schule ein eigenes *Verhaltenstraining für Bedrohungssituationen* anbieten. Hier lernen die Schüler, wie das Prinzip der reziproken Interaktion funktioniert: Wenn sich das Opfer nicht in eine bestimmte Rolle hineindrängen läßt und selber einen aktiven Part übernimmt, dann ist der Angreifer schnell aus dem Konzept gebracht. Hier steht den Schülern ein Verhaltensrepertoire zur Verfügung, das sie sich durch Zuruftheater oder Rollenspiele erarbeiten. Solche Techniken haben immer auch einen psychologischen Effekt: Wer die Tricks der Täter kennt, geht mit einer gewalttätigen Situation auch souveräner um.

Die Botschaft eines solchen Verhaltenstrainings ist klar: Wer bedroht ist und sich verteidigen möchte, braucht dazu keine Waffe. - Das gilt für die Schlägerei auf dem Schulweg ebenso wie für die militärische Aggression. Zwar lassen sich in der Geschichte des Krieges dafür nur wenige überzeugende Beispiele finden. Dennoch sollten die Schüler solche Formen eines gewaltfreien Widerstands wenigstens einmal kennengelernt haben. Dazu ziehen sie für ein paar Tage in ein Friedenscamp, wo sie einen solchen defensiven Umgang mit militärischer Aggression trainieren können. So kann für sie *Gewaltfreier Widerstand* zum Paradigma für eine friedfertige Reaktion auf jede Form von Gewalt werden.

Spiele, die andere verletzen oder blamieren, sind nach wie vor populär. Und wenn im Schullandheim oder im Skilager wieder einmal ein Spieleabend auf dem Programm steht, greifen auch viele Lehrer immer wieder auf *Schinkenklopfen und Co.* zurück. Daß man sich dabei auf Kosten der Schwächeren amüsiert, stört nur die wenigsten. Deshalb entwickeln die Schüler für diese Spiele neue Regeln – so daß die Spielidee zwar erhalten bleibt, aber niemand mehr ausgegrenzt wird. Die nächste Klassenfahrt wäre ein guter Anlaß, um die so entschärften Regeln auf ihre Tauglichkeit hin zu testen.

Es ist eine alte Erfahrung: Wenn sich Schüler ihre eigenen Regeln geben, werden diese von ihnen auch befolgt. Deshalb sollten sie einmal im Jahr Gelegenheit haben, *Ein neues Statut für den Pausenhof* auszuhandeln. Ausgangspunkt eines solchen Statuts sind die vielen kleinen und großen Ärgernisse auf dem Pausenhof, die inzwischen das ganze Schulklima belasten. Hier sollte z.B. geregelt werden, wann eine Rauferei kein Spaß mehr ist und deshalb sofort beendet werden muß. Hier werden aber auch Regeln formuliert, an die sich die aufsichtführenden Lehrkräfte zu halten haben. Und jede Bestimmung des neuen Statuts sollte begründet werden. Das macht auf jeden Fall mehr Sinn als die gängige Praxis, Regelverstöße im Pausenhof durch mehrmaliges Abschreiben der Hausordnung zu ahnden.

Die Idee einer solchen gemeinsamen Regelfindung ist ausbaufähig: So sind einzelne Schulen dazu übergegangen, sich auf bestimmte Grundsätze des Zusammenlebens zu verständigen. Das Ergebnis ist dann jeweils so etwas wie eine *Magna Charta des Schullebens*. An der Diskussion sind Lehrer, Schüler und Eltern beteiligt. Und sie sind es auch, die später das ausgehandelte Dokument unterschreiben. Natürlich darf sich eine solche Schulverfassung nicht mit Detailfragen aufhalten. Aber sie formuliert doch Grundsätze, die auch in ganz alltäglichen Situationen berücksichtigt werden müssen. Damit leistet die Diskussion um eine Magna Charta des Schullebens auch einen ganz praktischen Beitrag zur oft vermißten Werteerziehung an unseren Schulen.

Gewaltbereite Jugendliche verfallen immer wieder in dasselbe Argumentationsmuster, wenn sie ihr Verhalten begründen sollen: Für sie ist Gewalt das letzte Spannungsmotiv in einer Zivilisation der Langeweile, die ihnen in Elternhaus, Schule und Stadtteil begegnet. Tatsächlich provoziert eine erlebnisarme Umwelt solche Reaktionen. Deshalb bietet die Schule ihren Schülern für die Dauer einer Woche *Action ohne Gewalt*: Hier haben sie Gelegenheit, versäumte Erlebnisse nachzuholen. Die Jüngeren beteiligen sich da z.B. an einem Parcours der Sinne, während die Älteren ein Überlebenstraining absolvieren. Angeboten werden eine Waldwerkstatt und ein Kletterkurs. Die Schüler können für eine Woche mit dem Zirkus über Land ziehen oder so leben wie die Trapper. Gemeinsam ist solchen Aktivitäten, daß hier die Spannung nicht das Ergebnis eines überhöhten Risikos, sondern einer ganz neuen Erfahrung ist.

Alle diese Projekte werden den Schülern nur dann etwas bringen, wenn es damit nicht sein Bewenden hat. Hier ist auf die Eigendynamik solcher Projekte zu bauen, die die Schüler meist noch länger beschäftigen als ursprünglich vorgesehen. So kann die MultiKulTour für sie ein Anreiz sein, das spanische Kulturzentrum oder das Fremdsprachenkino in Zukunft selbständig aufzusuchen. Und die Beschäftigung mit rassistischer Werbung wird sie die Sendung mit den Mainzelmännchen bald sehr viel kritischer verfolgen lassen. Damit bestätigt sich, daß die Schule den Schülern das Leben nicht ersetzen kann, daß sie ihnen aber dabei zu helfen hat, sich eine ihnen fremd gewordene Umwelt zu erschließen.

Elke Lutzebäck / Franz Josef Krafeld

Akzeptierende Jugendarbeit

Grundlagen, Handlungsansätze und praktische Erfahrungen

Akzeptieren? – Jugendarbeit zwischen politischen und pädagogischen Forderungen

Als 'akzeptierende Jugendarbeit' bezeichnen wir einen konzeptionellen Ansatz von Jugendarbeit, den wir seit Ende 1988 in der praktischen Jugendarbeit mit solchen Jugendcliquen entwickelt haben, die durch rechtsextremistische Orientierungen und entsprechende Gewaltbereitschaften besonders auffällig geworden sind – und von denen es weithin heißt: „Mit solchen Jugendlichen kann, ja darf man nicht arbeiten! Die muß man bekämpfen, ihnen aber nicht noch mit pädagogischen Angeboten 'entgegenkommen'!" Entsprechend werden solche Jugendlichen fast überall ausgegrenzt. Oder es wird nur noch konfrontativ, belehrend, zurechtweisend oder verurteilend auf das reagiert, was an ihrem Auftreten, ihren Auffassungen und Verhaltensweisen als anstößig oder erschreckend wahrgenommen wird.

In beiden Reaktionen steckt aber letztlich ein gleiches Kernelement: Ernstgenommen wird an den Jugendlichen *nur* der Anteil, mit dem sie sich nach außen besonders 'in Szene setzen', der anstößig oder erschreckend wirkt. Diese Jugendlichen werden dann nur durch einen Auffälligkeitsfilter betrachtet, statt zu sehen, daß es sich um Jugendliche *mit* Auffälligkeiten handelt. Jugendliche interessieren dann – wieder einmal – nicht als Personen mit eigenen Biographien und Lebensbewältigungsversuchen, sondern nur mit ihren Auffälligkeiten, mit dem, was andere an ihnen stört oder erschreckt. Aus solch einem Blickwinkel heraus ist aber nirgends und nirgendwo wirksame pädagogische Arbeit zu leisten!

Man kann oder darf sie aber nicht darauf reduzieren. Jedenfalls kann oder darf man das nicht, wenn man sich überhaupt irgendwelche pädagogischen Zugänge und Handlungsmöglichkeiten eröffnen will.

Denn jede pädagogische Arbeit setzt – so eine uralte pädagogische Grundregel – voraus, die Adressaten ernstzunehmen mit ihrer Biographie und ihren Erfahrungen, *mit* ihren subjektiven Orientierungs- und Lebensbewältigungsversuchen in ihrer Umwelt, mit ihren dabei entwickelten Deutungs- und Handlungsmustern. „Die Jugendlichen abholen, wo sie stehen", ist dafür eine gängige Formulierung. Wer das nicht tut, der wird kaum Zugang zu den Jugendlichen finden, zumal nicht zu Jugendlichen, die es oft höchst effektiv gelernt haben, sich die unterschiedlichsten pädagogischen Beeinflussungs- und Zugriffsversuche vom Hals zu halten. Erst recht wird man so nichts bewirken können – außer vielleicht der Erstarrung und Verfestigung von Fronten.

Warum soll dieser Grundanspruch also plötzlich nicht gelten gegenüber Jugendlichen, die es für sich als attraktiv und sinnmachend empfinden, rechtsextremistische Orientierungsmuster aufzugreifen und entsprechendes Gewaltverhalten legitim zu finden? Eine pädagogische Begründung gibt es dafür nicht im geringsten! Alle pädagogischen Grundverständnisse und Grundregeln verlangen vielmehr das genaue Gegenteil! Trotzdem gelten Versuche, „solche Jugendlichen abzuholen, wo sie stehen", vielfach als höchst anstößig oder als völlig unvertretbar. Entsprechend tätige Sozialarbeiter werden da gar gelegentlich als 'Nationalsozialarbeiter' tituliert.

Wenn es aber keine pädagogischen Begründungen für solche Positionen gibt, so doch höchst wirksame politische: Da wird der Kampf gegen Fremdenfeindlichkeit, Rechtsextremismus und entsprechend motivierte Gewalt immer wieder speziell an Jugendlichen festgemacht, wird die Ausbreitung fremdenfeindlicher und rechtsextremistischer Orientierungen in der Mitte der Erwachsenen-Gesellschaft (Heitmeyer) umdefiniert zu einem Jugendproblem. Oder da glauben gerade linke Pädagoginnen und Pädagogen, nach jahrzehntelangem relativ erfolglosen antifaschistischen Kampf endlich einen greifbaren Gegner gefunden zu haben, an dem sich jetzt die ganze Entschlossenheit und Durchschlagskraft ihres Engagements gegen den Rechtsextremismus erweisen muß. – Angesichts solcher Kreuzzugsmentalitäten bleibt dann oft die vorhandene Einsicht auf der Strecke, daß gesellschaftspolitische Probleme nie und nirgendwo mit pädagogischen, sondern auch nur mit gesellschaftspolitischen Mitteln bewältigt werden können, daß Pädagogik dazu allenfalls einen Beitrag leisten kann – nicht mehr!

Mit dem Begriff 'Akzeptierende Jugendarbeit' wollen wir pointiert und provokant auf diese Zusammenhänge aufmerksam machen und unterstreichen, wie unerläßlich eine klare Unterscheidung zwischen *politischer Zielsetzung* (den Rechtsextremismus zu bekämpfen) und der *pädagogischen Zielsetzung* (Jugendlichen 'sinnvollere' Deutungs- und Handlungsmuster zu erschließen) ist. Während die Ausbreitung von Fremdenfeindlichkeit, Rechtsextremismus und entsprechend motivierte Gewalt nicht zu *akzeptieren*, sondern mit allen politischen Mitteln zu bekämpfen ist, ist andererseits aber zu *akzeptieren*, daß wir es immer häufiger (auch) mit Jugendlichen zu tun haben, die entsprechendes für sich selbst im Moment als sinnmachend und attraktiv empfinden. Und der Begriff *Akzeptieren* provoziert zu der unerläßlichen, allzuoft aber völlig vernachlässigten Unterscheidung zwischen einem Akzeptieren, einem Gutheißen, einem Sich-Identifizieren oder einem Sich-mit-etwas-Abfinden. *Akzeptieren* zu betonen macht nur da Sinn – und da macht es Sinn! – wo wegen tiefgreifender Unterschiede und Gegensätze *Akzeptieren* gemeinhin nicht selbstverständlich ist, ja vehement abgelehnt wird. Denn die *Akzeptanz eines tiefgreifenden Andersseins* macht geradezu ein Kernelement demokratischer Lebensverhältnisse aus.

Das Bremer Projekt 'Akzeptierende Jugendarbeit mit rechten Jugendcliquen'

Seit etwa fünf Jahren arbeiten wir mit Jugendcliquen, die als rechts und gewaltorientiert gelten. Ehe ich die konzeptionellen Grundlagen dieser Arbeit darstelle, will ich ganz kurz unseren Projektzusammenhang schildern. Angefangen hat alles ursprünglich im Rahmen eines gemeinwesenorientierten Projektes, das ich im Rahmen des Studiums der Sozialarbeit/Sozialpädagogik an der Hochschule Bremen angeboten habe. Dabei wurden wir u.a. auch mit einer Clique von bis zu 50 Jugendlichen konfrontiert, die durch Randale und rechtsextremistische Äußerungen auffielen und von denen es hieß, ein Teil sei auch in neonazistischen Organisationen aktiv. Diese Clique bemühte sich immer wieder auf konventionellen Wegen, beim Jugendamt, beim Stadtteilbeirat, bei Vereinen u.ä. irgendwo einen Raum zu finden, in dem sie sich ungestört und konfliktfrei treffen könne. Niemand wollte natürlich solchen Jugendlichen einen Raum geben. Andererseits wollte auch niemand ihre Bitte eindeutig ablehnen – aus Angst vor eventuellen Folgen.

Über diese Gummiwand-Taktik regten sich einige Studentinnen auf, die dann zu hören bekamen: „Einen Raum könnten die ja vielleicht noch bekommen – aber ohne Betreuung, das geht auf keinen Fall! Und für solch eine Betreuung ist einfach kein Geld da!" Dann wurde ihnen sozusagen der 'Schwarze Peter' zugeschoben, indem gefragt wurde:

„Oder seid ihr etwa dazu bereit?" Und - zur Überraschung aller - fanden sich tatsächlich zwei Studentinnen.

Das war der Anfang, im Oktober 1988. Ich habe diesen Anfang so ausführlich geschildert, weil er in vielem so typisch ist. Drei Monate später erlebten zwei andere Studentinnen während ihres Praktikums in einem erwachsenenzentrierten Bürgerhaus in einem anderen Stadtteil eine ganz ähnliche Situation. Ganz ähnlich auffällige Jugendliche hatten sich dort den ungenutzten Jugendraum 'angeeignet'. Und wieder hieß es: „Die müssen hier weg - es sei denn, ihr betreut die nach eurem Praktikum weiter." So war das zweite Projekt entstanden.

Darauf wiederum wurde das Jugendamt aufmerksam, das es in einem dritten Stadtteil im Umfeld eines Jugendfreizeitheims seit Jahren mit massivsten Konflikten mit einer als gewaltbereit und rechtsextremistisch verschrienen Szene zu tun hatte. Man suchte die Studentinnen nun auch dafür zu gewinnen. Also begann eine von ihnen zusammen mit einem fünften Studenten im Juni 1989 dort ein Streetworkprojekt.

Inzwischen arbeiten wir sechs - die inzwischen ehemaligen fünf Studentinnen und Studenten und ich als Hochschullehrer - seit fünf Jahren in der Jugendarbeit mit rechten Jugendcliquen. Die Verbindung von praxisorientierter Ausbildung und praktischer Tätigkeit wurde begleitet durch Praxisberatung und Supervision und schließlich das Bemühen, die gewonnenen Erfahrungen systematisch aufzuarbeiten und über Zeitschriftenaufsätze und Fortbildungstagungen weiterzuvermitteln. Längst haben wir dazu auch einen eigenen Trägerverein gegründet, da sich die verschachtelten Trägerkonstruktionen aus der Zeit des Studienprojektes nicht länger halten ließen. Für vier Mitarbeiterinnen haben wir inzwischen eine Stelle schaffen können. Und aus den drei Projekten sind inzwischen fünf geworden. Eines verfügte bis Herbst 1992 (als er abbrannte) über einen Jugendclub, in einem anderen Projekt wurde ein Container als Treffpunkt hergerichtet, in einem dritten sind es zwei Bauwagen. Ansonsten findet die Arbeit als aufsuchende Arbeit und 'auf der Straße' statt. Der Kreis der Mitarbeiterinnen und Mitarbeiter hat sich entsprechend auf acht erweitert.

Grundsätze akzeptierender Jugendarbeit

Auch am Anfang unserer Arbeit stand - wie fast überall - der Versuch, die Jugendlichen aufzuklären und zu informieren, ihren Auffassungen und Sprüchen etwas entgegenzusetzen, ihre Verhaltensweisen zu problematisieren. Wir erlebten aber sehr bald, daß damit nichts zu erreichen war. Denn solche Situationen eskalierten immer sehr schnell zum undurchschaubaren Knäuel von Auffassungen, Meinungen, Eindrücken und Erfahrungen, unentwirrbar verquickt mit Provokationen, Sticheleien und Austestversuchen. Bewegen, gar Infragestellen ließ sich darüber allerdings nichts! Vielmehr schlugen solche Situationen immer wieder um in powerige und actionbetonte, oft auch aggressionsbetonte Selbstinszenierungen.

Warum die verschiedensten Bemühungen, durch Informationsvermittlung und Belehrungen etwas zu bewirken, immer wieder scheitern, dafür lassen sich - bei näherer Betrachtung - eine ganze Reihe leicht einleuchtender (und doch so oft mißachteter) Gründe finden:
- Belehrungen kommen gegen Erfahrungen nicht an.
- Belehrungen sind reaktiv.
- Belehrungen sind defensiv.
- Belehrung und Reflexion vertragen sich selten.
- Belehrungen schaffen oft verhärtendes Gegeneinander.
- Belehrungen sehen oft nur die Sache, nicht die Person.
- Belehrungen sind oft mit Sanktionsdrohungen gekoppelt.
- Belehrung ist Einweg-Kommunikation.
- Belehrung fragt meist nicht nach dem Nutzen für die Belehrten.
- Belehrungen setzen oft die Stärke des Wortes gegen die Stärke der Tat.

Erst das Scheitern vielfältiger Versuche in den ersten Monaten, die Jugendlichen zu informieren und zu belehren, ihren Auffassungen etwas entgegenzusetzen und ihre Handlungsweisen zu problematisieren, brachte uns dazu, nach anderen Handlungs- und Wirkungsmöglichkeiten zu suchen. Daraus erwuchs dann schließlich mit der Zeit ein komplexerer konzeptioneller Ansatz. Ihn haben wir dann bewußt pointierend als 'Akzeptierende Jugendarbeit mit rechten Jugendcliquen' bezeichnet. Seine Grundsätze lassen sich thesenhaft so zusammenfassen:

1. Akzeptierende Jugendarbeit betont den Abschied von der Illusion, mit Belehrung - wie auf der anderen Seite mit Strategien der Bekämpfung - gegen die Ausbreitung rechtsextremistischer Orientierungen und entsprechender Gewaltbereitschaften unter Jugendlichen tatsächlich etwas erreichen zu können. Wir sehen die einzige Chance darin, in den Mittelpunkt unserer Arbeit diejenigen Probleme zu stellen, die Jugendliche *haben*, nicht die Probleme, die sie *machen*.

Dahinter steht die Erwartung und Hoffnung: Nur, wenn die Jugendlichen erleben, daß sich andere für diejenigen Probleme interessieren, die sie selbst haben, dann werden sie sich umgekehrt auch - mit der Zeit - eher dafür interessieren, was für Probleme andere Menschen *mit ihnen* haben. Denn wir gehen von der Hypothese aus, daß gelingende und befriedigende Wege der Lebensbewältigung in aller Regel letztlich auch sozial verträgliche Wege sind. Und diese Hypothese hat sich uns in der praktischen Arbeit auch immer wieder bestätigt – auch wenn dahinter natürlich kein Mechanismus steht.

(2) Extreme Auffassungen, Provokationen und Gewalt sind Jugendlichen immer wieder ein wesentliches Mittel, auch dort wahrgenommen und für wichtig genommen zu werden, wo sie es eigentlich nicht (oder nicht mehr) erwarten. Es geht hier um das Wahrgenommen-, um das Ernstgenommen-Werden an sich, noch gar nicht um das Durchsetzen von Interessen. Aber selbst wahrgenommen zu werden, das erleben Kinder und Jugendliche in dieser Gesellschaft immer weniger – es sei denn, sie 'fallen unangenehm auf'. Es ist eigentlich erschreckend, wie Jugendliche auf die Frage, was ihnen an unserer Arbeit am wichtigsten ist, immer wieder sagen: „Daß sich überhaupt jemand für uns interessiert!" – Wenn wir also wollen, daß die Jugendlichen ihre anstößigen Verhaltensweisen ablegen, dann müssen wir darauf hinwirken, daß sie auch so wahrgenommen und ernstgenommen werden. Und da werden sofort ungeheure Defizite in der Entwicklung demokratischer Alltagskulturen und politischer Einmischungsmöglichkeiten von unten deutlich. Selbst die Jugend- und Sozialpolitik – so haben 'unsere' Jugendlichen immer wieder gelernt –, reagiert zum Beispiel weit weniger auf die Anträge am Abend als auf die Randale in der Nacht.

(3) Wenn wir das Akzeptieren betonen, dann bedeutet das nicht, sich mit anstößigen Auffassungen und Taten abzufinden oder diese gar gutzuheißen. Wären wir 'Gleichgesinnte', dann brauchten wir das Akzeptieren ja auch gar nicht zu betonen! Dann wäre das selbstverständlich! Akzeptieren ausdrücklich zu betonen macht nur da Sinn, wo gängigerweise gerade nicht akzeptiert wird. Was wir akzeptieren müssen, das ist, daß die Jugendlichen selbst für sich zumeist einen 'Sinn darin sehen', sich so und nicht anders zu orientieren und zu verhalten, wie sie es tun. Und das heißt: sie werden also auch nur dann davon abgehen, wenn sie für sich sinnvollere und befriedigendere Wege entdeckt haben, 'aus ihrem Leben was zu machen' – was immer das auch heißen mag!

Bei der Suche nach solchen Wegen der Lebensbewältigung wollen wir sie begleiten und unterstützen. Und dazu dient nicht zuletzt die personale Konfrontation mit dem tiefgreifenden Anderssein, die wir ihnen bieten: Den anderen ernst und wichtig nehmen, gerade auch in und mit seinem Anderssein, verlangt *ihnen* viel ab *und* uns. Voraussetzung dafür ist, daß wir nicht – wie die politische Diskussion – unseren Blick auf die Auffälligkeiten, auf 'Rechtsextremismus und Gewalt' –

fixieren, sondern immer sehen, daß wir es mit Menschen *mit* Auffälligkeiten zu tun haben (eigentlich in der sozialen Arbeit eine Selbstverständlichkeit, nämlich: den Klienten abholen, wo er steht, nur im Umgang mit Rechtsextremismus und Gewalt vielfach nicht).

4. Rechtsextremismus und Gewalt in dieser Gesellschaft zu bekämpfen sind gesellschaftspolitische Aufgaben. Pädagogische Arbeit kann solche Prozesse unterstützen, aber nicht ersetzen. Sie kann und darf auch nicht zulassen, daß diese gesellschaftlichen Probleme zu Jugendproblemen und zu pädagogischen Aufgaben umdefiniert werden. Denn das legitimiert gesellschaftliche Untätigkeiten gegen Rechtsextremismus und Gewalt und blockiert gleichzeitig pädagogisches Arbeiten mit solchen Jugendlichen, die den Rechtsextremismus aus der Mitte der Gesellschaft jugendtypisch überformen und Gewalterfahrungen aus der Mitte der Gesellschaft in eigenes Gewaltverhalten transponieren.

Rechtsextremismus ist – wie Heitmeyer richtig sagt – längst ein Problem in der Mitte der Gesellschaft. Er muß also auch im Kern dort bekämpft werden. Und Gewalt ist etwas, was Kinder und Jugendliche in dieser Gesellschaft – trotz aller Jugendgewalt – primär als Opfer erfahren, nicht als Täter. Das entschuldigt die Täter nicht. Aber wer Zusammenhänge zwischen Opfer-Erfahrungen und Tat-Neigungen nicht wichtig nimmt, der wird gegen das Anwachsen von Taten völlig ohnmächtig sein. Und auch diese Opfer-Erfahrungen sind ein Problem aus der Mitte der Gesellschaft. Die Wurzeln der Gewalteskalation sind also letztlich auch dort zu suchen und zu bekämpfen.

Dieses konzeptionelle Grundverständnis einer 'Akzeptierenden Jugendarbeit mit rechten Jugendcliquen' läßt sich an folgenden vier zentralen Grundlagen unserer Arbeit konkretisieren: dem Angebot sozialer Räume, der Entwicklung einer Beziehungsarbeit statt einer Aktivitätenpädagogik, der Akzeptanz bestehender Cliquen und der Entwicklung einer lebensweltorientierten infrastrukturellen Arbeit.

Zentrale Handlungsebenen akzeptierender Jugendarbeit

Das Angebot sozialer Räume

Sozialarbeiterinnen und Sozialarbeiter stoßen bei der Kontaktaufnahme zu rechten Jugendcliquen fast durchweg sehr schnell darauf, wie sehr diese Jugendlichen es vermissen, irgendwie mal in Ruhe, ohne dauernden Streß und dauernde Konflikte mit der Umwelt sein zu können. Zwar gehören sie zu denjenigen Jugendlichen, die sich nicht gerade leicht von dort vertreiben lassen, wo sie als störend gelten. Aber als sehr belastend erleben sie diesen permanenten Druck allemal.

Hinter dieser Erfahrung steht als allgemeines gesellschaftliches Problem, daß Lebensräume von Kindern und Jugendlichen in den letzten ein/zwei Generationen einen entscheidenden Wandel erfahren haben: Früher konnten Kinder und Jugendliche sich zwar nicht überall, aber doch an vielen Orten aufhalten und treffen. Ärger gab es wegen ihrer Taten. Heute dagegen wird zumeist allein schon die gemeinsame Anwesenheit von vier, fünf, sechs gleichaltrigen Kindern und Jugendlichen als Störung empfunden. Denn sie wachsen heute in einer Umwelt auf, in der alle Orte der Umwelt, alle Räume und Territorien funktionalisiert worden sind und möglichst immer nur noch einen einzigen Sinn haben sollen: als Verkehrsfläche, als Abstandsgrün, als Garagenplatz, als Müllcontainerplatz oder als ökologische Schutzzone usw. Kinder und Jugendliche kommen bei dieser Verregelung der Umwelt fast nicht vor. Folglich stören sie auch fast überall. Und umgekehrt ist es ihnen ungemein wichtig, endlich mal irgendwo einen Ort, einen Platz zu haben, wo sie ungestört unter sich sein können.

Indem wir Jugendliche mit diesem Interesse ernstgenommen, sie bei ihrem Streben nach sozialen Räumen unterstützt haben, sind sie fast durchweg sehr schnell bereit und interessiert, mit Sozialarbeiterinnen und Sozialarbeitern Kontakt aufzubauen – etwas, was sonst oft ungemein langwierig und schwierig ist. Und haben sie irgendwo Raum, so zeigt sich durchweg sehr bald, daß sie nicht nur Raum gewonnen haben, um irgendwo zu sein, sondern auch Raum und Zeit, um z.B. andere soziale Umgangsweisen und Konfliktregelungsmuster zu entwickeln: sei es untereinander oder auch mehr und mehr nach außen hin.

Die Beziehungsarbeit

„Zuhören war für mich anfangs das wichtigste!" Und *„Da-Sein*, einfach Da-Sein!" So brachte einmal ein Mitarbeiter seine Erfahrungen auf den Punkt. Dieses Zuhörenkönnen – nicht selbst reden wollen – und dieses 'einfach und selbstverständlich Da-Sein' – nicht selbst das Geschehen anleiten wollen – das macht den Kern dessen aus, was wir als zweite zentrale Grundlage unserer Arbeit ansehen: die Beziehungsarbeit.

Ganz zentral für die Beziehungsarbeit ist, daß die Mitarbeiterinnen und Mitarbeiter sich authentisch als Personen einbringen, die Erfahrungen gemacht und verarbeitet haben, die Überzeugungen haben und Gewohnheiten, die Vorlieben und Abneigungen haben, Ängste und andere Gefühle zeigen. Das zeigt sich gerade in besonders brisanten Situationen. Und es zeigt sich bei Gesprächen: Inhaltsvolle Gespräche gibt es nur dann, wenn dabei vorrangig personale Begegnung, personaler Austausch stattfindet. Die Jugendlichen wollen Meinungen und Auffassungen von vertrauten Personen kennenlernen, um daraus Anregungen und Anstöße für sich zu ziehen. Nicht um sachbezogenes Überzeugen, sondern um personenbezogenen Austausch geht es hier.

Gefordert ist also eine Beziehungsarbeit, die soziale Beziehungen nicht - wie in der Pädagogik sonst leider so ungemein verbreitet - als Einbahnstraße versteht, nach dem Muster: „Du mußt mich selbstverständlich akzeptieren, wie ich bin. Aber genauso selbstverständlich ist ja wohl, daß ich dich überhaupt nicht so akzeptieren kann, wie du bist!" Hier geht es vielmehr um eine Beziehungsarbeit, die auf *gegenseitige* Akzeptanz und *gegenseitiges* Interesse aneinander setzt - trotz oder (mit der Zeit sogar mehr und mehr) gerade *wegen* der großen Unterschiedlichkeiten voneinander. Was solch ein akzeptierendes Umgehen ausmacht, das läßt sich kaum besser charakterisieren als mit Aussagen Jugendlicher wie: „Ihr seid Linke, aber mit euch kann man reden!" Oder: „Ich weiß, daß du ganz anderer Meinung bist. Aber gerade deshalb interessiert die mich ja. Eben, weil's deine ist."

Die Beziehungsarbeit realisiert sich zu einem ganz wesentlichen Teil in Einzelgesprächen, die durchweg situativ entstehen. Und dabei zeigt sich, daß für sehr viele jener Jugendlichen es etwas bis dahin nie Erlebtes ist, daß ihnen mal jemand über längere Zeit zuhört - zuhört selbst dann noch, wenn ihnen etliches durcheinandergeht, sie sich wiederholen oder so unter Alkohol stehen, daß das klare Sprechen immer schwerer fällt: „Uns hat noch nie jemand zugehört!" „Für uns interessiert sich ja keiner!" - sagen die Jugendlichen immer wieder.

Die Akzeptanz bestehender Cliquen

Die gegenseitige Akzeptanz, die nach unseren Erfahrungen so zentral ist, hat noch eine andere Dimension als die Akzeptanz der Individuen. Gerade im Umgang mit Jugendszenen wie der hier angesprochenen ist über die individuelle Ebene hinaus die Akzeptanz ihrer selbstgeschaffenen sozialen Bezugssysteme ungemein wichtig. Die Jugendforschung ist sich darin einig, daß Gleichaltrigengruppen von Jugendlichen für diese längst vielfach zu ganz zentralen Sozialisationsinstanzen, zum oft einzigen Ort intensiverer sozialer Einbindungen geworden sind. Gründe dafür sind die wachsende Individualisierung, der Bedeutungsverlust sozialer Milieus, das Brüchigwerden gesellschaftlich propagierter Integrationskonzepte und die Entstrukturierung der Lebensphase Jugend. Wenn also Cliquen so zentral für Jugendliche geworden sind, dann darf man sie ihnen nicht nehmen wollen, wie es traditionelle Pädagogik bei auffälligen Cliquen immer wieder versucht hat. Dann muß man die Cliquen – wie allgemeiner die Jugendszenen und Jugendkulturen – auch endlich begreifen als sehr subjektgeleitete Versuche, sich in einer oft höchst unübersichtlich und verworren erscheinenden Welt Wirklichkeit handelnd anzueignen. Und diese Prozesse gilt es zu fördern und zu unterstützen.

Entwicklung einer lebensweltorientierten infrastrukturellen Arbeit

Wenn es – wie dargelegt – letztlich um die Probleme gehen muß, die diese Jugendlichen *haben*, nicht um die Probleme, die sie *machen*, dann muß dazugehören, sich auch einzumischen in die Lebensverhältnisse, aus denen diese Probleme wachsen. Sozialarbeit, die soziale Auffälligkeiten abbauen will, muß sich mühen, auch deren Ursachen, Zusammenhänge und alltagspraktischen Ausformungen anzugehen. Sie muß sich einmischen in die konkreten infrastrukturellen Lebensbedingungen, die die Problemlagen der Jugendlichen produzieren. Freilich ist das oft der schwierigste Teil sozialer Arbeit, und der am ehesten vernachlässigte dazu.

Andererseits: wenn es nicht gelingt, daß diese Jugendlichen gelingende und befriedigende Wege der Lebensentfaltung und Lebensbewältigung finden und für sie von daher sozial verträgliches Verhalten auch 'Sinn' macht, dann werden alle pädagogischen Bemühungen letztlich doch immer wieder scheitern.

Die Probleme sind dabei ganz vielfältig: Im Vordergrund stehen bei diesen Jugendlichen ganz oft Probleme des Wohnens, der materiellen Existenzsicherung, des anerkannten Tätig-Seins – ich setze das bewußt nicht gleich mit Beruf, mit Beruf um jeden Preis beispielsweise. Aber es geht dabei auch, wie wir in konkreten Situationen erlebt haben, um die Bauleitplanung im Lebensumfeld, in der Kinder und Jugendliche fast unberücksichtigt bleiben, um das gesellschaftlich gewollte Dilemma von Drogenabhängigen, einerseits irgendwo 'ihren Druck setzen zu müssen', das aber andererseits nirgendwo geduldet zu dürfen, um die Behandlung von Jugendlichen auf der Polizeiwache oder auf den verschiedensten Ämtern – oder es geht allgemein um die unmittelbare

Begegnung von Konfliktparteien, sei es in der Nachbarschaft, in öffentlichen und kommerziellen Einrichtungen oder z.B. Parlamentariern gegenüber. Denn in aller Regel sind - was von außen immer wieder ungemein gern übersehen wird - nicht die Sozialarbeiterinnen und Sozialarbeiter für die vorhandenen Konflikte verantwortlich, sondern das sind die Jugendlichen selbst! Konfliktlösungen lassen sich also auch nur mit diesen entwickeln, nicht mit Sozialarbeit aushandeln. Die leistet weit eher Konfliktmanagement und Konfliktmoderation.

Von sozialer Arbeit Einmischung in die Lebensverhältnisse zu fordern, ist an sich nichts Neues. In der Praxis allerdings sieht das dann gerade bei besonders 'schwierigen und problemreichen' Klientengruppen immer wieder so aus, daß diese sich alleine - auf ihre ureigenste und uns so häufig erschreckende Weise - einmischen, während Sozialarbeiterinnen und Sozialarbeiter sich so sehr von den aktuellen Problemen der unmittelbar klientenbezogenen Alltagsarbeit eingefordert sehen, daß für die lebensweltorientierte infrastrukturelle Arbeit immer wieder kaum noch Zeit bleibt - so wichtig sie auch 'an sich' wäre. So zu handeln, wird bei der Zielgruppe, mit der wir es hier zu tun haben, besonders brisant. Denn wenn wir keine anderen, effektiveren Einmischungsstrategien in die Lebensumwelt entwickeln, praktizieren und mit ihnen erleben - warum sollten sie dann ihre erprobten Einmischungsstrategien ablegen? Anders gesagt: Warum sollten sie sich ändern, wenn sie nicht konkret erfahren, daß es Sinn macht, sich zu ändern?

Zentrale Handlungsansätze akzeptierender Jugendarbeit

Die dargestellten vier Handlungsebenen der praktischen Arbeit lassen sich anhand folgender Handlungsansätze konkretisieren:
Wichtig ist es,
1. einfach da zu sein, ohne damit schon die Erwartung zu verbinden, einbezogen oder in spezifischer Weise gefordert zu werden;
2. damit umgehen zu können, daß die Jugendlichen gerade am Anfang vor allem unter sich was machen, ohne uns aktive Handlungsmöglichkeiten zu offerieren oder zuzugestehen;
3. bereit zu sein, andere anzuhören, ihnen zuzuhören - so haarsträubend und erschreckend manche Aussagen auch sein mögen;
4. Auffassungen und Meinungen zu äußern, ohne damit den Anspruch zu verbinden, daß sie irgend jemanden überzeugen müßten;

5. die Arbeit primär als Beziehungarbeit zu begreifen, und zwar als Beziehungsarbeit, in der situativen Einzelgesprächen (soweit diese von Jugendlichen gewünscht werden) das größere Gewicht zukommt;

6. zu versuchen, daß unsere eigenen Wahrnehmungs- und eigenen Reaktionsebenen nicht auseinanderklaffen;

7. die Jugendlichen immer wieder damit vertraut zu machen, daß wir andere Umgangsweisen und Konfliktregelungsmuster verwenden als die Jugendlichen – und daß wir diese auch vergleichsweise für geeigneter halten;

8. die Jugendlichen nicht zu Aktivitäten 'hinleiten' oder mit Anregungen 'animieren' zu wollen, sondern auf ihre Ideen und Vorstellungen zu reagieren;

9. bei Aktivitäten davon auszugehen, daß die Jugendlichen darin ihre eigene Dramaturgie entfalten, statt eine pädagogisch inszenierte vorgeben oder gar verbindlich machen zu wollen;

10. die emotionalen Erlebnis- und Actionwünsche der Jugendlichen ernstzunehmen, in denen Regelverletzungen oft unverzichtbare Bestandteile darstellen;

11. das eigene Funktions- und Aufgabenverständnis durchsichtig zu machen;

12. die Androhung oder Umsetzung negativer Sanktionen an persönlichen statt an abstrakten pädagogischen oder institutionszentrierten Maßstäben festzumachen;

13. die Jugendlichen deutlich und offen damit zu konfrontieren, wo wir existentielle, ja lebensbedrohliche Probleme auf sie zukommen sehen;

14. die Grenze der Bereitschaft zum Anhören und Zusehen da – und erst da – zu setzen, wo wir etwas innerlich, vom inneren Empfinden her nicht aushalten.

Insgesamt stellt sich in der praktischen Arbeit gerade mit solch einer Zielgruppe wie diesen Jugendlichen immer wieder auch die konkrete Frage nach Grenzen: „Was geht zu weit?" „Was darf ich nicht zulassen?" oder: „Wo hab ich Angst?" „Wo fühle ich mich bedroht?" „Wo fühle ich andere bedroht?" Gerade der Begriff des Akzeptierens und die Auseinandersetzung um ihn provoziert noch einmal in besonderer Weise immer wieder die Auseinandersetzung um Grenzen. Und diese Frage drängt sich gleichzeitig in zwei Richtungen immer wieder massiv auf: „Wo darf *keine* Grenze gezogen werden?" und: „Wo *muß* eine Grenze gezogen werden?" Aus der praktischen Arbeit haben sich dafür folgende zentrale Maßstäbe herauskristallisiert:

Grenzziehungen dürfen nicht:

1. gängige, wesentliche oder gar zentrale Lebensäußerungen, Verhaltensstile, Symbole oder Rituale der jeweiligen Jugendszene abschneiden;
2. durch Cliquen hindurch verlaufen.

Eine Grenze soll und muß andererseits da gesetzt werden,

1. wo man selbst das Gefühl hat, etwas nicht mehr aushalten, mitmachen, mit ansehen zu können (ohne das unbedingt auch rational eindeutig fassen zu können);
2. wo konkret eine deutliche körperliche oder eine tiefgreifende psychische Verletzung ansteht;
3. wo ein deutliches Risiko besteht, daß man selbst als Deckung oder zur Unterstützung bei rechtswidrigen Aktivitäten instrumentalisiert wird;
4. wo Akzeptanz zur Einbahnstraße verkommt, also einem selbst, den eigenen Vorstellungen und Maßstäben gegenüber, keine ausreichende Akzeptanz entgegengebracht wird;
5. wo einem eine Kumpelrolle abverlangt wird, die nicht die nötige Rollendistanz zuläßt;
6. wo problematische Handlungsweisen zu Wiederholungsritualen verkümmert sind und dadurch auf ein Senken der Akzeptanzgrenze drängen;
7. wo gezielt rechtsextremistische politische oder politisch-propagandistische Wirkungen beabsichtigt sind.

Bei dem Setzen von Grenzen ist aber auch immer mit zu bedenken: eine Entscheidung, als Jugendarbeiterin oder Jugendarbeiter etwas nicht mehr aushalten oder etwas nicht mehr akzeptieren, hinnehmen, mit ansehen oder dulden zu können, beinhaltet zumeist gleichzeitig die Entscheidung, dieses 'Problem' allein Polizei und Justiz zu überlassen.

Literatur

Krafeld, Franz Josef (Hrsg.): Akzeptierende Jugendarbeit mit rechten Jugendcliquen. Bremen 1992 (Hrsg. als Band 4 der Schriftenreihe der Landeszentrale für politische Bildung in Bremen und ist – neben dem Buchhandel – auch dort erhältlich: Osterdeich 6, 28203 Bremen.)

Krafeld, Franz Josef/ Möller, Kurt/ Müller, Andrea: Jugendarbeit in rechten Szenen. Ansätze – Erfahrungen – Perspektiven. Bremen 1993 (Hrsg. als Band 5 der Schriftenreihe Landeszentrale für politische Bildung Bremen, Osterdeich 6, 28203 Bremen und ist – neben dem Buchhandel – auch dort erhältlich: Osterdeich 6, 28203 Bremen.)

Krafeld, Franz Josef: Cliquen akzeptieren – auch diese! Rechte Jugendszenen – ein Arbeitsfeld für die Jugendarbeit?! In: sozial extra, 16. Jg., H. 6/1992, S. 2-3

Krafeld, Franz Josef: Grundlagen und praktische Erfahrungen akzeptierender Jugendarbeit mit rechten Jugendcliquen. In: Jugendarbeit mit Skinheads. IFFJ-Schriften 3. Hrsg. vom Informations-, Forschungs- und Fortbildungsdienst Jugendgewaltprävention. Berlin 1993, S. 37-70 (10623 Berlin, Straße des 17. Juni 112)

Krafeld, Franz Josef: Jugendarbeit mit rechten Jugendszenen. Konzeptionelle Grundlagen und praktische Erfahrungen. In: Rechtsradikale Gewalt in Deutschland. Jugend im gesellschaftlichen Umbruch. Hrsg. von Hans-Uwe Otto/ Roland Merten. Opladen 1993 (Dieser Band erschien auch als Band 319 der Schriftenreihe der Bundeszentrale für politische Bildung, Berliner Freiheit 7, 53111 Bonn.)

Krafeld, Franz Josef : Kontroverse als Chance? Zum Streit um 'Akzeptierende Jugendarbeit'. In: sozial extra, H. 3/1994, S. 2-4

Andrea Müller

Rechtsextremismus und Gewalt

Annäherung in Fortbildung und Seminarangeboten mit jugendlichen Cliquen

Die Jugendbildungsstätte Bremen Lidice-Haus hat die inhaltliche Auseinandersetzung mit Rechtsextremismus und Gewalt zu einem Schwerpunkt der außerschulischen politischen Bildungsarbeit mit Jugendlichen und im Bereich der Fortbildung von MitarbeiterInnen in Jugendarbeit und -politik entwickelt.

Im Seminarangebot des Lidice-Hauses finden sich neben der Alltagsarbeit einer Jugendbildungsstätte zwei Besonderheiten:

1. Schwerpunkte des Fortbildungsangebotes liegen weniger in der Information über verschiedene Fragestellungen gesellschaftlicher Entwicklung. Schwerpunkte bilden vielmehr kontinuierliche(re) Arbeitszusammenhänge, in deren Mittelpunkt für PraktikerInnen der Projektarbeit mit problematischen Cliquen relevante Fragestellungen bearbeitet werden.

2. Ein Schwerpunkt des Angebotes für Jugendliche sind Seminare mit Jugendlichen aus verschiedensten Cliquen, die in der Regel in Zusammenarbeit mit KollegInnen aus verschiedenen Pojekten durchgeführt werden. In diesem Beitrag werden als Beispiel Band- und Videoworkshops mit rechtsorientierten Jugendlichen aus Projekten des Vereins zur Förderung akzeptierender Jugendarbeit vorgestellt (vgl. auch den Beitrag von Krafeld/Lutzebäck in diesem Band).

Umorientierung der Bildungsarbeit

Grundsätze der politischen Bildung – auch die jeweils eigenen – bedürfen der ständigen Reflexion und Weiterentwicklung. Das hier dargestellte Verständnis von Bildungsarbeit ist dabei (Zwischen-?)Ergebnis eines Umorientierungsprozesses, dem vielfältige Beweggründe und lange Diskussionsprozesse in der Einrichtung und mit Kooperationspartnern zugrunde liegen:

– *Die Jugendbildungsstätte Bremen Lidice-Haus verpflichtet sich bereits in der Namensgebung antifaschistischer Bildungsarbeit.* Von der Bremer Lidice-Initiative gebeten, mit der Namensgebung die Erinnerung an das Schicksal der BewohnerInnen Lidices aufrechtzuerhalten, paßt sich diese Namensgebung ein in die inhaltliche Ausrichtung der Bildungsarbeit. Der Arbeitsschwerpunkt Antifaschismus / Rechtsextremismus hat dabei übergeordneten Stellenwert. Neben Ansätzen der Versöhnungsarbeit, der Auseinandersetzung mit Faschismus und aktuellen Hintergründen und Erscheinungsformen rechtsextremistischer Orientierungen hat die Entwicklung und Weiterentwicklung adäquater Konzeptionen antifaschistischer Pädagogik besonderes Gewicht.

– *Pädagogik und politische Bildung versuch(t)en unter dem Stichwort antifaschistischer Arbeit Kenntnisse über den Faschismus und die Verbrechen des Hitlerfaschismus zu vermitteln.* Die grob skizzierte Ausgangsthese, wer Kenntnisse über Strukturen und Auswüchse des Faschismus habe, werde antifaschistisches Bewußtsein entwickeln, war und ist (noch?) Beweggrund vielfältiger Aktivitäten aufklärerischer pädagogischer Denkmodelle und antifaschistischer Initiativen. Der darin erwünschte Automatismus bewußtseinsbestimmenden Wissens hat sich aktuell auf fatale Weise als falsche Annahme erwiesen: u.a. der staatlich verordnete Antifaschismus in der ehemaligen DDR hat trotz intensiver Auseinandersetzung mit den Mahnmalen des Faschismus nicht zur Abkehr geführt; auch im östlichen Teil Deutschlands konnte ein Wiedererstarken verschiedenster rechter Organisationen und Szenen nicht verhindert werden.

– *Das Auftreten rechter Orientierungen und Ideologien ist aus unserer Sicht keine kurzfristige Erscheinung,* sondern sowohl Ausdruck vielfältigster Verunsicherungsfaktoren (nicht nur) der jungen Generation als auch Ergebnis der Auseinandersetzung mit politischen Verläufen und Legitimationen, die autoritäre Ideale salonfähig und gewinnbringend erscheinen lassen. Jugendliche werden nicht als Rechtsextremisten geboren. Ihr Denken und Handeln ist geprägt durch soziale Erfahrungen im Lebensumfeld, Prozesse ökonomischen und sozialen Wandels sind dabei Bestimmungsfaktoren vor allem heutiger jugendlicher Generationen.

– *Rechtsextremismus und Gewalt ist dabei weder ein typisches Jugendproblem noch ein pädagogisches Problem.* Dennoch muß sich Jugendarbeit und soziale Arbeit dieser Entwicklung stellen.

– Öffentlicher Ausgangspunkt unserer Diskussion war eine 1989 im Lidice-Haus durchgeführte Veranstaltung mit dem Titel „*Woran können wir sie erkennen? Über die Hilflosigkeit des Antifaschismus*". Im Vordergrund der Veranstaltung standen zwei Arbeitsziele:

1. Neben der Diskussion über klar definiertes rechtsextremistisches Bewußtsein sollten die Orientierungsmuster Jugendlicher, die sich (noch) nicht in Organisationsverhalten niedergeschlagen haben, thematisiert werden.

2. Es erschien uns wichtig, die Ansätze antifaschistischer Pädagogik präzise auf ihre Relevanz und Wirksamkeit in der Auseinandersetzung mit heutigen Bewußtseinslagen Jugendlicher zu überprüfen.

Dr. Kurt Möller, heute Professor an der Fachhochschule Esslingen, referierte Ergebnisse aus Studien über rechtsextremistische Orientierungen bei Jugendlichen. Darüber hinaus setzte er den Schwerpunkt seines Beitrags in der Betrachtung und Kritik antifaschistischer Aktivitäten (vgl. Möller 1989). Das Stichwort „*hilfloser Antifaschismus*" war (und ist es sicher auch heute) provokanter Anlaß zur Auseinandersetzung über Grundpositionen und Strategien antifaschistischer Pädagogik.

Diese Beurteilung geht einher mit der *bitteren Erkenntnis*, daß das allgemein gültige pädagogische Grundmuster der Ausgrenzung („Nazis raus") nicht zur Isolierung und Austrocknung rechter Szenen geführt hat/führen konnte. Vielmehr liegt die – vielleicht noch bitterere – Vermutung nahe, daß Jugendarbeit und Pädagogik die Verortung Jugendlicher, die von uns der rechten Szene zugeschrieben wurden, in rechten Szenen über diese Ausgrenzung gefördert hat.

Zeitgleich zu dieser Diskussion ergaben sich Kontakte zu einem studentischen Projekt an der Hochschule Bremen. In diesem von Prof. Dr. Franz Josef Krafeld begleiteten Projekt wurde in verschiedenen Stadtteilen Bremens ein Ansatz (sozial-)pädagogischer Arbeit mit rechtsorientierten auffälligen Jugendlichen entwickelt, der heute als „Akzeptierende Jugendarbeit in rechten Szenen" weit im Bundesgebiet bekannt ist.

Aus einer damals lockeren Kooperation ist inzwischen eine feste, kontinuierliche Zusammenarbeit entstanden, die sich auf verschiedene Felder der Diskussion und Entwicklung sozialer Arbeit mit problematischen Zielgruppen und jugendlichen Cliquen erstreckt.

- Die aus den genannten Kooperationen und der Schwerpunktsetzung des Hauses gewonnenen Erkenntnisse ermöglichen Rückschlüsse auch für die Umorientierung bzw. Weiterentwicklung anderer Felder sozialer und pädagogischer Arbeit, die ebenso konfrontiert sind mit Jugendlichen, die sich rechten und gewaltbereiten Szenen zugehörig fühlen – oder von PädagogInnen diesen zugerechnet werden. Ausgehend von dem Grundsatz sozialer Arbeit „Nicht in erster Linie die Probleme, die die Jugendlichen machen, sondern die Probleme, die die Jugendlichen haben, sind zunächst Aufgabenstellung sozialer Arbeit", ist unser Interesse die fachliche Auseinandersetzung über mögliche pädagogische Herangehensweisen in verschiedensten Arbeitsfeldern: offene und verbandliche Jugendarbeit, aufsuchende und mobile soziale Arbeit, Arbeit mit problematischen jugendlichen Gruppierungen u.v.m.

In der (Fach-)Öffentlichkeit steht Jugendarbeit, deren Zielgruppe auffällige, gewaltbereite Jugendliche sind, im Mittelpunkt der Beobachtung: Auf der einen Seite besteht erhebliches Mißtrauen gegenüber Arbeitsansätzen, die mit Jugendlichen aus rechten und gewaltbereiten Szenen arbeiten – und den KollegInnen, die diese Arbeit vertreten. Darf man mit „diesen Jugendlichen" überhaupt arbeiten? Auf der anderen Seite wird (gesellschaftlich) der pädagogischen Projektarbeit die Rolle zugewiesen, langfristig entstandene Problemlagen in der Begegnung mit Jugendlichen und ihrem Verhalten möglichst kurzfristig zu bewältigen.

Parallel wird der Ruf nach Verstärkung und Effektivierung der Polizei(-gewalt) als adäquatem Mittel zur Rechtsextremismusbekämpfung laut(er), ebenso wie der (hilflose) Versuch, rechte Gruppierungen durch Verbote trocken legen zu wollen. Immer nur durch einzelne öffentliche Vorfälle aufgeschreckt, entdeckt etablierte Politik die Notwendigkeit der Gegensteuerung: hektisch installierte Interventionsprogramme vor allem im Bereich der Jugendarbeit sollen der Gefahr Einhalt gebieten. Wer jedoch meint, ausschließlich über Interventionsprogramme der Jugendarbeit oder die Verstärkung der Polizeigewalt tiefgreifende sozialpolitische Defizite bzw. gesellschaftlich produzierte Bewußtseinsstrukturen nivellieren zu können, wird damit scheitern.

Programme zielen in der Regel darauf, jugendliche Gewalt zu verhindern und zu bestrafen, selten darauf, sie und ihr Handeln verstehend zu erkennen. Verbrechen gegen Minderheiten dürfen nicht geduldet werden und bedürfen der Strafverfolgung, vor allem aber eindeutiger Stellungnahmen gesellschaftlicher Ächtung. Jugendliche aber als ausschließliche Tätergruppe zu stigmatisieren, ist in hohem Maße falsch und fahrlässig. Zudem erscheinen Zweifel angebracht an der präventiven Wirkung von Strafandrohung.

Die Strategie, alle Jugendlichen, die wir in der rechten Szene einordnen, pauschal als Rechtsextremisten, Neonazis und/oder Gewalttäter zu stigmatisieren verschleiert zudem eher die tatsächliche politische Dimension einer gesellschaftlichen Entwicklung, als daß sie sich für umfassende politische Beschäftigung und Bewältigung stark macht. Die in der Regel noch nicht abgeschlossene Herausbildung von verfestigten politischen Denkweisen bei Jugendlichen bietet Chancen zur Reflexion, Aufarbeitung und auch Änderung. Daneben muß verdeutlicht werden, daß die Herausbildung von Rechtsorientierungen in der Vielzahl ihrer Einzelaspekte nur eine mögliche Reaktion auf gesellschaftlich Erlebtes darstellt. Andere mögliche Reaktionen finden sich im Bereich von Drogenabhängigkeit, Hinwendung zu Okkultismus, aber auch in vielfältigen Beispielen jugendlichen Engagements gegen Strukturen der Ungleichheit und Ungerechtigkeit.

In der Schwerpunktlegung des Lidice-Hauses haben heute *kontinuierliche(re) Formen der Zusammenarbeit* mit Kooperationspartnern gegenüber häufig eher zufälligen Seminarkonstellationen nach freier Ausschreibung *Priorität*.

Fortbildungsbereiche

PraktikerInnentreffen

Neben einem eher 'klassischen' Fortbildungsbereich von *Veranstaltungen für MitarbeiterInnen* in schulischer und außerschulischer Pädagogik und sozialer Arbeit, in deren Mittelpunkt Fragen des Umgangs mit Rechtsorientierungen und Gewalt, Erkenntnisse der Forschung mit Erfahrungen aus praktischer Arbeit u.ä. stehen, führt das Lidice-Haus regelmäßig bundesweite und regionale Fortbildungsveranstaltungen für MitarbeiterInnen aus Projekten in rechten Jugendszenen (PraktikerInnentreffen) durch. Zentrale Aufgabenstellung ist hier der Erfahrungsaustausch über Arbeitsansätze und Einzelfragen eines neuen Projektbereiches sozialer Arbeit wie auch die Weiterentwicklung konzeptioneller Grundlagen und deren Publikation.

Dieser in der Kooperation mit Prof. Dr. Franz-Josef Krafeld und Prof. Dr. Kurt Möller entwickelte Erfahrungsaustausch „Projekte in rechten Jugendszenen" ist als interne, nicht öffentliche Veranstaltungsreihe konzipiert, die der Praktikerdiskussion in einer vertraulichen, geschützten Atmosphäre gewidmet ist. In der Reihe der zahllosen Veranstaltungen, die derzeit zu Rechtsextremismus und Gewalt angeboten werden, bildet sie damit - immer noch - eine der wenigen

Ausnahmen, in denen ausschließlich PraktikerInnen zu Wort kommen, Problemstellungen der Arbeit austauschen und gemeinsam Handlungskonzepte (weiter-)entwickeln können.

Der Arbeitsansatz, konzeptionelle Grundlagen für diesen Arbeitsbereich (weiter) zu entwickeln, Möglichkeiten des Erfahrungsaustausches zu schaffen und diese Ergebnisse zu publizieren, bietet zudem Anhaltspunkte, Interpretationen und Adaptionen für die Arbeit in anderen Bereichen sozialer Arbeit mit Jugendlichen zu formulieren (vgl. Krafeld/Möller/Müller 1993).

Regionaler Arbeitszusammenhang
„PraktikerInnen in rechten Jugendszenen"

Mitarbeiter von in Bremen und im Bremer Umland ansässigen Projekten treffen sich regelmäßig zu Arbeitstagungen im Lidice-Haus.

Hier wurde ein kontinuierlich stattfindender Arbeitszusammenhang unterschiedlicher Projekte cliquenorientierter Jugendarbeit mit rechtsorientierten und gewaltbereiten Jugendlichen im Raum Bremen geschaffen, der Praxis reflektiert, weiterentwickelt und darüber hinaus einzelne Entwicklungen in Projekten analysiert. Themenstellungen der einzelnen Treffen werden im Vorfeld jeweils mit den TeilnehmerInnen gemeinsam abgesprochen.

Fragestellungen und Erkenntnisse aus der Arbeit zu Denk- und Verhaltensweisen rechtsorientierter jugendlicher Cliquen gaben Anlaß zur stärkeren Beschäftigung mit der steigenden Bedeutung der Clique im Leben Jugendlicher. In der Öffentlichkeit wird Clique selten als eigenständige, positive jugendliche Gesellungsform wahrgenommen. In der Regel werden Diskussionen um Cliquen unter Problem- und Defizitgesichtspunkten geführt. Clique wird dabei allzuoft ausschließlich als Ausgangspunkt von Verwahrlosungsprozessen, Straffälligkeit und Gewaltaktivitäten übersetzt. Unser Interesse stellt dagegen die Frage nach Lebenslagen und (unerfüllten) Sehnsüchten Jugendlicher und der Entwicklung jugendgerechter Beteiligungs- und Begleitmöglichkeiten durch Jugendliche selbst und soziale Arbeit in den Mittelpunkt.

Aktuell bemüht sich die Bildungsstätte um die Entwicklung eines Konzeptes *cliquenorientierter aufsuchender Jugendarbeit* und den notwendigen Aufbau eines für diesen Arbeitsbereich zur Verfügung stehenden Trägerkonstruktes. Eingebunden in diese Diskussion sind u.a. der Verein für akzeptierende Jugendarbeit und das Bremer Fan-Projekt. Ziel der Initiative ist die systematische Entwicklung eines Arbeitsansatzes in Ergänzung der bisherigen Projekte, die in Bremen die Arbeit mit (auffälligen) jugendlichen Cliquen in den Mittelpunkt stellt und adäquate, stadtteil- und zielgruppenorientierte Angebote entwickelt und bereithält.

Die Bildungsstätte wird diesen Arbeitsbereich mit vergleichbaren konzeptionellen Ansätzen wie im Bereich Jugendarbeit in rechten Szenen in Fortbildung und Erfahrungsaustausch begleiten und das Haus auch hier für Seminarveranstaltungen mit jugendlichen Cliquen zur Verfügung stellen.

Daneben führt das Lidice-Haus seit Frühjahr 1994 mehrtägige interne Klausurtagungen für den „Verein Gangway e.V. - Straßensozialarbeit in Berlin" durch, in deren Mittelpunkt die Reflexion und Weiterentwicklung von Konzepten aufsuchender Jugendsozialarbeit steht.

Strategien der Einmischung

Die dringend notwendige Einflußnahme auf die Lebensbedingungen Jugendlicher ist in der konkreten Arbeit mit ihnen nur begrenzt umsetzbar. Ebenso notwendig erscheinen Strategien der Einmischung in Zusammenhänge, die Entscheidungen über die Lebensgestaltungsmöglichkeiten von Jugendlichen fällen – im politischen, sozialen und familiären Umfeld. Ausschließlich aus problemorientierter Sicht Auflösung anzustreben erweist sich als falsche Position.

Hierbei steht scheinbar nicht immer originär *Prävention* gegen Rechtsextremismus und/oder Gewalt im Vordergrund. *Insbesondere die Ansätze, die nicht das „Gegen" alleine zum Gegenstand haben, sondern Engagement für die Gestaltung attraktiver Lebensbezüge beinhalten, verdienen unsere Aufmerksamkeit.* Eine ernsthafte politische Auseinandersetzung mit Strukturen und Entwicklungen, die autoritäre Denk- und Handlungsweisen fördern und als gewinnbringend erscheinen lassen sowie ihre Bewältigung durch hinreichende politische Veränderungen fehlt aber fast völlig.

Deutlich erscheint die Notwendigkeit differenzierter Angebote, die auf Defizite im Lebensraum, aber vor allem auf Sehnsüchte und berechtigte Wünsche (Jugendlicher) an Alltags- und Zukunftsgestaltung eingehen. Dies impliziert die umfassende Kritik an Politikkonzeptionen, die ziellos „Krise" verwalten. Die *Weiterentwicklung demokratischer Strukturen als Lebensform* scheint in politischen Entscheidungen und einen geringen Stellenwert zu haben. Legt da die Vermutung nahe, daß etablierte Politik längst weiterentwickelte Demokratiemodelle und die Verankerung demokratischer Lebensprinzipien abgeschrieben hat? Der Widerspruch von politischen Denk- und Handlungsnotwendigkeiten und erlebbarer Realität politischer Entwicklungen und Entscheidungen drängt die Frage nach demokratischem Veränderungswillen auf. Wer im politischen Umfeld die Bekämpfung fremdenfeindlicher und rechtsextremistischer Tendenzen weiter ausschließlich als „Gegenwehrprogramm" konzipiert, *verkennt die berechtigten Interessen von (jungen) Menschen an positivem Alltagserleben, Gestaltungsmöglichkeiten und lebenswerten Zukunftsperspektiven.*

Das Sinken der Akzeptanz demokratisch bzw. parlamentarisch legitimierter Politik ist nicht nur in Äußerungen Jugendlicher offenbar. Notwendige Konsequenzen blieben in der politischen Diskussion weitgehend chancenlos, wurden bislang nicht ernsthaft gezogen. Die demografische Entwicklung mit sinkenden Zahlen Jugendlicher führte zudem zu weiterer Vernachlässigung einer jugendpolitischen Debatte.

Jugendliche haben begriffen, daß sich nur sehr selten jemand ernsthaft um sie und ihre Alltagssorgen bemüht. Das Vertrauen in Handlungskompetenz und beteuernde Absichtserklärungen etablierter Politik wird vielfach abgelöst durch rabiate Verteilungskämpfe im Existenzkampf der Ellenbogengesellschaft. Jugendliche haben dabei den „heimlichen Lehrplan" gesellschaftlicher Interessenvertretung begriffen: Entweder du hast die finanzielle Macht, die dir die Durchsetzung deiner Interessen ermöglicht – oder du machst es mit Gewalt.

Zahllose Jugendliche haben sich auf demokratisch legitimierten Wegen mit Bettelbriefen an Behörden, mit Diskussionen, Demonstrationen und auf vielfältigsten Wegen für ihre Interessen eingesetzt. Das frustrierende Ergebnis dieser Bemühungen ist leicht beschreibbar: „Das bringt ja doch nichts. Entweder es kommen leere Versprechungen, du wirst verarscht oder dir hört erst gar keiner zu." Eine zusätzlich fatale Lebenserfahrung verbleibt: wollen Jugendliche ihre Interessen und Bedürfnisse wirkungsvoll vertreten, bleibt als Lösung: Betteln am Tag – Randale in der Nacht. *Erst dann, wenn Jugendliche abweichen vom Weg demokratischer Tugenden, begegnet ihnen die politische Öffentlichkeit mit der Aufmerksamkeit, die sie sich lange erhofft haben.*

Jugendliche, die durch Gewaltdelikte gegenüber Minderheiten auffällig geworden sind, betonen zudem unisono, nur der ausführende Arm dessen zu sein, was alle denken. Eigentlich müßte nach dieser Logik die Gesellschaft den Jugendlichen dankbar sein, daß sie das umsetzen, was sich Erwachsene wünschen, aber nicht selbst trauen. Die Reaktionen vieler PolitikerInnen, auch der meisten Parteien, beziehen hier selten glaubhafte Gegenpositionen. Der als Begründung für das

Nicht-Zustande-Kommen von ernsthafter Kommunikation der Generationen angeführte Vorwurf, Jugendliche seien politisch desinteressiert, entlarvt sich dabei als nicht haltbar. Viel eher machen Jugendliche die Erfahrung, daß an einer tatsächlichen Auseinandersetzung mit ihnen, was auch impliziert, sie ernstzunehmen und ihnen zuzuhören, kein Interesse besteht.

Ausgrenzungserfahrungen, Lebensdesaster, Sozialisationsklima und vielfältigen weiteren beeinträchtigenden Einflußfaktoren kann tauglich nur begegnet werden durch langfristige positive Veränderung eben dieser Faktoren – parallel zu einer fachlich und personell fundierten pädagogischen Projektarbeit. *Pädagogik muß darauf hinweisen* und *Veränderung nötigenfalls einklagen* – und im Rahmen ihrer Arbeit diesen Prozeß forcieren – in der Auseinandersetzung mit Jugendlichen, in der Fortbildung und der politischen Diskussion.

Der Vernetzung sozialer und kultureller Initiativen wird dabei besonderes Gewicht beigemessen. Das Eingehen auf die Lebensräume Jugendlicher, die in erster Linie Erfahrungs- und Lernort sind, bietet die Chance, an Jugendlichen und ihren Fragestellungen orientierte Ansätze zu entwickeln. Die Kooperation verschiedener im Stadtteil arbeitender Institutionen und Initiativen bietet die Chance, zum jeweiligen Angebotsprofil passende Arbeitsansätze zu erarbeiten. Sie schafft dann zudem die Chance, eine dem Stadtteil zugute kommende größtmögliche Vielfalt verschiedener Angebote zu schaffen, die zur Zusammenarbeit – und nicht zur Konkurrenz – der Ansätze führt.

Seminarangebote für Jugendliche

Übergreifende Zielstellung im Seminarangebot mit Jugendlichen ist die Schaffung von Möglichkeiten, Lebensalltag, Sehnsüchte und Verunsicherungen, Ressentiments, Einschätzungen und Problemlösungsideen offen und sanktionsfrei benennen und reflektieren zu können. Die offene, vertrauensvolle Auseinandersetzung über die Widersprüche zwischen Lebensvorstellungen und erlebter Realität schafft Möglichkeiten zur Reflexion entwickelter Auffassungen und Verhaltensweisen aller Beteiligten. Einen Zielgruppenschwerpunkt bildet die Arbeit mit jugendlichen Gruppen und Cliquen, die in anderen Einrichtungen keinen oder nur selten Platz findet.

Seit 1990 finden regelmäßig Wochenseminare mit Jugendlichen aus 10. Jahrgängen der Heinrich-Heine-Gesamtschule in Bremerhaven-Leherheide statt. Der Stadtteil Leherheide hat aufgrund seines hohen Anteils von Wählerstimmen für rechte Parteien (bis zu 20%) bei

Wahlen der vergangenen Jahre eine traurige bundesweite Berühmtheit erlangt.

Ein Kreis engagierter LehrerInnen war mit mehrfachen Versuchen in der Region, außerschulische Träger von Jugendarbeit als Kooperationspartner zu finden, gescheitert, weil „man mit diesen Jugendlichen nicht arbeiten wollte". Die Jugendlichen entscheiden über Themenschwerpunkte und nehmen Einfluß auf Diskussionsstränge der inhaltlichen Arbeit in Kleingruppen. Fragen von Gewalt im Alltag, in der Familie (besonders häufig von Mädchengruppen als Arbeitsthema gewählt), Probleme zwischen Jugendlichen unterschiedlicher kultureller Herkunft, Zukunftsperspektiven, Arbeit und Freizeitgestaltung sind Themen, die die Jugendlichen wählen.

Jugend und (ihre) vielfältige Kultur erfordert Möglichkeiten für sie, diese erproben und ausleben zu können. Sowohl oben geschilderte themenbezogene Herangehensweisen als auch Angebote, die Jugendlichen Raum zur Entwicklung *ihrer eigenständigen kulturellen* Lebensideen, Ausdrucksweisen und Beteiligungsformen bieten, bilden eine weitere wichtige Arbeitsebene. Insbesondere *jugendliche Subkulturen* unterliegen im gesellschaftlichen Alltag eklatanten *Ausgrenzungsprozessen.* Die Debatten über jugendliche Gewalt – sowohl rechtsorientierter jugendlicher Cliquen als auch eher linker, autonomer Zusammenhänge und ihrer vielen Facetten – reduzieren Sichtweisen auf „ihre" Täterschaften: hinter der Fokussierung auf ihre Auffälligkeiten verschwindet die Vielfalt jugendlicher, subkultureller Kreativität. Ein dringend angefragter Dialog findet immer seltener statt.

Band- und Videoworkshops

In Kooperation mit dem Bremer Verein zur Förderung akzeptierender Jugendarbeit (vgl. Krafeld 1992) mit rechten Jugendcliquen führt das Lidice-Haus Band- und Videoworkshops für Projektjugendliche durch. Die Kooperation mit dem Verein hat dabei vor allem zwei Hintergünde: im Bereich von Fortbildungs- und PraktikerInnenveranstaltungen hat sich eine kontinuierliche Zusammenarbeit entwickelt, die eine gute Grundlage für weitere Formen der Zusammenarbeit mit Jugendlichen darstellt. Und: ein Teil des Umorientierungsprozesses der eigenen Bildungsangebote des Lidice-Hauses umfaßt ein stärkeres Eingehen auf jugendliche Cliquenzusammenhänge. Die Kooperation kann an dieser Stelle durchaus als Serviceangebot an die Alltagsarbeit des Vereins begriffen werden, Handlungsfelder und Aktivitätenangebote um Seminar- und Kulturangebote zu erweitern.

Der überwiegende Teil der in der Vereinsarbeit betreuten Cliquen definiert sich zwar als rechte Skinheads, in der alltäglichen Begegnung offenbart sich aber viel mehr eine weite Spannbreite unterschiedlicher Einstellungsmuster und Zugangsmotivationen zur rechten Szene.

Das oben beschriebene Interesse Jugendlicher an Kreativität, Lebensfreude und Zukunft ist neben konkreter Beziehungs- bzw. Vertrauensarbeit und Alltagshilfe einer der Ansatzpunkte des Vereins zur Förderung akzeptierender Jugendarbeit in rechten Jugendcliquen. Im Rahmen der Alltagsarbeit ist das Aufgreifen dieser Interessen aufgrund fehlender oder mangelnder räumlicher und personeller Voraussetzungen schwierig umsetzbar. Erste Ausgangsüberlegungen zur Kooperation gingen von der Frage aus, was Jugendliche aus diesen Projekten an einem Bildungsstättenaufenthalt interessieren könnte. Sehr schnell wurde deutlich, daß (vielleicht noch mehr als in anderen Cliquenzusammenhängen) im Vordergrund ausgewählte Aktivitäten und nicht programmgemäß seminaristische Diskussionen stehen müßten, um ein für die Jugendlichen attraktives Angebot zu entwickeln.

Die Jugendlichen äußerten zunächst nur ihr Interesse an einem gemeinsam verbrachten Wochenende und guter Partyatmosphäre. Unsere Zielsetzung als PädagogInnen suchte nach Möglichkeiten, sie für darüber hinausgehende Prozesse zu gewinnen. Für uns stellte diese Idee zugleich einen Ansatzpunkt dar, an dem sich zeigen mußte, ob eine Arbeit mit diesen Jugendlichen im Rahmen der Bildungsstätte möglich sein würde. Für uns, vor allem aber für die Jugendlichen, sollte deutlich werden, daß Wochenendaufenthalte in der Bildungsstätte eine andere Veranstaltung darstellen als eine evtl. gemeinsame Fahrt zum Zelten oder ähnliche Aktivitäten. Neben dem Versuch, gemeinsam produktiv verbrachte Zeit als Folie zur Auseinandersetzung zu nutzen, formulierten wir die Ausgangsthese, daß Möglichkeiten der kreativen und kulturellen Ausdrucksweisen auch für den Alltag deeskalierende Wirkungen produzieren.

Aus Gesprächen mit den Jugendlichen brachten die KollegInnen das Interesse an Video und Musik ein. Beide Punkte sind wichtiger Teil des Freizeitinteresses der Jugendlichen, aber in der Regel als KonsumentInnen von Videos und Musik. Die bei vielen der Jugendlichen vorhandene Lust, sich selbst als VideomacherIn zu betätigen oder (gar) in einer Band zu spielen, war zugleich Wunsch und „geile Idee", aber für sie scheinbar gar nicht realisierbar. In ihrem Alltag sind ihnen in der Regel diese Möglichkeiten versperrt. Sparprogramme in der Jugendförderung verschärfen zudem die Eingrenzung kultureller Kreativität auf Angehörige Besitzender. An dieser Stelle wollten wir bewußt einen

Gegenpol setzen und ihnen diese Möglichkeiten bieten – verbunden mit der Hoffnung, sie hierüber für eine gemeinsame Aktivität gewinnen zu können. Wir greifen das jugendliche Interesse auf, so wie wir auch versuchen, die Interessen anderer jugendlicher Gruppierungen aufzunehmen. Das Angebot stellt damit wenig Außergewöhnliches dar; die Besonderheit für die Jugendlichen ist vielmehr, daß dieses Angebot ihnen zur Verfügung gestellt wird. Gerade für marginalisierte Jugendliche ist „Spaß haben", aber vor allem auch die Unterstützung in ihren kreativen Ideen und Kompetenzen, außerordentlich wichtig.

Das jugendliche Interesse an Kreativität nutzten wir zunächst. Es stellte gleichzeitig als Mittler unsere Angebote als Bildungsstätte dar. Schon die ersten Reaktionen der Jugendlichen bestätigten unsere Hoffnung, daß es auch bei diesen Möglichkeiten gibt, sie für Aktivitäten zu gewinnen, die nicht nur direkt „Fun" bringen, sondern auch Engagement und Durchhaltevermögen erfordern. Vielmehr noch: wir waren von der Intensität, mit der sie auf den Umgang mit Instrumenten und Video eingingen, überrascht.

Zur Illustration der Situation sollen zwei Äußerungen dienen: „*Daß ihr euch einfach so mit uns hinsetzt und uns Griffe auf der Gitarre zeigt, so was hab ich noch nie erlebt.*" Im Laufe des Wochenendes lernten die Jugendlichen einige wenige Griffe auf der Gitarre, gaben sich gegenseitig Dinge, Kniffe und Kenntnisse weiter, die sie sich angeeignet hatten und kühlten zwischendurch wundgespielte Finger. Wir hatten für die Übungsphasen Zeiten vereinbart. Fest abgesprochen war, um 23.30 Uhr die Instrumente einzuschließen. Beim Aufräumen rief plötzlich einer der Jugendlichen, der den ganzen Abend am Schlagzeug geübt hatte: „Au Backe, jetzt hab ich ganz vergessen, mich zu besaufen, aber macht nichts, war total geil. Morgen geht's weiter!" Wir hatten offensichtlich einen Punkt getroffen, der interessanter war als das alltägliche Wochenendritual des in der Clique üblichen Komasaufens. Ein anderer Teil der Gruppe übte sich im Umgang mit Video mit dem Ziel, zunächst eine kleine Produktion über den Song und das Wochenende anzufertigen. An diesem Wochenende entstand ein Song mit einem gemeinsam gefertigten Text über „Bonzen" und Politiker, die nichts tun als „Lügen und Leute betrügen". Dieser wurde vielfach eingeübt, mit Video aufgezeichnet und mit Impressionen vom Wochenende zu einem Videoclip gestaltet.

Das Angebot, Band- und Videoarbeit und die Unterstützung eigener Ideen in einer angenehmen Atmosphäre zu erleben, trug zur Diskussionsbereitschaft erheblich bei. Die inzwischen produzierten Videoclips erfreuen sich im Bekanntenkreis großer Beliebtheit. Auf die

Produkte, mit viel Energie und zeitlichem Engagement angefertigt, sind die Jugendlichen - zu Recht - stolz, wird ihnen doch im allgemeinen jegliche (Arbeits-)Energie abgesprochen; auch sie selbst trau(t)en sich dieses eigentlich nicht richtig zu.

Die Wochenendaktivitäten dienen aber ebenso der Diskussion: selten im seminaristischen Gruppenzusammenhang, doch im informellen Bereich ergeben sich viele Gelegenheiten zum Gespräch - über Alltagssorgen, Verläufe in der Clique, Verhaltensweisen, Sehnsüchte und Konflikte, in denen sie sich bewegen. Der Beginn vieler Gespräche sind dabei Anlässe, Situationen. Basis eines sehr langen Gespräches mit mehreren Jugendlichen über Bewaffnung und Bedrohungsgefühle - im Videotechnikraum beim Videoschnitt von am Vortag angefertigten Material - war meine Beobachtung, daß ein Jugendlicher auch beim Schlaf in der Bildungsstätte nicht auf Bewaffnung verzichten konnte; er hatte das Kopfkissen mit einer Schußwaffe getauscht.

Mit den Jugendlichen werden Rahmenvereinbarungen über die Wochenendveranstaltungen getroffen, die einen produktiven Ablauf fördern sollen, gleichzeitig aber möglichst wenig einengen:
- Gewaltverzicht für das Wochenende,
- Rücksichtnahme gegenüber anderen,
- Verzicht auf harten Alkohol und Drogen,
- wenn jemand am Wochenende teilnehmen möchte, dann nach Möglichkeit am Gesamtprogramm; wer nur zur abendlichen Fete anreist, wird zurückgeschickt.

Die Bitte, mit Haus und Personen rücksichtsvoll umzugehen, ersetzt eine detaillierte, mehr als nötig einengende Hausordnung. In der Regel macht das Verhalten - und Entgegenkommen - der Jugendlichen Mut: im normalen Ablauf demonstrieren die Jugendlichen durch Rücksichtnahme und Hilfsbereitschaft ihre Anerkennung. Dies ist um so bemerkenswerter, als doch Provokation und Regelverletzung ansonsten zu ihrer Form von (Selbst-)Darstellung gehören.

Für eine Bildungsstätte ist das Einlassen auf „exponierte" Gruppen, die das harmonische Miteinander verschiedenster Gruppen irritieren können, dabei eine permanente Gratwanderung. Das eigene Selbstverständnis, gerade für Gruppen offen zu sein, deren Alltagserfahrung die der Ausgrenzung ist, konkurriert mit der (berechtigten) Sorge um den Erhalt der intakten Einrichtung (und Atmosphäre) des Hauses und um Interessen weiterer Gruppen, die Haus und Einrichtung zum Teil zeitlich parallel nutzen - und von denen solche Einrichtungen (auch) leben.

Vielfach werden von Gruppen, aus Jugendverbänden oder durch

andere Bildungsträger organisiert, fast unisono zwei gegensätzliche Positionen formuliert: Es wird Anerkennung zur Schwerpunktsetzung geäußert, häufig verbunden mit dem Ausdruck der ideellen Unterstützung der Arbeit. Treffen Gruppen im Erstkontakt mit Jugendlichen aus auffälligen Szenen zusammen, führt dieses jedoch zur Irritation – oder zur Stornierung der Buchung: „Unsere Veranstaltung kann nicht parallel zu einem Seminar mit diesen Jugendlichen stattfinden." Für unsere Planung heißt das, immer sehr genaue Absprachen darüber zu treffen, welche Gruppen zeitlich parallel in der Jugendbildungsstätte Räume finden können.

Diese Beurteilungen entsprechen nicht dem bisherigen Verlauf der Veranstaltungen: es gab keinerlei ernste Konfrontationen zwischen verschiedenen Gruppen. Selbst die in unseren Augen kritischste Begegnung mit der Erwachsenengruppe einer Stottererorganisation konnte positiv genutzt werden. Beide Gruppen waren vorbereitet, konnten eigentlich getrennt tagen und „mußten" sich nur bei Mahlzeiten im Essensraum begegnen. Die ersten Begegnungen innerhalb des Wochenendes waren sehr von Skepsis und gegenseitiger Vorsicht geprägt. Dennoch bleibt als Resultat allzuhäufig der Wunsch, das nächste Mal lieber ohne die Begegnung mit „solchen" Gruppen tagen zu wollen oder nicht wiederkommen zu wollen.

Schon nach wenigen Veranstaltungen ist das Interesse der Jugendlichen, an weiteren Wochenenden teilzunehmen, sehr hoch. Wir interpretieren dies als Zeichen für den Bedarf, aber vor allem auch für das Interesse an gemeinsamen positiven Erlebnissen bei den Jugendlichen. Damit ist eine außerordentlich erfreuliche Entwicklung beschritten, die sich auch positiv auf die Zusammenarbeit der KollegInnen im Projektalltag auswirkt. Neben dem Gruppenerlebnis bieten sich für die KollegInnen Möglichkeiten, ihr Alltagsangebot zu erweitern, aber auch die andere Atmosphäre eines Bildungsstättenaufenthaltes für die Intensivierung der eigenen Vertrauens- und Beziehungsarbeit zu nutzen.

Wir versuchen mit diesem Angebot der Bildungsstätte, die Alltagsarbeit der Projekte des Vereins zu unterstützen, denken aber auch, daß in der Kooperation die eigene Arbeit und Kompetenz der Bildungsarbeit des Lidice-Hauses Erweiterungen und Weiterentwicklungen finden. Voraussetzung dieser Arbeit ist die tatsächlich enge Kooperation der beteiligten Bildungsstätte und des Vereins für akzeptierende Jugendarbeit.

Die Seminararbeit befindet sich dabei, ähnlich wie die Alltagsarbeit der Projekte, im permanenten Widerspruch: Die (positiven) Entwicklungen unter Jugendlichen, sich entwickelnde Auseinandersetzungsfähigkeit, Reflexionen der Automatismen der Gewalteskalationen, der Beginn, mit mehr Mut und Geschick nicht jeden Tag neu am Leben zu scheitern, sind dringende Belege für die Notwendigkeit der intensiven Zuwendung zu diesen Jugendlichen, ja zu Jugendlichen überhaupt. Die von den Jugendlichen demonstrierte Bereitschaft zu Engagement und angenehmen, rücksichtsvollen Verhaltensweisen (z.B. gegenüber fremden, anderen Gastgruppen oder KollegInnen in Küche und Hauswirtschaft) scheint ausgesprochen hoch.

Positive Entwicklung ist aber nie ein gradliniger Prozeß. Wie weit sind unsere Grenzen der Akzeptanz gesteckt, wenn gerade die Jugendlichen, bei denen wir in der Projektarbeit positive Entwicklungen wahrnehmen, wieder in tradierte Verhaltensmuster der Gewalt und autoritärer Ideale verfallen? Einige nahezu harmonisch verlaufende Wochenenden sind keineswegs Garantieschein für intensive, nahezu „reibungslose" Abläufe. In der Zusammenarbeit mit den Jugendlichen sind zugleich mit positiven Entwicklungen mehrere gegenläufge Entwicklungen und Widerspüche sichtbar, die den Alltag in der Projektarbeit, ebenso aber auch die Projektwochenenden beeinflussen:

- Viele subkulturelle Zusammenhänge, insbesondere die Skinheadszene, betonen ihre „expressive" Lebensauffassung. Die kulturelle Tradition impliziert – häufig auf das Wochenende begrenzte – ritualisierte, exzessive Besäufnisse. Einige der Jugendlichen geraten zunehmend stärker in Suchtabhängigkeiten – nicht nur der legalen Droge Alkohol. Illegale Drogen, alles, was „breit" macht, spielt (zusätzlich) eine immer größere Rolle.

  Im Rausch, vor allem bei gleichzeitiger Einnahme verschiedenster Rauschmittel, multipliziert sich die Gefahr der Gewalteskalation. An einem der Wochenenden führte ein Konflikt zwischen Pärchen zu einer Situation, die nur unter großen Mühen und Eingriffen zu mildern war. Im „Suff" heizten sich die Beteiligten um einen eigentlich nichtigen Alltagskonflikt gegenseitig hoch. Die jungen Männer begannen auf ihre Freundinnen einzuschlagen. Unsere begründete Vermutung ist der wahrscheinlich sehr viel gemäßigtere Verlauf dieser Konflikte, hätten sie nicht über die erhebliche Dosis Alkohol und vermutlich anderer Rauschmittel die eigene Kontrollfunktion außer Kraft gesetzt. Daß es allen Beteiligten anschließend leid tut, aber eigentlich ohne Handlungskonsequenzen für zukünftige Konflikte bleibt, ist uns an dieser Stelle dann zu wenig.

- In der Bandarbeit spielen rechtsextremistische Texte selten eine gravierende Rolle, viel wichtiger ist das Musikmachen überhaupt. Das Agreement, keine rassistischen Texte zu benutzen, wird weitgehend eingehalten. Vielmehr haben wir den Eindruck, daß den Jugendlichen der Verzicht an dieser Stelle relativ leicht fällt. Phasenweise kursieren aber innerhalb der Jugendclique Info-Materialien rechtsextremistischer und faschistischer Organisationen. Ein Jugendlicher brachte vorgefertigte Texte exponierter Gruppen rechtsradikaler Oi-Musik in die Clique. Die Jugendlichen verteidigten in dieser Situation „ihre Texte" mit dem Hinweis: Das seien eben ihre „Texte", und so schlimm seien sie auch nicht.

Wir reagierten letztendlich mit der Konsequenz, auf von uns zur Verfügung gestellten Instrumenten und mit unserer Beteiligung würden wir diese Texte nicht zulassen. Dem vorangegangen waren „Diskussionen" mit einigen der Jugendlichen über Inhalte der Texte, in denen sie versuchten, Textzeile per Textzeile zu interpretieren, aber auf keinen Fall eine Gesamtsicht auf den Text und dessen Gesamtaussage zuzulassen. Wir interpretierten diesen Versuch als Machtgeplänkel. Unser Nein wurde von den Jugendlichen schließlich akzeptiert. Einer von uns vorgesehenen Auseinandersetzung über Begründungen unseres Handelns wie auch über ihr (tatsächliches) Interesse an rassistischen Texten entzogen sie sich in dieser Situation jedoch. Auch an dieser Stelle versuchen wir die Gratwanderung deutlich zu machen, in der soziale Arbeit (und wir als Personen) in dieser Form sich befindet: zum einen wollen wir nicht generell verbieten und damit Auseinandersetzung über Inhalte behindern, zum anderen werden wir die Jugendlichen nicht im Einüben von rechtsextremistischen und menschenfeindlichen Texten unterstützen.

Beide Beispiele verdeutlichen die Schwierigkeit, aktuell eskalierende Situationen zu entschärfen und Auseinandersetzungen über Konflikte, Einschätzungen und Verhaltensweisen zu führen. Vor allem aber stellt sich die Frage, wie weit eine tragfähige Stabilisierung Jugendlicher – unter welchen Bedingungen – möglich ist.

Wir begreifen „akzeptierende Jugendarbeit" nicht als grenzenloses Eingehen auf das, was Jugendliche wollen. Dennoch gilt das, was auf einer Klausurtagung mit dem Berliner Gangway-Projekt als Ausgangspunkt formuliert wurde: „Jeder Mensch hat ein Recht auf Lebenshilfe, unabhängig von der Erfüllung irgendwelcher Vorbedingungen. Die Formulierung von Ausgangsbedingungen führt zur Ausgrenzung all derer, die diese Anforderung nicht erfüllen können oder wollen."

Die Gratwanderung ist immanent: Wie viele Freiräume müssen wir den Jugendlichen garantieren, welche Grenzüberschreitungen können wir bestehen, welche Grenzen müssen wir als unsere Bedingung der Zusammenarbeit einfordern?

Literatur

Krafeld, Franz Josef (Hrsg.): Akzeptierende Jugendarbeit mit rechten Jugendcliquen. Bremen 1992

Krafeld, Franz Josef/Möller, Kurt/Müller, Andrea: Jugendarbeit in rechten Szenen. Ansätze – Erfahrungen – Perspektiven. Bremen 1993

Möller, Kurt: Wider die Hilflosigkeit des Antifaschismus. In: Lidice-Haus (Hrsg): Woran können wir sie erkennen? Rechtsextremistische Orientierungen Jugendlicher – Gegenstrategien der Jugendarbeit. Bremen 1989

Klaus Farin

Skinheads

1968 war jede Straßenecke der Arbeiterviertel von Liverpool, Glasgow, Birmingham oder London die Heimat einer Skinheadgang. Während im Rest der Welt die klassischen Arbeitermilieus zerfielen, die Eltern den sozialen Aufstieg in die Mittelschicht versuchten und mit ihren Kindern im Clinch um jeden Haarzentimeter länger lagen, holten immer mehr britische Arbeiterjugendliche demonstrativ aus der Mottenkiste, was einen echten Proletarier in Zeiten, als alles noch besser war, kennzeichnete: Hosenträger über grob genähten Bergarbeiterhemden, die Jeans vom älteren Bruder (aufgekrempelt getragen), die billigen Sicherheitsschuhe des Dr. Martens und kurzgeschorenes Haar. Wenn sie schon ohnmächtig mitansehen mußten, wie inmitten der ersten großen Rationalisierungswelle ihre proletarischen Werte (Arbeitskraft) zerfielen und die Krisengewinnler aus den neuen Mittelschichten mitsamt ihrem langhaarigen Hippienachwuchs die Arbeiterviertel okkupierten, sollte die Welt wenigstens sehen, daß sie dagegen waren. „Skinhead war, wer sich keine teuren Klamotten kaufen konnte und dies auch zeigen wollte", beschreibt Skinhead Richy die Anfänge der neuen Subkultur. „Wir sind Prolls – und stolz darauf!"

A Man's Man's World

Man kannte sich aus den Fußballstadien, und Fußball, Bier und Prügeleien blieben auch die sinn- und identitätsstiftenden Hobbys der „Hautköpfe" (Skinheads), wie sie zunächst verächtlich von ihren Gegnern genannt wurden, bis sie die Stigmatisierung selbst übernahmen und in ihr stolzes Markenzeichen ummünzten. An Gegnern mangelte es ihnen nie. Lust auf Gewalt war von Anfang an die Kehrseite der proletarischen Revierverteidigung. „Skinheadgangs hatten überall, wo sie hingingen, Ärger. Unten im Park nach der Schule, in den Spielhallen, am Imbiß. Und wenn du keinen Ärger gefunden hast, war die einzige Antwort, den Ärger zu suchen, indem man in das Gebiet einer anderen Gang eindrang", erinnert sich Alt-Skin George Marshall. „Jeder, der nicht in dein Weltbild paßte, konnte als legitimes Ziel eines Skinheadübergriffes dienen. Das meinte wirklich jeder. Von rivalisierenden Gangs bis zu einer verlorenen Seele, die am richtigen Platz zum falschen Zeitpunkt war. In Kasernenstädten wurde das Verprügeln von Rekruten bevorzugt. In Universitätsstädten bekamen die Studenten ihr Fett ab. Schwule und jedermann, der etwas exotisch aussah, waren in den meisten Gebieten Opfer. Hippies wurden als schmutzige, unfrisierte Schmarotzer angesehen, die im Streit mit allen bodenständigen, traditionellen Werten lagen, aus denen die Skinheads stammten. Nicht viele Hippies liefen freiwillig durch ein Skinheadgebiet, aber auch die, die es nicht machten, waren oft das Ziel einer 'Such- und Zerstörmission'. Natürlich versuchten lokale Skinheadgruppen, ihre Straßen sauber und ordentlich zu halten. Die Besetzung eines Wohnblocks durch Hippies war im September 1969 die große Nachricht. Tatsächlich stoppte nur die Anwesenheit von Hells Angels die Skinheads, das Haus zu stürmen. Es gab auch keine Liebe zwischen den Skinheads und den Hells Angels. Überall gab es Auseinandersetzungen."

Aber die Gewalt, die die meiste Aufmerksamkeit auf sich zog, war die gegen die asiatischen Einwanderer: „Paki-Bashing". Jeder vierte pakistanische Student war 1969 in den Straßen Londons schon einmal attackiert worden, beschwerte sich die pakistanische Regierung offiziell. Nicht selten von kurzhaarigen jungen Männern. Tory-Wahlkampfslogans wie „If you want a nigger neighbour, vote Labour", die tagtäglichen Horrormeldungen über die „unkontrollierte Flut von asiatischen Einwanderern" (Daily Mirror) hatten ihr Echo auf den Straßen gefunden, der politisch aufgeheizte Rassismus der Etablierten gewaltbereiten Jugendlichen eine Orientierung dargeboten.

Dennoch spielte Rassismus – wie Politik überhaupt – in der Skinheadszene keine besondere Rolle. „Paki-Bashing" hatte im Bewußtsein der proletarischen Prügelknaben noch kein höheres Gewicht und keine andere Bedeutung als die Überfälle auf Hippies und Oberschülerpartys oder die Straßenkämpfe mit gegnerischen Fußballrowdys und Skinheadgangs aus anderen Bezirken. „Skinhead-sein", das war immer noch eine Frage der sozialen Herkunft („working class") und nicht der Hautfarbe.

Man mußte in jenen Tagen auch schon ziemlich schizophren sein, um gleichzeitig Skinhead und Rassist zu sein. Denn quasi alle Idole der Skinheadkultur der späten 60er Jahre, die DJs und Musiker in den Clubs, waren schwarz. Musik war neben Saufen, Fußball und Prügeln die größte Leidenschaft der Skinheads – schwarze Musik, Ska und Rocksteady, der Sound der jamaikanischen Einwandererkids. Schon bald übernahmen die weißen Arbeiterjugendlichen nicht nur die Musik und die Tänze der „rude boys" aus Jamaica, sondern auch ihren Kleidungsstil, ihre Gangrituale. Die Szenen vermischten sich, schwarz und weiß war nicht nur eine Modefarbe, sondern auch eine Einstellung.

Das änderte sich erst Mitte der 70er Jahre mit der zweiten Skin-Generation. Im allgemeinen rassistischen Klima jener Jahre erlebten die National Front und andere faschistische Gruppierungen ihr bislang größtes Coming-out im Mutterland des versunkenen Empire. So gelang es ihnen auch verstärkt, ihre militanten Aktivisten aus der Fußballrowdy- und Skinheadszene zu rekrutieren, die wegen ihres prächtig entwikkelten Männlichkeitskultes, des „brutal, häßlich und gemein" wirkenden Outfits und der ausgeprägten Prügellust besonders eifrig umworben wurden. „Scheitel-Nazis" ließen sich bewußt die Haare scheren, um in der Skin-Szene einzutauchen. Rechte Skins standen nun immer häufiger in der ersten Reihe, wenn es zu rassistischen Übergriffen kam, oder spielten die Security bei Nazi-Veranstaltungen.

Voraussetzung für diesen radikalen Wandel einer im Grunde „multikulturell" verwurzelten Jugendszene zu einer zumindest in Teilen rassistischen Bewegung war eine Änderung der musikalischen Basis. Die Initialzündung dafür lieferte kurioserweise eine neue Subkultur, die selbst alles andere als rechts war: Punk.

Oi!

Wie aus dem Nichts tauchte 1976 eine neue Jugendsubkultur auf: wilde Irokesen, grün, schwarz, rot gefärbte Haare und eine Musik, die mit ihrem Drei-Akkorde-Minimalismus und den hingerotzten Texten alle Anstandsregeln des in bombastischen Klangteppichen erstarrten Rockzirkus sprengte. Punk.

Letztlich war Punk ein Windei, von cleveren Businessleuten inszeniert, um ein paar Bands zu vermarkten. Doch da geschah etwas Unerwartetes: Kids begannen, den Punk zu leben. Bands wie Sham 69, Cock Sparrer oder Cockney Rejects wehrten sich gegen die Kommerzialisierung und prügelten die Middle-Class-Modepunks akustisch und gelegentlich auch handgreiflich aus ihren Konzerten. Sie nannten ihren Sound nicht mehr einfach Punk sondern Streetpunk, Realpunk oder Working Class Punk – und schließlich nach ihrem Schlachtruf aus den Fußballstadien: Oi!

Um sich auch optisch von den schicken New Wavern und Wochenendpunks aus gutem Hause abzusetzen, radikalisierten sie ihr Outfit gleich mit. Serienweise erinnerten sich Britanniens Schmuddelkinder an die letzte rebellische Jugendkultur und verwandelten sich in Skinheads. Sie ließen sich die Haare scheren, flickten ihre Hosen, ersetzten die

Sicherheitsnadeln im Ohr durch Tattoos auf den Armen und registrierten erstaunt, daß die in Mode gekommenen Hakenkreuz-T-Shirts kombiniert mit dem neuen Outfit plötzlich wieder Provokationswert besaßen. Hatten Lehrer und Linke gerade mühsam gelernt, den „No Future"-Rebellen Verständnis bis Sympathie entgegenzubringen, die neonazistischen Symbole als provokante Kapitalismuskritik zu deuten, so wurden die jetzt glatzköpfigen Provokateure und ihre Runen nun ernstgenommen. So war der Skinheadkultur noch zehn Jahre nach ihrer Geburt eine zweite Wurzel gewachsen.

Two Tone

Und noch etwas geschah in jenen Tagen. Der alte Skinhead-Reggae erfuhr ein großartiges Revival. The Specials, Bad Manners, Madness oder Selecter hießen die neuen Helden des Two Tone-Ska, so benannt nach dem Specials-Label. Altstars wie Laurel Aitken oder Desmond Dekker erlebten ein unerwartetes Comeback und touren noch heute, von Tausenden von Skinheads umjubelt, durch Europa. Die Losung „Kids United" hatte sich erneut durchgesetzt, und das meinten nicht nur Punks und Skins, sondern auch schwarz und weiß.

Doch die Szene hatte sich inzwischen gespalten. Ein nicht geringer Teil der Skinheads hatte sich zumindest ideologisch in der rechten Szene verankert. So wurden die Two Tone-Bands bald zum Angriffsziel von Neonazis und rassistischen Skinheads. The Specials machten sich dadurch einen Namen, daß sie, sobald sie „Sieg Heil!"-ende Glatzen im Publikum entdeckten, ihre Instrumente zur Seite legten und die unerwünschten Gäste eigenhändig hinausprügelten. Andere Bands versuchten zunächst, mit den Kids zu reden, sie auf die nicht-rassistische Seite hinüberzuziehen.

Natürlich gab es auch linke Skinheads. So gründete sich eine „League of Labour Skins", Bands wie Redskins oder Red Alert trugen ihre Namen nicht zufällig und wurden dennoch Kultbands, auch andere wie Blitz, Angelic Upstarts oder Infa-Riot wurden antirassistisch aktiv. Die Mehrheit der Skins wollte immer noch nichts weiter als Bier, Musik, Spaß und verläßliche Freundschaften. Doch die medienwirksame Beteiligung von Glatzköpfen an brutalen Überfällen auf Einwanderer und die Umarmungsversuche faschistischer Gruppen forderten die ohnehin starke Ausgrenzung der Skins. Bald wußte jeder rechtsradikale Schläger, wie er sich zu stylen hatte, um Gleichgesinnte zu finden.

Mit diesem Image behaftet, schwappte die Botschaft von der neuen männlichen Subkultur Ende der 70er Jahre nach Deutschland über.

Kein Wunder, daß sich die Mehrheit der frühen Skins als „rechts" verstanden. Und in der Tat gelang es Michael Kühnens ANS, später auch besonders FAP und NF, zahlreiche Glatzen zumindest für gewalthaltige Aktionen zu mobilisieren. Als Mitglieder der Kadersekten mit hohen disziplinären Anforderungen eigneten sich die anarchischen Prügelknaben allerdings kaum. Entscheidend radikalisiert und ideologisch aufgeladen wurde die Situation mit dem Mauerfall. Doch dazu waren keine Neonazis mehr notwendig. Das politische Establishment und die ihnen zuarbeitenden Medien übernahmen das von selbst. Das gezielte Angebot von Flüchtlingen als Blitzableiter zur ideologischen Homogenisierung der neudeutschen Zwei-Klassen-Gesellschaft inmitten ihrer schärfsten Wirtschafts- und Ideologiekrise seit 1949 führte zum schaurigen Erfolg: Zunächst rechte Skinheads und Hooligans, dann andere Jugendliche übernahmen es gerne, als ehrenamtliche Ordnungstruppe die „Ausländer raus!"-Parolen der Volksvertreter direkt auf den Straßen umzusetzen.

Skin-Szene 1994

Etwa sechs- bis achttausend Skinheads gibt es heute in Deutschland, Tendenz leicht steigend. Davon sind unter zehn Prozent direkt in das neonazistische Netzwerk eingebunden, ein Drittel der Szene denkt jedoch deutschnational-fremdenfeindlich bis rassistisch inklusiv mindestens latenter Gewaltbereitschaft gegenüber entsprechenden Gegnern und Opfergruppen. Dennoch liegt der Täteranteil von Skinheads bei Gewalttaten mit rechtsextremem und/oder rassistischem Hintergrund entgegen der öffentlichen Wahrnehmung bei nur 8,6 Prozent (BKA-Statistik für das 1. Halbjahr 1994) – Tendenz sogar fallend. Der durchschnittliche Gewalttäter in Deutschland ist kein Skinhead, sondern ein „normaler" männlicher Jugendlicher zwischen 14 und 21 Jahren, der in der Regel in der Nachbarschaft wohnt und keinerlei Kontakte zur Skinhead- oder Neonazi-Szene hat.

Die Mehrheit der Skins begreift sich als „un-" bzw. „anti-politisch", distanziert sich von Neonazis und rassistischer Gewalt, in der Regel aber auch genauso vehement von linken Gruppierungen, insbesondere aufgrund direkter Negativerfahrungen mit der autonomen Szene. Ein Teil bezeichnet sich selbst als SHARPs („SkinHeads Against Racial Prejudice") oder „Skinheads Gegen Rassismus"; vielen ist aber auch das schon zu politisch, jeder Polit-Aufnäher zuviel Meinung. „Skinhead sein heißt, eine eigene Meinung zu haben, aber sich von niemandem mißbrauchen zu lassen", lautet das konsensstiftende Motto der 90er

Jahre, aber auch: „Warum muß ich mich immer wegen meines Aussehens rechtfertigen, und jeder normale Spießbürger, sei er noch so rassistisch, muß das nicht?"

Gewaltbereit sind etwa zwei Drittel der Skin-Szene („Rechte" tendenziell eher, in der Praxis bedeutend mehr). Das bedeutet aber auch: Die Bereitschaft, zum Beispiel bei einem rassistischen Übergriff in öffentlichen Verkehrsmitteln helfend einzugreifen, ist unter nicht-rassistischen Skinheads wesentlich höher als in der „Normalbevölkerung".

Nur jeder fünfte Skinhead ist weiblich. Die „rechte" Fraktion ist insgesamt mackerhafter, das Männlichkeitsideal der „Kämpfer für Doitschland" ungebrochener als bei ihren nicht-rassistischen Zwillingsbrüdern, obwohl eine Zunahme von Sexismus zumindest in Songtexten und eine breitgestreute Schwulenphobie auch in diesen Kreisen nicht zu übersehen ist. Für die Teilnahme von Frauen scheint das konkrete Alltagsverhalten wichtiger zu sein als die politische Ausrichtung: Ständiges Saufen und Randale als zwanghaftes Wochenendvergnügen üben offenbar auf Skin-Frauen eine geringe Faszination aus. „Clockwork Orange" ist für Skin-Frauen allenfalls ein Kultfilm, im realen Leben erwarten sie von ihren männlichen Kumpanen mehr als Pawlowsche Reflexe beim Anblick eines vermeintlichen Gegners.

Der Anteil von Frauen in der Skinheadszene steigt. Kein Wunder, bieten doch gerade das männliche Outfit und die für Außenstehende derben Umgangsformen der Szene („hart aber ehrlich") Mädchen und Frauen wie kaum eine andere Jugendkultur die Möglichkeit, die herrschenden Rollenklischees abzulegen.

Die politische Orientierung der Skinheadszene wird in der Regel falsch eingeschätzt und insgesamt überbewertet. Politik spielt kaum eine Rolle in der Szene, weder in der rechten noch in der nicht-rechten. Selbst die Haßparolen der Rechtsradikalen sind selten Ausdruck vertieften politischen Bewußtseins, sondern eher eine Mischung aus hilflosaggressiver Unzufriedenheit mit der eigenen Lebenslage und männlichweißem Chauvinismus. Gewalt und Aggressionen sind stets präsent im Skinhead-Alltag, schon als Kehrseite des gewählten Outfits unvermeidbar (wer nicht weiß, was ich meine, begleite einmal eine Gruppe Skinheads bei einer Fahrt mit öffentlichen Verkehrsmitteln). Dennoch gaben bei unseren Untersuchungen rund ein Fünftel der befragten Skinheads an, sich in den letzten zwei Jahren kein einziges Mal geprügelt zu haben. Im Mittelpunkt der Skinheadkultur stehen eindeutig andere Dinge: Musik, Partys, Freundschaften.

Skinheads sind extrem reisefreudig. Quasi an jedem Wochenende organisiert irgendein Skin in irgendeiner Stadt eine Party (bisweilen sogar mit Live-Band), zu der Skins aus allen Regionen des Landes und dem benachbarten Ausland anreisen. Zwischendurch pflegt man intensive Briefkontakte oder erfährt das Neueste aus einem der insgesamt sechzig Skin-Zines, die es derzeit in deutscher Sprache gibt, in der Regel mit Auflagen zwischen 200 und 500 Exemplaren. Außerdem dürften derzeit mindestens 150 Bands um die Gunst der Szene buhlen, per selbstvervielfältigter Democassette oder bei von Skins autonom organisierten Konzerten in Scheunen, Privatwohnungen, Kneipenhinterzimmern oder randstädtischen Jugendclubs. Leben kann davon keine einzige Band.

Ausblick

Seitdem die Täter immer jünger werden und selbst Kommunalpolitiker und die eigenen Eltern mit „den Skinheads" drohen, um eine Flüchtlings- oder Behindertenunterkunft in der Nachbarschaft zu verhindern, kommen viele Skins, denen die rebellischen Wurzeln ihrer Subkultur noch etwas bedeuten, ins Grübeln. Das führt zu scharfen Auseinandersetzungen innerhalb der Szene: Während eine kleine Minderheit der Skins die rechtsradikalen, vor allem rassistischen Ideologieersatzstücke der Mehrheitsgesellschaft internalisiert hat und – die Utopie eines ausländerfreien, autoritären „Doitschlands" als greifbares Ziel vor Augen – stärker am rechten Rand zusammenrückt, setzt sich die Mehrheit der Skins immer eindeutiger dagegen zur Wehr, mit diesem randalierenden Mob in eine Schublade gesteckt zu werden. Drei „Skinheads-Gegen-Rassismus"-Demonstrationen seit 1992 und Skinheadblöcke auf allgemeinen Anti-Rassismus-Demonstrationen sind nur die sichtbare Spitze des Eisberges. Die Formel „Skins Gegen Politik!" gewinnt als Skin-eigene Anti-Gewalt- &-Extremismus-Parole zunehmend an Fans aus beiden Fraktionen. Zentrales Motto: Skinhead-sein bedeutet „a way of life", Musik, Spaß und Freunde. Wem Politik wichtiger ist als das, der gehört nicht dazu: „Polit-Schwätzer aller Fraktionen, laßt Euch die Haare wachsen und verpißt Euch!"

Pädagogische Folgerungen

Skinheads stellen eine Jugendsubkultur wie viele andere dar und sind deshalb nicht anders zu behandeln als HipHop-, Techno- oder Metal-Fans, Raver, Punks, Grufties, Psychobillies, Teddyboys usw. auch. Die Skinheadkultur vereint wie alle Jugendszenen sowohl emanzipatorische als auch reaktionäre Elemente. Skinheads, denen der „Spirit of '69", die schwarzweißen Wurzeln der ersten Generation, etwas bedeuten, sind beispielsweise geradezu prädestiniert, antirassistisch zu denken und zu handeln. In der Tat beschäftigen sich viele Skins, deren Leidenschaft schwarzer Musik gehört, intensiver als der Normalbürger mit dem Themenkomplex Rassismus. Ein Teil der Skinheads in Deutschland stammt darüber hinaus selbst aus Einwandererfamilien. Jugendlichen bietet die Subkultur einen wichtigen Halt. Wie es ein Skin im Interview ausdrückte: „Die Skinheads sind mein Familienersatz, meine Familie. Sie sind mir wichtiger als meine echte Familie. Wenn ich Probleme habe, weiß ich, ich steh' nicht alleine da, da kümmert sich jemand um mich." Schließt sich ein Jugendlicher den Skinheads an, ist das zunächst also kein Grund für pädagogisches Eingreifen oder gar für restriktive Maßnahmen. Problematisch wird es möglicherweise, wenn sich ein Jugendlicher dezidiert der rechten Skinszene anschließt. Zunächst bedeutet das aber für das Umfeld des Jugendlichen nur: genauer hinzusehen, es als Signal zu begreifen, dem Jugendlichen mehr Interesse, mehr Aufmerksamkeit zu widmen. Die Mehrzahl der Jugendlichen in der rechten (Skinhead-)Szene landete dort nicht aus originär politischen Gründen. Als Basis für den Anschluß an eine rechte Clique dient oft ein diffuser, gesamt-gesellschaftlich immanenter Rassismus bzw. ein allgemein sozial-darwinistisches Weltbild, das sie nicht erst in der Clique/ Skinheadszene lernen, sondern von zu Hause – den Eltern, MitschülerInnen, aus Medien und Politik – mitbringen. Die Homogenisierung dieser vorpolitischen Gesinnungs- und Gefühlslage zu einem geschlossen rechten Weltbild durch Cliquenrituale, einschlägigen Musik- und Literaturkonsum, Stigmatisierung von außen usw. vollzieht sich in der Regel erst allmählich über einen Zeitraum von mehreren Jahren. Die Hauptgründe für den Einstieg in die Skinheadszene sind andere: die Suche nach einer Clique, nach verbindlichen Freundschaften („Kameradschaft") und die subkulturellen Signale der Szene (Musik, Outfit, hart aber smart, die Erfahrung, auch als „Versager" in Beruf oder Schule von seiner Umwelt plötzlich mit Respekt behandelt zu werden).

Pädagogische Möglichkeiten und Grenzen der Arbeit mit rechten Cliquen im Allgemeinen soll hier nicht mein Thema sein. Zum einen bin ich Journalist und nicht Pädagoge, zum anderen haben dazu Franz Josef Krafeld, Kurt Möller und Andrea Müller an anderer Stelle bereits Fundiertes veröffentlicht.

Doch es gibt Skinhead-spezifische Möglichkeiten antirassistischen Engagements für Jugendarbeiter und Pädagogen. Denn das Besondere an der Skinheadkultur ist gerade ihre eigene Widersprüchlichkeit. Hier finden sich engagierte Antirassisten ebenso wie neonazistisch Denkende, um nur den zentralen Widerspruch zu benennen, und dies läßt sich pädagogisch nutzen: durch Förderung der nicht-rassistischen Skinhead-szene. Einstellungsänderungen lassen sich nachhaltiger bewirken, wenn sie nicht von außen – Pädagogen, Journalisten, „Jugendschützer", Verfassungsschutz – aufgedrückt werden, sondern Resultat einer szene-/cliquen-internen Auseinandersetzung sind. Es gibt überall Skinheads, die sich gegen das Image des rechtsradikalen Schlägers zur Wehr setzen (wollen), Skinheads-, Ska- und Oi!-Bands, die diese Haltung auch bei ihren Konzerten zum Ausdruck bringen. Warum sollten Jugendzentren nicht regelmäßig Ska- oder Oi!-Konzerte anbieten? In vielen Regionen wären Skinheads gerne bereit, zum Beispiel einmal monatlich einen „Allnighter" (Ska-, Soul-, Oi!-Disco) zu veranstalten. Dies böte zwei Chancen: 1. Wären das normale Publikum und die Medien langfristig gezwungen, das Vorurteil Skinhead = Neonazi abzulegen; 2. Jugendliche, die Skinheads sein wollen, würden erfahren, daß sie Skinheads werden/sein können, ohne rechts sein zu müssen. Eine nicht-rassistische Skinheadszene mit eigenen Konzerten, Disco- u.a. Veranstaltungen, gar einem eigenen Treffpunkt in einem Jugendclub wäre attraktiver für Jugendliche als die rechte Konkurrenz, deren Angehörigen seit der Repressionswelle das Ausleben ihrer Kultur ohnehin sehr erschwert wird.

Auch für den Schulunterricht eignet sich nach meiner Erfahrung das Thema Skinheads hervorragend, um zum Beispiel über den Stellenwert von Cliquen/Subkulturen, Musik und Outfit, über Rassismus und Gewalt auch im eigenen Erfahrungsbereich der SchülerInnen ins Gespräch zu kommen. Nebenbei gewinnen die SchülerInnen, die in der Regel keine Skinheads kennen, aber alle ein (Vor-)Urteil über sie haben, über die Konfrontation mit der differenzierten Skinhead-Realität einen kritischen Blick auf den Einfluß und die Manipulationskraft der Medien. Allein der Wert dieses Lernprozesses geht weit über die Bedeutung der Skinheadszene selbst hinaus.

Literatur

Farin, Klaus/Seidel-Pielen, Eberhard: Skinheads. München 1993 (3. aktualisierte Auflage 1995)

Farin, Klaus/Seidel-Pielen, Eberhard: „Ohne Gewalt läuft nichts!" Jugend und Gewalt in Deutschland. Köln 1993

Krafeld, Franz Josef/Möller, Kurt/Müller, Andrea: Jugendarbeit in rechten Szenen. Ansätze - Erfahrungen - Perspektiven. Schriftenreihe der Landeszentrale für politische Bildung der Freien Hansestadt Bremen, Bd. 5. Bremen 1993

Marshall, George: Spirit of '69. A Skinhead Bible. Dunoon/GB 1991

Night, Nick: Skinhead. London 1982

Diese beiden Standardwerke zur britischen Skinheadszene (auch in deutscher Übersetzung) und weitere Literatur sowie (ausschließlich nichtrassistische) Skinheadmusik, Fanzines etc. vertreibt der Mailorder & Verlag Edition NoName, Weichselstraße 66, 12043 Berlin (Katalog gegen 2,- DM Rückporto).

Eine pädagogische Arbeitsgruppe hat - ausschließlich für den pädagogischen und wissenschaftlichen Gebrauch - drei Toncassetten à 90 Minuten mit Oi!/Punk, Ska/Skinhead-Reggae sowie Rechtsrock incl. Textdokumentation zusammengestellt. Dieses Paket ist für 50,- DM (nur vorab bar oder Verrechnungsscheck) über den Autor zu beziehen: Klaus Farin, Fidicinstraße 3, 10965 Berlin.

Andreas von Hören

Modellkonzepte aktiver Jugendvideoarbeit (nicht nur) zur Prävention von Gewalt

Freie Artikulation jugendlicher Inhalte und Ästhetik

Prävention oder Ästhetik

„Das bestmögliche Video für größtmögliches Publikum" – das ist zusammengefaßt das Motto eines produktorientierten Ansatzes von Aktiver Jugendvideoarbeit, des „Medienprojektes des Jugendamtes Wuppertal". Die beschriebenen Projekte dienen der aktiven Medienerziehung und dem kreativen Ausdruck jugendlicher Ästhetik und Lebensinhalte.

Zum anderen sind diese in Wuppertal konzipierten Modellprojekte aber auch ein guter „pädagogischer Trick", und auch noch ein sehr zeitgemäßer und jugendnaher. Die Jugendvideoarbeit hat präventiven Charakter, nicht nur in bezug auf Gewaltbereitschaft und Rassismus oder Rechtsextremismus, sondern auch bezüglich Aids, psychosomatischer Erkrankungen, Drogenkonsums und aller möglichen anderen gesellschaftlicher Übel, die an Jugendlichen indiziert werden (und an die PädagogInnen und Politiker glauben, damit ein individueller Ansatz nicht einem systematischen weichen muß).

Die präventive Wirkung läßt sich auf folgende Aspekte zusammenfassen:
- Video ist ein Gruppenmedium. Die gemeinsame arbeitsteilige Produktion (Kamera, Ton, Licht, Regie, Schauspieler oder Reporter, Schnitt etc.) setzt eine hohe Kooperation der Gruppenmitglieder voraus. Sie schafft soziale und natürlich technische Kompetenz.
- Videoarbeit ist themenzentriert. Die Gruppe setzt sich mit ihrem Filmthema auseinander. Dieses Thema wird auf den zu produzierenden Film und seine Veröffentlichung hin diskutiert. Da die Videos an der jugendlichen Realität ansetzen, findet die Auseinandersetzung zwischen eigenen Erlebnissen, Ängsten oder Fantasien und Erzähltem, im Fernsehen/Kino Letztgesehenem statt.
- Video bietet den Jugendlichen ein Sprachrohr, eine Bühne. Da die

sonstigen Medien in kommerziellen Erwachsenenhänden liegen und Jugendliche keine Möglichkeit haben, ohne skandalträchtige oder strafrechtlich relevante Aktionen auf sich und ihre Themen aufmerksam zu machen, bietet ihnen die Präsentation, der Vertrieb und Verleih ihrer Videos die Möglichkeit, sich mit oder ohne inhaltlichem Anliegen darzustellen. So findet eine Auseinandersetzung beim Publikum statt. Durch die Nähe zu dem eigenen Thema, dem Erkennen bei örtlichem Bezug und der jugendgemäßen Gestaltung sind sie so, bei richtiger Verbreitung, eine Alternative zu zentralistischen, abhängigen und (bis auf die Werbung) jugendfernen kommerziellen Medien.

- Die Videoarbeit ist interkulturell, geschlechter-, bildungs- und szenenübergreifend. Eine Vielzahl verschiedener Persönlichkeiten schafft durch verschiedene Erfahrungshintergründe und Kompetenzen eine besonders kreative und soziale Atmosphäre. Auch wenn verschiedene Gruppierungen getrennt produzieren, wird durch die gemeinsame Präsentation eine übergreifende Information und Kommunikation untereinander initiiert.
- Jugendliche identifizieren sich stark mit dem eigenen Produkt. Es hat eine Spiegelwirkung und hält einen Augenblick ihrer Biografie fest, der vorführbar und aufbewahrbar ist.

Auszug aus dem Video „Ich habe viele Tote gesehen" einer Flüchtlingsgruppe:

Ivana:	Ich heiße Ivana, ich bin 9 Jahre, ich komme aus Bosnien, ich bin hier in Deutschland 2 Jahre. Wenn ich schlafe, dann träume ich immer – die Serben töten die Kinder, die Serben töten uns, dann kann ich nicht schlafen, dann gehe ich zu meiner Mutter, dann sagt meine Mutter „ich kann auch nicht schlafen, ich träume davon auch immer".
Asra:	Ich heiße Asra, ich bin 13 Jahre alt und komme aus Bosnien und bin 2 Jahre in Deutschland.
	Als ich dort war, wurde geschossen. Wir konnten zuerst nicht flüchten und blieben zu Hause und versteckten uns.
	An einem Morgen sind wir alle aufgestanden und hörten Schüsse. Mein Onkel und meine Tante sind aufgestanden, um zu sehen, was passiert ist. Alle sind dann aufgestanden, weil keiner schlafen konnte. Nachher sind fremde Menschen gekommen und wollten uns töten. Später konnten wir fliehen und während der Flucht haben uns einige verteidigt. Nachher wurde uns mitgeteilt, daß unser Onkel getötet wurde und unser Cousin.
Frage:	Hast du gesehen, daß Kinder getötet wurden?
Asra:	Ich habe gehört, nicht gesehen, daß mein Freund getötet wurde und irgendwo vergraben wurde in einem Sack.
Dschaka:	Ich bin Dschaka, ich komme aus Bosnien und bin 5 Monate hier.
	Meine Mutter war in Belgrad, ich war bei der Oma. Wir mußten aus

unserem Haus flüchten. In der Nähe unseres Hauses war die Frontlinie.
Über Mutter habe ich nichts gewußt, mein Vater war in Deutschland.

Frage: Hast du den Tod dort irgendwo auch selbst erlebt?

Dschaka: Ich habe viele Tote gesehen und verwundete Menschen, ohne Ohren, ohne Augen ...

Frage: Hast du selbst gesehen, wie die gestorben sind oder hast du sie nur tot gesehen?

Dschaka: Ja, ich habe einen Mann gesehen, wie ihn eine Granate getroffen hat.

Alena: Ich Alena, komme aus Bosnien und bin 16 Jahre. Ich bin 8 Monate in Deutschland.

Frage: Hast du selbst gesehen, wie Leute gestorben sind?

Alena: Ja, in einem Café. Da saßen alle mit Musik und tranken Kaffee, und da kam ein Mann rein mit einer Kalaschnikov und er sagte dem Kellner „Gib mir Geld", und der Kellner sagt „Ich hab kein Geld". Da bekamen viele Leute Schläge und der Mann kam und schoß und zwei Mädchen wurden verletzt und ein Junge war tot.

Frage: Wie siehst du selbst den Tod?

Alena: Das ist ein Moment, wenn er kommt. Einmal schießen, 1 Sekunde und du bist tot.

Die den im folgenden beschriebenen Modellprojekten gemeinsamen Aspekte sind:

– Es wird produkt- und nicht prozeßorientiert gearbeitet. Das Setting ist eine Arbeitsatmosphäre; gefordert wird von den Jugendlichen (und den Mitarbeitern) ihre bestmögliche Produktion unter den bestehenden Rahmenbedingungen (Ort, Zeit, Geräte, Zusammensetzung der Gruppe, Tagesform etc.). Die Mitarbeiter sagen zwar ehrlich ihre Meinung, beeinflussen jedoch nicht inhaltlich, sondern unterstützen gestalterisch und technisch.

Alles, was nicht menschenverachtend ist, kann gefilmt werden; Grenzüberschreitungen werden unterstützt, eine Zensur findet nicht statt.

Typisch für Jugendvideoproduktionen sind Provokationen, mal schwarz und mal weiß, aber nicht immer grau mit einem gezielten „sowohl als auch" zu malen, nur Probleme, aber nicht ihre Lösungen darzustellen, das Happyend auszulassen, dem Zuschauer die Lösung zu überlassen etc. Politische, erotische und Gewaltdarstellungen dominieren immer wieder ihre Videos (da dies ihr Leben dominiert). Sie suchen sich ihre Inhalte, in der Regel unabhängig von der Themenstellung der Veranstaltung, aus ihrem Lebensumfeld, ihren Wünschen, Ängsten und Projektionen.

– Zur Anleitung werden MitarbeiterInnen eingestellt, die in erster Linie keine pädagogische, sondern eine filmische Qualifikation haben.

– Eine Produktion macht nur Sinn mit einer adäquaten Präsentation. Die Ergebnisse der Projekte werden vorgeführt im Kino (Erstaufführung), öffentlich in der Fußgängerzone (im Dunkeln, im Winter per Großbildprojektion), in Jugendeinrichtungen und Schulen (Verteiler), privat von Jugendlichen (Verteiler). Die Videos werden als Kopien zum Selbstkostenpreis an Jugendliche weitergegeben und zu einem erhöhten Preis als Bildungsmittel an Institutionen in der Stadt und darüber hinaus vertrieben und verliehen. Eine weitere Öffentlichkeit ergibt sich durch die Sendung im Fernsehen (Jugend-, Kulturredaktionen o.ä.) oder bei Festivals.

– Jugendliche denken und leben heute oftmals „von jetzt auf gleich". Die Produktionsphase wird zeitlich gebündelt (in der Regel 1 oder 2 Tage, pro Tag jeweils 4 bis 8 Stunden Arbeit), die Vorführung erfolgt unmittelbar (wenige Tage später).

– Teilnehmer an dem Projekt sind zum einen Institutionen (Schule, Jugendeinrichtungen, Vereine etc.) und private Gruppen. Da private Gruppen aus eigenem und nicht aus einem institutionellen Interesse teilnehmen und von dieser Institution unabhängig sind, ist hier eine Kontinuität von filmischen Projekten wahrscheinlicher.

In bezug auf die Institutionen wird eine Verbindung von Jugendarbeit und Schule erreicht, die beiden Institutionen aus unterschiedlichen Gründen entgegenkommt (Schule: Nutzung von know how, Räumlichkeiten, Ausstattung und Finanzen; Jugendarbeit: Nutzung von SchülerInnen als potentiellen Klienten, d.h. Werbewirksamkeit). Bei den beschriebenen Institutionen dominiert in der Regel ein pädagogisches und nicht ein medienerzieherisches Interesse.

– Viele der in den Projekten entstehenden Produktionen sind Erstlings- und auch einzige Werke in der Biographie von Jugendlichen. Ein großer Teil von ihnen will oder kann (aufgrund von fehlenden Möglichkeiten) nicht der oder die junge ambitionierte Filmemacher/in werden (leider, spricht hier der Medienpädagoge). Die Voraussetzung dafür, daß immer mehr Jugendliche immer selbständiger ihre Videos drehen (und einige von ihnen dies womöglich auch als berufliche Perspektive sehen), ist ein großes und regelmäßiges und zugleich langfristig angelegtes Angebot. Die Jugendvideoarbeit hat hier viel aufzuholen im Vergleich zu lang etablierten Kulturtechniken, wie der Musik, dem Theater oder der bildenden Kunst. Sie muß einerseits gegen die weit verbreitete Medienfeindlichkeit unter PädagogInnen (Hauptthema Gewalt im Fernsehen in Verbindung mit Gewaltbereitschaft bei den Jugendlichen) ankämpfen, sie aus dem rein pädagogischen Feld lösen (wo sie „nur" als Methode zur Auseinandersetzung von Rollen und Inhalten gesehen wird), sie als Kulturtechnik neben andere stellen und verdeutlichen, welche Dominanz die „neuen" Medien im jugendlichen Erlebnisfeld haben und wie wichtig damit eine aktive und rezeptive Medienkompetenz ist.

– Die Formen der Videos sind vorwiegend Reportagen und Inszenierungen (d.h. Kurzspielfilme, Musikclips etc.).

Haben sie bei Spielfilmen positive Vorbilder durch teure, gestalterisch anspruchsvolle Produktionen (wenn auch oft mit flachen Inhalten), so muß ihnen eine andere Form der Reportage oder Dokumentation, als sie sie aus dem Fernsehen kennen, erst vermittelt werden. Mischformen aus verschiedenen Genres werden gezielt gefördert.

Die Produktionen sind in der Regel zwischen 1 und 5 Minuten, was den Produktionsbedingungen (kurze Zeit), ihren Möglichkeiten als AnfängerInnen und der Präsentation gegenüber einem Publikum entspricht.

– Die Teilnahme an allen Projekten ist kostenlos. Die Einnahmen aus dem Verkauf der Produktionen oder Fernsehlizenzen helfen bei der Finanzierung der Veranstaltungen. Deswegen übertragen die Jugendlichen die Rechte an den Produktionen in der Regel auf den Veranstalter. Die beschriebene Nutzung (Verkauf/Fernsehsendung) vollzieht sich im Sinne (weitestmöglicher Veröffentlichung) und in Absprache mit den Jugendlichen. Die Ausrüstung stellt vorwiegend das lokale Medienzentrum. Es wird in der Regel auf S-VHS (gehobenes Amateurformat) gearbeitet. Zur Ausrüstung gehört ein Vollformat-S-VHS-Camcorder, Kondensatormikrofone, Stative und ein S-VHS-Proschnittplatz.

Interviews – einfach, aber direkt

Eine einfache, aber verblüffend wirksame und informative Methode ist das hier beschriebene Interviewkonzept. Es erfordert für den Interviewer nur ein wenig Sprachgewandtheit und Mut und für die Kamera die Kenntnis von 3 Knöpfen an der Kamera (gearbeitet wird per Kameraschnitt mit externen Mikrofonen).

Diese Interviewform setzt sich von den bekannten abschreckenden Langweilern aus dem Fernsehen folgendermaßen ab:
- Ehrliche Fragestellung und tatsächliches Interesse statt Floskeln.
- Es wird gezielt, aber nicht bewertend nach intimen Ansichten und Erfahrungen gefragt.
- Der Interviewpartner ist nicht durch seine Position wichtig. Im/ beim/Normalen wird das (auch für andere) Interessante gesucht.
- Die Fragen drehen sich nicht um „Gott und die Welt", sondern

haben einen konkreten lokalen und inhaltlichen Bezug zwischen Interviewer, Interviewtem und Publikum.

- Das Selbstdarstellungsanliegen des Interviewten vor der Kamera erhöht den informativen Charakter.
- Dem Interviewten selbst ist durch die Präsentation der Videos eine Reflektion der eigenen Aussagen und im Vergleich dieser mit anderen möglich.

Stellvertretend soll ein Interviewprojekt hier näher vorgestellt werden. Gefragt wurden zufallsrepräsentativ SchülerInnen und LehrerInnen einer Gesamtschule, wie sie Gewalt und Rassismus an ihrer Schule wahrnehmen. Die Interviewsequenz diente einer Lehrerfortbildung dieser Gesamtschule als Gesprächsgrundlage. Die LehrerInnen bekamen so viele neue Informationen zur Lage an ihrer Schule in bezug auf die Themen, zum Bild der Schüler von ihnen und ihren pädagogischen Möglichkeiten/Fähigkeiten, und sie konnten gleichzeitig die deutliche Divergenz ihrer eigenen Wahrnehmung zu diesem Thema reflektieren.

Auszüge aus der Schülerbefragung:

Frage: Was für Waffen gibt es hier an der Schule?

S 1: Es haben halt viele Messer und so, aber heutzutage ist das normal.

S 2: Auch CS-Gas und Gasknarren. Die meisten bohren sich den Lauf durch von der Gasknarre und dann ist die scharf.

Frage: Warum sind die Leute bewaffnet?

S 2: Um anzugeben oder sich vor Leuten zu schützen.

S 3: Hier läuft eigentlich fast jeder mit 'nem Messer rum, also ich auch, Messer habe ich immer dabei.

Frage: Warum?

S 3: Zur Sicherheit. Wenn so'n Arschloch ankommt und mir eins auf's Maul hauen will, dann, schwuppsdiwupps, fühle ich mit mich 'nem Messer halt sicherer.

Frage: Passiert es oft, daß du angemacht wirst?

S 3 Ziemlich oft. Die Leute, die oben vom Spielplatz, die da meinen der André kann überhaupt nichts, die kommen an und schupsen einen – dann habe ich immer die Hand an der Tasche, daß ich mich halt sicherer fühle.

Frage: Hast du dein Messer schon mal rausgeholt?

S 3: Nein, eigentlich nicht. Wenn ich's spür, weiß ich, daß ich sicherer bin.

Frage: Gibt es Ausländerfeindlichkeit an eurer Schule?

S 4: Es ist eine ganze Zeit hier so gewesen, daß im Unterricht darüber gesprochen wurde und daß die Leute sich zurückhalten, aber auch dann eingreifen, wenn sie sich ungerecht behandelt fühlen bzw. unterdrückt werden.

Frage: Wer wird unterdrückt?

S 4: Wenn im Unterricht darüber gesprochen wird, wird meistens auf eine Seite gegangen, auf die linke Seite. Dann wird die Diskussion heftiger, es wird gehetzt. Dann treten die Leute vor, wenn sie sich ungerecht behandelt fühlen.

Frage: Wer tritt dann vor?

S 4: Die rechts denken.

Frage: Wie treten die dann vor?

S 4: Sie versuchen, sich zu rechtfertigen. Sie versuchen zu erklären, warum sie das machen oder wovor sie Angst haben.

Frage: Und was passiert dann, was sagt der Lehrer?

S 4: Der versucht das dann zu überspielen. Viele Lehrer versuchen dann, die Situation als falsch darzustellen wie die denken.

S 5: (Ausländerin): Hier auf der Schule gibt es schon Ausländerfeindlichkeit.

Frage: Wie nimmst du das wahr?

S 5: Ich kümmere mich eigentlich nicht darum, ich finde das eigentlich Scheiße, sie müßten sich doch eigentlich an uns gewöhnen. Ich leb' doch schon 10 Jahre hier.

Frage: Wie nimmst du Ausländerfeindlichkeit wahr?

S 5: Im Unterricht ist es nicht so viel. Da reden wir immer darüber, aber es kommt gar nichts da raus. Es ist immer das gleiche. Wir reden, reden und nichts verändert sich.

S 6: Da war mal 'ne Sache, da haben Kinder einen jüdischen Friedhof besucht und danach haben die dann „Sieg Heil!" gebrüllt – die sind jetzt aber auch vom Gegenteil überzeugt worden.

S 7: (Ausländer): Die deutschen Schüler sind gut zu Ausländern und umgekehrt.

Frage: Es gibt hier keine Rechten an der Schule?

S 7: Ja, gibt es schon, aber die zeigen sich nicht.

Frage: Warum zeigen sie sich nicht?

S 7: Weil die Angst haben.

Frage: Wovor haben die Angst?

S 7: Vor Ausländern.

Frage: Was passiert denen?

S 7: Dann werden die zusammengeschlagen.

Frage: Ist das okay?

S 7: Für mich ist das okay.

Frage: Was passiert dann, wenn du die zusammenschlägst?

S 7: Dann ändert der vielleicht seine Meinung.

Frage: Hast du den Eindruck, daß manche Lehrer auch ausländerfeindlich sind?

S 9: Ja.

Frage: Woran nimmst du das wahr?

S 9: Wie die manchmal sprechen. Wie man das manchmal raushört, wenn wir das Thema haben. Ein paar Lehrer haben, glaube ich, wirklich was dagegen, daß Ausländer hier an der Schule sind, daß die überhaupt hier irgendwo sind.

Frage: Was könnt ihr da machen?

S 9: Gar nichts.

Frage: Sagt ihr denen, wenn die 'ne falsche Meinung äußern?

S 9: Nö.

Frage: Warum nicht?

S 9: Trau ich mich nicht.

S 10: Einen Lehrer kenn ich, der hat schon so ausländerfeindliche Sachen gesagt.

Das wird natürlich in erster Linie als Spaß verstanden, aber ich finde trotzdem, in so einer Zeit so was zu äußern, vor allem vom Lehrer als Vorbild, finde ich das total unglaublich.

Bei einem anderen Fall wurde ein Ausländer von der Schule verwiesen, weil er sich so beleidigt fühlte, daß er den Lehrer schlagen wollte.

Frage: Wie war das genau?

S 10: Also der Lehrer hat den Schüler beleidigt. Der Schüler war ein Ausländer. Der Lehrer hat was Ausländerfeindliches gesagt. Dann hat der Schüler gesagt, er soll das wiederholen, und das hat der Lehrer gemacht. Also er hat gesagt „Wenn Sie das wiederholen, dann haue ich Ihnen ein paar auf die Fresse" oder so was. Ja und daraufhin wollte er das auch machen. Dann liefen halt mehrere Konferenzen ab, und dann ist der Schüler von der Schule geflogen.

Frage: Was hättest du richtig gefunden?

S 10: Daß auch irgendwas mit dem Lehrer passiert. Der läßt auch weiterhin seine Sprüche ab, und das finde ich überhaupt nicht richtig.

Videoworkshops gegen Rassismus/Rechtsextremismus

Seit der ersten großen Anschlagserie um Hoyerswerda veranstaltet das „Medienprojekt" jeden Februar einen großen 2tägigen Videoworkshop gegen Rassismus/Rechtsextremismus. Dafür wird stadtweit mit einem aufwendigen Plakat geworben, welches neben der Werbung für die Veranstaltung ein eigenes Fanal gegen Rassismus ist. (Das Plakat wird finanziert durch die lokalen Gewerkschaften, die hierin einen Ausdruck ihres allgemeinpolitischen Mandates sehen.) Die TeilnehmerInnen des Workshops sind zwischen 40 und 70 Jugendliche/junge Erwachsene (AusländerInnen und Deutsche quer durch alle Szenen).

Der Workshop läuft an einem Wochenende. Jeden Tag wird jeweils 5 bis 8 Stunden produziert (Konzept und Dreh). Am Anfang des Workshops werden den Jugendlichen mit Filmbeispielen die verschiedenen formalen Möglichkeiten für ihre Videos vorgestellt (Reportagen, Kurzspielfilme, Musikclips etc.). Dann geht es in der Großgruppe per Brainstorming darum, eine möglichst große Anzahl von Assoziationen und Ideen zum Thema zu sammeln und diese ohne Wertung „anzudenken".

In der 2. Phase wird entschieden, welche Ideen tatsächlich realisiert werden sollen bzw. können. Die Jugendlichen verteilen sich ihren Interessen entsprechend auf Arbeitsgruppen, die in der Folge – jeweils unter-stützt von einem kompetenten Mitarbeiter – separat voneinander arbeiten (für jeweils ca. 7 Teilnehmer wird ein Mitarbeiter – Qualifikation s.o. – eingestellt).

Jede Arbeitsgruppe hat ihr eigenes Video-Equipment.

Bis zum Ende des folgenden Tages geht es nun darum, aus der Idee ein Filmkonzept zu machen, den Jugendlichen die Technik zu erklären und die Videos dann abzudrehen.

Der Schnitt erfolgt in den Tagen nach dem Workshop mit jeweils einzelnen oder allen Jugendlichen der Arbeitsgruppen. Die Uraufführung findet 3 Tage nach der Produktionsphase am Wochenende in einem Wuppertaler Kino (per Großbildprojektion) statt.

Danach werden die Videos bundesweit als Bildungsmittel und an diverse Fernsehsender vertrieben und verliehen. Durch diesen Vertrieb finanziert sich der Workshop.

Auszug aus „Signs of the time", Produktion 2: „Nachbarn am Flüchtlingsheim" (Für das Video wurden Flüchtlinge eines Wuppertaler Flüchtlingheims und ihre Nachbarn von gegenüber interviewt):

A) Albanische Frau,
35 Jahre: Wir leben hier nicht gerne. Das ist hier nicht gut. Keine Toiletten. Eine Toilette für 10 Familien. Keine Dusche. Hier ist ein Heim – „Kaputt-Heim". Ein Zimmer für vier Kinder. Ich bin zwei Jahre hier. Ich suche eine Wohnung, aber finde keine. Viele Leute fragen, „Aus welchem Land bist du". Ich sage „Ich bin aus Albanien", und sie sagen „Nein, keine Wohnung". Warum ist das so? Ich bin Mensch nicht Tier ...

Frage: Haben Sie Angst, hier zu wohnen?

A):   Ja, habe ich, viel Angst. Viele Leute trinken, viele Leute schimpfen, machen Theater. Ja, ich habe Angst. Alle Türen sind kaputt.

Frage: Und wovor haben Sie genau Angst?

A):   Vor allem habe ich Angst. Vielleicht kommen Nazis, vielleicht ein Feuer. Hier im Souterrain haben sie andere Glasfenster eingesetzt, für Nazis. Aber ich habe Angst.

B) Deutsche Frau,
60 Jahre: Was uns daran stört, das ist, daß wir keine Nachtruhe mehr kriegen. Und den Schmutz, den die machen, was wir wegmachen müssen.

C) Deutsche Frau,
35 Jahre: Der Müll, die Straße ist also sehr viel dreckiger als früher, weil die lieben Leutchen halt die Mülleimer durchwühlen, und dann die Lärmbelästigung. Sie können im Sommer bei offenem Fenster nicht mehr schlafen.

D) Türkischer Mann,
50 Jahre: Ja, als Nachbar stört mich überhaupt nichts.

Frage: Aus welchem Land kommen Sie?

D):	Ich bin Türke. Ich wohne hier seit 10 Jahren. Aber mich stört überhaupt nichts.
E) Deutscher Mann, 30 Jahre:	Ja, um mal ehrlich zu sein, gegen Asylanten allgemein habe ich erstmal überhaupt nichts. Aber ich finde, wenn die Asylanten in ein fremdes Land kommen und hier um Asyl werben, sollten sie sich hier an das Land und das Temperament der einzelnen Leute anpassen, und das passiert nunmal überhaupt nicht.
	Und da sieht es ja auch verheerend drin aus. Wenn man sich mal vorstellt, da ist ja alles neu gemacht worden, bevor die Firma ihnen zur Verfügung gestellt wurde, und wenn ich mir überlege, wie das heute da drin aussieht ...
Frage:	Was denken Sie dann?
E):	Wie müssen die da leben, wo sie herkommen, wenn die hier schon so leben, in einem fremden Land.

Bei den folgenden Videoworkshops gegen Rassismus wurde als kreativer, inhaltlicher und gestalterischer Anreiz jeweils ein Motto gesucht. Dieses sollte eine möglichst freie Interpretation ermöglichen. Das Thema 1993 war „grenzenlos", 1994 „schwarz/weiß". 1994 wurden außerdem zur Weiterentwicklung des Konzeptes ausländische FilmemacherInnen (und ein Trickfilmmacher) akquiriert. Der Grund hierfür war der andere Bezug zum Rassismus/Rechtsradikalismus als Betroffene/r, die möglicherweise andere Filmtradition und die Möglichkeit für ausländische TeilnehmerInnen, sich mit FilmemacherInnen aus ihren Herkunftsländern anders filmisch artikulieren zu können als mit deutschen FilmemacherInnen. Z.T. war hierdurch auch eine Radikalisierung der Inhalte die Folge.

In dem Video „Blühe deutsches Vaterland" des Workshops „schwarz/weiß" ging eine Gruppe junger Frauen durch Wuppertaler Wohnungen, Straßen und Kneipen und ließ die Leute die Nationalhymne singen. Danach wurden sie jeweils zu ihrem Gefühl zu Hymne und Vaterland befragt.

Das Lied wurde dann Wort für Wort von einer Person zur nächsten, aber in einer Melodieführung bleibend, geschnitten:

Interviews aus „Blühe deutsches Vaterland":

Frage:	Was halten Sie persönlich von Nationalhymne und Vaterland?
A) Frau, 25 Jahre:	Im Grunde, daß man stolz sein kann auf sein Vaterland. Daß man wieder sagt „Ich bin Deutsche" und dabei nicht immer an unsere

Vergangenheit denkt. Daß man also eine Verbundenheit für sein Land empfindet.

B) Ausl. Mann,
25 Jahre: Ich bin ein internationalistischer Mensch. Für mich gibt es gute Menschen, schlechte Menschen. Für mich gibt es keinen Unterschied zwischen schwarz und weiß und gelb ...

C) Frau,
30 Jahre: Ich denke, Vaterland ist Vaterland, da brauche ich nicht irgend so einen Song, den man dann irgendwann zum Jahrestag singt.

D) Frau,
30 Jahre: Mir gefällt das nach wie vor nicht, weil das so vorbelastet ist.

E) Mädchen,
10 Jahre: Ich finde, daß das kein Vaterland ist. Vaterland hört sich beschützend an, aber das ist eher so nur noch Gewalt und nicht beschützend.

F) Mädchen,
10 Jahre: Daß ich jetzt hier geboren bin, aber jetzt nicht, daß es mein eigenes Land ist, sondern daß jetzt alle hier hinkönnen.

G) Frau,
40 Jahre: Ich kann nur sagen, das Vaterland ist kein Vaterland mehr, also da ist keine Gerechtigkeit drin. Die Ausländer, die hier rüberkommen, die kriegen alles, und unsere deutschen Penner, die liegen auf der Straße, und das finde ich gemein.

H) Junge,
16 Jahre: Das ist so, daß ich nicht unbedingt stolz darauf bin, ein Deutscher zu sein. Wir haben so eine scheiß Geschichte hinter uns ...

I) Mann,
40 Jahre: Wir leben in einem deutschen Staat, und ich finde es richtig, zu diesem deutschen Staat zu stehen.

J) Frau,
70 Jahre: Für mich persönlich, für einen deutschen Bürger, ist eben mein Heimatland, mein Vaterland, eben Deutschland, mein höchstes Gut. Verstehen Sie, das hat nichts mit Überheblichkeit zu tun.

K) Mädchen,
16 Jahre: Ich finde das total blöd mit Vaterland und so was. Ich weiß nicht, ich seh' da irgendwie keinen Sinn drin. Ich meine, ich bin hier geboren, aber was kann ich dafür.

L) Mädchen,
16 Jahre: Ja, die Nationalhymne finde ich voll scheiße, weil, der Text – mit dem stimme ich voll nicht überein, so „Recht und Freiheit" schon mal überhaupt nicht, weil, die Demokratie, die es eigentlich sein soll, gibt es schon mal überhaupt nicht ...

Thematische Schulvideoworkshops gegen Gewalt

Anlaß des ersten Schulvideoworkshops gegen Gewalt 1992 waren Übergriffe von Jugendlichen einer Hauptschule und einer Sonderschule auf Schüler eines katholischen Gymnasiums im selben Stadtteil. Das oben beschriebene Workshopkonzept wurde durch folgende Aspekte ergänzt:

Die Schulvideoworkshops sind stadtteilorientiert. Mehrere Schulen verschiedener Bildungsstufen (kath. Gymnasium, Gesamtschule, Realschule, Hauptschule, Sonderschule für Lernbehinderte, Sonderschule für Erziehungsschwierige) eines Stadtteils nehmen gemeinsam an einem Workshop in ihrer Schulzeit (!) teil, und zwar jeweils ca. 7 SchülerInnen einer Jahrgangsstufe einer Schule. Es wird für jeweils 2 Jahrgangsstufen (oder bei großen Workshops 2 x 2, d.h. an 2 Tagen die 7. u. 8., an den darauffolgenden die 9. u. 10. Jahrgangsstufe) ein Workshop organisiert. Altersmäßig sollten die TeilnehmerInnen relativ homogen sein.

Neben dem schon erwähnten medienpädagogischen Konzept geht es hier darum, zum einen aktive Videoarbeit in die Schulen zu tragen und diese mit know how zu unterstützen, zum anderen eine Verbindung zwischen Jugendarbeit und Schule zu schaffen und eine Brücke zwischen Schülern und Institutionen verschiedener Bildungsgrade zu schlagen.

Bei den Arbeitsgruppen während des Workshops mischen sich SchülerInnen verschiedener Schulen nach dem Interesse an dem jeweiligen Filmthema (oder auch an anderen SchülerInnen). Dieses geschieht jedoch freiwillig, es wird kein pädagogisches Spiel aus dieser Mischung gemacht.

Themen der Workshops waren u.a. „Tagtäglich", „Das erste Mal", „Schafe/Wölfe", „Bewaffnung".

Der präventive Charakter wird nicht nur in der Thematisierung, sondern in der gemeinsamen Produktion und dem Anschauen der Videos und der damit einhergehenden Identifikation mit dem gemeinsamen Produkt gesehen.

Nach der Kinopremiere werden die Videos in der Aula der größten Schule jeweils in einer Vorführung für die SchülerInnen einer Jahrgangsstufe aller beteiligten Schulen gemeinsam (als Unterrichtsbesuch während der Schulzeit) per Großbildprojektion präsentiert (pro Vorführung ca. 500 Personen).

Die stärkste inhaltliche Auseinandersetzung wird in der ungeleiteten Rezeption und informellen Diskussion der SchülerInnen untereinander gesehen. In pädagogisch angeleiteten Gesprächen im Unterricht werden dann später von den Lehrern noch einmal Teilaspekte einzelner Videos diskutiert. Die Videos werden als Unterrichtsmittel vertrieben.

Bei dem Video „Ohne Waffen keine Chance" wurde ein 3 Tage alter Vorfall, mit dem die SchülerInnen einer Schule in den Workshop kamen, nachrecherchiert, Betroffene, Anwohner, Polizei, Zuschauer etc. befragt.

Auszug aus dem Video „Ohne Waffen keine Chance":

Engin
(16 Jahre): Also, am Sonntag vor einer Woche saß ich und mein Kollege hier drin, und da kamen andere Leute, ich glaube Serben, und wollten meinen Kollegen abziehen und zwar seine Knarre. Die haben sie genommen und wollten sie nicht zurückgeben. Da war mein Kollege natürlich sauer. Er fing sofort Streit an. Wir sind alle rausgerannt (aus dem Café) und auf sie zugegangen. Da sind sie abgehauen, aber haben uns gesagt, sie kommen wieder.
Also am Freitagabend, da ging erst richtig die Klopperei hier los. Es waren viele auf der Straße. Die waren so an die 30 Mann, und wir waren nur 20-25, und wir haben uns dann geboxt.
Die hatten Waffen dabei, wir auch. Ich glaub, die hatten mehrere Pistolen dabei und haben damit geschossen, mit Gas. Unsere Leute haben auch geschossen mit Gasknarren und so.
Dann sind die abgehauen Richtung Jugendheim. Wir sind hinterhergerannt und haben ein paar erwischt. Wir haben gefragt, was das sollte, und einer von ihnen hat gesagt, daß wir die Sache vergessen sollen. Zuletzt kam dann die Polizei, wie immer zu spät.

Frage: Warum bewaffnest du dich, und was bringen Waffen?

Engin: Für mich sind Waffen Sicherheit, auch wenn ich sie nicht benutze. Waffen bei sich zu tragen ist immer Sicherheit. Man braucht sie. Jetzt in dieser Zeit tragen viele Leute Waffen, da mußt du auch bewaffnet sein, sonst hast du keine Chance.
Ich glaube nicht, daß wir da wieder rauskommen. Denn einen Tag sind die hinter uns her, ein Tag sind wir hinter denen her, und wenn wir hinter denen her sind, dann brauchen wir Waffen.

„borderline" –
Das Wuppertaler Jugendvideomagazin

„borderline" ist ein Jugendvideomagazin, von Jugendlichen gemacht für Jugendliche. Das Videomagazin ist eine regelmäßige Möglichkeit für Jugendliche in Wuppertal zur Veröffentlichung ihrer Videos.

„borderline" ist ein Begriff aus der Psychiatrie und bedeutet soviel wie Grenzlinie. Inhaltlich (für die 90%, die sich den Begriff nie übersetzen werden, klingt er einfach schön!) ist er Programm für das Magazin – es soll ein wenig „verrückt" sein, Grenzlinien austesten und überschreiten, um Jugendlichen bei ihrer Entwicklung zu einer demokratischen Persönlichkeit ihre Grenzen finden zu lassen.

Es erscheint alle 2–3 Monate und ist 30–50 Minuten lang. Das Magazin besteht aus 8–12 Beiträgen von 2–5 Minuten Länge. Diese können Reportagen, Kurzspielfilme, Musikclips, Experimentelles etc. sein und werden von Jugendlichen anmoderiert. Kameraausrüstung, Schnittplätze, Beratung und Unterstützung bei der Produktion wird ihnen, soweit notwendig, kostenlos zur Verfügung gestellt.

Anmelden können sich Gruppen über Institutionen wie Schulen und Jugendeinrichtungen oder private Gruppen.

Voraussetzung für einen Beitrag ist eine gewisse gestalterische Qualität, d.h. er muß nicht nur für die ProduzentInnen und ihr unmittelbares Umfeld interessant sein. Es gibt keine inhaltliche Zensur!

Die Produktionen verlaufen in der Regel projekthaft, d.h. über einen Zeitraum von wenigen Tagen aufeinanderfolgend oder innerhalb eines Monats. Einige Gruppen produzieren nur einmalig einen Film, einige nehmen mehr oder minder sporadisch am Magazin teil.

Das Magazin wird jeweils uraufgeführt in einem Programmkino mit Livemusik einer Amateurrockband. In der Regel hat diese Band auch ein Video im aktuellen Magazin. Dann wird es in Schulen, Jugendeinrichtungen und im Winter, im Dunkeln öffentlich in der Fußgängerzone, per Videoprojektion vorgeführt.

Es wird als Einzelexemplar oder Abonnement zum Selbstkostenpreis von 10 DM an Jugendliche und Institutionen vertrieben, die dann wieder als Verteiler dienen. Es ist weiterhin in der Stadtbibliothek, in konfessionellen Bibliotheken und in den meisten Wuppertaler Videotheken kostenlos entleihbar. Durch diese breite Verteilerkette erreicht es eine für seine Zielgruppe hohe und z.B. mit Jugendredaktionen von Fernsehsendern durchaus vergleichbare „Einschaltquote", die sich von Ausgabe zu Ausgabe noch steigert.

Jugendliche sollen in dem Magazin die Möglichkeit haben, anderen Jugendlichen zu zeigen, was Spaß macht, wo es Probleme gibt, was sie lieben und was sie hassen. „borderline" will – Auszug aus dem Info zum Magazin für die Jugendlichen – „ihre Ideen, ihre Musik, ihre Meinungen, ihre Phantasien, ihre Tips und ihre Geschichten – witzig oder spannend, ironisch oder wütend, erotisch oder traurig, frech oder cool, politisch oder verrückt".

Für die erste Ausgabe des Magazins im Dezember 1992 wollte eine Gruppe von Mädchen einen Beitrag zum Thema „rechtsradikale

Rockmusik" machen. Ein Bestandteil dieses Videos sollten Interviews mit Jugendlichen sein, die diese Musik hören.

Eine der 4 beteiligten 14jährigen Videomacherinnen war ohne Wissen der Gruppe und des Anleiters zum Zeitpunkt der Dreharbeiten selbst noch in der rechten Szene (was uns erst nach der Produktion durch eine Schulsozialpädagogin bekannt wurde). Durch die Identifikation mit dem Video drehte sie sich in ihrer Meinung um 180°.

Die interviewten Jugendlichen wurden für das Video anonymisiert. Sie wurden nach ihrer Musik und zu ihrem Leben befragt.

Auszug aus dem Video „Blut und Ehre" (Thema: rechtsradikale Rockmusik):

Interview 1 (Mädchen, 16 Jahre):
M: Die singen, wie man sich fühlt, wenn man ziemlich weit unten ist.
Frage: Fühlst du dich auch so?
M: Sagen wir es mal so - manchmal!
...
M: Ich mein, meine Einstellung, daß ich mehr rechts bin, kommt eigentlich mehr von den Erfahrungen her.
Frage: Welche Erfahrungen hattest du?
M: Sagen wir's mal so, die meisten waren schlecht. Es gibt viele Ausländer, die können sich anpassen, gegen die habe ich nichts. Und die, die Asyl brauchen, gegen die habe ich auch nichts. Aber gegen die anderen alle, die sich in der Stadt Mädchen gegenüber doof verhalten ...
Frage: ... Daß dich Ausländer mehr anmachen?
M: Ja, und brutaler sind ...
Frage: ... Mit Schlägen?
M: Ja, mit Schlägen.
Frage: Wie wehrst du dich?
M: Sagen wir's mal so, wenn 8 Ausländer auf dich draufkommen, wie sollst du dich dann wehren?
...
M: Man denkt immer, die (Skinheads) wären total hart. Aber wenn man mal Skinheads richtig kennenlernt, die sind gar nicht so hart.
Frage: Wie würdest du sie einschätzen?
M: Die können total nett und lieb sein, ich mein, so wie jeder.
Frage: Kennst du viele Skinheads?
M: Ja.
Frage: Wie sind die zu dir?
M: Zu mir - total nett!
...
Frage: Würdest du sagen, du bist Nazi?
M: Ne, auf keinen Fall.
Frage: Faschist, ist das richtig?

M: Sagen wir's mal so, ich bin 'nen bißchen rechts. Ich bin kein Nazi, weil ich
        es eine Schweinerei finde, was Hitler gemacht hat.

Frage: Und was sollte man heute machen?

M: Ich mein, da kann man nichts machen.

Interview 2 (Junge, 16 Jahre):

Frage: Die „Böhsen Onkelz" sind deine Lieblingsgruppe, wieso?

P: Das ist meine Lieblingsgruppe, weil sie singen, was wahr ist. Weil sie aus dem
        Leben singen und nicht wie Roy Black, so Jubel, Trubel, Heiterkeit – das ist
        mehr so Verarscherei! Die singen vom Leben, von der Wirklichkeit, von der
        Härte des Lebens und nicht drumherum, direkt auf den Punkt ...

Frage: Wie meinst du das, direkt auf den Punkt?

P: Daß sie singen, was sie denken, was sie meinen, das, was wirklich passiert, und
        nicht was so traummäßig passiert und was man sich wünscht.

...

Frage: Dein Lieblingslied?

P: Von den „Onkelz" – „Türkenfotze".

Frage: Wie ist das Lied so aufgebaut?

P: Schnelle Spielart, Stimmen mit Haß drinne, vom Text her halt verachtungs-
        mäßig.

Frage: Wie verachtungsmäßig?

P: Ja, so nach dem Motto „klatsch sie weg!" – es geht in dem Lied darum, daß
        die Ausländer, weil es „Türkenfotze" heißt, daß Türken aus Deutschland raus
        sollen, daß also wirklich hier Not herrscht und die kriegen alles in den Arsch
        geschoben und unsere sitzen auf der Straße und haben, auf deutsch gesagt,
        nichts zu fressen.

Frage: Was ist die Lösung im Lied?

P: Ja, es gibt keine Lösung. Es wird dazu aufgerufen, daß Gewalt in den Straßen
        herrschen soll, daß sich Banden gründen sollen und daß dann radikal
        aufgeräumt werden soll ...

...

P: „Störkraft" höre ich auch, um mich wirklich abzureagieren. Ich sage, lieber
        rechtsradikale Gruppen hören und dann wirklich die Aggression da rauslas-
        sen, als wenn ich dann hergehe und da läuft mir ein Ausländer über den Weg,
        und den kick ich weg.

Frage: Und was ist das für ein Gefühl? Was passiert dann so? Beschreib mal.

P: Ja, da ballt sich erstmal die ganze Wut auf. Und wenn dann wirklich die Texte
        kommen, wie „dann ist es geschafft" oder so, dann ist das wie 'ne Erleichte-
        rung im Innersten. Wenn ich die Musik dann ausmache, bin ich ruhig ...

...

P: Ja, ich mein, das ist ja auch dieses Machtgefühl, wenn man wirklich zu 'ner
        Gruppe mit 20, 30 Mann durch die Straßen zieht und man sieht dann
        wirklich Jugendliche, sag ich jetzt mal nur, die weglaufen und Angst haben.
        Und wenn dann wirklich 'ne Gegengruppe kommt und dann fangen sie an,
        rumzuprügeln, wenn der eine dem anderen hilft, und dann die Gruppe
        zusammenhält.

P: Es ist erstmal der Schockeffekt, wenn 20 Mann auf einen zustürmen, und man zieht mit Knarre, dann haben die erstmal Respekt vor einem. Das kommt dann immer auf die Person an, die die Waffe hat, ob er dann wirklich abdrückt oder den klügeren Weg nimmt und sagt „Hau ab!", und dann ist die Sache vergessen.

Frage: Wie weit würdest du denn gehen?

P: Schwere Frage – vom Reden ja, vom Handeln nein. Es gibt immer so'ne Zwischengruppe.

Frage: Und inwiefern würdest du dich vom Reden als Nazi bezeichnen?

P: Vom Reden her, ja, voll!

Frage: Was macht dich als Nazi aus?

P: Daß, sagen wir, wie ich rede, die Schmalzlocken, die dann meinen, alle Frauen haben zu können, und hergehen „Ich bin der Schönste" – dann krieg ich schon wieder 'nen Rappel!

Interview 3 (3 Jungen, 19 Jahre/16 Jahre/19 Jahre):

Frage: Wenn ihr sagt „Deutschland den Deutschen", was meint ihr dann damit?

B: Deutschland den Deutschen!

Frage: Ja, sag mal 'nen bißchen konkreter.

C: Daß wir wollen, daß das Land so ist, wie 's mal gewesen ist.

B: Ja, wie es früher einmal war.

C: Jetzt, Hitlers Zeiten, das ist weg, aber daß das jetzt schon überhaupt nicht mehr Deutschland ist, dann kann man schon „Mischland" sagen.

Frage: Was ist denn eure Vision, wie würde es euch denn am besten passen?

A: Keine Ausländer in Deutschland.

Frage: Auch nicht der Türke, der neben dir arbeitet.

C: Na, gar keine, ist 'en bißchen übertrieben.

B: Auf jeden Fall will ich, daß die Asylanten ...

C: ... Die Scheinasylanten ...

B: ... Die Asylanten rausgehen und die – das machen zwar auch Deutsche - deutsche Frauen vergewaltigen, Banküberfälle machen, welche umbringen oder so, die müssen direkt abgeschoben werden.

Frage: Und die Deutschen, die das machen, wo sollen die hin abgeschoben werden?

B: Die müssen in den Knast – ja, die leben hier, da kann man nichts machen, geht nicht.

Frage: Habt ihr manchmal das Gefühl, daß ihr gerne den Ausländer wegkloppen würdet?

B: Ja.

A: (Lachen)

C: Klar, warum denn nicht.

B: Die besten sterben jung.

A: (Lachen)

B: ... Wenn er 'nen großes Maul hätte zu mir, dann würde ich ihm erstmal zwei, drei Kopfnüsse geben. Dann würde ich ihn auf den Boden legen, immer in ihn hineintreten. Und zum Schluß würde ich ihn mit dem Kopf auf 'nen Bordstein und drauftreten.

Frage: Und dann?

B: Ja, dann liegt er da.

Frage: Und dann?

B: Dann würd' ich ihn an irgendeiner Brücke aufhängen und ein Schild anhängen „Das ist ein Ausländer!"

A: Das war ein Ausländer.

Frage: Und dann?

B: Und dann, dann würde ich gehen.

Frage: Und dann?

B: Dann gehe ich nach Hause oder in 'ne Kneipe.

Frage: Und was ist dann besser als vorher?

C: Dann ist er befriedigt.

...

Frage: Ist das 'ne Phantasie? Wie weit würdest du selber gehen?

B: Wie weit ich gehen würde?

Frage: Ja.

C: Bis zum Ende.

Frage: Was ihr gerade beschrieben habt, ist es das, was ihr machen würdet?

A: Ja, umbringen würde ich bestimmt keinen.

C: Wenn die Spannung eskalieren würde, glaub ich – bestimmt.

...

Frage: Hast du manchmal auch 'nen Haß gegen dich?

B: 'nen Haß gegen mich – ja öfters.

Frage: Inwiefern?

B: Ja, wenn ich besoffen bin, dann krieg ich Haß auf andere, einfach so, obwohl die mir nichts getan haben, klatsch ich die weg. Und dann nachher, tuts mir auch irgendwie leid.

Frage: Daß du das Gefühl hast, du warst fies?

B: Ja.

C: (Kopfschütteln)

Frage
zu C: Du nicht?

C: Ich sag mir, ist passiert, rückgängig kann ich's nicht machen.

Zur Zeit sind folgende Wuppertaler Jugendvideoproduktionen aus den beschriebenen Projekten zum Thema Gewalt/Rassismus/Rechtsextremismus lieferbar:

- „Gewalt" – eine Zusammenstellung von 30 exemplarischen themenzentrierten Jugendvideoproduktionen;
- „Rassismus/Rechtsextremismus" – eine Zusammenstellung von 18 exemplarischen themenzentrierten Jugendvideoproduktionen;
- „schwarz/weiß" – 11 thematische Jugendvideoproduktionen gegen Rassismus/Rechtsextremismus (Ergebnisse eines Videoworkshops);
- „grenzenlos" – 10 thematische Jugendvideoproduktionen gegen Rassismus/Rechtsextremismus (Ergebnisse eines Videoworkshops);
- „Signs of the time" – 9 thematische Jugendvideoproduktionen gegen Rassismus/Rechtsextremismus (Ergebnisse eines Videoworkshops);
- Jugendvideomagazin „borderline" – z.Z. sind die Ausgaben 1 bis 9 lieferbar, alle 2 Monate erscheint eine neue Ausgabe. Bis auf das Jugendvideomagazin „borderline" kosten alle Sammelproduktionen im Verkauf 100,00 DM und in der Ausleihe 30,00 DM. Das Videomagazin „borderline" kostet je Ausgabe 10,00 DM.

Bestelladresse:
Medienprojekt des Jugendamtes Wuppertal, z.H. Andreas von Hören, Neumarkt 10, 42103 Wuppertal, Telefon 0202/563-2647, FAX 0202 563-8039.

Ingrid Braun-Badie-Massud / Jochen Gerstner /
Margarete Mehring-Fuchs

Das Theaterprojekt „Sehnsucht" in Freiburg

„Rechte", „linke", „politisch neutrale" und ausländische Jugendliche gemeinsam auf der Bühne

Ausgangssituation

„Gestern war heute noch morgen" ist der Titel eines Theaterstücks, das 14 Jugendliche in einjähriger Zusammenarbeit mit der Regisseurin Ingrid Braun-Badie-Massud und den SozialarbeiterInnen Margarete Mehring-Fuchs und Jochen Gerstner entwickelten. Im Theaterprojekt „Sehnsucht" lernten sich gegensätzliche Gleichaltrigengruppen kennen. Sie bauten teilweise Vorurteile ab, hatten gemeinsam Spaß und auch Lampenfieber, sie schlugen sich nicht die Köpfe ein, sondern redeten miteinander: Skinheads, die sich selbst als „rechts" definieren, „Linke" mit Rasta-Locken, albanische Flüchtlinge, die hier Asyl suchen, und eine Gruppe Mädchen, die sich selbst als „neutral" bezeichnen, weil sie das stundenlange Reden über Politik nervt.

Im Theaterprojekt „Sehnsucht" entwickelten und spielten Jugendliche zwischen 14 und 18 Jahren gemeinsam ein Theaterstück über sich, ihr Leben, ihre Sehnsüchte und Ängste, ihre Konflikte mit den jeweils „anderen" Jugendlichen, mit Familie, Schule und Gesellschaft, ihre Vergangenheit und ihre Zukunftspläne, ihre Gefühle für Heimat und ihre Orientierungsschwierigkeiten. Mit dem Theaterspiel konnten die Jugendlichen ihre „Masken" (Orientierungs- und Handlungsmuster) spielerisch durch das Ausprobieren anderer „Masken" hinterfragen, ihren Handlungsspielraum für das „reale" Leben erweitern.

Die Gegensätzlichkeit der Jugendlichen war Ausgangspunkt eines Dialogs, der insbesondere über das Medium Theaterspiel geführt wurde:

Das Theaterprojekt „Sehnsucht"

– ist „akzeptierende Jugendarbeit": d.h. nicht, daß die beteiligten SozialpädagogInnen und die Regisseurin rechts- und linksextreme Einstellungen akzeptieren, vielmehr bedeutet es, die Jugendlichen ernstzunehmen und sich auf ein Gespräch mit ihnen einzulassen – ihnen zuzuhören. Die Probleme der Jugendlichen stehen im Vordergrund, nicht die Probleme, die sie ihrer Umwelt bereiten.

– ist Dialog zwischen Erwachsenen und Jugendlichen, zwischen gegensätzlichen Jugendlichen und schließlich zwischen Jugendlichen und ihrer Umwelt bzw. der Gesellschaft. Mit Hilfe des Mediums Theaterspiel kommen Jugendliche zu Wort – insbesondere solche Jugendliche, die sonst keine (positiven) Sprachrohre haben, die, wenn überhaupt, nur über negative Presseberichte bekannt werden. Die Lebensrealität der Jugendlichen ist Grundlage des Theaterstücks, die Jugendlichen artikulieren damit ihre Bedürfnisse, Wünsche, (Zukunfts-)Ängste und Sehnsüchte, aber auch alles, was sie gerne in unserer Gesellschaft verändert haben möchten – die Jugendlichen treten in einen konstruktiven Dialog miteinander und mit der Gesellschaft.

Wesentlich ist der Prozeß, die spielerische Auseinandersetzung mit sich selbst und mit den „anderen": Durch die Gegensätzlichkeit der beteiligten Jugendlichen (und durch die Unterschiede zu uns Erwachsenen) machen die Jugendlichen andere Erfahrungen, sie lernen andere Lebensbewältigungsstrategien kennen, andere Orientierungsmuster und insbesondere für die Bearbeitung der bestehenden Konflikte mit den jeweils „anderen" Jugendlichen alternative Lösungsstrategien. Dabei soll dennoch nicht der Anspruch gegenüber den Jugendlichen bestehen, daß sie solche Angebote in ihrer Biographie verankern.

Das Theaterprojekt war organisatorisch unabhängig – Träger war zunächst die Theatergruppe. Finanziell unterstützt wurde es nach langer Suche vor allem von der *Jugendstiftung Baden-Württemberg.* Bei einem Wettbewerb der *Theodor-Heuss-Stiftung* zum Thema „Wege aus der Politikverdrossenheit" erhielt das Theaterprojekt eine Anerkennung.

Weitere Versuche bei verschiedenen potentiellen Trägern scheiterten. Die Folge war, daß massive Einsparungen vorgenommen werden mußten. Die *Städtischen Bühnen Freiburg* stellten schließlich für die Auftritte kostenlos eine komplette Lichtanlage sowie einige Kostüme zur Verfügung. Die *Firma Weber Gerüstbau* unterstützte das Theaterprojekt durch einen Sonderpreis für ein Stahlgerüst (Bühnenbild). Schließlich gewann das Theaterprojekt „Sehnsucht" einen Förderpreis der *Karl-Kübel-Stiftung,* der zur Finanzierung einer Filmdokumentation der *Medienwerkstatt Freiburg* verwendet wurde.

Viele der anlaufenden Kosten, wie beispielsweise Telefon- oder Fahrtkosten, mußten vom Projektteam übernommen werden.

Die Konzeption

Die Konzeption des Theaterprojektes „Sehnsucht" verknüpft einen theaterpädagogischen Ansatz mit den Ansprüchen akzeptierender Jugendarbeit:

Das Theaterprojekt „Sehnsucht" versteht sich als akzeptierende, sozialräumlich orientierte Jugendarbeit. Das Medium dieser Jugendarbeit ist das Theaterspiel. „Theaterarbeit als Jugendarbeit" stellt somit den Schwerpunkt der methodischen Überlegungen dar.

Im Theaterprojekt „Sehnsucht" sollten Jugendliche ein Theaterstück entwickeln und spielen, wobei nicht die erfolgreiche Aufführung am Ende, vielmehr der Prozeß zwischen den Beteiligten im Mittelpunkt der theater- und sozialpädagogischen Bemühungen steht.

Welche Bedeutung gerade das Spiel mit Rollen für die Suche nach Lebensbewältigungsstrategien haben kann, welche Prozesse in Gang kommen können, soll in der folgenden Beschreibung der Methode Theaterspiel ausgeführt werden.

Das Leben als „Rollenspiel"

Identitätsbildung gilt allgemein als lebenslanger Prozeß der Auseinandersetzung zwischen dem Individuum und dem jeweiligen sozialen System (Gruppe, Gesellschaft), zu dem der/die einzelne Beziehungen hat. Je nach Forschungsrichtung werden unterschiedliche Schwerpunkte zur Beschreibung der Identitätsentwicklung gesetzt (vgl. Bahrdt 1992, 66). Sie im einzelnen genauer zu beschreiben würde hier zu weit führen.

Das Theaterprojekt „Sehnsucht" vertritt einen interaktionspädagogischen Ansatz (vgl. Vopel 1992, 11ff.) und baut dementsprechend auf das „interaktionistische" bzw. „rollentheoretische" Identitätskonzept auf.

„Soziale Rolle wird verstanden als ein aus speziellen Normen bestehendes Bündel von Verhaltenserwartungen, die von einer Bezugsgruppe (oder mehreren Bezugsgruppen) an Inhaber bestimmter sozialer Positionen herangetragen werden. Von den Positionsinhabern wird erwartet, daß sich aus der Erfüllung der speziellen Normen regelmäßiges und daher voraussehbares Verhalten ergibt, auf das sich das Verhalten anderer Menschen, die ihrerseits gleichartige oder andere

Positionen innehaben (dementsprechend gleichartige oder andere Rollen spielen) einstellen kann. Hierdurch wird regelmäßige und kontinuierlich planbare Interaktion möglich." (Bahrdt 1992, 67)

Die „soziale Rolle" gibt den Rahmen bzw. die Entfaltungsmöglichkeiten für die einzelnen vor. Sie ist Ausdruck der in Teilbereiche differenzierten Gesellschaft und ermöglicht umgekehrt erst deren Differenzierung: Nur durch Regelung der Interaktion der Menschen, durch das Festschreiben von Verhaltensnormen, Aufgaben, Pflichten und Rechten, d.h. durch Ausbildung von Rollengefügen ist Arbeitsteilung im weitesten Sinne möglich.

Der Mensch wird demnach in großem Maß als „Produkt" seiner Umwelt betrachtet – er kann sich für verschiedene in der pluralisierten Gesellschaft vorgegebenen Rollen entscheiden.

Häufig sind nun jedoch die Erwartungen an die Einzelnen verschieden oder widersprüchlich. Verhaltenserwartungen differieren je nach Gruppe, zu der der Mensch gerade Beziehungen unterhält. So geben Gesellschaft, Familie, Schule, Clique etc. den Jugendlichen ihre jeweils eigenen Rollen vor und können damit das Individuum in einen Rollenkonflikt führen.

„Interaktionspädagogik" setzt an dieser Situation Jugendlicher an – sie zielt auf einen kreativen Rollenentwurf, die Erweiterung der „sozialen Kompetenz". Vopel beschreibt diese Form der Intervention der Gruppenleitung als vereinfachte Reproduktion der Struktur wirklicher Lebens- und Gruppensituationen:

„Die vereinfachte Welt der Interaktionsspiele ermöglicht den Teilnehmern, Strukturen und strukturelle Zusammenhänge besser zu erfahren und zu verstehen als in der eher unüberschaubaren Wirklichkeit. Sie können auf diese Weise wirksam und relativ risikofrei neue Verhaltensweisen lernen und mitgebrachte Einstellungen und Haltungen überprüfen." (Vopel 1992, 11)

Mit der interaktionspädagogisch verstandenen Methode Theaterspiel sollen Jugendliche sich ihre eigene Rolle bewußt machen und durch das Spielen anderer Theater-Rollen andere Lebens-Rollen kennenlernen.

„Die experimentelle Erfahrung im szenischen Spiel weckt das Bewußtsein ... für allgemeine Rollenkonzeptionen. Die Befähigung, eigenes Verhalten im dialektischen Bezug zu den Verhaltensweisen anderer darzustellen, zu erkennen, zu reflektieren, schafft die Voraussetzung, sich selbst zu entdecken, Fremdeinflüsse zu überprüfen und gegebenenfalls im Transfer der Erfahrungen unzumutbare Rollendiktate im Alltag zurückzuweisen ." (Dringenberg/Krause 1986, 75)

Theaterspiel als Prozeß

Theater verwendet Masken, um etwas darzustellen, wir verwenden Theater, um Jugendliche zu unterstützen, ihre Masken abzulegen, Verhaltens- und Orientierungsmuster zu hinterfragen.

Dieser Kernsatz unserer Konzeption versucht, unsere Methodik anschaulich darzustellen.

1. Beim Theaterspielen „wird eine Welt betreten, die außerhalb der gesellschaftlichen Realität liegt. Es ist, als ob man hinter einen Spiegel getreten wäre. Die Welt kann auf den Kopf gestellt werden, es gelten die eigenen Regeln." (Berr 1984, 122) Damit wird eine zur Reflexion notwendige Distanz zum Alltag, zur Lebenswirklichkeit hergestellt. Diese wiederum ist Grundlage jeder Veränderung.

2. Neben dieser Distanz durch das Theaterspiel ist insbesondere das Spiel als solches eine in der Regel nur von Kindern praktizierte Auseinandersetzung mit der Umwelt, die, wie allgemein anerkannt wird, große Bedeutung für die Entwicklung der Persönlichkeit hat. Spielen heißt, sich mit dem beschäftigen, was die Umwelt bietet, Konflikte be- und verarbeiten, mit Gegenständen und Verhaltensweisen experimentieren, neue Erfahrungen machen.

Das Theaterspielen bietet also die Möglichkeit, sich seines Selbst in Beziehung zu Umwelt, Gesellschaft bewußt zu werden, die eigene reale Rolle in Frage zu stellen und zu verändern. Theater setzt der erlebten Wirklichkeit den Freiraum des Spiels gegenüber: Der/dem Spielenden wird die Möglichkeit gegeben, sich anders zu verhalten als in der Realität. Andere Masken werden aufgesetzt, andere Rollen spielerisch besetzt, die die bisherigen, realen auflösen. Neue Gefühle, Handlungsweisen, Erlebnisse und Erkenntnisse werden zugelassen, die im wirklichen Leben nachwirken.

Dieser Handlungsspielraum des Theaterspiels ist im Kontext mit der jugendlichen Suche nach Wegen der Lebensbewältigung nutzbar. Inwieweit Jugendliche dieses Angebot annehmen, ist dabei (wie in allen Angeboten der Jugendarbeit) nicht abzusehen:

Die Theaterpädagogen geben wir Initialreize, die gewisse Kettenreaktionen auslösen sollen, wobei nicht immer genau vorhersehbar ist, welche Reaktionen daherkommen bzw. ausgelöst werden. Damit Theaterspiel eine Hilfestellung für Jugendliche bedeuten kann, ist eine Jugend-Theaterarbeit als „akzeptierende" und „sozialräumlich orientierte" Jugendarbeit zu begreifen.

Jugendtheater als akzeptierende und sozialräumlich orientierte Jugendarbeit

Versteht sich Theaterarbeit mit Jugendlichen als Jugendsozialarbeit, sollte sie deren Grundsätze als maßgebende Richtlinien ihrer Konzeption zugrundelegen:

1. Orientierung der Jugend-Theaterarbeit an den Bedürfnissen und der Lebenswelt der Beteiligten bedeutet, die Theaterarbeit als realitätsbezogenes Rollenspiel zu entwickeln, d.h. die realen Erfahrungen der Jugendlichen sind Grundlage des Theaterspiels.

2. Das Konzept „akzeptierende Jugendarbeit" wird auf die Theaterarbeit übertragen: Die Jugendlichen weisen sich selbst eine Rolle in ihrem Leben zu, die von den Theaterpädagogen ernst genommen werden muß. Diese Rolle wird zunächst akzeptiert. Die „Rollenspiele im Theater" werden darauf aufgebaut. Es kann und darf nicht erwartet werden, daß sich „falsche" Einstellungen, Orientierungs- und Handlungsmuster an die „richtigen" der PädagogInnen angleichen. Schon die subjektive Bewertung derselben bedeutet, Jugendliche nicht wirklich ernst zu nehmen.

3. Der Blick der PädagogInnen richtet sich dementsprechend nicht nur auf als problematisch empfundene Teilaspekte der jugendlichen Persönlichkeit, sondern auf die Ganzheit des Menschen. Das Theaterspiel soll den Jugendlichen eine Hilfestellung bieten, andere Seiten an sich selbst kennenzulernen.

4. Das Theaterspielen soll durch den Freiraum, den es bietet, den/die einzelnen befähigen, aktiv und selbstbestimmt zu lernen, Vorgegebenes nicht einfach hinzunehmen (auch das, was wir Pädagogen vorgeben), sondern sich kritisch auseinanderzusetzen mit sich selbst und der Umwelt. Ziel ist die Emanzipation des Individuums.

5. Der „soziale Raum Theater" muß entsprechend der sozialräumlichen Erfordernisse (vgl. Böhnisch/Münchmeier 1990) flexibel gestaltet bzw. von den Jugendlichen selbst ausgefüllt werden: Jugendliche sollten dementsprechend bei der Entstehung oder Auswahl des Theaterstücks und der darzustellenden Themen, bei der Regie, bei der Formung der Rollen, bei Bühnenbild und Requisiten bis hin zur Auswahl der Auftrittsorte als gleichberechtigte Partner beteiligt werden.

6. Ein Schwerpunkt sozialräumlich orientierter Jugendarbeit ist die Förderung individueller Ausdrucksformen. Das Theaterspiel verlangt genau dies von den Beteiligten; Selbstexpression wird nicht nur ermöglicht, sondern ist zugleich Grundlage und Ziel des darstellenden Spielens.

7. Dem Vernetzungsgedanken sozialräumlich verstandener Jugend-Theaterarbeit wird insbesondere dadurch Rechnung getragen, daß in einem öffentlichen Auftritt die gemeinsam geleistete Arbeit durch ein Publikum kritisch hinterfragt werden kann. Theaterarbeit mit einer Aufführung am Ende ist sozusagen transparent. Unterstützt werden kann dieser Kontakt zur Öffentlichkeit, indem z.B. im Anschluß an das aufgeführte Stück ein Gespräch mit dem Publikum gesucht wird.

Im Theaterprojekt „Sehnsucht" sollen Jugendliche ein Theaterstück entwickeln, das sie betrifft. Sie spielen ihre eigene Lebensrolle, reflektieren spielerisch sich und ihre Situation. Sie spielen aber auch die Rolle der „Anderen" und erweitern damit ihren „Spielraum" für das tägliche Leben.

Der Verlauf des Theaterprojektes

Erste Phase: Kontaktaufnahme und Motivation

Aufgrund unserer Arbeit mit Flüchtlingen hatten wir schon Kontakte zu drei jugendlichen Flüchtlingen aus Albanien, die prinzipiell am Theaterprojekt interessiert waren, vor allem weil sie schon Theatererfahrungen gesammelt hatten.

Drei Mädchen, die sich selbst als „politisch uninteressiert" bezeichneten, fragten bei uns nach, ob sie an dem Theaterprojekt teilnehmen könnten.

Schwieriger sollte sich die Suche nach Jugendlichen gestalten, die sich selbst „gegensätzlichen politischen Richtungen" zuordneten. Die Frage war, wo sich die Jugendlichen aufhalten, und wie ein Kontakt hergestellt werden konnte.

Nach zahlreichen Versuchen vermittelten Jugendhäuser (in denen sich nach Angaben der jeweiligen JugendarbeiterInnen keine bzw. nur wenige „problematisch" politisch orientierte Jugendlichen aufhalten) Kontakt zu Jugendcliquen, die sich selbst als „rechts" oder „links" bezeichneten. Wir gelangten an ein Gymnasium in Freiburg, in dem der Konflikt zwischen eben solchen Jugendlichen gerade wichtiges Thema war.

1993 fand im Rahmen eines „Deeskalationsgespräches" mit einem Lehrer dieser Schule eine erste Kontaktaufnahme statt. Zwei „linke" Jugendliche und ein „Rechter" waren interessiert. Über einen Jugendlichen, der sich als „rechts" definierte, versuchten wir in den folgenden Wochen, Kontakte zu seiner Clique aufzubauen. Es vergingen einige

Wochen mit aufsuchender Jugendarbeit, vor allem Treffen in verschiedenen Kneipen, bis schließlich jeweils eine kleine Gruppe „rechter" und „linker" Jugendlicher bereit war, zu einem ersten gemeinsamen Treffen mit den „anderen" zu kommen. Die Motivationsbildung der Jugendlichen war ein zäher Prozeß. Häufig war die erste Reaktion, Theaterspielen sei lächerlich, eine Zusammenarbeit zwischen „Rechten", „Linken" und Ausländern unmöglich. Letztlich waren es nach unserer Einschätzung drei Punkte, die die Jugendlichen motivierten, sich auf das Wagnis Theaterprojekt einzulassen:

1. das Interesse an einer Diskussion mit den politischen Gegnern,
2. der Gedanke, in dem zu entwickelnden Theaterstück vieles von sich, vom eigenen Lebensstil und von den eigenen Problemen öffentlich zeigen zu können und
3. die Feststellung, daß man mit dem „Sozi" schon reden konnte.

Es war schließlich bei jeder der unterschiedlichen Gruppierungen jeweils ein enger Freundeskreis, der das Wagnis Theaterprojekt eingehen wollte; Jugendliche, die auch sonst ihre Freizeit gemeinsam verbrachten. Andere Jugendliche aus der Szene, zu denen nur loser Kontakt bestand, kamen zwar im Laufe des Projektes „zu Besuch", waren aber für eine kontinuierliche gemeinsame Arbeit nicht zu gewinnen.

Zweite Phase:
Die Theatergruppe lernt sich kennen

Anfang April 1993 traf sich die zukünftige Theatergruppe zu einer Besprechung im Haus der Jugend, Freiburg. Ziel des ersten Treffens war ein erstes Kennenlernen. Jede/r einzelne sollte die Möglichkeit erhalten, etwas von sich zu erzählen, Vorstellungen über das zu realisierende Theaterprojekt einzubringen aber auch zu hören, was die anderen zu sagen hatten. Damit sollte der Grundstein für eine Zusammenarbeit gelegt werden. Erste Regeln wurden gemeinsam festgelegt:
- Wir lassen uns gegenseitig ausreden.
- Wir sagen unsere Meinung offen, ohne deshalb angegriffen oder verurteilt zu werden.
- Keine Waffen, kein Alkohol während der Proben.

Die darauffolgenden Wochen, in denen wir uns einmal wöchentlich trafen, dienten einerseits diesem Kennenlernen, andererseits der Einführung in das Theaterspiel. Die Treffen waren dementsprechend jeweils in einen Theaterteil (Aufwärmphase) und einen Dialogteil mit Gesprächen über die Themen der Jugendlichen gegliedert.

Aufwärmübungen / Körperübungen

Freddie: „*Muß das sein? Das ist ja wie Turnen in der Schule! Was hat das mit Theater zu tun?*"

Ingrid: „*Der Körper ist das Instrument des Schauspielers. Ein Musiker muß sein Instrument stimmen und sich durch Üben in die Lage bringen, sein Instrument spielen zu können. Ein Schauspieler muß seinen Körper in Form halten und in der Lage sein, damit zu spielen. Ein verkrampfter, untrainierter Körper behindert den Spieler. Der Körper muß frei und durchlässig sein für alle Emotionen, die der Schauspieler darstellen will.*"

- Einfache Isolationsübungen: Kopf, Schultern, Brustkorb, Hüften und Beine werden isoliert voneinander bewegt
- Stretching/Dehnübungen
- verschiedene Bodenübungen
- Übungen zu Mimik und Gestik
- Sprechübungen und Stimmeditation (Höhen, Tiefen frei laufen lassen, neue Geräusche finden ...)
- Tai-Chi-Übungen und Massagen (gegen Lampenfieber vor Auftritten - vor allem von „rechten" Jugendlichen als Entspannung bevorzugt)

„Die tiefen Einsichten, die von Schauspielern auf ihrem Weg gewonnen wurden, kannte man in allen traditionellen Gesellschaften, aber im Lauf der vergangenen Jahrhunderte sind sie verschüttet worden und dem Rationalismus zum Opfer gefallen. Und doch blüht auch noch heute diese intuitive Psychologie in der Arbeit des Schauspielers, ohne daß wir uns dessen bewußt sind. Es ist ein Wissen, das neu entdeckt und neu erkannt werden muß: altes Wissen in neuem Licht." (Bates 1989, 13)

Die meisten Menschen geben ihre Schutzschilde, ihre Masken, die sich im Kopf aufgebaut haben und die nichts aus dem Inneren rauslassen - aber auch nichts von außen ranlassen - erst dann auf, wenn der Körper erschöpft ist. Wir wollen nicht unser Gesicht verlieren, uns nicht bloßstellen, lieber zumachen, dichtmachen.

Durch solche Theaterübungen, die zum Teil bis zur körperlichen Erschöpfung durchgeführt werden, kann man lernen, solche Masken fallen zu lassen - Selbstbewußtsein tritt an Stelle von Verkrampfung. Mit der Zeit spürt man, daß das befreiend wirkt, auch im alltäglichen Leben.

Dabei wurde schnell deutlich, daß im Gegensatz zu den Mädchen die männlichen Jugendlichen Widerstand gegenüber Körper- und Theaterübungen leisteten. Sie verlangten Erklärungen über den Sinn solch „lächerlicher Spielchen". Damit wurde klar, daß sie weniger am Theaterspielen interessiert waren, als an der spannenden Mischung der Theatergruppe und den sich daraus entwickelnden Diskussionen. Der pädagogischen Leitlinie – Akzeptanz und Orientierung an den Bedürfnissen – gerecht zu werden erforderte Flexibilität und Geduld. In Gesprächen über die Situation in der Theatergruppe wurden die jeweiligen Interessen geklärt. Darauf aufbauend diskutierte das Projektteam - als Hinführung zum Theaterspiel - Strategien, genau diese Bedürfnisse als Grundlage zu nehmen. Zur Überwindung der Barrieren trugen schließlich Übungen bei, die inhaltlich die Diskussionen aufgriffen.

---

z.B. Schlägerei zwischen „rechten" und „linken" Jugendlichen
Ingrid: *„Also gut, fangt an ihr zwei."*
Ein Skinhead und ein Langhaariger gehen aufeinander los
Ingrid: *„Langsam, ihr müßt das spielen, nicht echt schlagen. Erstens könnt ihr euch nicht schon zu Beginn des Stückes totschlagen, wir brauchen jeden Mitspieler, zweitens wirkt eine echte Schlägerei auf der Bühne nicht so echt wie eine gut gespielte. Im Theater muß alles größer, langsamer sein. Also noch mal, geht in Zeitlupe aufeinander los, ganz gefährlich langsam, jetzt packt ihr euch und erst gehst du zu Boden, dann du ... - und noch mal, ... - ja besser, und noch mal ..."*
Otto: *„Oh Mann, mir reichts, ich hab keinen Bock mehr, jetzt kann sich mal jemand anderes schlägern ..."*

z.B. die Parolen der Jugendlichen
Ingrid: *„Geh mal auf die Bühne, und sing uns dein Lieblingslied."*
Er schaut entsetzt
Thomas: *„Ich ganz allein? Nein, das mach ich nicht, ich kann auch kein Lied."*
Ingrid: *„Dann sag ein Gedicht - du hast von „Mein Kampf" erzählt, zitier uns eine Stelle."*
Thomas: *„Nein, auf keinen Fall, nicht allein."*
Ingrid: *„Also gut, geht gemeinsam."*
Drei 15/16jährige gehen auf die Bühne, langsam, stehen oben, jeder mit sechs Armen, sechs Beinen und Augen, die keinen Fixpunkt finden. Sie verabreden sich kurz. Wir hören das „Badner-Lied" mit verändertem Text, von drei Bässen dargeboten, sehr leise. Sie erwarten eine Reaktion.
Ingrid: *„Viel zu leise, macht die Kehlen auf, ihr müßt besser artikulieren, man versteht euch fast nicht. Bitte noch mal - und mit Schmackes. Wenn ihr schon so ein Lied aussucht, muß das auch richtig mit Kraft gesungen werden ..."*.

Dritte Phase:
„Gestern war heute noch morgen" –
das Theaterstück entsteht

Nachdem sich die Jugendlichen kennengelernt hatten, begann die Entwicklung des Theaterstücks. Dabei war der Übergang von der ersten zur zweiten Phase des Theaterprojektes fließend – die Gespräche am Anfang dienten als inhaltliche Grundlage des Theaterstücks. Die Jugendlichen redeten über die Themen, die sie beschäftigten.

Das Theaterstück entstand nach folgendem Muster, wobei nicht bei jeder der Szenen die Entstehungsgeschichte diesem Konzept ganz entspricht:

1. Den Jugendlichen werden Themen vorgegeben, die zunächst diskutiert werden: Familie, Heimat, Liebe, Gewalt, Politische Orientierungen, Zukunft...
2. Zu jedem Thema werden Szenen improvisiert, die Rollen dabei immer wieder vertauscht.
3. Dieses „Rohmaterial" wird von der Gruppe diskutiert und bearbeitet.
4. Zu jedem Thema wird von den Jugendlichen eine der gespielten Szenen (oder mehrere) ausgewählt.
5. Die ausgewählten Szenen werden mit Hilfe der Regisseurin bearbeitet, verändert, der künstlerische Ausdruck „verbessert".
6. Die Szenen werden strukturiert, ein Handlungsstrang entwickelt.
7. Die Rollen werden verteilt.
8. Proben.

Um aus den mit den Jugendlichen entwickelten Szenen ein Theaterstück entstehen zu lassen, führte die Regie als „zweite Ebene" die Geschichte um den Ritter Parzival (nach dem Kinderbuch von Auguste Lechner) ein. Zunächst gab es Proteste, die erst nach einem „echt gespielten Schwertkampf" nachließen.

So entstand schließlich das Theaterstück „Gestern war heute noch morgen" – ein Theaterstück mit zwei Handlungssträngen:

1. *„Gestern"*: Die Geschichte des Ritter Parzival, dem es als höchste Ehre erscheint (Sinn seines Lebens), Mitglied in der Tafelrunde des König Artus zu werden. Er glaubt, dies sei durch besondere Leistungen im Kampf, also durch Gewalt, möglich. Schließlich muß er erkennen, daß nicht der Sieger im Kampf Einlaß in die Gralsburg findet, sondern derjenige, der seinen Mitmenschen mitfühlend begegnet.

2. *„Heute"*: Das Thema Gewalt ist auch Schwerpunkt im zweiten

Handlungsstrang. Dieser stellt die Situation Jugendlicher heute dar, mit vielen Themen, die sie beschäftigen: Gewalt, die sie selbst ausüben, oder an sich erfahren, der Konflikt zwischen den unterschiedlichen Gruppierungen, die Themen Familie, Liebe und Partnerschaft, Politik, Jugendarbeit ...

Die Zeit springt dabei vor und zurück, bis sich die heutigen Jugendlichen mit dem Parzival von gestern treffen und die Fragen, die Parzival beantwortet, auf „rechte", „linke", „multikulturelle" Gültigkeit prüfen.

„Gestern war heute noch morgen"
Das Theaterstück

Wirre Zeiten - Unsichere Zeiten - Mittelalter - Neuzeit - Endzeit

1. Szene
Drei Kriegsblinde sind auf der Flucht, suchen einen Weg. Rechts oder Links?
Mönche (Funktionäre, Politiker) verkaufen ihre Ideologie.
Die, denen es gut geht, kümmern sich nicht um die Anderen.
Die Antwort auf Angst, Unsicherheit ist: GEWALT.
Aber ist das Parzival? Wir wollten doch Parzival spielen!
Nein, wir wollten über uns spielen, heute, jetzt!

2. Szene
Fernsehen ist Teil unseres Lebens, Fernsehen bildet - Meinung.
Aber wessen?
Die Eltern wollen nur das Beste! Sie wollen keinen schlechten Umgang für ihre Kinder - keine Jungs, keine Ausländer, keine Ritter - aber seinem Schicksal kann man nicht entgehen - oder sind wir selber schuld?

3. Szene
Junge Leute feiern - nachdem sie zusammen getanzt und gesungen haben, erkennen sie, daß sie unterschiedlichen Lagern angehören, und beschimpfen und schlägern sich, weil sie sich nicht mögen dürfen.
Ein Fest am Hofe König Artus' - der Rote Ritter macht ein bißchen Wirbel, - er raubt einen goldenen Becher, gießt Wein über das Kleid der Königin.
Parzival, jung, naiv, nichtsahnend, soll den Becher zurückbringen. Gut, er möchte ja sowieso zum Ritter geschlagen werden. Aber, so einfach geht das nicht, oder?
Jugendliche wollen ihre Vorstellungen durchsetzen, sie demonstrieren; bringt das was, oder geht´s doch nur mit Gewalt?

4. Szene
Verurteilte jugendliche 'Gewalttäter' haben einen Termin beim Sozialarbei-
ter. Brauchen sie Hilfe - ist ihnen zu helfen? Und wenn ja, wie?
Parzival tötet den Roten Ritter und flüchtet an den Hof von Gurnemanz.
Der alte Ritter belehrt ihn über Rittertugenden. Nach abgeschlossener
Ausbildung schickt er ihn nach Pelrapeire, der belagerten Stadt, um dort
seinen Mut und seine Ritterschaft im Kampf zu erproben. Er besiegt den
Belagerer, heiratet die junge Königin und wird vom Volk als König gefeiert.

Die Jugendlichen verwechseln Spiel und Wirklichkeit - LIEBE, was ist das?
Darf man sich als Rechter in eine Linke, als Linker in eine Rechte, als
Inländerin in einen Ausländer verlieben? Oder wird man dann zum
Verräter?
Sie verabreden sich zur Schlägerei.

5. Szene
Parzival findet die Gralsburg - aber sein Mut und seine Rittertugenden
reichen nicht aus, um das Notwendige zu erkennen. Er wird verflucht und
weggejagt. Er stürzt von der Burg direkt in die Arme seines Feindes. Sie
kämpfen - aber Parzival, des Kämpfens müde, verteidigt sich nur noch, will
nicht mehr töten. Schließlich erkennen sich die Feinde als Brüder. Kundrie
(die Seherin von Montsalvat) erklärt die Probezeit für beendet - nicht
Kampf, sondern Liebe siegt - und lädt Parzival und seinen Bruder Feirefis
auf die Burg ein.
Die jugendlichen Rivalen kämpfen gegeneinander.
Wer wird siegen, GEWALT oder LIEBE?

Vierte Phase:
Die öffentlichen Auftritte - ein „positives Sprachrohr"

Nach fast einem Jahr fand Ende März im „Grand Hotel", Freiburg die
mit 400 Zuschauern ausverkaufte Premiere der Theatergruppe „Sehnsucht" mit dem Stück „Gestern war heute noch morgen" statt. Zehn
weitere Auftritte folgten.

„Es war lustig" -
unkommentierte Stellungnahmen der Jugendlichen

Nadim: „An dem Tag, als ihr zu uns an die Schule gekommen seid, hatte
ich noch vor, 'Otto' die Zähne auszuschlagen. Ich habe am Theaterprojekt mitgemacht, weil ich neugierig war, was dabei herauskommt, wenn
wir mit denen reden.

Gefallen hat mir am Theaterprojekt, wie die Faschos sich mit uns solidarisieren, es ist fast so etwas wie Freundschaft entstanden. Meine Feindbilder sind nicht mehr so toll wie ich dachte. Die Rechten, die am Theaterprojekt mitgemacht haben, sind für mich keine Gefahr mehr."

Thomas: „Mir hat die gemischte Gruppe gefallen. Wenn es keinen Spaß gemacht hätte, wäre ich nicht mehr gekommen. Es war mal etwas anderes, als sich die Fresse einschlagen zu lassen oder einem die Fresse einzuschlagen. Die Linken und die Ausländer akzeptiere ich nicht, aber ich toleriere sie. Rein menschlich gesehen, komme ich mit ihnen gut aus. Gut fand ich, daß euch Sozis nicht interessiert hat, was man für eine Meinung hat, sondern wie man als Mensch ist. Wenn es sich mit meiner Arbeit einrichten läßt, werde ich weiter mitmachen."

Nehat: „Am Anfang hatte ich ein bißchen Angst vor den Rechten – heute verstehen wir uns gut. Gefallen hat mir die Gruppe und das Theaterstück. Ich habe hier Freunde gefunden, wie z.B. Freddie, Otto, alle. Nicht gefallen hat mir, daß wir manchmal viel diskutiert und wenig Theater gespielt haben."

Freddie: „Am Anfang war ich mißtrauisch, aber es hat mich interessiert, was mit den Linken abgeht. Ich wollte solche Typen mal kennenlernen. Gefallen hat mir am Theaterprojekt, wie sich die Leute untereinander verstanden haben – wenn sie meine Meinung akzeptieren, werde ich auch ihre akzeptieren – ich habe mich akzeptiert gefühlt. An meinen Feindbildern hat sich nichts geändert, es sind nur ein paar weniger geworden. Das Theaterprojekt war lustig."

Kathl: „Ich habe beim Theaterprojekt mitgemacht aus Neugier, ich kannte keine Rechten und auch keine richtigen Linken. Theaterspielen ist grenzüberschreitend – egal welche politischen Lager zusammenhocken, sie sitzen an einem Tisch und fiebern nur, wie sie zusammen die jeweiligen Szenen gestalten sollen. Ich habe inzwischen noch weniger Vorurteile als vorher: Man kann bei Menschen nicht einfach vom Äußeren aufs Innere schließen. Ich bin umsichtiger geworden, mehr auf andere Menschen einzugehen. Gefallen hat mir, viele neue, nette Leute kennenzulernen und daß wir so ein chaotischer Haufen sind. Es war lustig und ich würde es sofort noch mal mitmachen. Nicht gefallen hat mir, daß das Team nicht konsequent genug war, den starken Jungs zu oft nachgegeben hat. Oft wurde ein 'Trara' gemacht, um die Jungs zu motivieren. Ich habe mich als Mensch mit meinen Stärken und Schwächen akzeptiert gefühlt. Wenn es nur um 'rechts' oder 'links' ging, war das nicht immer so, weil man meine 'Schublade' nicht in Worte fassen kann."

Perspektiven?

In den Gesprächen mit dem Publikum nach den Aufführungen wurde immer wieder gefragt, was die Jugendlichen gelernt und ob sich Einstellungen verändert haben. Insbesondere die Jugendarbeit mit auffälligen Jugendlichen steht unter dem Zwang, sich rechtfertigen zu müssen. Die Träger des jeweiligen Angebotes, aber auch die in diesen Bereichen besonders kritische Öffentlichkeit, verlangen einen Bericht darüber, was getan wurde und was sich getan hat, vor allem ob „auffällige" Jugendliche zumindest ansatzweise auf den „richtigen Weg" geführt werden konnten. Es muß ein Erfolg vorgewiesen werden. Nun ist eine Antwort auf die Frage nach dem Erfolg: Trotz extrem verschiedener Einstellungen der am Theaterprojekt beteiligten Jugendlichen fand in der Theatergruppe eine Annäherung statt. Es wurde ein Dialog geführt, Toleranz entwickelte sich, viele Gemeinsamkeiten wurden entdeckt. Einer der „rechten" Skins bietet inzwischen einen Kampfsportkurs für Jugendliche im Flüchtlingswohnheim an.

Diese Entwicklung ist natürlich erfreulich. Für die akzeptierende Jugendarbeit des Theaterprojektes „Sehnsucht" würde unseres Erachtens als Ergebnis jedoch ausreichen: Wir haben gemeinsam mit verschiedenen Jugendlichen ein Jahr lang Theater gespielt, diskutiert, gestritten, gelacht, zugehört und geredet. Akzeptierende Jugendarbeit ist nicht Erziehung sondern Beziehung. Die Begründung für diese Haltung ergibt sich aus den Rahmenbedingungen der Situation Jugendlicher heute. Um dies noch einmal zu verdeutlichen:

Jugendarbeit kann nicht den Anspruch haben, strukturell bedingte Probleme Jugendlicher zu lösen. In Anbetracht der Rahmenbedingungen, die die Lebensphase Jugend heute bestimmen, ist auch die Jugendarbeit nicht in der Lage, Jugendlichen zu vermitteln, welche Lebensbewältigungsstrategien und welche Lebenswege die richtigen sind.

Damit ergibt sich für die Jugendarbeit die (rhetorische) Frage: „... müssen sich nicht heute gerade Pädagogen und Sozialarbeiter darauf einstellen, daß sie immer weniger zu sagen vermögen, was für die Adressaten eigentlich tatsächlich gut ist – und sich darauf einstellen, ohne 'Rezepte' – Jugendliche bei deren Suche nach Wegen der Lebensbewältigung zu unterstützen?" (Krafeld 1992, 71)

Es gibt also keine Patentrezepte zum Umgang mit Jugendlichen. Auch das Theaterprojekt „Sehnsucht" kann und darf nicht als solches verstanden werden. Es ging um einen konkreten Versuch, einen möglichen Praxisansatz.

Eine Perspektive bietet das Theaterprojekt „Sehnsucht" in verschiedener Hinsicht:

1. Es hat gezeigt, daß es im Umgang mit Jugendlichen wichtig, aber auch möglich ist, einfach dazusein, zuzuhören, mit den Jugendlichen mitzuleben, Beziehung aufzubauen („akzeptierende Jugendarbeit").

2. Die Verknüpfung von Theaterarbeit mit den Ansprüchen akzeptierender Jugendarbeit erwies sich als sinnvoll: Theaterarbeit scheint als Medium akzeptierender Jugendarbeit auch im Kontext mit dem aktuellen Thema „Gewalt und Rechtsextremismus bei Jugendlichen" nutzbar.

3. Das Experiment Theaterprojekt war nicht eingebunden in feste Strukturen. Damit waren keine Zielvorgaben zu erfüllen und keine Rechenschaftsberichte abzugeben. Das Theaterprojekt selbst hatte den nötigen Freiraum, um Jugendlichen einen Freiraum anbieten zu können. Und genau das erscheint als notwendig in Anbetracht der fehlenden „Rezepte" zum Umgang mit Jugendlichen. Freiraum – das heißt:

- für die JugendarbeiterInnen: „Offenheit, Bereitschaft zum Experimentieren, zum Hinhören und Hinschauen, zum Auf-Jugendliche-Zugehen. Grundlage dafür sind unabdingbar: Empathie, Anteilnehmen und Interessiert sein, verknüpft mit einer antipädagogischen Grundhaltung, Kinder und Jugendliche so anzuerkennen und anzunehmen, wie sie sind." (Hafeneger 1991, 152)
- für die Träger von Jugendarbeit: Auch langjährig erprobte Konzepte einer Jugendarbeit dürfen nicht als Patentrezept verstanden werden. Träger von Jugendarbeit sind dementsprechend auch gefordert, Jugendarbeit zu flexibilisieren, neue Möglichkeiten auszuprobieren, neue Ideen zu unterstützen, von dem sicheren Terrain der Traditionen weg Schritte in unsichere, vielleicht aber ebenso sinnvolle Richtungen einzuschlagen.

Literatur

Bahrdt, Hans Paul: Schlüsselbegriffe der Soziologie, 5. Auflage. München 1992

Bates Brian: Der Spieler und der Zauberer. Der Schauspieler als moderner Schamane. München 1989

Berr, Marie-Anne: Die Sprache des Körpers. Frankfurt 1984

Böhnisch, Lothar/ Münchmeier, Richard: Pädagogik des Jugendraumes. Weinheim und München 1990

Dringenberg, Rainer/ Krause, Siegfried: Jugendtheater – Theater für alle. Braunschweig, 1983

Hafeneger, Benno: Rechtsextremismus: Herausforderung für Pädagogik, Jugendarbeit und Schule. In: Butterwege C./ Isola, H.: Rechtsextremismus im vereinten Deutschland. Bremen/Berlin 1991

Krafeld, Franz Josef: Cliquenorientierte Jugendarbeit. Weinheim und München 1992

Ruping, Bernd/ Schneider, Wolfgang (Hrsg.): Theater mit Kindern. Erfahrungen, Methoden, Konzepte. Weinheim und München 1991

Vopel, Klaus W.: Handbuch für Gruppenleiter/innen, Hamburg 1992

Sahabettin Atli

Eine ungewöhnliche Begegnungsreise

Türkische Jugendliche aus Kiel fahren mit deutschen rechtsradikalen Jugendlichen aus Rostock und Hoyerswerda in die Türkei

Anlaß und Ausgangspunkt

Die Ereignisse der rechtsradikalen Gewalt des Jahres 1991 lieferten den historischen Hintergrund dieses Projekts:

- Herbst 1991: Rechtsradikaler Angriff auf ein Asylbewerberheim in Hoyerswerda.
- August 1992: In Rostock wird ein Asylbewerberheim mit Molotow-Cocktails in Brand gesetzt.

In der Folge beider Vorkommnisse hielt die deutsche Presse täglich neue Meldungen von Übergriffen parat, wobei die Spannbreite der Gewalt von der Mißhandlung von Nicht-Deutschen in öffentlichen Verkehrsmitteln bis hin zu vereinzelten Brandanschlägen reichte. Dieses Szenario weckte im In- und vor allem Ausland auch Erinnerungen an eine längst überwunden geglaubte Zeit Deutschlands.

Die ausländische Wohnbevölkerung der Bundesrepublik zeigte Schock-, Angst-, und Wutreaktionen auf diese Ereignisse. Gab es legale Möglichkeiten für diesen in der Bundesrepublik Deutschland nicht wahlberechtigten Bevölkerungsteil, mit den Übergriffen rechtsradikaler Gewalt in angemessener Weise umzugehen? Es gibt sie - so die Antwort des Deutsch-Türkischen Volkshauses (DTV) in Kiel.

Nach dem schrecklichen Brandanschlag in Mölln reagierten die Träger des Deutsch-Türkischen Volkshauses zunächst wie ähnliche Einrichtungen und Initiativen in anderen Städten Deutschlands auch.

Man versuchte, die Trauer um die Opfer mit Trauermärschen im Stadtgebiet und Lichterketten aufzufangen. Diese Symbolik der Trauer ist aus der Sicht der betroffenen Migranten zwar eine notwendige, aber doch nur kurzfristige Reaktion, die eine tiefergehende gesellschaftspolitische Bearbeitung erfordert.

Die Mitarbeiter des Deutsch-Türkischen Volkshauses versuchten deshalb über bloße Trauer- und Solidaritätsbekundungen sowie politische Symbolik hinaus, den Weg der Annäherung zu gehen, indem sie deutsche und türkische Jugendliche an einem gemeinsamen Tisch zum Dialog versammeln wollten. Die Idee eines gemeinsamen Jugendprojektes zwischen Kiel, Rostock und Hoyerswerda, vom neuen Leiter des Deutsch-Türkischen Volkshauses erdacht, wurde vom Verwaltungsrat des DTV angenommen und konkretisiert. Im Rahmen einer binationalen dreiwöchigen Jugendbegegnung sollte den Teilnehmern ein Meinungsbildungsprozeß ermöglicht werden, der das gegenseitige Verständnis für die Eigenart der Kulturen wecken soll. Dahinter stand der Gedanke: auf der Basis der gegenseitig akzeptierten Unterschiede oder der gelebten Gemeinsamkeit können Vorurteile abgebaut werden, um den Prozeß interkulturellen Austausches anzuregen. Das Konzept enthält den gesellschaftspolitischen Anspruch, aus der Sicht der Betroffenen für ein konstruktives Zusammenleben von Migranten und Deutschen aktiv im Sinne einer Völkerverständigung einzutreten.

Mit diesem Projekt wollte der DTV ein Zeichen setzen, daß es in der Öffentlichkeit auch ohne Gewalt möglich ist, über Konflikte zu sprechen. Die zentrale Forderung an die Teilnehmer war deshalb, daß nur eine gewaltfreie Begegnung mit der Bereitschaft zur Diskussion einen Bewußtseinsprozeß hervorbringen kann.

Die Projektplaner gingen zunächst davon aus, daß sich für so eine Begegnung eher nur die Mitläufer bei den Krawallen in Rostock und Hoyerswerda angesprochen fühlen werden. Hingegen wurde der harte Kern der Skins als aus politischer Überzeugung heraus schwer erreichbar eingeschätzt. Die letztlich tatsächlich gewonnenen Teilnehmer aus Rostock waren bei den Krawallen aktiv beteiligt gewesen, hatten sich aber von der Skinheadszene distanziert gezeigt. Hingegen gehörten die Teilnehmer aus Hoyerswerda zum harten Kern der Skinheadszene der Stadt. Sie wurden in Kooperation mit den Mitarbeitern eines pädagogischen Programms der Stadt Hoyerswerda für eben diese Skins angesprochen und rekrutiert.

Schon die veröffentlichte Projektabsicht löste in der Öffentlichkeit kontroverse Diskussionen aus, wobei die Medien ihre eigene Rolle spielten.

Darstellung des Projekts: „Eine ungewöhnliche Begegnungsreise"

Die Medienlandschaft insgesamt zeigt(e) sich gegenüber den Krawallmachern abweisend und nährt(e) oft pauschalisierend Vorurteile von dem Klischee der „bösen Jugend". Die politische Diskussion über Migrationsfolgen wurde in Deutschland nicht wirklich geführt, sondern zumeist durch den Hinweis auf die mangelhafte demokratische Einstellung von Randgruppen, wie die jugendlichen Skinheads, ersetzt.

Entsprechend schien die Presse eine Sensation zu wittern, da sie von der geplanten Projektarbeit auflagenkräftige Schlagzeilen erwartete. Sie etikettierte in ihrer Berichterstattung munter weiter: Obwohl in der Einladung aus Kiel sowie bei der Vorstellung des Projektes bewußt nicht die Bezeichnung „Skins" gewählt wurde, verwendete sie diesen Ausdruck, um sensationslüsterne Erwartungen der Leser zu befriedigen oder gar zu schüren in Meldungen wie z.B. „Kieler Türken haben die Skins in den neuen Ländern nicht aufgegeben", „Kieler Türken laden Rostocker Skins ein" oder „Türken laden Skins ein – Kiel: Auch Steinewerfer aus Rostock sollen kommen – Initiatoren: 'Wir haben sie nicht abgeschrieben'". Sie lieferte damit ein überzeichnetes Bild der jugendlichen Szene.

Die Pressemeldungen lösten in der Öffentlichkeit eine große kontroverse Diskussion aus. So meinten einige, daß es falsch sei, jugendliche Brandstifter auch noch mit einer Reise zu belohnen. Andere bezweifelten, daß mit diesem Projekt überhaupt etwas erreicht werden könnte. Die dritte Gruppe, die die Begegnung mit ideellen und sachlichen Spenden unterstützte, vertrat den Standpunkt: etwas Ähnliches hätte schon längst durchgeführt werden sollen, um Gewalt durch multikulturelle Freundschaften zwischen Jugendlichen schon im Keime zu ersticken.

Eindrücke von der Vorbereitungsphase

Ohne Zweifel hat das Bild der Presse die Projektarbeit erheblich beeinträchtigt. Schon mit den vorausgegangenen Meldungen über die Ereignisse in Hoyerswerda und Rostock hatte sich bei der Kieler Bevölkerung ein negatives Vorurteil über die Jugend in den neuen Ländern gebildet. Infolgedessen erhoben die Nachbarinstitutionen und einige Personen des DTV Bedenken bezüglich ihrer Sicherheit.

Während noch die Medien regional und überregional über unser Vorhaben berichteten und unter der Bevölkerung heftige Diskussionen über das Für und Wider des Plans tobten, fing das DTV mit der Vorbereitung an. Es wurden mit interessierten türkischen und deutschen Jugendlichen aus Kiel die Umsetzungsschritte der Projektidee erarbeitet. In den Vorbereitungsgesprächen mit „unseren" Kieler Jugendlichen merkte man, daß sie einerseits sehr interessiert waren, sie andererseits mit ihren Ängsten kämpften. Typische Befürchtungen der Jugendlichen waren: „Was machen wir, wenn die Rechtsradikalen ausflippen?" und: „Wie verhalten wir uns, wenn die Skins mit ihren dummen Sprüchen kommen?"

Mit der Unterstützung des psychologischen Seminars der Universität Kiel wurden mit den Jugendlichen Rollenspiele initiiert, um die Ängste adäquat zu bearbeiten. Vor allem wurde Gesprächsführung in den Rollenspielen geübt. Damit man Provokationen als solche wahrnehmen lernt, ist dieses psychologische Verfahren nützlich, vor allem in der gemeinsamen Kennenlernphase zu Beginn des Projekts. Auf seiten der türkischen Jugendlichen hat sich dieses Verfahren doppelt bewährt, da einerseits durch die Presse vermittelte Ängste psychologisch aufgearbeitet wurden und es andererseits für themenbezogenen Gesprächsstoff innerhalb der beteiligten Familien gesorgt hat.

Z. B. schrieb eine Teilnehmerin in ihrem Tagebuch: „Soeben habe ich meinen Eltern von diesem Projekt erzählt. Meine Mutter sagt mir, daß sie das lächerlich findet. Sie meinte, daß die Jugendlichen aus Ostdeutschland unser Projekt nur ausnutzen, um billig Urlaub zu machen. Sie riet mir ab, an dieser Begegnung teilzunehmen, weil sie meint, daß mein Vater mir das nicht erlauben würde. Daraufhin ging ich zu meinem Vater. Merkwürdigerweise fand er dieses Projekt sehr interessant. Er war sogar stolz darauf, daß ‚wir Türken' so freundlich und gut sind und auf Gewalt nicht mit Gewalt zurückschlagen. Er meinte, daß gerade dieses einen Türken ausmacht. Auf jeden Fall meinte er, wenn das nicht so teuer ist, soll ich unbedingt teilnehmen. Gerade eben ist ein Bekannter zu uns gekommen. Auch ihm werde ich von diesem Projekt erzählen. Mal gucken, was er denkt. ...

Heute habe ich mit meinem Bruder gesprochen. Er hat auf dieses Projekt keine Lust. Er meint, daß er sich das alles, ich meine die Meinung der Jugendlichen aus Rostock und Hoyerswerda, nicht lange anhören und tolerieren könne. Er habe die Geduld nicht dazu. Ich fand das voll o.k. von ihm. ..."

Während eines Betreuertreffens der drei Städte zur Vorbereitung erzählte ein Betreuer aus Hoyerswerda, daß „seine" Jugendlichen auch große Ängste hätten bezüglich ihrer eigenen persönlichen Sicherheit. Ein Skin soll gefragt haben, ob dieses Projekt eine Aktion vom türkischen Geheimdienst sei, um einige Skins in der Türkei zu liquidieren.

Um die Ängste abzubauen und die Wünsche der ostdeutschen Teilnehmer im Projektprogramm besser berücksichtigen zu können, gab es am 6.3.1993 ein Vorbereitungstreffen von jeweils drei Jugendlichen aus Rostock und Hoyerswerda in Kiel mit ihren Betreuern und allen Teilnehmern aus Kiel. In dieser Zusammenkunft waren deutlich auf beiden Seiten die aufgebauten Spannungen zu spüren. Hier wurden die psychologischen Rollenspiele auf eine erste konkrete Bewährung getestet. Die schon einmal erwähnte Tagebuchautorin bemerkt dazu:

„Um 18 Uhr haben wir uns im DTV getroffen. Die aus Hoyerswerda waren bereits da. Ich habe sie mir flüchtig angeguckt. Später trafen wir uns beim Kroaten zum Essen. Dort hatte ich einen sehr günstigen Platz, so daß ich mich mit den drei aus Hoyerswerda gut unterhalten konnte. ... Es war sehr schwierig, aus heiterem Himmel ein Gespräch anzufangen. Nun saßen sie dort vor mir. Zuerst hatte man nur Blickkontakte. Endlich konnte ich ihren Namen erfahren. Der eine von denen erschien mir sehr sympathisch. Irgendwie kamen wir mit ihm ins Gespräch. Ich fragte ihn nach einigen Sachen, wie z.B. Beruf, Familienstand, Ausländer in Hoyerswerda. Vor dem anderen Skin aus Hoyerswerda hatte ich ein bißchen Angst; nicht Angst, weil er ein Skin ist, sondern vor seinem Erscheinungsbild. Seine Blicke waren hart. Sie fingen an, Bier zu trinken – eins nach dem anderen. Nach ein paar Bieren waren sie leicht angetrunken. Sie sprachen nun von Asylanten, die es mal in Hoyerswerda gab. Der eine berichtete mir von den Asylanten, die aus dem Tierpark ein Schaf geklaut und geschlachtet haben. Die Kommunikation war sehr schwierig, da es höllisch laut war. Kurz nachdem der eine Skin mir über den Vorfall mit dem Schaf berichtete, erzählte mir der andere Skin das gleiche. Auf jeden Fall war der Tag heute sehr anstrengend."

Ein paar Tage später schreibt sie: „Heute möchte ich mich mal mit der Begegnung beim Kroaten auseinandersetzen. Ich denke, daß sie ihr wahres Ich unter ihren Glatzköpfen verstecken. Schon über diese zweistündige Begegnung könnte ich stundenlang schreiben. Z. B. der eine Skin, der mir Angst gemacht hat; heute habe ich keine Angst mehr vor ihm. Warum wohl? Ich denke, seine Art, Leuten Angst zu machen, ist alles Theater. Sein Blick, seine Sitzart, alles an ihm ist gestellt, vielleicht sogar vor dem Spiegel eingeübt – wer weiß? Ich habe Mitleid mit diesen Menschen. Sie sind blind; besser gesagt, sie wollen blind bleiben, um die Realität nicht zu sehen; denn die Realität ist oft nicht so, wie sie es sich vorstellen. Ich versuche mich in ihre Lage zu versetzen, um sie besser zu verstehen. Bei manchen Sachen gebe ich ihnen recht, aber nicht das Recht, einem anderen Leben zu schaden. Diese Leute sind unzufrieden, unzufrieden mit allem ... die ‚Ossis‘ sind nicht an die Demokratie gewöhnt. Sie sind in ein System regelrecht reingeschmissen worden, mit dem sie nicht umgehen können. Die Wende trägt auch finanzielle Probleme mit sich. Die Ossis sind unzufrieden; unzufrieden, daß sie den Lebensstandard der Wessis nicht erreicht haben. Oft können die Ossis nicht verstehen, warum manche Ausländer, in bezug auf das Finanzielle, es besser haben als sie."

Als Ergebnis der Gespräche ergab sich: Die Planung der Ortswechsel, zeitlich genau abgeschätzte Aktivitätsformen und Begegnungen mit einem Personenkreis, der aus unterschiedlichen gesellschaftspolitischen Feldern zusammengesetzt und auf die Altersgruppe Jugend abgestimmt sein sollte, sollte die Gefahr der Gewalteskalation einerseits bannen und andererseits einen Raum schaffen, sowohl gemeinsames Erleben in einer neuen Gruppensituation zu ermöglichen als auch für Horizonterweiterungen im interkulturellen Austausch zu sorgen.

Je näher der Termin der Begegnung rückte, desto intensiver wurden die Nachfragen der Presse auf der Suche nach einer potentiellen Sensation. Die Initiatoren befürchteten, daß solch eine Situation künstlich erzeugt werden oder sich durch erwartete Provokation der öffentlichen Meinung herstellen lassen könnte. Die Presse schien sich nicht vorstellen zu können, daß ihre vorgefaßte Erwartung der Eskalation einer Gewaltsituation – innerhalb der Jugendgruppe wie auch von außerhalb in die Gruppe hineingetragen – sich als nicht zutreffend erweisen könnte. Eine Self-fulfilling-prophecy-Hypothese lastete als ein immenser Druck auf Teilnehmern und Betreuern. Diese Erfahrungen mit den Medien veranlaßte die Initiatoren der Begegnung, einen seriösen TV-Sender anzusprechen, eine vertragliche Regelung bezüglich der gemeinsamen Arbeitsbedingungen festzuhalten, um die sokratische Dialogform der Teilnehmer als unvoreingenommenes Miteinanderumgehen zu sichern.

Durchführungsphase der Jugendbegegnung

Aufenthalt in Schleswig-Holstein

Genau 23 Jugendliche aus Kiel fuhren mit fünf Betreuern, einem Fernsehteam des NDR3 sowie zwei Zeitungsreportern (regionale bzw. überregionale Presse) in einem Reisebus nach Rostock. Diese Kieler Gruppe setzte sich aus fünf deutschen und 18 türkischen Jugendlichen zusammen, wobei sich das Verhältnis der Geschlechter als ausgewogen darstellte: es handelte sich um 11 Mädchen und 12 Jungen im Alter von 15 bis 22 Jahren.

Die erste Begegnung der Jugendlichen zwischen Kiel und Rostock fand in Rostock-Lichtenhagen statt. 10 Jugendliche im Alter von 14 bis 21 Jahren (5 Mädchen und 5 Jungen) empfingen uns herzlich. Nach einem ca. einstündigen Presseaufenthalt (regionale Presse und Fernsehen) brachen wir in Richtung Hoyerswerda auf. Während dieser gemeinsamen Fahrt wurden die ersten zaghaften Kontakte zwischen den Jugend-lichen geknüpft. Erst gegen Abend erreichte der Reisebus das nächste Ziel: Hoyerswerda. Hier wurde ein gemeinsames Abendbrot mit zehn neuen Reiseteilnehmern (5 männlichen und 5 weiblichen) im Alter von 18 bis 26 Jahren offeriert, was im übrigen auch als offenes Angebot der örtlichen Jugend in Verbindung mit einer Discoveranstaltung von dem örtlichen Jugendtreff dargeboten wurde. Da die Jugendlichen aus Kiel/Rostock in einer Jugendherberge übernachteten, trafen sich alle Teilnehmer aus Kiel, Rostock und Hoyerswerda erst am nächsten Morgen zum gemeinsamen Frühstück und danach zur Weiterreise. Die anfängliche Unsicherheit der jugendlichen Teilnehmer aus Hoyerswerda wurde mit mitgebrachtem Alkohol überbrückt. Nach der zweiten Flasche war die Stimmung in der Teilnehmerschaft gelöst, so daß sich die Städteteilnehmer mischten und eine lockere Sitzordnung die Kennenlernphase der Jugendlichen untereinander intensivierte. Ein türkischer Saz-Spieler – die Saz ist ein mandolinenähnliches Musikinstrument – sorgte für Unterhaltung auf den hinteren Bänken des Busses. Wer sich dagegen lieber in eine Diskussion einbringen wollte, hatte vorwiegend vorn im Bus Gelegenheit dazu. Im Rahmen dieser gemeinsamen Busfahrt nach Kiel war der ungestörte Kontakt möglich mit einem Ziel: gemeinsam gewaltfrei drei Wochen miteinander zu verbringen. Das erste Reiseziel der Jugendbegegnung war, gesichert vor sensationslüsternen Presseleuten, auf die Abgeschiedenheit eines Ponyhofs in Wittensee festgelegt worden. Müde und teilweise angetrunken erreichten die Jugendlichen den Ort. Es war für die Betreuer schon schwierig, bei altersmäßig erwachsenen Teilnehmern ein Alkoholverbot durchzusetzen. Sie entschieden sich für eine zeitlich straffe Ange-botsstruktur, die im Verlaufe der Begegnung klare Köpfe auf seiten der Jugendlichen verlangte.

Nach einem gemeinsamen Abendessen trafen sich die Jugendlichen trotz aller Reisebegleitumstände zum langen Beisammensein, zum Tanzen und Erzählen in der Gaststätte des Ponyhofs. Die Wirtin war zuerst skeptisch, Alkohol auszuschenken. Sie war aber am nächsten Tag

...t, daß alle Teilnehmer pünktlich zum Frühstück erschienen ..n, ohne daß sich ein besonderes Vorkommnis ereignete.

In der Zeit vom 16. März bis zum 2. April konnten die Jugendlichen aus einem Tagesprogramm zwischen drei Aktivitäten auswählen. Zusätzliche Angebote konnten darüber hinaus auch bei Anfragen von jeweils mehr als fünf Jugendlichen ermöglicht werden. Gern wahrgenommene Highlights waren Segelfliegen, Gewerkschaftsbesuch, Betriebsbesichtigungen, Einflechtungen in das örtliche Sportprogramm etc. Die Entscheidung für Reitstunden oder Saunabesuch mußte jeder Teilnehmer am Abend zuvor mit seiner Unterschrift auf der Liste der jeweiligen Neigungsgruppe dokumentieren. Fast jeden Abend trafen sich die Jugendlichen zum gemütlichen Gruppenabend. Nach einer Woche schrieb eine Tagebuchautorin:

„Irgendwie ist die Stimmung unheimlich toll. Die Hemmungen, die am Anfang bestanden, sind abgebaut. Man hat das Gefühl, daß man sich seit Jahren kennt. Gestern abend kamen die Mädchen aus Hoyerswerda zu uns ins Zimmer. Wir haben nett miteinander gesprochen. Wir sind jetzt eine Woche zusammen. Es läuft alles viel besser, als wir uns vorgestellt hatten."

Auch führende Vertreter des Landes nutzten die Gelegenheit zur Diskussion:

- 28. März: Begrüßung durch Herrn Sievers, Vizepräsident in der Sportschule des Landessportverbandes mit zweitägigem Aufenthalt in Malente;
- 30. März: Einladung des Oberbürgermeisters der Stadt Kiel zu einem Gespräch;
- 31. März: Diskussionsrunde bestehend aus dem Innenminister des Landes Schleswig-Holstein, Herrn Prof. Dr. Bull, der Ausländerbeauftragten der Bundesregierung, Frau Schmalz-Jacobsen, der Präsidentin des Landtages von Schleswig-Holstein, Frau Erdsieck-Rave, des Ausländerbeauftragten des Senats der Hansestadt Rostock, Herrn Richter, des Sprechers des Verwaltungsrates des Deutsch-Türkischen Volkshauses in Kiel als Gastgeber sowie Vertretern der Jugendlichen.

Aufenthalt in der Türkei

Als das Abflugdatum in die Türkei sich näherte, war dies bei den Jugendlichen mit größerer Spannung verbunden. In der ostdeutschen Jugendgruppe machte sich Beklommenheit breit, da ihnen sowohl das Fliegen mit einer Luftverkehrsmaschine unbekannt, als auch das

Reiseziel in der Türkei als Auslandsaufenthalt neu war. Besonders die Jugendlichen aus Hoyerswerda, die sich provokativ ihre Köpfe vor der Reise aus Hoyerswerda neu rasiert hatten, zeigten durch ihre Äußerungen eine Mischung aus Angst bzw. Gewissensbissen gegenüber den türkischen Jugendlichen und der Ungewißheit, was sie wohl im Ausland erwarten könnte.

Dazu schreibt die Tagebuchautorin: „Gleich werden wir in die Türkei abreisen. Ich glaube, die aus Hoyerswerda und Rostock haben Angst. R. fragt in den letzten Tagen über die Türkei. Ach ja, wenn sie in der Türkei angekommen sind, wollen sie ihre Glatzen bedecken. Wenn ich mir die Leute aus Rostock nochmals angucke, kann ich einigen nicht zutrauen, daß sie wirklich aktiv dabei waren (an den Anschlägen auf die Asylantenheime). Ich kann mir nicht einmal vorstellen, wie man in Gedanken schon dabei sein kann. Was ist wohl in diesen Köpfen vorgegangen?"

Der Abflug erfolgte am 2. April ab Hamburg nach Istanbul, wo diesmal die türkische Presse ihren deutschen Kollegen in nichts nachstand und auch zu nachtschlafender Zeit um 1 Uhr früh bei der Ankunft in Istanbul die Reisegruppe empfing.

Infolge des regen Osterflugverkehrs herrschte an verschiedenen Schaltern wie Gepäckabgabe und Paßkontrolle reges Gedränge, das von den übersensiblen ostdeutschen Jugendlichen im Berührungsfall als absichtliche Provokation empfunden wurde. Weitere Irritationen traten bei ihnen auf, als Reiseveranstalter am Ausgang des Flughafens mittels getragener Hinweisschilder mit ihren Firmen- oder Gästenamen ihre Kunden einzusammeln suchten. Diese hinter einer Glastür sichtbare Menschenansammlung mit Plakaten wurde von den ostdeutschen Jugendlichen als eine Demonstration gegen sie gewertet. Zuerst wollten sie ihre Reise am Flughafen beenden. Erst nach genauer Erläuterung des auf den Schildern Geschriebenen konnten sie von ihrer Absicht abgebracht werden. Unter Inanspruchnahme eines türkischen Schutzpatrons aus der Kieler Gruppe wagten sich die gesamtdeutschen Jugendlichen aus dem Flughafen. Sie müssen sich fast ein wenig wie die von ihnen angegriffenen Asylbewerber vorgekommen sein. Als Fremde in einem Land, wo sie auf die Hilfe der Einheimischen angewiesen sind. Sie spürten: es gehört schon Mut dazu, Autarkie aufzugeben, um sie gegen ein erschütterbares Vertrauen in die Solidarität fremder Menschen einzutauschen. Später erzählten sie davon, daß sie unruhig geschlafen hätten in den ersten Tagen ihres Aufenthaltes. Und der Zufall, daß der Vater der Opfer von Mölln am Flughafen auf diese Gruppe traf und sich kurz freundlich mit ihnen unterhalten hatte, trug

_✓ dazu bei, die Verantwortlichkeit gegenüber allen Menschen, ̣ ̣ ̣ ̣ließlich der Opfer von Mölln, fühlen zu lassen und zu stärken. Der ständige Wechsel der den Glatzkopf verbergenden Kopfbedekkungen zwischen dem türkischen Käppi, der aktuellen Sportmütze und dem Sonnenhut wie ein Spanienurlauber, dokumentierte, daß unter den deutschen Jugendlichen die Verhaltensmuster einer ständigen Überprüfung unterzogen wurden.

In Istanbul nahm das Programmangebot natürlich touristische Angebotsstrukturen auf, aber auch Diskussionsveranstaltungen und sportliche Aktivitäten mit einheimischen Jugendlichen sowie ein Zusammentreffen mit T. Gütschow, einem ehemaligen ostdeutschen Fußballstar, standen auf dem Programm.

Ihre Eindrücke während der Besichtigung des prunkvollen osmanischen Topkapi-Palastes hat die Tagebuchautorin wie folgt beschrieben: „Man sah deutlich, wie 'interessiert' unsere Gäste doch waren. Sie irrten von einem Saal in den anderen. Immer wieder sagte M. aus Rostock „Türkei – ein armes Land!" Natürlich meinte er es ironisch, und dabei guckte er die Juwelen 'gierig' an. Auch das Essen beim 'Konyali' war toll. Anschließend sind wir zum bedeckten Basar gegangen. Dort haben wir uns in kleinere Gruppen aufgetrennt. Ich war mit den 'Glatzen' in einer Gruppe. Sie haben dort Taschen, T-Shirts und Kopfbedeckungen gekauft. Zum Teil habe ich ihnen beim Handeln des Preises geholfen. Von den Leuten wurden sie immer bemerkt. Es kamen Sprüche wie z.B. „...Guck mal die Skins aus der Zeitung ..." Man sah richtig, wie unsere Glatzen sich an uns festklammerten. Nun waren sie Ausländer. Der einzige Unterschied ist, wir sind für sie da."

Angesichts prall gefüllter Goldgeschäfte auf den Basaren und der übervollen Schatzkammer des Topkapi-Palastes wurde der Satz, daß die Türkei ein armes Land sei, als blanker Zynismus gegenüber den Elendsvierteln enttarnt.

Die Diskussionsveranstaltung mit Istanbuler Jugendlichen beanspruchte die Dolmetscherfähigkeiten der Kieler Jugendlichen stark. Bewundernswert übten sie die Rolle der Sprach- und Kulturbotschafter aus. Für die Adressaten ihrer Dienste wuchs das Gefühl des Aufeinanderangewiesenseins.

Nach drei erlebnisreichen Tagen ging die Begegnungsreise mit der Bahn von Istanbul nach Ankara, der Hauptstadt des Landes, weiter. Das Programmangebot umfaßte neben Stadtbesichtigung und Discobesuch einen Parlamentsbesuch und das Treffen mit einem Abgeordneten, der lange Zeit in der Bundesrepublik gelebt hatte, sowie dem Kultusminister der Türkei.

Inzwischen merkte man als Betreuer, daß der größte Teil der Jugendlichen sowohl von den Reisestrapazen als auch von dem ständigen Angebots-„bombardement" kräftemäßig angegriffen war. Morgendliche Verspätungen häuften sich. Einige Vorhaben mußten diesem Umstand durch Ausfallen Rechnung tragen. Maßnahmen zur Gruppenlockerung wurden ergriffen.

Von Ankara führte die Reise nach Kappadokien. Neben einem historischen Besichtigungsteil einer unterirdischen Stadt, die als Schutz der Christen vor angreifenden Arabern erbaut worden war, dem Naturpark Ürgüp und den Felsenburgen in Uçhisar war ein aktiver Teil aus Aktivitäten wie Töpfern und Kamelreiten für die Jugendlichen von besonderer Bedeutung. Die Bürgermeister von Ürgüp und Avanos spendierten jeweils ein Abendessen.

In Avanos inszenierte die türkische Presse bewußt einen Zwischenfall. Ein türkischer Reporter brachte einen männlichen Gast mit, der sich auf der Damentoilette einem Mädchen unsittlich näherte. Das deutsche Mädchen schrie sofort, und die alarmierten Kellner warfen den Sittenstrolch unsanft aus dem Lokal. Überstürzt reiste die Gruppe ab, weil der Abend fortgeschritten war und die Gerüchteküche brodelte. Die Sensationsmeldung wurde natürlich am nächsten Tag breit in der hiesigen Presse abgehandelt.

Am Ankunftsort in Ürgüp witterte die deutsche Presse aufgrund der Gerüchte ihre Chance, zu einer sensationsträchtigen und damit auflagensteigernden Meldung zu gelangen. Das Team von NDR3 lud die Angetrunkenen aus Hoyerswerda in eine Kneipe ein, um mit hypothetischen Fragen in Verbindung mit Alkoholrunden zu provokanten Schlagzeilen zu gelangen. „Was wäre, wenn es einen Angriff oder Übergriff auf ein Gruppenmitglied gegeben hätte?" so lautete der Tenor der Interviewer. Die alkoholisierten Helden kehrten in diesen Interviews erwartungsgemäß den starken Mann heraus, was aber aufgrund der noch intakten Selbstdisziplin der Jugendlichen keine Gewaltaktion auslösen konnte. Die Differenzen zwischen dem Leiter der Begegnung und der beteiligten Presse erreichten ihren Höhepunkt aufgrund dieser letzten Ereignisse. Die Jugendlichen verhielten sich in den folgenden Tagen gelassen und belastbar. Das deutsche Mädchen aus dem Zwischenfall in Ürgüp spielte diesen als Lappalie herunter, die ihrer Ansicht nach in jedem Teil der Welt einschließlich Deutschland möglich wäre. Der gute Wille von Betreuern und Jugendlichen hat wesentlich zu einer erfolgreichen gewaltlosen Fahrt beigetragen.

Die letzte Woche in Alanya war nach den Wünschen der Teilnehmer schwerpunktmäßig touristisch gestaltet worden. Baden, Sport am

Strand und Parties sowie Besichtigungen ließen die Zeit schnell vergehen. Aktiv orientierte Programmteile waren Beachball, Kamelreiten am Strand und Jeepbesichtigungstouren in die Umgebung. Ein letztes Lagerfeuer am Strand rundete die Begegnung ab. Die deutschen Touristen ließen ihre aus der Heimat importierten Vorurteile den ostdeutschen Jugendlichen offenbar werden, indem sie sie mit Ausgrenzung ohne Dialogbereitschaft bedachten.

Der Rückweg nach Deutschland verlief planmäßig. Ein Abschiedsgeschenk der Jugendlichen aus Hoyerswerda und der Dank aller beteiligten Jugendlichen war den Betreuern gewiß. Auch die Presse hatte bei der Ankunft am Hamburger Flughafen kurze Gelegenheit, ihre Fragen nach dem Verlauf der Reise zu stellen. Alle Jugendlichen verabschiedeten sich teilweise unter Tränen und mit dem Versprechen, sich in Kürze wiederzusehen.

Nachlese

Inzwischen sind zwei Jahre vergangen. Die immer gestellten Fragen sind, was das Projekt bewirkt hat, und ob sich Änderungen in den Einstellungen der Jugendlichen ergeben haben.

Mit diesem Projekt wurde zunächst ein politisches Zeichen gesetzt: Wenn man die Rahmenbedingungen dazu schafft, können auch gewaltbereite Jugendliche in die soziale pädagogische Arbeit eingebunden werden. In diesem Sinne ist dieses Projekt ein Symbol für Zivilcourage. Eine gesellschaftliche Konsensbildung über Migrationsfragen ist nicht von einem dreiwöchigen Projekt mit sog. „Randgruppen" zu erwarten, sondern langfristig innerhalb der gesamten Gesellschaft auf breiter Basis herzustellen. Tiefgreifende und langatmige präventive Maßnahmen sind dazu notwendig, Fremdenhaß entgegenzutreten.

In erster Linie hat das Projekt, wie auch vom Veranstalter beabsichtigt, Impulse für einen Denkanstoß auf verschiedenen gesellschaftlichen Ebenen geliefert. Der internationale Jugendaustausch erhielt wertvolle Impulse. Der Ost-West-Gegensatz wurde zumindest beispielhaft aufgebrochen, und diese Konfliktebene wurde für kontroverse Debatten geöffnet. Die Sensibilität breiter Bevölkerungsschichten für die Thematik des Umgangs mit Migranten und Randgruppen der rechten Szene wurde infolge des Medieninteresses geschärft. Die Darstellung der türkischen Gastgeberrolle in den Medien hat ein breites Gefühl des Großmutes bei der türkischen Minorität trotz erlittenen Unrechts der Verfolgung durch die rechte Szene hervorgebracht.

Auf kultureller Ebene hat dieses Projekt zur Erarbeitung eines Rockmusicals mit dem Titel „Brandsatz" durch das junge Theater „Spektaculum" angeregt. Es hat am 14. Mai 1995 seine Premiere in Kiel gefeiert. Dabei spielten Jugendliche aus dem Projekt mit.

Außerdem ist ein reger Jugendaustausch zwischen den beteiligten Städten entstanden. Der Jugendtreff und ein Gymnasium aus Hoyerswerda haben sich mit türkischen Jugendlichen aus dem Deutsch-Türkischen Volkshaus zweimal in Hoyerswerda getroffen. Am Rande eines Treffens haben sich die Teilnehmer des Projektes aus Hoyerswerda mit der Gruppe vom DTV getroffen und den Wunsch geäußert, sich nochmals in Kiel inoffiziell ohne Öffentlichkeit zusammenzufinden.

Ein Gegenbesuch der Gymnasiasten mit Übernachtung innerhalb der Kieler Familien wurde möglich. Ein neues Projekt „Freunde sein, was ist das?" ist in Rostock entstanden, zu dem türkische Jugendliche zu den Veranstaltungen nach Rostock eingeladen werden. Außerdem gab es einzelne private Besuche unter den Teilnehmern des Projektes.

Ein neues Kieler Projekt „Grenzen überschreiten" wurde 1995 geplant, wobei Jugendliche aus verschiedenen Kulturen stadtteilübergreifend sich in verschiedenen Stadtteilen begegneten. Anschließend fand eine Auslandsreise in die Türkei statt; angestrebt wird ein Jugendaustausch mit türkischen Pfadfindern.

Als neueste Entwicklung stellen sich Gesprächsangebote aus der hiesigen rechten Jugend-Szene ein, was als Folge der im Projekt gezeigten Dialogbereitschaft begreifbar ist. Dieser Vertrauensvorschuß ist notwendiger Bestandteil, Vorurteile und Klischeevorstellungen zu überwinden.

Dies alles wurde möglich, weil Jugendliche aus Rostock und Hoyerswerda zum ersten Mal in ihrem Leben mit ausländischen Jugendlichen ungezwungen in Kontakt kommen konnten. Sie haben mit Erstaunen festgestellt, daß sie viele Gemeinsamkeiten und Ähnlichkeiten miteinander teilen. Aufgrund der historischen Entwicklung sind die ostdeutschen Jugendlichen zum ersten Mal in einem fremden Land und dort selbst Ausländer gewesen.

Die Begegnung hat sicherlich bei den Jugendlichen eine Überwindung von Vorurteilen und Berührungsängsten bewirkt. Während der dreiwöchigen Begegnung haben die Jugendlichen das ihnen entgegengebrachte Vertrauen geschätzt und auch versucht, es sich zu verdienen. Die Jugendlichen hatten den Mut gefunden, an einem bewußtseinsbildenden Prozeß aktiv teilzunehmen. Um so bedauerlicher, daß sich dies bei den Medienvertretern nicht als Bereitschaft zur Veränderung ihrer Leitlinie der Berichterstattung ausgewirkt hat.

Die Teilnehmer werden diese Begegnung wohl nie vergessen. In bestimmten Situationen werden sie sich hoffentlich an die gemachten Erfahrungen erinnern und diese Erfahrungen in ihr Alltagsverhalten einfließen lassen. Es bleibt zu hoffen, daß die Eindrücke und die Verarbeitung der gemachten Erfahrungen eine Langzeitwirkung haben und nachhaltig bleiben.

Literatur

Allport, G.W.: Die Natur des Vorurteils. Köln 1971
Bergler, R.: Vorurteile erkennen, verstehen, korrigieren. Köln 1976
Informationsheft: Eine ungewöhnliche Reise – Begegnung zwischen türkischen und deutschen Jugendlichen aus Rostock, Hoyerswerda und Kiel, Deutsch-Türkisches Volkshaus Kiel (o.J. 1993)
Schäfer, B. / Six, B.: Sozialpsychologie des Vorurteils. Stuttgart 1978
Tajfal, H.: Gruppenkonflikte und Vorurteil. Entstehung und Funktion sozialer Stereotypen. Bern 1982
Thomas, A.: Interkulturelles Lernen im Schüleraustausch (SSIP-Bulletin Nr. 58). Saarbrücken 1988
Thomas, A.: Kulturvergleichende Psychologie – Eine Einführung. Göttingen 1993
Thomas, A.: Psychologie und multikulturelle Gesellschaft – Problemanalysen und Problemlösungen. Göttingen 1993

Michael Heinisch / Hagen Thiel

Arbeit mit „schwierigen und gefährdeten" Jugendlichen in Berlin-Lichtenberg

Rahmenbedingungen sozial-diakonischer Jugendarbeit in der DDR

In der DDR war die Arbeit mit Kindern und Jugendlichen einer der Schwerpunkte der Staatspolitik. Die vornehmlich innerhalb ihrer ideologischen Denkmuster handelnde Partei- und Staatsführung betrachtete die heranwachsende Generation im wesentlichen als „Kampfreserve der Partei". Entsprechend war Kinder- und Jugendarbeit in der Hauptsache die verbandlich organisierte Arbeit innerhalb der Pionier- bzw. FDJ-Organisation, ideologisch ausgerichtet auf die Entwicklung der „sozialistischen Persönlichkeit". Konsequent betrachtet war diese Form der Kinder- und Jugendarbeit letztlich ein Instrument auf dem Weg zum Kontroll- und Überwachungsstaat. Die Auswirkungen des Phänomens der gesamtgesellschaftlichen Repression werden hier besonders deutlich. Es ging nicht um das Schaffen von Freiräumen für Jugendliche, sondern um Instrumentalisierung für Ziele, die ideologisch vorgegeben waren. Seit Mitte der 80er Jahre gab es in Bereichen der Kinder- und Jugendarbeit im Zusammenhang mit Glasnost und Perestroika verschiedene alternative Ansätze, diese täuschen jedoch über die grundsätzliche Behandlungsweise von Kindern und Jugendlichen in der DDR nicht hinweg.

Kirche gab es in der DDR eher am Rande der Gesellschaft - kirchliche Jugendarbeit dementsprechend auch. Aus dieser Position hatten die Mitarbeiter der kirchlichen Jugendarbeit äußerst weite Spielräume und sehr wenig Reglement. Dort gab es Raum und Zeit, Lebenssituationen von Jugendlichen wahrzunehmen und mit ihnen vom Ruheraum Kirche aus in der Gesellschaft zu streiten. Letztlich gab es also die Kirche und ihre Gruppen - das waren sozial-diakonische Gruppen, Friedensgruppen, Umweltgruppen und vieles mehr.

Sozial-diakonische Jugendarbeit als Arbeit mit sogenannten schwierigen und gefährdeten Jugendlichen profilierte in der Zeit der DDR im wesentlichen alternative Angebote im Freizeitbereich für die Gruppen. Sie definierte sich unter folgender Prämisse:

Wichtig ist es, wahrzunehmen, wer in einer Gruppe ist, wer die Gruppe ist sowie wahrzunehmen, welche soziale Entwicklung eine Gruppe bisher gemacht hat, an welcher Stelle sie momentan ist, wer das Gegenüber ist. Auf der Grundlage der konkreten Erfahrungen der Menschen in der Gruppe und dem gemeinsam aufgebauten Vertrauen kann man dann darüber nachdenken, welches Stück Lebensweg nun gemeinsam gegangen werden kann; das heißt, welches die Ziele sind, die sowohl der einzelne, als auch die Gruppe und der Jugendmitarbeiter gemeinsam anstreben, und welches der Weg ist, der dahin beschritten werden kann. Grundfrage ist: was kann für uns alle gemeinsam sinnvoll, das heißt lebensfördernd sein, welches sind die positiven Erfahrungen, die wir gemeinsam machen können?

Seit der Grenzöffnung hat sich sozial-diakonische Jugendarbeit als Arbeit der evangelischen Kirchen weiterentwickelt. An unserer Tätigkeit in Berlin-Lichtenberg läßt sich dies exemplarisch beschreiben.

Aktuelle Ausgangslage

Wir nehmen in unserem näheren und weiteren Umfeld insbesondere seit der Zeit der Grenzöffnung zunehmend Kinder und Jugendliche wahr, die in allen Lebensbereichen stark verunsichert sind. Die meisten sind in Ost-Berlin groß geworden. Wir treffen jedoch auch verstärkt Kinder und Jugendliche mit ähnlichen Problemen, die - aus den unterschiedlichsten Gründen - aus anderen (sowohl östlichen als auch westlichen) Bundesländern gekommen sind und sich seit längerem hier aufhalten. Ihre Chancen, neue Möglichkeiten wahrzunehmen, sind gering:

- Viele Familien erleben erhebliche soziale Unsicherheiten. Zugleich belasten psychische Probleme im Umgang mit der eigenen Geschichte und den eigenen Erfahrungen das Verhältnis Erwachsener zu Kindern. Alleinerziehende - in den Ländern der ehemaligen DDR signifikant häufig - sind besonders stark betroffen. Die Vereinbarkeit von beruflichen Anforderungen und Erziehungsverantwortung wird immer komplizierter.
- Jugendliche, die im Osten groß geworden sind, sind in der Zeit des Systemzerfalls und der Etablierung eines für sie fremden Systems im Land mit grundsätzlich veränderten ökonomischen, politischen und sozialen Bedingungen konfrontiert. Für sie ergibt sich eine immer größer werdende Diskrepanz zwischen den unbegrenzt scheinenden Möglichkeiten individueller Lebensplanung - eine Illusion, die ihnen in fast allen Medien vorgespielt wird - und den tatsächli-

chen Lebenserfahrungen, die eher einengend sind. In entwicklungs-
psychologisch ohnehin sensiblen Entwicklungsphasen erleben viele
den Zerfall vertrauter alltagskultureller Milieus und einen Sinn-
verlust gewohnter Handlungsorientierungen.

- Jugendliche, die im Westen groß geworden sind, treffen wir im
  näheren und weiteren Berlin-Lichtenberger Umfeld immer häufiger
  an. Sie sind in der Regel in äußerlich geordnet erscheinenden Verhältnissen groß geworden, haben jedoch im Jugendalter mit dieser
  Sozialisation gebrochen. Unserer Beobachtung nach kommen sehr
  viele von ihnen aus dem Süden Deutschlands. Viele kamen in den
  Osten mit der Erwartung, hier neue Lebensformen für sich entdek-
  ken und leben zu können – und scheiterten sehr schnell. Sie blieben
  jedoch hier.

- Jugendliche sind in ihren Entwicklungsphasen ständig Risiken in
  der sie umgebenden Gesellschaft ausgesetzt. Sie haben häufig nur
  völlig unzureichend lernen können, in für sie schwierigen Situationen zu entscheiden. Wir beobachten, daß diese Heranwachsenden in
  ständigen Verunsicherungsprozessen und Ängsten leben. Sie reagieren – je nach Biographie, Stadtteil, Peergroup oder auch sonstigem
  sozialen Umfeld – mit Realitätsflucht, Drogenkonsum, Auflehnung,
  Protest oder auch Gewaltbereitschaft und Radikalisierung. Entscheidend ist hierbei ausschließlich das gegenwärtige, luststeigernde
  Erlebnis. Etwaige Folgen können in diesem Vollzug nicht erkannt
  werden. Diese haben für den Moment keine Funktion, fallen ihnen
  mit zeitlicher Verzögerung jedoch auf die Füße.

- Für die meisten Jugendlichen scheint es so zu sein, daß sie die
  beschriebenen Reaktionen jeweils eine Zeitlang exzessiv leben, um
  sie dann durch andere zu ersetzen, die sie dann wieder exzessiv ausleben. Dem Betrachter stellt sich dies als verschiedene Arten von
  Suchbewegungen Jugendlicher dar. Wir erleben in diesen Prozessen
  zunehmend Jugendliche, die hierbei auf der Strecke bleiben. Wir
  erleben ebenfalls zunehmend Jugendliche, die auf der Suche nach für
  sie möglichen Lebensformen innerhalb der Gesellschaft nichts für
  sich finden.

- Die Folgen der Arbeitslosigkeit für die Berufs- und Lebensperspektive
  der Jugendlichen sowie die gesellschaftlichen Auswirkungen von
  Jugendarbeitslosigkeit werden immer deutlicher. Dies hängt damit
  zusammen, daß die Modernisierung der Wirtschaftsstrukturen im
  Osten vielfach lediglich in Gestalt einer bloßen Marktausdehnung
  erfolgt, entscheidende beschäftigungswirksame Effekte jedoch ausbleiben.

Wir beobachten, daß sich etwa in Intervallen von zwei bis vier Jahren jeweils nachwachsende Stadtteilgruppen bilden. Deren Auseinandersetzungen sowie inneren Zusammenhänge sind durchaus sehr eng miteinander verwandt. Lediglich die von außen wahrnehmbare Äußerungsform ist jeweils sehr unterschiedlich. Wir beobachteten in den letzten Jahren folgende Wellen:

- 1987 bis 1990: Lichtenberger Jugendliche waren Fans des Berliner Fußballklubs (BFC-Hooligans). Wichtig waren ihnen die Erlebnisse als Fangruppe miteinander, insbesondere in der Abgrenzung zu anderen Fußballfans und der Polizei.

- 1990 bis 1992: Lichtenberger Jugendliche artikulierten sich rechtsradikal. Sie waren zum großen Teil Mitglied der rechtsradikalen Partei „Nationale Alternative". Wichtig waren ihnen die solidarischen Erlebnisse in der Gruppe einerseits, andererseits die Abgrenzung zu den „Linken", den „Zecken" und den „Bullen". Mit den Linken meinten sie größtenteils das Leben der Eltern, die sich in der DDR in Staat, SED oder Staatssicherheit etabliert hatten. Für „Zecken" stand exemplarisch alles, was die Jugendlichen nun an der im Westen gewachsenen Struktur nicht verstanden: die Hausbesetzer. Diese kamen tatsächlich größtenteils aus den alten Bundesländern und besetzten hier eine ganze Straße. Sie wurden als Eindringlinge und „Linke" wahrgenommen - der stolze Kiezjugendliche hatte also „Rechts" zu sein. Zum Kultfilm avancierte: „Clockwork Orange".

- 1993 bis heute: Lichtenberger Jugendliche nehmen Drogen; ob Alkohol, Cannabis, Ecstasy, Barbiturate oder Opiate ist relativ gleichgültig. Das Gruppenerlebnis wird über die Droge eingeleitet, es wird über Techno oder über gemeinsames Autoknacken und -fahren definiert.

Mit gewalttätigen Ausdrucksformen haben die hier erlebten Wellen allemal zu tun. Wir erkennen in ihnen sowohl den fortwährenden Drang, Erfahrungen - egal ob positiv oder negativ erlebt - zu bestätigen, als auch das Bemühen des einzelnen, seine Position innerhalb der Gruppe zu behaupten.

Problematisch und an der Lebensrealität der Heranwachsenden vorbeigedacht erscheint uns die Betrachtungsweise, ausgehend von der äußeren Auffälligkeit des einzelnen bzw. der Gruppe ein Angebot zu produzieren. Die momentane exzessiv ausgelebte Äußerungsform ist lediglich ein Symptom für den umfassend gestörten Lebenszusammenhang.

Wir haben mit und für die nachwachsenden Gruppen Jugendlicher bisher folgende Projekte entwickelt:

Projektskizzen

I.

Januar 1991 bis 31. Januar 1993 – Zwanzig Jugendliche, die im Lichtenberger Neubaugebiet groß geworden waren, sanierten ein Wohnhaus im Stadtteil sowie Wohnungen für sich selbst in der Nachbarschaft. Sie waren besonders stark betroffen von den Veränderungsprozessen dieser Zeit, waren arbeitslos und brauchten dringend Wohnraum. Einige äußerten sich als politisch „Linke", viele als „Rechte", einige fühlten sich den Skinheads zugehörig, andere den Hooligans. Im Projekt hatten sie die Möglichkeit, zur Ruhe zu kommen, sich in der „neuen" Gesellschaft zu orientieren und sich handwerklich zu qualifizieren. In von ihnen selbst sanierten Wohnungen bekamen sie Dauermietverträge.

Zu dieser Zeit war es weder politisch noch sozialarbeiterisch opportun, Jugendliche mit auch politisch so unterschiedlichen Äußerungsformen in die Arbeit einzubeziehen. Einige Jugendliche hatten sogar Erfahrungen in rechtsradikalen Organisationen. Wir bezogen sie ein, weil sie hier lebten und zu einem gemeinsamen Lernprozeß bereit waren. Folge war, daß dieses Projekt bundesweit gegen unseren Willen als „Projekt für Rechtsradikale" bekannt wurde.

Die Jugendlichen wurden mit Projektende in die Selbständigkeit entlassen.

II.

Jugendwohnhaus Pfarrstraße 111 – Seit 1993 wohnen in diesem Wohnprojekt bis zu 15 Jugendliche, die sich seit längerem in der unmittelbaren Umgebung aufhalten. Zum großen Teil haben sie seit Jahren in besetzten Häusern gelebt. Sie sind zwischen 12 und 18 Jahre alt. Sie erhalten die Möglichkeit, unter intensiver sozialpädagogischer Einzelbetreuung ihr Leben einzuüben. Sie wohnen hier in dem Haus, das von den Jugendlichen des oben beschriebenen Projektes (I.) saniert wurde – ein niederschwelliges Angebot im Stadtteil mit seiner komplizierten Sozialstruktur.

III.

„WerkShop" – Es handelt sich um ein Tätigkeits- bzw. Werkstättenprojekt für junge Erwachsene, die vorher von Sozialhilfe gelebt haben. In einer Art Gewerkekarussell erhalten 20 junge Menschen die Möglich-

keit, sich unter Anleitung während einer Projektzeit von 18 Monaten persönlich und handwerklich zu qualifizieren. Sie sind zwischen 17 und 25 Jahre alt. Sie haben in dieser Zeit versicherungspflichtige Arbeitsverträge. Hauptbauvorhaben ist die Sanierung eines Lichtenberger Hofgebäudes zur Kiezküche. Außerdem arbeiten die jungen Erwachsenen in den Bereichen:
- Tischlerei
- Wohnungsausbau
- Computer- und Schreibbüro.

IV.

„Flexible Erziehungshilfen" - Für Jugendliche, die in bestehende Maßnahmen der Jugendpflege oder Jugendhilfe nicht integrierbar sind und bei denen die Individualisierung so weit fortgeschritten ist, daß sie keiner Gruppe angehören, entwickelten wir die flexiblen Erziehungshilfen. Hier wird anhand der Lebenssituation und der Möglichkeiten des einzelnen sein spezifisches Betreuungssetting geschaffen; egal ob ambulant oder stationär, egal ob innerhalb des Stadtteils oder nicht. Ändert sich seine Lebenssituation, wird das Betreuungssetting dem angepaßt. Vergütet wird dies seitens der zuständigen Jugendämter durch die im Einzelfall festzulegenden Fachleistungsstunden, für die ein Stundensatz ausgehandelt wurde, und die anfallenden Sachkosten. Zur Zeit werden so 11 Jugendliche betreut.

Grundprinzipien

1. Pädagogische Arbeit ist in erster Linie Beziehungsarbeit.

Den Begriff „Beziehung" verstehen wir alternativ zum traditionellen „Erziehungs"-Begriff. Wir gehen davon aus, daß viele der betroffenen Jugendlichen ihre bisherige Umwelt als ein System von Personen und Maßnahmen erlebt haben, die in unterschiedlichsten Ausprägungen ihr Denken und Handeln mit einer vorgegebenen Norm in Übereinstimmung bringen wollten. Diese Normen haben jedoch mit der Lebensrealität des einzelnen Betroffenen nur wenig zu tun. Beziehungsarbeit bedeutet:
- Der erwachsene Mensch, der dem Jugendlichen begegnet, ist ein ehrliches Gegenüber. Er ist bereit, sich mit dem Jugendlichen auf einen Weg zu begeben. Ihre Basis ist ein akzeptierendes, partnerschaftliches Verhältnis. Akzeptierend meint in diesem Zusammen-

hang, die Person mit der speziellen Sozialisation anzunehmen – nicht unbedingt die Handlungen dieser Person.

- Erst durch das Wahrnehmen der Gesamtpersönlichkeit des Gegenübers ist es möglich, über gemeinsame Perspektiven und Ziele nachzudenken und sie festzulegen. Dies betrifft den pädagogischen Mitarbeiter genauso wie den Jugendlichen.

- Der erwachsene Partner muß dem Jugendlichen (unter Umständen über eine längere Zeit) zunächst vorleben, wo seine eigenen Identifikationen sind, wer er selbst in der Auseinandersetzung mit sich und seiner gesellschaftlichen Umwelt ist. Unserer Erfahrung nach führt dies in die Auseinandersetzung des heranwachsenden Menschen mit sich, seiner Sozialisation und seiner Gegenwart.

- In diesem Prozeß kann der Jugendliche Erfahrungen machen, die seinen bisherigen Sozialisationserfahrungen widersprechen. Er soll Lebensformen kennenlernen, selbst ausprobieren, seine eigenen Identifikationen in der Gesellschaft aufbauen können, die es ihm ermöglichen, hier zu leben, hier zu sein.

2. Das Hilfsangebot richtet sich nicht nach dem momentanen Projektinhalt, sondern nach dem individuellen Bedarf des Jugendlichen.

Dieser Bedarf ist bei den Jugendlichen, die uns begegnen, häufig nicht sofort klar zu benennen. Bei vielen Jugendlichen muß durch Formen von aufsuchender und begleitender Arbeit eine Hilfeform erst angebahnt werden. Das Angebot wird dann entsprechend seiner derzeitigen Lebenssituation entwickelt. Ändert sich die Lebenssituation des Jugendlichen, muß das Hilfsangebot durch Veränderung der Projektinhalte angepaßt werden.

3. Das Angebot soll darauf ausgerichtet sein, alle Einflußvariablen zu berücksichtigen, die das Lebensumfeld bietet (Lebensweltorientierung).

Die Begriffe „Angebot" bzw. „Hilfe" verstehen sich – wie oben angedeutet – nicht in erster Linie aus dem Normensystem der etablierten Erwachsenenwelt heraus. Sie meinen flexibel zu organisierende Strukturen, in denen die Jugendlichen vielfältige, für sie gute Erfahrungen machen können. Sie sollen Formen finden, in der sie umgebenden Gesellschaft zu existieren. Die legitime Sichtweise heißt in diesem Zusammenhang: Das gesellschaftliche Lebensumfeld des der Gesellschaft „schwierig" erscheinenden Jugendlichen ist geprägt von Einflüssen, die mit seinen Fähigkeiten zur Zeit nicht in Übereinstimmung zu bringen sind. Dies heißt nicht unbedingt, daß der Jugendliche Fähigkeitsdefizite hat. Die an ein Hilfesystem gestellte Aufgabe lautet also, individuelle Fähigkeiten und gesellschaftliches Umfeld in einen beide Seiten weiterführenden Prozeß zu bringen.

4. Handeln mit den Jugendlichen wird nur in sozialer Einbindung sinnvoll.

Dazu gehören Schule, Beschäftigung und Verdienst, Wohnraum und sichere Kontakte, also das Wissen darum, wo er hingehen kann, wo er dazugehört.

Auf diesem Hintergrund muß der Jugendliche befähigt werden, entscheidungsfähig für sein Leben zu sein. Das ist nur derjenige, der mehrere Lebensformen, mehrere Handlungsalternativen kennengelernt und probiert hat. Diese Möglichkeit hatten viele Jugendliche in ihrem bisherigen Leben nicht. Entscheidungen müssen von dem Jugendlichen selber getroffen werden.

Letztlich geht es darum, mit dem Jugendlichen gemeinsam Liebe zu seinem eigenen Leben zu entwickeln.

Schwerpunkte in der Umsetzung

Wir unterscheiden in der Betreuung des Jugendlichen vier unterschiedliche Phasen. Dies widerspricht nicht dem Grundgedanken, daß die Lebenssituation jedes Jugendlichen sehr unterschiedlich und das Hilfsangebot an der konkreten Person orientiert ist. Die Phasen sind in der Regel schwer voneinander abzugrenzen, sie sind auch in der Dauer und Intensität entsprechend des Einzelfalles sehr unterschiedlich. Darüber hinaus beschreiben sie auch nicht unbedingt eine zeitliche Reihenfolge – unter Umständen treten einzelne Phasen mehrfach auf. Die hier beschriebenen Phasen sind lediglich der Versuch, die vielfältigen in Gang zu setzenden Prozesse zu strukturieren:

Gegenseitiges Kennenlernen – Einlassen auf die Person des Gegenübers

Hier sind die erste Kontaktaufnahme und die ersten darauf folgenden Schritte gemeint. In dieser Phase lernen der Jugendliche und der Betreuer einander kennen, gehen gemeinsam Wege, führen Gespräche.

In dieser Phase entscheidet sich, ob der Jugendliche bereit ist, sich auf einen gemeinsamen Weg zu begeben. Die Bereitschaft des Betreuers setzen wir voraus.

Mögliche Formen können zum Beispiel sein:
- einmaliges, mehrmaliges oder häufiges Aufsuchen der Jugendlichen in ihrem derzeitigen Lebensumfeld (Familie, Peergroup, Treffpunkte, Schule etc.),
- Begleiten der Jugendlichen bei Wegen, die ihren derzeitigen Alltag bestimmen,
- Intervention bei akuten Problemlagen, die die Jugendlichen nicht allein bewältigen können (Obdachlosigkeit, Hunger, Polizeigewahrsam, akute Bedrohungssituationen etc.) oder
- Beratung und persönliche Stabilisierung.

Schaffen von Sicherheit und Vertrauensbildung

Hier wird der Jugendliche in vielfältige phantasievolle Prozesse einbezogen, in denen er einerseits zur Ruhe kommen und andererseits verschiedene Denk- und Handlungsweisen wahrnehmen kann. Unserer Erfahrung nach gibt es Jugendliche, die für diese Phase nur einige Stunden benötigen – andere wiederum benötigen ein Jahr oder auch noch länger!

Mögliche Formen können zum Beispiel sein:
- Bereitstellung von geeignetem Wohnraum und regelmäßigem Essen,
- Versorgung mit Kleidung und allen anderen Dingen, die zur Lebensgestaltung gehören,
- gemeinsame Suche nach einer geeigneten regelmäßigen Beschäftigung (z.B. Schule, Lehre etc.),
- Durchführen gemeinsamer Aktivitäten, Gestaltung der Freizeit,
- Kontaktaufnahme zu den Eltern, Kontakte zu Institutionen,
- Kontakte im Lebensumfeld des Jugendlichen und
- praktische Unterstützung.

Gestaltungsphase

Aus dem genannten Hintergrund heraus gestaltet der Jugendliche die für ihn angemessenen Lebensformen – und dies in ständiger Auseinandersetzung mit seiner gesellschaftlichen Realität. Gemeinsame Vorhaben werden mit dem Jugendlichen umgesetzt.

Mögliche Formen könnten zum Beispiel sein:
- alle Inhalte der Phase 2, jedoch mit dem Unterschied, daß der

Jugendliche täglich dazu herausgefordert wird, die Variablen selbst mitzugestalten – auch Alternatives auszuprobieren (z.B. statt Bereitstellung von Wohnraum nun Ausbau einer eigenen Wohnung),
- Reflektierung eigener Sozialisationserfahrungen,
- Kennenlernen und Ausprobieren von Lebensformen, die den bisherigen Erfahrungen des Jugendlichen widersprechen – aber auch Kennenlernen und Ausprobieren von Grenzen oder
- Beratung und Klärung der Perspektiven des Jugendlichen.

Besonders wichtig erscheint es uns, in dieser Phase das Umfeld des Jugendlichen nochmals in der Richtung zu untersuchen, welche Ressourcen der Unterstützung es langfristig für die einzelnen Jugendlichen bereithält. Wir gehen davon aus, daß der Jugendliche sich in vernetzten sozialen Bezügen befindet – bzw. diese nach und nach aufbaut (evtl. mit der Hilfe des Pädagogen). Wir vertreten die Auffassung, daß diese Bezüge insgesamt auf den unterschiedlichsten Ebenen ihren Sinn in der Unterstützung der Jugendlichen haben. Insgesamt wird angestrebt: ein vernetztes System sowohl formeller als auch informeller sozialer Bezüge. Es geht um den Aufbau eines Instrumentariums zur Lebensgestaltung und Lebensbewältigung mit und für den Jugendlichen nach Betreuungsende.

Verselbständigungsphase

Schließlich wird der Jugendliche aus der Betreuung entlassen. Dies bedeutet nicht, daß er von einem auf den anderen Tag wieder allein dasteht. Dies bedeutet auch nicht, daß der Jugendliche für eine Nachbetreuung nun einen neuen Betreuer erhält. Vielmehr soll in dieser Phase der Jugendliche seine Formen der Lebensgestaltung und Lebensbewältigung ausprobieren können – das heißt ausprobieren, ob die Unterstützungssysteme (die formellen und informellen sozialen Bezüge) für und mit ihm so gestaltet sind, daß er bei Bedarf darauf zurückgreifen kann, oder ob es ihm nun gelingt, bei Bedarf selbst hilfreiche Unterstützungssysteme zu finden. Der Betreuer bleibt in einer für den Jugendlichen angemessenen Form ansprechbar.

Standorte

Sozial-diakonische Jugendarbeit in der Gesellschaft

Die Angebote, die wir für Jugendliche im Stadtteil Lichtenberg machen, bleiben Angebote für wenige. Sie bleiben exemplarisch für Prozesse.

Sozial-diakonische Jugendarbeit ist eine politische und persönliche Herausforderung für die Mitarbeiter. Aus unseren Erfahrungen in Lichtenberg leiten wir folgende fünf Thesen her:

These 1: Kinder-, Jugend- bzw. Sozialarbeit ist in politischer Verantwortung wie jedes andere Metier zur persönlichen Profilierung und Augenauswischerei ungeeignet. Nicht zuletzt darum erscheinen viele der seit der Wende in Ost-Berlin entstandenen Projekte in bestimmten Bereichen eher inhaltsschwach. Problempunkte betreffen:
- ABM-Basis (was 1991 und 1992 großzügig funktionierte): Konsequenz ist die unausweichliche zeitliche Begrenzung. Diese Arbeit birgt die Gefahr, an der Situation der Kinder und Jugendlichen, die konstante Beziehungen benötigen, vorbeizugehen.
- Schnelles Profilieren der Arbeit im Sinne von funktionierenden Förderkriterien (z.B. Drogenprävention) – die Arbeit knüpft nicht an der Situation des Klientels an und birgt deswegen die Gefahr, am Klientel vorbeizugehen
- Jugendpolitik orientiert sich zu häufig an spektakulären Ereignissen, an Auffälligkeiten wie Drogengebrauch oder Gewaltbereitschaft unter Jugendlichen. Es entstehen kurzlebige Kampagnen, in denen es nur schwer möglich ist, Jugendliche perspektivisch zu begleiten.

These 2: Sinnvolle sozialpädagogische Ansätze mit schwierigen und gefährdeten Jugendlichen sind ein Spagat zwischen den immer wieder beschriebenen Anliegen bzw. Zielen und dem alltäglichen gesellschaftlichen Umfeld des Klientels.

Die obengenannten Projekte setzen sich im allgemeinen nicht mit den gesellschaftlichen Ursachen, in denen Jugendliche mit ihrem Denken und Handeln her-anwuchsen, auseinander.

Herkömmliche sozialpädagogische Ansätze stehen häufig gegen produktive gesellschaftliche Veränderungen, da sie bei „Erfolg" über bestehende gesellschaftliche Mängel hinwegtäuschen. Darum ist pädagogisches Herangehen oft nur mit dem Blick auf die konkret betroffenen Jugendlichen zu ertragen. Ohne unsere Einflußnahme müßte der Jugendliche mit großer Wahrscheinlichkeit Dinge „ausba-den", die für viele von ihnen eher zwangsläufige Entwicklungen sind.

These 3: Politisches Engagement für lebensfördernde gesellschaftliche Veränderungen ist dringend, ja zwangsläufig, wenn der in der Arbeit engagierte Mitarbeiter persönliche Identität behalten will.

These 4: Es gibt nur wenige Menschen, die bereit sind, sich mit Jugendlichen einzulassen, deren Weltbild dem ihren unter Umständen diametral gegenübersteht. Sozialarbeiter haben meist ein „linkes" Weltbild. Von den wenigen, die bereit sind für diese Arbeit, sind jedoch noch weniger auch für sie geeignet. Viele Mitarbeiter sehen selbst keine Perspektiven für sich in der gegenwärtigen gesellschaftlichen Situation. Sie können deshalb auch Jugendlichen keine Perspektive vermitteln.

These 5: Mitarbeiter und Initiatoren einer Jugendarbeit, die an den Jugendlichen (und der Betroffenheit von ihrer Situation) ansetzt, werden häufig von der Öffentlichkeit oder von Gruppen mit ihrem Klientel identifiziert. Wer sich mit Gewalttätern oder sogenannten Rechtsradikalen beschäftigt, ist schnell im Verdacht, selbst rechtsradi-kal zu sein. Das hat deutliche Auswirkungen auf das eigene Leben im eigenen sozialen Umfeld des Mitarbeiters. Das persönliche informelle und formelle Netzwerk des Mitarbeiters / Initiators muß funktional sein, damit die Arbeit geleistet werden kann.

Der Mitarbeiter

Es stellt sich die Frage, wie ein Mitarbeiter in der Jugendarbeit mit den Kindern und Jugendlichen umgehen kann.

Wir gehen von folgenden Grundsätzen aus:

Grundsatz 1: Entscheidend ist es, für sich (und in der Folge mit den Jugendlichen) darüber nachzudenken, wie Zusammenleben wirklich aussehen kann und welche - vielleicht irrationalen - Visionen wir dazu entwickeln. (Die Theologen würden sagen: Hoffnung haben und Hoffnung entwickeln.)

Grundsatz 2: Direkte Folge davon ist die Anforderung, die Lebenssitua-tionen - sowohl die eigene als auch die der Heranwachsenden - wahrzunehmen und zu benennen, mit allen Ängsten und persönlichen Hindernissen.

Grundsatz 3: Es geht darum, sich mit den Heranwachsenden auf den Weg zu begeben und nicht zu resignieren, weil das Ziel unerreichbar scheint; dieses Beginnen ist unabhängig von der momentanen gesellschaftlichen Akzeptanz.

Grundsatz 4: Jugendarbeit entscheidet sich letztlich nicht am zur Verfügung stehenden Geld oder an Förderprogrammen, sondern an den persönlichen Qualitäten, an den Personen, die in der Auseinandersetzung stehen. Politiker und Behörden können nur „Vehikel" dafür zur Verfügung stellen (Geld und Raum). Die Arbeit entscheidet sich im Umgang am Ort.

Grundsatz 5: Wir haben die Aufgabe, ständig Möglichkeiten der Artikulation zu finden.

Das betrifft auch die tägliche Auseinandersetzung im eigenen Umfeld. Wir sind regelrecht in die Pflicht genommen, adäquate Formen des Zusammenlebens vorzuleben, das zu tun, was man selbst als richtig und lebensfördernd erkannt hat - unabhängig von gesetzlichen oder verwaltungsvorschriftlichen Grundlagen.

Wir müssen in der Lage sein, die Bedürfnisse der Jugendlichen wahrzunehmen und sie ggf. als ihr „Anwalt" einzuklagen.

Jugendarbeit fordert die Bereitschaft, Formen der politischen Mitgestaltung im Stadtteil oder am Ort zu finden oder wahrzunehmen.

Harald Klingebiel

Jugendsozialarbeit als politische Einmischung: Die Bremer Ostkurve als Stehkurve jugendlicher Werder-Fans*

Vorbemerkung für den geneigten Leser

Im folgenden Text verfolgen Sie eine Bremer Entwicklung, die mit vielen regionalen Besonderheiten durchsetzt ist. Da die Fragen jugendpolitischer Einmischungsstrategien derzeit noch „in den Kinderschuhen stecken" und jeder bundesdeutsche Ballungsraum seine speziellen politischen und institutionellen Bedingungen und Besonderheiten hat, werden Bremer Bedingungen zur Grundlage von Überlegungen und Praxis.

Grundsätzlich sind diverse Aktivitäten im Zusammenhang mit jugendpolitischer Einmischung jedoch überall möglich.

Für den Interessierten wird es nicht schwer sein, aus der Bremer Initiative Ableitungen und Anregungen für sein spezielles, regionales Vorhaben zu entwickeln. Viel Spaß beim Lesen wünscht der Autor, interessiert ist er an weiteren Anregungen, Kritik und Diskussionsbeiträgen.

Stehplätze im Fußballstadion: Ausgangspunkt für Fan-Gewalt?

Insbesondere die gewalttätigen und auch tödlichen Vorkommnisse unter Fans bei europäischen Profi-Fußballwettbewerben von Heysel/ Brüssel (1985 mit 39 Toten durch einstürzende Zäune als Ergebnis einer Paniksituation) und Sheffield (1989 mit 96 Toten durch Zerdrük-

---

* Der Begriff Stehkurve oder Stehplatzkurve in Fußballstadien assoziiert – eigentlich ähnlich wie „Sitzen" – „Festes", „Fixiertes", „Statisches". Eigentlich müßte man sagen „Bewegungskurve".

ken am fest verankerten Spielfeld-Zaun), aber auch die Fan-Ausschreitungen von Leipzig, Dresden und Mailand (WM 1990) hatten zur Folge, daß durch Verordnungen der internationalen Fußballverbände (FIFA und UEFA) sowie des DFB im Spitzenfußball das „Sitzplatzstadion" zur Bedingung gemacht wird. So soll es ab 1998 bei internationalen Fußballbegegnungen keine Stehplätze mehr geben. Mit dem Wegfall der Bewegung und „Action" ermöglichenden Stehplätze erhofft man die Sicherheit in den Stadien zu erhöhen. Bildlich gesprochen „soll auf diese Weise das Hooligan-Phänomen ausgesessen werden". Seinen konkretesten ordnungspolitischen Ausdruck in Deutschland stellt das Ende 1992 verabschiedete „Nationale Konzept Sport und Sicherheit" (NKSS) dar. Dieses 73-Seiten-Papier steht Vorstellungen des Erhalts und der Förderung sinnstiftender Fan-Kultur, die eine Stehplatzkultur ist, diametral gegenüber. Das Stehplatzkontingent wird auch hier eliminiert bzw. stark eingeschränkt.

Der gleichzeitig sich entwickelnde „Mainstream" im europäischen Profi-Fußball in Richtung Komfortverbesserung in den Fußballstadien, die wesentlich mit „Sitzen" in Verbindung gebracht wird, erbringt eine Melange, die sich als dominant darstellt. Der immer höhere ökonomische Stellenwert macht sich prozeßhaft auch schon früher deutlich: verschiedene Umbaumaßnahmen haben Schritt für Schritt das Sitzplatzkontingent vergrößert und die am Stehplatz Interessierten im Zuge der Umbaumaßnahmen beispielsweise zur WM 1974 in Deutschland in Randzonen der Stadien verdrängt. Da jedoch gerade die jugendlichen Fußball-Fans, die in den (noch) recht offenen Kurven der Stadien stehen, das bewegungs- und anfeuerungsintensive „Stehen" zu ihrem Fußball-Genuß gemacht haben, stehen ihre vergleichsweise ohnmächtigen Interessen gegen die von FIFA, UEFA, DFB, weiten Teilen der Ordnungspolitik sowie dem „Sitzplatzmarketing" der Spitzenvereine.

Zu diesen internationalen Aspekten traten zusätzliche Bremer Aspekte: Einerseits die seit Beginn der Bremer Fan-Projekt-Arbeit 1982 geführte Diskussion um eine sozial- und jugendgerechte Gestaltung des Bremer Weserstadions, besonders seiner Ost-Kurve, andererseits der im Herbst 1989 vom Bremer Senat beschlossene und 1991 fertiggestellte Ausbau der mit Logen versehenen Haupttribüne (Süd-Tribüne) und ein angekündigter Umbau der Ost-Kurve (Stehkurve der Werder-Fans).

Auch im zukünftigen und modernisierten Fußballstadion muß Raum sein und entwickelt werden für den Stehplatz – ein anschauliches Modell soll die Ziele verdeutlichen.

„Sitzen ist für'n Arsch" – die Projektziele

„Erhalt von Stehplätzen in der Ost-Kurve", so lautet eines der klaren und grundsätzlichen Ergebnisse aus der über 10jährigen Arbeit des Fan-Projekts Bremen e.V. mit jugendlichen Werder-Fans.

Die angesprochenen Bedingungen zur Erhaltung bzw. zur Neugestaltung von Stehplätzen im Bremer Weserstadion sorgfältig analysierend und die verschiedenen in Frage kommenden Politikfelder „auseinanderfaltend", sollte unter wesentlicher Beteiligung von jugendlichen Werder-Fans eine „Projektgruppe" aufgebaut werden, die sich prozeßhaft entwickeln und zu konkreten Aktivitäten für den Erhalt von Stehplätzen im Bremer Weserstadion und Mitgestaltung des gesamten Baukörpers finden sollte. Auf diese Weise sollte versucht werden, jugendlichen Werder-Fans prozeßkooperative (und fußballfremde), demokratische und zielorientierte Zusammenhänge zu ermöglichen, an deren Ende eine nach ihren Vorstellungen gestaltete Fan-Kurve stehen sollte.

Folglich haben wir versucht, auch den Stadionbereich der jugendlichen Fans in den Modernisierungsprozeß des gesamten Stadions einzubeziehen und aus einer eher rückwärtsgewandten Position des „nur Verteidigens" von Stehplätzen diesen Komplex in vorwärtsgewandte Überlegungen einzubeziehen. So ist der Zusammenhang der offenen und wenig durch Zäune segmentierten Stehplatzkurve und die Verbindung von Stehplätzen mit Innenräumlichkeiten für Fans hinzugekommen.

Zielorientiert versuchen wir mit dieser Initiative (jungen) Jugendlichen aus der Werder-Fan-Szene durch konkrete (Mit-)Gestaltungsschritte demokratische Prozesse „von unten" und damit nah am „Gegenstand Fan-Sein" erfahrbar zu machen. Auch und gerade durch eigene Interessenvertretung, Auseinandersetzung, Konflikte, ja Streit, Konfliktregulierung und Annäherung wird Demokratie ausprobiert, weiterentwickelt, also „lernbar".

Die Macht- bzw. Ohnmachtsgefälle im Profi-Fußball insgesamt einschätzend, wurde recht schnell von einer „Verweigerungs- und Ablehnungspolitik" in dieser Frage Abstand genommen. Den ökonomischen und politischen Druck gleichfalls realistisch einschätzend, sollte es – gleichsam affirmativ – um Möglichkeiten und Wege gehen, für und mit den Werder-Fans „den Finger und das Wort zu erheben" in der Gestaltung der zukünftigen Ost-Kurve.

Über eine spezielle Art der „(jugendpolitischen) Einmischung" und der Initiierung einer öffentlichen Diskussion sollten im Rahmen eines zu „entwickelnden Gesamtkonzepts" insbesondere fünf Ziele als „essentials" anvisiert werden:

a) Ein ausreichender und 'offener' Stehplatzbereich für Jung und Alt muß erhalten bleiben, weil die jugendlichen Fans das Spiel gemeinsam mit Freunden und „stehend" erleben wollen. Die Segmentierung durch Trennzäune ist aufzuheben, den Fans geht es neben dem Spielbesuch darum, in der Ost-Kurve weiter entfernt stehende Freunde und Bekannte zu treffen und zu erleben sowie neue Menschen kennenzulernen. Nur so ist es für sie möglich, fan- und jugendgemäß gemeinsam und sich umarmend Siege zu feiern, tröstend Niederlagen zu erleiden. Nur so kann springend, singend und anfeuernd die Mannschaft unterstützt, der „Gegner" verunsichert, die drohende Niederlage verhindert, der Sieg herbeigeschrien werden. Nur so kann der Fan-Bereich die Fahnen präsentieren, Konfetti werfen, die Stimmung entfachen und „zum zwölften Mann werden".

b) Dieser gute Sicht bietende Stehplatzbereich ist so zu gestalten, daß auch der erwachsene Stehplatzbesucher sich diesem Bereich zuordnen kann. Eine entsprechende Steilheit der Ränge und seine zentrale Einbindung ist für alle Altersgruppen notwendig. Durch eine vom Fan-Projekt durchgeführte Befragung bei den Erwachsenen (der Ost-Kurve) ist deutlich geworden, daß es auch hier ein großes Interesse gibt. Ein Bereich, der zum „exotischen (Fan-)Block" verkommt, kann nicht das Ziel übergeordneter Planung sein. Langfristige „Wanderungsbewegungen" sind auf diese Weise unmöglich: an der Hand des im Erwachsenen-Bereich der Ost-Kurve stehenden Vaters kommt das Kind/der junge Jugendliche ins Stadion, älter werdend gesellt er sich zu den Jugendlichen im anfeuernden Block, um sich später zu den Erwachsenen zurückzuziehen, den Bereich, den sein Vater inzwischen in Richtung Sitzplatz in der Ost-Kurve verlassen hat. Auf diese Weise könnten Alt und Jung beim gemeinsamen Fußball-Schauen sich begegnen, sich streiten, voneinander lernen, also Selbstregulierung entwickeln und Selbstverantwortung praktizieren.

c) Dieser Stehplatzbereich ist sozial verträglich zu gestalten und mit einem Sitzplatzbereich zu „verbinden". Das von verschiedenen Verantwortlichen aus Sport und Ordnungspolitik nach wie vor gewollte, von FIFA und UEFA ab 1999 beschlossene „Sitzplatzstadion" stellt die rigideste Form ordnungspolitischer Vorstellungen dar. Eine Verbindung mit Sitzplätzen und eine mit Innenräumlichkeiten stellt die „innere Integration" dar. Die Möglichkeiten des gemeinsamen „Erlebnis Fußball" für alle wären sehr beschränkt, der alltägliche Fußball-Liga-Betrieb würde tendenziell zu einer bedrückenden und in unfreundlicher Atmosphäre stattfindenden Veranstaltung.

d) Der Stehplatzbereich ist in jugend- und zuschauerspezifischer Entsprechung der VIP-Räumlichkeiten zu verbinden mit Innenräumlichkeiten. Dem aus diversen Gründen weniger tragfähig gewordenen „Erlebnisraum Kurve" ist eine neue und angemessene Qualität hinzuzufügen. Die sich dann und daraus ergebenden Möglichkeiten der Begegnung verschiedenster Schichten und Altersgruppen stellen gleichfalls ein soziales Konzept zur Gewaltminderung gegen das ordnungspolitisch gewollte Stadion dar. Das weiterhin Neue daran ist die Öffnung dieser Räumlichkeiten auch unter der Woche und für („fußballfremde") Interessierte aus dem Stadtteil, der Stadt, dem Sport, dem Beirat, den Parteien, den Vereinen, den Nachbarschaftsgruppen, wodurch ein kulturelles Zentrum entsteht, das weit über den Fußball hinausgeht. Eine Verbindung ins Stadionumfeld, nämlich ins Freizeit- und Erholungsgebiet, stellt die „äußere Integration" dar.

e) Sollten bestimmte Abgrenzungen im gesamten Zuschauerbereich für unumgänglich angesehen werden, so muß nach architektonischen Alternativen zum Zaun gesucht werden. [1] Nur so kann erreicht werden, daß die im Zuschauerfußball entstandenen sozialen Lebenswelten Raum haben, ohne negative Konsequenzen zur Folge zu haben. Zäune stellen einen letztlich untauglichen Versuch dar, soziale Verunsicherungen behandelbar zu machen.

Projektverfahren

Diese kurz zusammengefaßten konzeptionellen Grundlagen sind von der seit 1991 arbeitenden „Projektgruppe Ost-Kurve"/„Sitzen ist für'n Arsch" auf drei verschiedenen Ebenen umgesetzt worden:

1. Parallel zum diskursiven Prozeß in der „Hauptgruppe" sind dessen Ergebnisse innerhalb einer im wesentlichen von jugendlichen Werder-Fans und Kulturpädagogen zusammengesetzten „Baugruppe" in ein wahrlich raumgreifendes Modell der Kurve (aus Cappa-Line) im Maßstab von 1:50 „gegossen" worden.

2. Dieser Prozeß ist im Rahmen eines Video-Projekts des „Kulturzentrum Schlachthof" in einem Video-Film von 32 Minuten Länge zusammengefaßt worden.

3. Der Gesamtkomplex „Fan-Kurve als auch zukünftige Stehplatz-kurve" ist ausgeführt in der im Literaturverzeichnis angegebenen Dokumentation.

Bürgerbeteiligung und Mitgestaltung von Betroffenen sind Schlag-worte nicht nur in der jugendpolitischen Debatte. Insbesondere im Diskussionszusammenhang von Politikverdrossenheit sowie in der Absicht, demokratische Entscheidungsprozesse sichtbar, nachvoll-ziehbar und beeinflußbar zu machen, werden diese Überlegungen zu Recht angestellt. Das muß auch gelten, wenn es wie hier aufgenommen, eingefordert und konstruktiv bearbeitet wird. Auch die horinzontale und vertikale Vernetzung und Kooperation sind fachpolitische Begriff-lichkeiten, die hier, gleichsam als „Nebenprodukt", mit Leben gefüllt werden können.

Nach projektinterner Einschätzung, daß ein ausschließlich fußball-immanent vorgehendes Projekt chancenlos sein würde, waren Bünd-nis- und Kooperationspartner notwendig. Mit dem diesen (und ähnli-chen) Fragestellungen gegenüber offenen Bremer Kulturzentrum „Schlachthof", das u.a. eigene Erweiterungs- und Veränderungsbauten am konkreten Beispiel eines vorher erstellten Modells durchgeführt hat, ist diese Kooperation gelungen.

Aus der damals noch projektinternen Diskussion schälten sich notwendige Voraussetzungen heraus: Neben den Werder-Fans brauch-ten wir inhaltlich verwandte, innovative Kooperationspartner bzw. Vertreter verschiedener Fachrichtungen wie aus der Jugend- und All-tagskultur, Pädagogik, Architektur, Sportpolitik, Sportgremien u.ä. Darüber hinaus sollten Experten aus den fachlichen Komplexen
- „Aneignung sozialer Räume",
- „Vernetzung von Außen (= Stehen) und Innen (= Begegnung)",
- „Veränderung von Konsum- und Rezeptionsverhalten in und außer-halb des Fußballzusammenhanges" für die aufzubauende „Projekt-gruppe Ost-Kurve" gewonnen werden.
Mit der vielschichtigen Suche nach entsprechenden Experten bzw. auf-grund gut entwickelter Ausgangsvoraussetzungen von interessierten Werder-Fans, Fan-Projektlern, „Modellbaufachleuten" aus der Breiten- und Alltagskultur, einigen Architekten, Stadtplanern, Sozialwissen-schaftlern und Pädagogen sollte sich die „Projektgruppe Ost-Kurve" herausbilden und entwickeln.

Das entstandene „Modell Ost-Kurve" und seine zugrundeliegenden konzeptionellen Überlegungen sollten (und konnten) auf hohe und höchste kommunalpolitische Ebenen gehoben werden. So sind bei-spielsweise die Senatoren des Sports, Inneren, der Stadtentwicklung sowie weitere Fachpolitiker in diese ressortübergreifende und interdisziplinäre Diskussion einbezogen worden, die in ein Symposium/einen Runden Tisch in der Bremer Bürgerschaft im Februar 1993 gemündet ist.

Auch der SV Werder Bremen als Zentrum des Fan-Interesses und wichtiger Bestandteil dieser kommunalpolitischen Diskussionsprozesses sollte eine konstruktive Rolle spielen. Trotz möglicher Übernahme des Bremer Weserstadions von der Stadt als bisheriger Eigentümerin durch den SV Werder hoffen wir, daß dieses auch in Zukunft so bleibt.

Eine gute und intensive Öffentlichkeitsarbeit war wichtiger Bestandteil des Gesamtvorhabens. Im Frühstadium im Januar 1990, also kurz nach erwähnter Senatsentscheidung zum Umbau der Süd-Tribüne, verschickte deshalb das Fan-Projekt einen „Offenen Brief", um auf diesem Wege die grundsätzliche Position zum Fußballstadion (der Zukunft) „für alle" offenzulegen.

Im Spätherbst/Winter wurde mit einem diese Diskussion zusammenfassenden Positionspapier öffentlich eingeladen, um einerseits Kooperationspartner für die Projektgruppe zu finden und andererseits diese insgesamt zu konstituieren. Dieses als „Projektgruppe Ost-Kurve"/„Sitzen ist für'n Arsch" überschriebene Gremium sollte einerseits eine öffentliche und politische Diskussion über die Dimensionen des Erhalts von Stehplätzen initiieren und begleitende Öffentlichkeitsarbeit betreiben; andererseits sollte sie den Diskussionsprozeß in die gesamte Fan-Szene hinein befruchten und für Impulse und entsprechende Rückkopplung sorgen. So sollten bestimmte Aktionen der gesamten Fan-Szene organisiert und vorangetrieben werden.

Keine Praxis ohne Theorie, keine Theorie ohne Praxis

Da von früh an eine gewisse „Betriebsblindheit" verhindert werden sollte, haben wir in der Fan-Projekt-Arbeit insgesamt stets versucht, unsere Praxis theoretisch und wissenschaftlich zu überprüfen: Keine Praxis ohne Theorie, keine Theorie ohne Praxis. So ist für uns die Arbeit mit jugendlichen Werder-Fans mehr als nur die konkrete Jugendarbeit bzw. die aufsuchende Arbeit in der Fan-Kurve und im Umfeld des Fußballstadions. Der soziale Raum, in dem sich Werder-Zuschauer, aber insbesondere die jugendlichen Werder-Fans anlaßbezogen aufhalten, ist die Fan-Kurve als Stehplatzkurve. Wie auch aus anderen sozialen Zusammenhängen bekannt, bedingen u.a. Gestalt, Struktur und Form das soziale Klima. Kurz: Bedingungen jedes sozialen

Raumes beeinflussen die zwischenmenschlichen und zivilen Verhaltensweisen. Folgerichtig spielt die Beschaffenheit dieser Stehplatzkurve eine gewichtige Rolle beim Verhalten der jugendlichen „Kutten-Fans", Hooligans und Skinheads in der Ost-Kurve des Bremer Weserstadions (vgl. auch: Baensch 1992).

Die Versiegelung und Verdichtung großstädtischer Lebensräume hat zu einem Mangel an solchem Raum für Jugendliche geführt, der den Bedürfnissen nach Abenteuer, Action, Bewegung, Spiel Rechnung trägt. Der vielfach beklagte Zusammenhang zwischen solch engen und erlebnisfeindlichen Wohngebieten und problematischen Verhaltensweisen von Jugendlichen muß auf den „Erlebnisraum Ost-Kurve" erweitert werden: die Ost-Kurve als offener, nicht funktionalisierter Raum.

Neben einer zu initiierenden öffentlichen und jugendpolitischen Diskussion galt es, fundierte und beweisbare Aussagen zur sozialen Struktur der Ost-Kurve als Gesamtfeld und den von den Jugendlichen vertretenen Vorstellungen zur zukünftigen Gestaltung zu machen, um ein umfassendes Konzept entwickeln zu können.

Denn in der Ost-Kurve stehen auch andere Zuschauer: unorganisierte Jugendliche mit und ohne erkennbare Werder-Orientierung, Erwachsene, „Intellektuelle" jeden Alters. Von diesem Teil galt es, empirische Grundlagen zur sozialstrukturellen und demographischen Zusammensetzung zu bekommen. Diese Befragung ergab eine überwältigende Mehrheit, die neben einigen „angemessenen" Komfortverbesserungen, wie insbesondere ein Dach, ebenfalls die Werder-Spiele „stehend" erleben will. So wurde unsere theoretische Annahme gestützt, und der Komplex des generationsübergreifenden Miteinanders in der „Stehplatzkurve der Zukunft" konnte in die Auseinandersetzung einbezogen werden.

Fan-Arbeit als politische Einmischung

Wenngleich Fußball noch heute das „Vergnügen des kleinen Mannes am Wochenende" ist, kommen im Fußballstadion, aber auch noch einmal innerhalb der Fan-Kurve Menschen unterschiedlichen Alters, sozialer Herkunft, Lebensbereiche/Lebenswelten und Jugend-Sub-Kulturen zusammen. Wenngleich die Frage ganzheitlich anzugehen ist, soll hier zum Verständnis der Komplex „Jugendliche Werder-Fans" in die einzelnen Politikfelder „zerlegt" werden. Dieser Politikfächer ist in allen (fach-)politischen und öffentlichen Vorstellungs- und Diskussionsrunden aufgeschlagen bzw. diskutiert worden.

Natürlich steht an erster Stelle die jugend-sozialpolitische Auseinandersetzung. Eine solche Politik darf nicht nur in Richtung Besserversorgung argumentieren, sie muß Einfluß auf die Gestaltung öffentlichen Lebens gewinnen. Die verdichtet gebauten bundesdeutschen Großstädte verhindern das Aufwachsen, Ausprobieren und „Suchen" innerhalb jugendlicher Sozialisation. Es müssen – auch aus anderen Feldern der Jugendpolitik eingeklagte – Erlebnisfelder für Jugendliche ge- bzw. wiedergeschaffen werden. Das können beispielsweise offene, nicht funktionalisierte, öffentliche Räume, wie Parks, Plätze u.ä. sein.

Die Jugendpolitik insgesamt muß sich auch in diese Diskussion einbringen. Jugendpolitik kann sich nicht nur in stationärer und der in Ansätzen beginnenden aufsuchenden Jugendarbeit erschöpfen. Wie auch im 8. Jugendbericht der Bundesregierung gefordert, muß sich letztere in Kombination mit Einmischung in (jugendliche) soziale Räume entwickeln. Am Beispiel des Weserstadions bzw. seiner Ost-Kurve zeigt sich, wie schnell Jugendpolitik, aber nicht nur die, bei ökonomischem Druck „unter die Räder kommen kann".

Sport- und Zuschauerpolitik muß gleichzeitig mehr den Bereich des Sportumfeldes einbeziehen. So muß sie – und das wird bei kommerziellen Veranstaltern beispielsweise mit „Street-Soccer-Wettbewerben" in Ansätzen gemacht – den passiven „Zuschauersportler" zu gewinnen suchen. Der Sport muß auch in diesem Bereich Aktivitäten entfalten, die den Zuschauer als möglichen Aktiven im Sport selbst, im ehrenamtlichen Sportverwaltungsbereich, aber auch als aktiv handelndes Subjekt bei Fußballveranstaltungen begreifen. Auch die von der Sportministerkonferenz verschiedentlich geforderten Verbindungen beispielsweise zwischen Zuschauersport und Freizeitsport müssen versucht werden.

Die Sicherheits- und Ordnungspolitik bzw. Innenpolitik darf sich nicht ausschließlich als „Verbesserung" in Richtung höhere Zäune, bessere Video-Überwachung, bessere Strafverfolgung verstehen. Es darf nicht sein, daß Jugend im Zuschauerfußball ausschließlich als Sicherheitsrisiko verstanden wird (vgl. das schon angesprochene „Nationale Konzept Sport und Sicherheit"; darüber hinaus: Beschluß/Papier des Nichtständigen Rates der Europäischen Gemeinschaft, 1993).

Stadtentwicklungspolitik muß konstatieren, daß ein von Steuermitteln teuer „umbauter städtischer Raum" Öffnungen in andere großstädtische Lebensbereiche erfahren muß. Es ist politisch nicht einsehbar, daß ein solches Fußballstadion weniger als 50 mal im Jahr für eine Fußball-Großveranstaltung genutzt wird, ansonsten aber den Anwohnern und Interessierten verschlossen bleibt. Es muß in Richtung Multi-Funktionalität von Rasen und Laufbahn, aber auch der entstehenden Innenräumlichkeiten geplant werden. Gerade der direkt vom Stadion beispielsweise betroffene Stadtteil sollte einer multifunktionalen Nutzung Interesse entgegenbringen. Gerade wo (mittelgroße) Veranstaltungsräumlichkeiten sehr fehlen, das soziale Klima im Stadtteil „angekratzt" ist, müßte sich ein starkes Votum zur vielschichtigen Nutzung des Stadions entwickeln.

Die *Alltags- und Breitenkultur* muß sich einschalten, um zu verhindern, daß Großstadien ausschließlich für „gehobene" Veranstaltungen reserviert werden. Eine Diskussion „Öffnung von Stadien" muß bedenken, inwieweit das Stadion ein „geöffneter" Raum wird, den man auch gänzlich ohne Veranstaltungsanlaß betreten kann. [2]

Daß durch regelmäßige Veröffentlichungen und Beiträge in den regionalen Medien sowie durch die anstehende Bürgerschaftswahl in Bremen ein günstiger Prozeß begonnen hatte, soll hier nicht verschwiegen werden. Aber Wahlen kommen ja so häufig ...!

Die aktuell beklagte Sprachlosigkeit zwischen verschiedenen Generationen und sozialen Lebenswelten, aber auch zwischen den verschiedenen Jugend-(Sub-)Kulturen muß in diesem Zusammenhang mitdiskutiert werden. Anders als in der Fan-Kurve sind Einrichtungen, Plätze in der Regel für Jugendliche „besetzt". Hier sind die Punks, dort die Skins, hier die Hooligans, dort die Heavies, die Teds usw. Hinter und neben der Kultur der jugendlichen Werder-Fans verbergen sich viele Gruppen und Jugendkulturen. Es muß nach Wegen gesucht werden, daß auch in diesem Feld das oftmals verlorene Gespräch und Kennenlernen wieder möglich wird.

Kommunale Politik hört nicht am Stadiontor auf

Schon die frühe interne Diskussion um Möglichkeiten und Grenzen der Mitgestaltung einer neu zu bauenden Ost-Kurve im Bremer Weserstadion erbrachte die Gewißheit, daß eine ausschließlich fan- und/oder jugendsozialpolitische Herangehensweise, aber auch eine ausschließlich fußballorientierte Strategie keinen Erfolg haben würde.

Folgerichtig mußten - zusammen mit weiteren Kooperationspartnern - „nach vorn gerichtete" politische Positionen, insbesondere alltagskulturelle und stadtkulturelle bzw. stadtentwicklungspolitische Positionen diskutiert und entwickelt werden, eine ganzheitliche, also interdisziplinäre und ressortübergreifende Vorgehensweise sollte realisiert werden.

Das sich als Oberzentrum verstehende Bremen sowie alle sich

ähnlich verstehenden und als Eigner fungierenden Kommunen müssen dieserart Stadien als einen Teil in die Konzeptionen zur Stadtentwicklung einbeziehen. Das erfordert eine offensive Auseinandersetzung beispielsweise in Richtung bereits diskutierter Stadtkonzepte, wie beispielsweise Bremens „Stadt der Zukunft". So müssen diese als sozial und kulturell bedeutende sowie wirtschaftlich notwendige Räume in grundlegende Überlegungen zur Neugestaltung und Neustrukturierung von Ballungsräumen einbezogen werden. Das eben auf diese Weise entwickelte „Projekt Ost-Kurve" gehört infolgedessen in die Diskussion um die Entwicklung von Stadtteil- und Stadtkultur, die allgemeinen Modernisierungsprozessen folgt und in Bremen unter dem Sichwort „Stadt am Fluß" Gehör gefunden hat, könnte aber auch Anhaltspunkt für Vorstöße anderer Interessierter wie Kommunen und/oder Stadtentwicklern sein.

Die als kulturelle Zentren sich verstehenden und stadionbesitzenden Kommunen können und dürfen es sich nicht leisten, sich verschiedensten alltags- und breitenkulturellen Ansprüchen und den bereits heute darin angelegten Möglichkeiten zu verschließen. So müssen weit über die gelegentlichen Pop-Veranstaltungen hinaus Konzeptionen in Richtung multifunktionaler Nutzung des gesamten Stadions entwickelt werden. In diesem Zusammenhang gilt es, vielschichtige Egoismen aufzulösen, die das Verhältnis von „massenkulturellen Ereignissen im Fußballstadion" und „bildungsbürgerlich-bornierten Vorstellungen von Stadtkultur" heute ausmachen. Die Möglichkeiten von sozialen und kulturellen Ereignissen müssen entwickelt und in gesamtstädtische Perspektiven der Modernisierung der Region miteinbezogen werden.

Strukturelle Grenzen

Obwohl sich ein wirklich grenzenloses Brain-storming und offenes Phantasieren in der Anfangsphase anbietet, sind dennoch Grenzen miteinzubeziehen und zu diskutieren. Gerade wenn jugendpolitische Einmischung gemeinsam mit Jugendlichen praktiziert werden soll, ist unbedingte Offenheit notwendig. Nur wer über die Probleme, Schwierigkeiten und Grenzen (des Machbaren) nicht schweigt, wird bei den betroffenen Jugendlichen keine unrealistischen Erwartungen aufbauen und diese, wenn sich Rückschläge einstellen, „nicht in ein Loch fallen lassen".

Nach wie vor steht über allem ein von internationalen und nationalen Fußballverbänden (FIFA, UEFA, DFB) verordnetes „Stehplatzverbot" in Fußballstadien. Auf ökonomischer Ebene wünscht der internationale „Fußball-Mainstream" des professionellen Fußballs eine Komfortverbesserung, unter der das „Sitzplatzstadion" mitverstanden wird.

Das ergibt den vielschichtig verquickten Rahmen der jugendpolitischen Einmischung, in dem die Fans das schwächste Glied sind. Vielschichtige Hemmnisse, verschiedenste Vorstellungen mächtiger Institutionen stehen gegen die Interessen der Jugendlichen: hier die jugendlichen Fans, für die das „Stehen" beim Fußball zur entwickelten Fan-Kultur gehört, und dort die mächtigen, die Einnahme- und Komfortverbesserungen anstrebenden Verantwortlichen im Profi-Fußball. Diese Bedingungen sind zu spiegeln vor dem Hintergrund einer überaus angestrengten Finanzsituation der Kommunen und damit bedeutender werdenden Markt- und Verwertungsmechanismen auch des „freien" Kapitals.

Wie angesprochen, wird dieser Gesamtansatz seit Ende 1992 zusätzlich begrenzt. Das inzwischen bundesweit gültige „Nationale Konzept Sport und Sicherheit" segmentiert die Fan-Kurve stark und erklärt sie zur mit Polizeilaufgassen umgebenen Risikozone. Leitet man aus der „hindurchschimmernden" faktischen Gleichsetzung von Jugend und Risikofaktor grundlegende Perspektiven der Jugendpolitik (im Profifußball) ab, so wird der problematische Gehalt dieses Konzepts deutlich.

Wenngleich Vorsicht angebracht ist: die Sätze „Eigentlich müßte Bremen die Konzeption des 'Modell Ost-Kurve' umsetzen. Die Finanzierung jedoch ist unmöglich" sind manches Mal und inoffiziell gefallen. Das Problem der Umsetzung liegt aktuell in der Finanzierbarkeit. Die sich verändernden finanzpolitischen Bedingungen letztlich aller Kommunen, verändern gleichzeitig die Durchsetzungsfähigkeit bestimmter Vorstellungen der Betroffenen. So bleibt die Frage: Können die fanspezifischen und jugend-kulturellen Anforderungen an einen solchen Baukörper gegen die entstehenden ökonomischen Verwertungsnotwendigkeiten für Vereine und andere Finanziers durchgesetzt werden?

Anmerkungen

1 Damit sind einerseits die segmentierten vertikalen Trennzäune und andererseits die 1993 durch den 1. FC Kaiserslautern im vereinseigenen Stadion „Betzenberg" zurückgebauten Spielfeldzäune gemeint.

2 Dabei muß es, weil es den Normalbetrieb erschweren würde, nicht so weit gehen, wie in den Anfangsjahren dieses Jahrhunderts: Der Spielbetrieb auf den Fußballplätzen am heutigen Weserstadion mußte manches Mal unterbrochen werden, wenn Spaziergänger den nicht abgesperrten Platz überquerten.

Literatur

Baensch, Torsten: „Jugendlichen Raum lassen?", Landeszentrale für politische Bildung Hamburg. Hamburg 1992

Klingebiel, Harald / Rutkowski, Manfred unter Mitarbeit von Thomas Hafke und Matthias Otterstedt: „Das Modell Ost-Kurve oder 'Sitzen ist für'n Arsch'", Dokumentation einer Initiative des Fan-Projekt Bremen e.V. von 1991–1993. Bremen 1993

Kuntze, Norbert / Klingebiel, Harald: „Werder Bremen – eine Karriere im kühlen Norden". Göttingen 1994

Video-Film: „Sitzen ist für'n Arsch" – Das Modell Ost-Kurve oder Werder-Fans mischen sich ein. Eine Produktion der Video-Gruppe des Kulturzentrum Schlachthof e.V. Bremen 1992

Ralf-Erik Posselt

Aktion Courage

Es ist nicht die Gewalt, die den
Konflikt auslöst...

... es sind die Konflikte,
die Gewalt auslösen

Wer Gewalt und Rassismus bekämpfen und deeskalieren will, muß genau wissen, worum es sich handelt, wo Ursachen zu suchen und zu finden sind, welche Wirkungen und Spuren Gewalt und Rassismus hinterlassen und woran ich auch versteckte Alltagsgewalt und Alltagsrassismus erkennen kann. Gewalt muß als Gewalt erst einmal erkannt werden, um deeskaliert werden zu können. Ebenso verhält es sich mit den aktuellen rassistischen Entwicklungen in unserem Land; wer Rassismus bekämpfen will, muß genau wissen, was Rassist/innen wollen, wie sie handeln und auf welche Art und Weise sie versuchen, die Menschen für sich zu gewinnen. Mann und Frau müssen sie erkennen und entlarven lernen.

„Rechtsextremismus und Rassismus mit all den Vorstellungen von Ungleichheit von Menschen je nach Herkunft und Aussehen sind bis in die Mitte unserer Gesellschaft verbreitet. Sie werden nicht durch jugendliche Gewalttäter, sondern weit eher durch erwachsene Biedermänner und Nadelstreifenrassisten verbreitet und hoffähig gemacht, die längst in allen etablierten Parteien großen Einfluß haben."

Mit unseren COURAGE-Trainingsseminaren greifen wir zurück auf die Erfahrungen und Entwicklungen der Aktion COURAGE. Wir spannen in einem Wechsel von Theoriereflexion und praktischen (zum Teil spielerischen) Übungen und Trainingssequenzen den Bogen von eigenen Erfahrungen mit Gewalt und Rassismus hin zu reflektierten Positionen, Verhaltensmöglichkeiten in Bedrohungs- und Gewaltsituationen und stabilen Definitionen zur offensiven Auseinandersetzung.

In unseren Seminaren stellen wir praktische wie theoretische und in

sich geschlossene Bausteine zur (methodischen) Erarbeitung des The-
mas vor. Dazu gibt es jeweils schriftliche Kurzfassungen, die eine
Übertragung in die eigene Praxis von Antirassismusarbeit erlauben
(z.B. in Jugendarbeit, Schule, Gewerkschaft, Kirche usw.). Jeder Bau-
stein ist an eine (spielerische) Übung gekoppelt. Wir gehen davon aus,
daß Menschen den Frieden, den Streit oder auch eine harte Klopperei,
den Krieg, die Zärtlichkeit, soziale Wärme, Vertrauen, die Wahrheit
nicht schon deshalb begreifen, weil sie davon gehört haben, sondern
erst, wenn sie die Wahrheit auch selber (im wahrsten Sinne des Wortes)
begriffen haben.

Gewalt und Rassismus fallen nicht vom Himmel, ebensowenig wie
Feindbilder oder Sündenböcke, die dafür herhalten sollen, die Kritik
an und die Auseinandersetzung mit der eigenen Gruppe oder Person
zu vermeiden. Sündenböcke sind durchaus geeignet, unseren Unmut,
unsere Frustrationen und unsere Aggressionen (kurzfristig) abzuladen,
sie taugen nicht dazu, unsere Probleme zu lösen.

Mit Sorge beobachten wir, daß nicht nur Rechtsextremisten und
Neonazis einen Bedarf an Feindbildern haben, sondern daß quer durch
unsere Demokratie die Schuldzuschreibung beim jeweils politischen
Gegenüber zur Normalität geworden zu sein scheint. Dabei haben, fast
unmerklich, Ideologien der Gewalt und der Ungleichwertigkeit von
Menschen um sich gegriffen und sich für jeden spürbar etabliert.
Unabhängig voneinander, aber übereinstimmend berichten heute die
Jugendforschung ebenso wie die Praxis von Jugendhilfe, daß Gewalt
und Rassismus nicht nur am Rande unserer Gesellschaft zu finden
sind, sondern sich in ihrer Mitte, also unter uns selber, ausgebreitet
haben.

Exakt hier muß nachgefragt werden: wie und wo bitte genau? Und
um die Frage noch zu präzisieren: wenn schon Schule, Gewerkschaft,
Jugendhilfe, Kirche, Parteien, Polizei usw. in der Mitte der Gesellschaft
ihren Platz reklamieren, wo bitte und wie sind sie an der Entwicklung
und Eskalation von Gewalt, Rechtsextremismus und Rassismus beteiligt? Diese Frage heute neu zu stellen und ihr nachzugehen, ergibt sich
allein aus den vielfachen Versuchen aller Gruppen, sich heimlich aus
den o.g. Themen auszublenden „weil so etwas bei uns nun wirklich
(noch) nicht vorkommt" und „überhaupt - wir lehnen Gewalt und
Rassismus grundsätzlich ab". Gerade bei vielen Pädagogen erleben wir
die demonstrative und strikte Tabuisierung und Ablehnung der o.g.
Thematik
- wegen alltäglicher „Sachzwänge", die keinen Spielraum für die Auseinandersetzung mit Gewalt und Rassismus zulassen,

- um hier nicht ein Faß ohne Boden aufzumachen und weil diese Thematik von „uns" nicht verursacht und damit nicht zu verantworten ist,
- weil die Tabuisierung und Ablehnung von physischer Gewalt und Rassismus bisher die Thematisierung eigener struktureller und psychischer Gewaltanwendung ganz gut verhindern konnte,
- weil vermutlich auch durch die mangelnde Einstellung junger PädagogInnen eine immer deutlicher sichtbar werdende Distanz in bezug auf die Wahrnehmung und Beteiligung an jugendlicher Lebenswelt von seiten vieler (älterer) PädagogInnen wächst (und damit ein weiterer guter Grund zur Verhinderung eigener Kurskorrektur gefunden ist),
- weil sich (im Verlust eigener Zukunftsperspektiven (burn out)) fast unmerklich „Ordnungsprinzipien ohne Überzeugungskraft" eingefunden haben, die Jugendlichen zwar noch mitteilen, was sie nicht dürfen, aber immer öfter verschweigen, wie es sich auch in Zukunft noch sinnvoll leben läßt.

Die Tabuisierung von Gewalt (vor allem alltäglicher Gewalt) und die fadenscheinige Ausrede, daß die o.g. Themen u.U. ihren Platz im Religions-, Ethik- oder Sozialkundeunterricht der Schule haben, „aber doch nicht bei mir", ist Indiz für eine Entwicklung von Pädagogik, die sich resigniert und eitel in den Schmollwinkeln einer Ellenbogengesellschaft („Leistung muß sich wieder lohnen") eingerichtet hat und es sich dabei, mehr schlecht als recht, gut gehen läßt. Ausdruck erfährt diese Haltung dann in Überschriften wie „Schule nicht verantwortlich für Rechtsradikalität" (NDS 18/91, 2) und hilflosen Erklärungsversuchen und Schuldzuschreibungen: „Kontaktlosigkeit von permanent arbeitenden Eltern und auf sich allein gestellten Jugendlichen" (a.a.O.) oder „An diesem Punkt sind in erster Linie die Politiker gefordert ..." (a.a.O.)

Gerade weil die Themen Gewalt und Rassismus keine „Jugendprobleme" sind oder sich auf durchgeknallte Jugendszenen begrenzen lassen, wird es immer dringlicher, die Frage nach den Ursachen und Wirkungen auch an uns selber zu richten. In der schülereigenen Untersuchung der LandesschülerInnenvertretung Nordrhein-Westfalen und der AG Junge Presse Nordrhein-Westfalen von 1991 finden sich dazu einige spannende Aussagen, die aufhorchen lassen: Auf die Frage „Gibt es an deiner Schule Lehrer/innen, welche in rechtsextremen Parteien oder Organisationen aktiv sind?" antworteten zwar nur 1,3% der Befragten mit Ja; auf die Frage, ob LehrerInnen auch schon mal abwertende Bemerkungen machen über bestimmte Minderheiten oder benachteiligte Gruppen, antworteten jedoch immerhin 39,9% der Befragten mit

Ja (H. Kühn/ Landeszentrale für politische Bildung Nordrhein-Westfalen, Rechtsextremismus an unseren Schulen, 1991).

Unsere Ahnung, daß Rassismus durch uns selbst stabilisiert und re-produziert wird, bestätigt sich leider tagtäglich in unserer praktischen Arbeit mit Menschen aller gesellschaftlichen Gruppen und nicht zu-letzt auch durch uns selbst. Genau diese Optik in bezug auf uns selber neu zu schärfen zeigt, daß Rassismus keine böse Absicht sein muß, sondern eine Lebensform ist, ein Bestandteil unserer kulturellen Iden-tität und unserer ideologischen Vergesellschaftung. Dies ist eine not-wendige nüchtern zu treffende (wenn auch sehr schmerzliche) Erkennt-nis, um den Weg zur Gegenwehr freizumachen. Die beiden Rassismus-forscherinnen Annita Kalpaka und Nora Räthzel beschreiben diesen kritischen Prozeß als „Die Schwierigkeit, nicht rassistisch zu sein".

Warum wir von Rassismus reden? Gebräuchliche Begriffe wie „Aus-länderfeindlichkeit" oder „Fremdenhaß" haben in der Vergangenheit weniger als Hilfe, vielmehr zur Verschleierung des wirklichen Problems beigetragen: Schweden, Holländer, Amerikaner oder z.B. Franzosen werden in unserem Land nicht angegriffen oder diskriminiert – es sind ganz bestimmte Menschen mit ganz bestimmten Merkmalen, die hier ihr Schicksal erleiden. Arm, benachteiligt und eher elend sind die zutreffenden Merkmale, wenn wir von „Ausländerfeindlichkeit" spre-chen und Menschen meinen, die wir als lästig empfinden, weil wir sie eigentlich wieder los sein möchten. Ähnlich verhält es sich mit der Begrifflichkeit „Fremdenhaß" oder „Fremdenfeindlichkeit". Zuletzt, nach dem Anschlag auf die Lübecker Synagoge, tauchte dieser Begriff wieder auf – er will uns einreden, daß es sich bei Juden um „Fremde" handelt, obwohl sie Deutsche sind wie wir und Teil unserer Kultur und Geschichte. Anschläge und Angriffe auf Menschen in unserem Land haben nur sehr wenig mit ihrer Fremdheit oder ihrem anderen Paß zu tun, in Wirklichkeit geht es um heimlichen und um offenen Rassismus und die Angst, unseren Wohlstand rechtfertigen zu müssen.

In der Geschichte und Biologie wurden Menschengruppen aufgrund unterschiedlicher körperlicher Merkmale wie z.B. Schädelform, Kör-perbau und Hautfarbe in menschliche „Rassen" unterteilt. Diese Unterteilung der Menschen finden wir auch heute noch in Unterschei-dungen wie schwarze, weiße oder gelbe „Menschenrassen". Inzwischen werden solche oder ähnliche Unterscheidungskriterien in der Biologie nicht mehr benutzt, da sie sich als nicht trennscharf, willkürlich und irreführend herausgestellt haben. Eine aktuelle Methode der Unter-scheidung ist heute die Häufigkeit, mit der bestimmte Genkombinatio-nen in einer Bevölkerungsgruppe vorkommen. Dabei hat es sich allerdings herausgestellt, daß es in einer genetisch gleich definierten Gruppe genauso große Unterschiede zwischen den Individuen geben kann wie zwischen den Individuen von als genetisch verschieden definierten Gruppen. Von daher wird heute der Begriff „Rasse" nicht mehr benützt, vor allem, weil er auf seinem sozial-historischen Hintergrund (z.B. Sklavenhandel, Kolonialzeit, Nationalsozialismus) immer dann eine Rolle spielte, wenn es darum ging, Macht und Herrschaft über Menschen zu begründen, Menschen eigenen Interessen unterzuordnen oder sie als Menschen minderen Wertes herabzuwürdigen.

Von Rassismus reden wir, wenn bestimmte Merkmale von Menschen mit bestimmten und willkürlichen Eigenschaften gekoppelt werden (z.B. Frauen seien weniger intelligent, Ausländer seien krimineller usw.) und durch diese Konstruktion eine Abwertung oder Benachteiligung praktiziert wird.

Von Gewalt reden wir, wenn Menschen gezielt oder fahrlässig körperlich oder seelisch geschädigt werden. Gewalt ist immer an Macht geknüpft. Dazu gehört auch der Bereich der strukturellen Gewalt, also Ordnungsprinzipien, die materielle, soziale und ideelle menschliche Entwicklungen beeinträchtigen oder verhindern.

Auf der Suche nach den Wurzeln, Ursachen und Lösungswegen zur Bekämpfung von Gewalt und Rassismus sind wir auf Erfahrungen gestoßen, die gezeigt haben, daß Gewalt und Rassismus am besten dann zu bekämpfen sind, wenn wir bei uns selber anfangen und damit das gesellschaftliche Fundament verändern, auf dem sich heute gewalttätige Rechtsextremisten austoben und auch noch behaupten, „nur" das zu tun, was wir selber (heimlich) denken. Wir selber wissen, wie schwer es ist, auf Überheblichkeit zu verzichten, und wie leicht wir selber rassistisch über andere Menschen denken, reden und entscheiden. Manchmal scheint es so, als wenn die menschenverachtenden Rechtsextremisten nur deshalb Erfolge und Wählerstimmen verbuchen können, weil sie sicher sein können, für ihre Demonstrationen von Macht und Gewalt auch von uns (heimliche) Zustimmung zu erhalten. Bedrohlich ist diese Situation, wenn wir nicht mehr genau wissen, wie wir uns zu entscheiden und zu verhalten haben, was wir tun können und müssen, wo wir uns einmischen müßten oder Widerstand zu entwickeln haben. Von daher wenden wir uns heute auch immer deutlicher gegen „Fassadenmalerei", die mit plakativen Parolen versucht, sich selber als gut und die anderen oder „die Jugend" als böse darzustellen; vielfache Beispiele zeigen, daß gerade hier, durch gezielten Selbstbetrug, eines der größten Probleme noch vor uns liegt.

Zeichnete sich unsere demokratische Gesellschaft bisher vor allem durch die Vielfalt von Interessen und Menschen bei gleichzeitiger Integrationsfähigkeit aller in das Gemeinwesen aus, so erleben wir heute die Folgen von Arbeitslosigkeit, Verarmung, Wohnungsnot, Vereinsamung, Identitätsverlust, Handlungsunsicherheit und Ohnmacht, und damit verbunden eine Politik, die sich vor lauter Sachzwängen von den Menschen und den damit verbundenen Vermittlungsprozessen demokratischer Politik verabschiedet zu haben scheint.

Als Beispiel sei dabei nur auf die in den letzten Jahren zur Praxis gewordenen Regel der Unterbringung von Flüchtlingen in unseren Städten hingewiesen. Die Plazierung von Flüchtlingslagern in Wohnvierteln und Stadtteilen, ohne die Bevölkerung angemessen vorzubereiten, zu beteiligen oder gar zu hören, ist nicht nur ein Mangel an Demokratie, sondern Anstiftung zu Rassismus. Daß dies hier so deutlich gesagt werden muß, ergibt sich allein aus der Notwendigkeit, die Inhalte und Grenzen einer demokratischen Gesellschaft immer wieder neu zu buchstabieren. Schleichend und kaum spürbar erleben wir, wie Menschen zu minderen Menschen gemacht und Sachzwängen geopfert werden. Ich zitiere: „Die Landesregierung (NRW) appelliert an die Städte und Gemeinden, soweit irgend möglich, in den von ihnen betriebenen Unterkünften zur Unterbringung von Asylbewerbern und De-facto-Flüchtlingen ebenfalls für einen 'abschreckenden' Effekt durch die Art der Unterbringung zu sorgen" (aus: Mitteilungen des NRW Städtebundes v. 20.10.90 / Nr. 20).

Daß Bürger unserer Demokratie heute über ihre eigene Politikverdrossenheit ins Grübeln geraten sind, hat, so denke ich manchmal, weniger mit der (auf der Stelle tretenden) Politik selber zu tun, als vielmehr mit Politikern, die verdrossen sind, ihre Politik den Bürgern überhaupt noch zu vermitteln. Seit mehr als zehn Jahren sind so brisante Politikfelder wie Zukunftsperspektive, Wohnungsnot, Arbeitslosigkeit und soziale Verelendung die zentralen Themen, bei denen billigend in Kauf genommen wird, daß Sündenböcke (z.B. Flüchtlinge, Alte, Ausländer, Jugendliche usw.) als „Blitzableiter" mißbraucht werden. Politik vollzieht sich dabei nicht mehr als Gestaltung sozialen Friedens, sondern in einem sich selber dynamisierenden Kalkül auf Wählerstimmen und Machterhalt.

Gewalt hat viele Gesichter. Wir kennen sie vor allem als körperliche Gewalt und lehnen diese ab, obwohl wir gleichzeitig Formen struktureller und psychischer Gewalt verinnerlicht haben. Handlungsunsicherheit, Ohnmachtsgefühle und Einsamkeitsentwicklungen als zentrale Auslöser von Gewalt zeigen immerhin eine Richtung an, über die es nachzudenken lohnt, wenn wir der Gewalteskalation und der

„Ideologie der Ungleichwertigkeit von Menschen" begegnen wollen. Genau hier setzt der Imperativ Hartmut von Hentigs: „Die Menschen stärken, die Sachen klären" an, fordert zur Synthese auf und zum Widerspruch gegen eine den Interessen von Kindern und Jugendlichen zuwiderlaufenden Politik heraus.

In das Zentrum der Auseinandersetzung geraten von daher Lösungsansätze, die dem Gebrauchswert von Jugendhilfe, Schule usw. (und den hinter ihr stehenden Interessen und Mächten) durchaus gerechtfertigten Widerstand nicht versagen, die aber vor allem zu einer neuen Partnerschaft von z.B. PädagogInnen und Jugendlichen zurückkehrt. Partnerschaft heißt dann eben: immer wieder neu zu lernen, Jugendlichen überhaupt noch PartnerIn sein zu können. Eine wie auch immer erwartete Gegenleistung in Richtung der Jugendlichen hat ihren Ursprung genau in der Profession, diese Beziehung zu entwickeln, ihr standhalten zu können (Distanz und Nähe), um sie „professionell" zu gestalten. Der zu oft gehörte Verweis auf die fachspezifische Qualifikation, auf das schon erreichte eigene Alter oder die vorhandenen Sachzwänge ist als Profession nicht mehr und nicht weniger als ein pädagogischer Bankrott und unterstützt die aktuellen Versuche, Jugendhilfe und Pädagogik als Gebrauchswert für Politik und Wirtschaftsinteressen zu verbiegen. Partnerschaft und Pädagogik setzen Beziehungsfähigkeit und Beziehungsarbeit voraus, begleitet von Vertrautheit und gegenseitiger Akzeptanz. Diese (durchaus professionell) zu gestalten und auszuhalten macht erst den Sinn, den Jugendhilfe und Schule versprechen, nämlich: Bildung und Erziehung.

Der aktuelle Zustand unserer Gesellschaft, in der nicht nur Jugendliche durchknallen und das Maß der Dinge („die Sachen klären") verloren haben, zeigt deutlich, worum es heute wirklich geht. Was wir heute und in Zukunft immer dringlicher brauchen sind Menschen, Jugendliche wie LehrerInnen, Eltern und vor allem Väter, Großeltern, PolitikerInnen, Parteien, Verbände, Initiativen usw., die der Vereinsamung, Ohnmacht und Handlungsunsicherheit von Menschen den Kampf anzusagen bereit und in der Lage sind. Damit sind zwar der aktuelle Rassismus und die Gewalt noch nicht verschwunden; wir wissen aber, daß dort, wo Menschen begonnen haben, Beziehungen zu gestalten und aufrechtzuerhalten, gemeinsam Position zu beziehen, um menschlich und demokratisch miteinander umzugehen, dem Rassismus und der Gewalt die entscheidenden Grundlagen entzogen worden sind.

Gewalt und Rassismus sind gesellschaftliche Phänomene, die deshalb existieren, weil gesellschaftliche Mechanismen es noch heute erlauben, daß bestimmte Strukturen gewalttätig und rassistisch sind und damit Menschen verleiten, sich gerade in Krisensituationen gewalttätig und rassistisch zu verhalten. Die vielfältigen Ansätze von Jugendarbeit sowohl in den Jugendverbänden, in Initiativen und in der Offenen Arbeit, mit dem Ziel der:

- Stabilisierung der Persönlichkeit (Ich-Stärkung),
- Einbindung in soziale Gruppen (Identität und Integration),
- Entwicklung persönlicher, sozialer und wirtschaftlicher Partizipation und Perspektiven (Sinn und Zukunft),
- Beendigung von Ausgrenzungsprozessen (Marginalisierung),
- sinnhaften Gestaltung von Freizeit und freier Zeit,
- Realitätskonfrontation und Horizonterweiterung

haben tiefgreifende, ermutigende (aber auch bittere) Erfahrungen in der Auseinandersetzung mit den Themenbereichen Gewalt und Rassismus ermöglicht, die zu weiteren offensiven Schritten auffordern:

1. Es ist nicht die Gewalt, die den Konflikt auslöst ... es sind die Konflikte, die Gewalt auslösen. Jugendarbeit orientiert sich deshalb an den Problemen, die Jugendliche haben, und erst in zweiter Linie an Problemen, die sie machen.

2. Gewalt äußert sich nicht nur in körperlich spürbarer Form, sondern auch in Form psychischer und struktureller Gewalt. Die Vermutung, daß Gewalttäter selber unreflektierte (physische, psychische, strukturelle) Gewalt erlitten haben und sie immer noch als ungelösten Konflikt mit sich herumtragen, bestätigt sich vielfach.

3. Kinder und Jugendliche haben das Recht, Gewalterfahrungen zu machen und zu reflektieren, alleine um herauszufinden, daß Gewalt in all ihren Facetten zerstörerisch wirkt (und weh tut). Sie haben dabei ein Anrecht auf Raum, Zeit, Umwege, Sackgassen, Fehler und auf die Chance, daraus Konsequenzen ziehen zu können.

4. Jugendliche erklären oft, daß sie Gewalt als letztes ihnen zur Verfügung stehendes Mittel angewandt haben. Dort wo Gewalt thematisiert werden kann, zeigt sich die wachsende Ohnmacht, Konflikte gewaltfrei lösen zu können.

5. Wer sich in den Themenbereich und die Praxis von Gewalt hineinbegibt, braucht neben guten Freund/innen ständige Partner/innen zur Reflexion des eigenen Verhaltens und der eigenen Positionen und Rollen. Unabdingbare Voraussetzung zur Auseinandersetzung mit dem Thema Gewalt in gewalttätigen Jugendszenen ist eine eigene stabile Position zur Gewalt, die Kritik (an mir und an anderen) auch konfrontativ formulieren kann.

6. Gewalt ist letztlich immer kontraproduktiv.

7. Weil Gewalt etwas mit der jeweiligen Sozialisation und Biographie (von Gewalttätigen) zu tun hat, ist Pädagogik auf die Hinwendung zum Lebensmilieu und zur unmittelbaren Alltags- und Lebenswelt der Beteiligten angewiesen.

8. Dies bedeutet die Respektierung der je eigenen Lebenswelten von Cliquen und Szenen.

9. Um Gewalt zum Thema machen zu können, sind Vertrautheit und Akzeptanz notwendig.

10. Jugendliche scheinen ein massives Interesse daran zu haben, die Stimmigkeit von Argumentation, Reden und Handeln zu überprüfen und zu entlarven (Authentizität). Authentizitätsverlust führt dabei sehr schnell zur Isolation. Wenn jugendliche Gewalttäter Vertrauen gefaßt haben, berichten sie (oft) über eigene Enttäuschungen, Gewalterlebnisse, Niederlagen, ohne daß andere Cliquenangehörige dies erfahren dürfen.

11. Das Erleiden von Ungerechtigkeit und Gewalt scheint neben den Phänomenen „Langeweile" und der Suche nach Action und Selbstbestätigung ein Anknüpfungspunkt bei der Suche nach Lösungswegen zu sein.

12. Positionen und Initiativen gewaltfreier Konfliktlösung werden dabei gerne durch Regelverstöße überprüft. Initiativen zur Gewaltdeeskalation haben in der Regel (am Anfang) mit einer Eskalation von Gewalt (z.B.) gegen den Initiator zu rechnen; hier wird unmittelbar Authentizität abgefragt bzw. angetestet oder entlarvt. Schon hier stellt sich die Frage nach den (eigenen) Grenzen von Pädagogik.

13. Pädagogisch Handelnde müssen sich ihrer Grenzen und ihrer Risikobereitschaft bewußt werden/sein. Die Thematisierung eigener Grenzen ermöglicht das Eingrenzen von Risiken und das Verändern von Grenzen.

14. Das Vorhandensein eigener Widersprüchlichkeiten darf nicht tabuisiert werden, sondern kann offen in den Raum gestellt werden.

15. Akzeptierende Jugendarbeit kann niemals Unterstützung von, Ermutigung zu oder Beteiligung an Gewalt bedeuten; sie agiert auch zum Schutz möglicher Opfer.

16. Akzeptierende Jugendarbeit kann auch emotional-kritische Erlebnisse, riskante Action und Regelverletzungen zulassen, nimmt sie ernst und versucht, sie zu thematisieren.

17. Gerade mit gewaltbereiten Jugendlichen empfiehlt es sich oft, erst zu reden, wenn man gefragt wird. Gewaltbereite Jugendliche haben ein Recht darauf, ernst und wahrgenommen zu werden. Vertrauen entwickelt sich oft dort, wo sie sich angenommen fühlen.

18. Bei Szenen und Cliquen ist Szenekenntnis eine unverzichtbare Voraussetzung.

19. Arbeit mit rechtsextremistisch orientierten Jugendlichen verlangt gute und differenzierte Geschichtskenntnis und das Wissen um Argumentationsraster rechtsextremistischer Ideologien und ihrer Vertreter. Die Polarisierung „rechts-links" hat sich als wenig erfolgreich erwiesen und verschleiert eher die eigentlichen Konflikte, Probleme und Ursachen.

20. Jugendliche in ihren Unternehmungen zu unterstützen heißt nicht, ihnen die Verantwortung für ihr Reden, Verhalten und Handeln abzunehmen.

21. Beziehungsarbeit mit gewalttätigen Jugendlichen hat als pädagogischer Reibungsprozeß eine noch ungesicherte neue Qualität (Vorsicht mit Leuten, die hier medienwirksame oder politische Sensationen wittern und vermarkten wollen!). Professionelle Beziehungsarbeit muß die Fähigkeiten und Möglichkeiten des Wahrnehmens, Akzeptierens und des Respektierens immer neu reflektieren können.

22. Kerne dieser Beziehungsarbeit äußern sich in situativ entstehenden Einzelgesprächen. Dabei entlarvt sich manchmal die eigene Akzeptanz von psychischer und struktureller Gewalt bei gleichzeitiger Ablehnung körperlicher Gewalt.

23. Akzeptanz entwickelt gegenseitiges Interesse (und Vertrauen) und ermöglicht Reibungsprozesse über unterschiedlichste Positionen, Erfahrungen und Erwartungen.

24. In Bedrohungs- und Gewaltsituationen ist die intuitive (pädagogische) Intervention (als verinnerlichte Verhaltensmöglichkeit) maßgeblich. Diese läßt sich durch kollegiale Reflexion und Beratung und durch Konflikt-Verhaltenstraining entwickeln. In diesen Prozessen ist zu klären, ob und wie prinzipiell Distanz gewahrt wird bzw. wie möglicherweise schützend eingegriffen werden kann.

25. Jugendarbeit mit gewaltbereiten Jugendlichen ist offensiv und geht in die Szene, an die Leute, in die Konflikte und Ursachen hinein. Sie schafft Raum, Atmosphäre und Zeit zur Auseinandersetzung; sie sichert und gestaltet Rahmenbedingungen.

26. Öffentlichkeitsarbeit heißt in diesem Zusammenhang auch: Entstigmatisierung, Enttabuisierung und Thematisierung von Gewalt, Rassismus und ihren Ursachen und Wirkungen.

27. Vor allem in der Offenen Arbeit hören wir, daß immer jüngere Jugendliche und Kinder immer brutaler auftreten.

28. Auto-Aggressionen treten in der jüngeren Zeit häufiger und deut-

licher in der Jugendarbeit hervor. Immer mehr Szenekenner/innen berichten, daß sich hier (nach innen / gegen sich selber) viel größere Potentiale von Gewalt entladen, als nach außen wirksam werden.

29. Die Situation von Mädchen und Frauen muß stärker überprüft und in Betracht gezogen werden. Wenngleich sie in körperlich-brutalen Gewaltaktionen aktiv kaum in Erscheinung treten, scheinen sie doch ein „verläßliches Fundament" für Gewalt und Rassismus abzugeben. Geschlechtsspezifische Arbeitsansätze sind nur ein erster Schritt.

Aus alledem ergeben sich Konsequenzen:

- in bezug auf die beteiligten Akteure, die weniger mit ihrem Programm und ihrer Ideologie gefragt sind als vielmehr in der Stimmigkeit und Überprüfbarkeit (Authentizität) von Reden, Verhalten und Handeln;
- in bezug auf eine neue Politik, die nicht nur das beste will (oder von sich behauptet), sondern sich vermittelt, zu Reibungsprozessen einlädt und sich überprüfbar und begreifbar (am besten mit den Händen) zu erkennen gibt;
- in bezug auf neue Rahmenbedingungen für Kinder und Jugendliche, die Lernfelder ermöglichen, Erfahrungsräume eröffnen und die Option zur Überprüfung von Teilhabe, Wirklichkeit, Horizonten und Perspektiven zulassen;
- in bezug auf stabile Rahmenbedingungen für die Mitarbeiter/innen in der Jugendarbeit, die mit freiem Rücken, ohne ununterbrochenen Legitimationsdruck, mit Vertrauen in ihren Arbeitsplatz, ihre berufliche Perspektive und soziale Netze entwickeln müssen, um den o.g. Anforderungen standhalten zu können. Dazu gehört auch qualifizierte (psychosoziale und psychohygienische) Praxisberatung, Einbindung in ein fachliches Team, ein bewußt stärkender Träger und gemeinsames Ri-sikobewußtsein sowie Verantwortung füreinander. Dazu gehört auch die Anfrage, wer mich zurückholt und schützt, wenn mir eine Aktion, Beteiligung, ein Prozeß entglitten ist und ich selber nicht mehr weiter weiß. Wer stellt sich schützend vor mich und hilft mir, mit meinem eigenen Scheitern fertig zu werden?
- in bezug auf Geld. Die Zusammenhänge von Rezession, Arbeitslosigkeit, fehlender Perspektive, Verelendung und eskalierender Gewalt und Rassismus sind bekannt. Die aktuellen Konflikte sind eine Antwort auf die Wirksamkeit von Demokratie und Jugendpolitik. Die Erfahrungen, die Jugendliche heute machen, sind morgen der Hintergrund für ihre politischen Entscheidungen und ihr Verhalten.

Literatur

Krafeld, F.J.: Akzeptierende Jugendarbeit mit rechten Jugendcliquen. Bremen 1992

Hentges, G.: Immunisiert Weiblichkeit gegen Rechtsextremismus? In: Politologinnen Rundbrief Nr. 4, 10/93

Siller, G.: Widerstands- und Zugangsformen von Frauen zu rechtsextremistischen Orientierungen. In: SPD-Vorstand, „Rechtsextremismus, Jugendgewalt und Politikdistanz". Bonn 1992

Auf den folgenden Seiten sind Hinweise auf Aktionen und Projekte, die von der „Aktion Courage" und ARIC-NRW initiiert und betreut wurden.

WANTED

Kinder- und Jugendcliquen für ein Forschungsprojekt:

Gewalt in unserer Stadt

Gewalt ist auf der Tagesordnung und greift um sich. Jeder kennt Gewalt und jeder hat sie schon erlebt. Aber was genau ist Gewalt? Wo, überall findet sie statt? Welche Gesichter hat Gewalt? Wie läßt sie sich beschreiben?

Wer Gewalt und Rassismus bekämpfen will, muß genau wissen, wie Gewalt funktioniert, wo sie stattfindet und warum immer mehr Menschen glauben, mit diesem letzten Mittel sich ihr "gutes Recht" verschaffen zu müssen.

Für unser Forschungsprojekt "Gewalt in unserer Stadt" suchen wir ca. 10 Kinder- und Jugendcliquen, die mit einem Fotoapparat (Dias) ausgerüstet, in ihrer Stadt Gewalt sichtbar machen. Dabei kann es um 'Kinder im Verkehr' ebenso gehen wie um öffentlich ausgehängte Verbotsschilder für Kinder oder Zerstörungen oder schlagende Leute oder gewaltige Betonlandschaften oder oder oder, Eurer Phantasie sind keine Grenzen gesetzt. Macht Euch auf den Weg und sucht die Zeichen der Gewalt in Eurer Stadt und benennt sie. Das alles ist ganz einfach:

Ihr forscht - wir lassen zwei Blaue springen.

Außerdem kommen wir für Euer Filmmaterial auf, helfen Euch, wenn ihr eine Kamera braucht und beraten Euch bei Eurem Unternehmen. Das Ergebnis Eurer Forschung werden wir als Ton - Dia - Show veröffentlichen.

Nach Beendigung des gesamten Forschungsprojektes werden wir Euch zu einer großen Fete mit einigen Poltikern einladen und Eure Arbeit vorstellen. Interessiert? Dann nix wie los und meldet Euch!

Wer COURAGE hat soll es auch zeigen!

Gesucht:

Jugend- und Schülercliquen und -initiativen zur Organisation, Gestaltung und Eröffnung von attraktiven, sozial-warmen, gemütlichen COURAGE - CAFE´s und Treffpunkten in Eurer Schule, im Jugendhaus, an der Straßenecke oder sonstwo.

Kalt ist es geworden und manchmal öde; kaum ein Platz an dem sich Jugendliche ungestört treffen können um über dies und jenes zu reden, um sich zu verabreden, zu planen oder zu besprechen was eigentlich zu tun ist.

Das kann jetzt anders werden.

Die Arbeitsgruppe SOS-Rassismus NRW sucht mit Unterstützung durch NN ca. 20 Schüler- und Jugendcliquen oder -initiativen die, auf der Suche nach einem eigenen Raum, sozialer Wärme oder einem attraktiven Treff, ihre eigenen Interessen in die eigene Hand nehmen möchte. Ihr könnt Euch selber einen Treff als "COURAGE-CAFE" einrichten, gestalten und organisieren. Dies kann in Eurer Schule, einem Jugendzentrum, einem Haus der Offenen Tür, in einem ehemaligen Laden, in einem Kirchenkeller oder Gewerkschaftshaus, einem Bauwagen, einer leeren Baracke oder sonstwo passieren.

Euer "COURAGE-CAFE" soll zuerst einmal Euren eigenen Interessen dienen, von Euch gestaltet und besucht werden und möglichst vielen Jugendlichen als sozial-warmer Treff zur Verfügung stehen. In Eurem Cafe sollen andere Jugendliche das Gefühl haben, keine Angst haben zu müssen und anderen nicht gleichgültig zu sein. Darüber hinaus soll das Cafe im Hintergrund Informationen zur Aktion COURAGE bereithalten und Gelegenheit bieten, sich über Gewalt und Alltagsrassismus auszutauschen um zu überlegen, was wir vielleicht tun können. Dazu erhaltet Ihr von der "Aktion COURAGE" oder der AG-SOS-Rassismus auf Wunsch vielfältige Vorschläge und Materialien.

Für Euer Vorhaben empfehlen wir Euch eine/n Partner/in zu suchen (z.B. Vertrauenslehrer/in, Jugendarbeiter/in, Mutter usw.) und eine Gruppe von festen Leuten zu sammeln mit denen Ihr aktiv werden wollt. Dann schreibt Ihr uns; wir kommen zu einer ersten Beratung und helfen Euch bei der Suche nach einem Raum, Möbeln usw. Damit kann das Projekt starten: Ihr organisiert und gestaltet Euer "COURAGE-CAFE" - wir besorgen die Knete* für eine Anschub-Finanzierung und -Ausstattung und helfen Euch wenn sich Probleme ergeben. Noch Fragen? Dann nichts wie ran, ruft uns an oder schreibt, damit Ihr unsere Bewerbungsunterlagen bekommt.

*Als eine erste Summe hat die AG-SOS-Rassismus ihr Preisgeld in Höhe von 7.500,-DM aus dem Gustav-Heinemann-Friedenspreis für die COURAGE-Cafes bereitgestellt.

218

JAMBOREE
Offene Arbeit

Wo kämen wir hin, wenn alle sagten: wo kämen wir hin-
und niemand ginge, um zu schauen, wohin man käme,
wenn man ginge!

PARIS 1995

Es ist wieder soweit: Action, viele Leute und das erwachende
Leben erwarten uns im Herzen von Paris und am Chateau
Gaillard bei den Normannen; es liegt also an Dir ob Du weiter
pennst und Dich auf die Seite rollst, oder mit uns hinein ins
knallvolle Leben springst. Also hol` tief Luft, wisch` Deine
Tränen ab, schmeiß` den Winter und den Frust aus dem Bett,
schrei` einmal laut und aus vollem Herzen, atme tief durch;
diesmal machen wir es so: Eingeladen zu unserer Tour sind wie
immer alle Leute aus der Offenen Arbeit, aus der Kirche von
Unten, aus der sozialdiakonischen Jugendarbeit, alle schrägen
Vögel, Liebespärchen ebenso wie Heavys, Akrobaten, Ruhrkanaker, Trommler aller Schattierungen, Bomber, Kampftrinker,
Schickimickis, Francophile, Clowns, Weltenbummler,
Haudraufis (gehaun wird aber auf unserem Jamboree nicht),
Jugendzentrumshänger, Zivis, tote Hosen, und alle, die sowieso mal schnell mit nach Paris müssen. Die Fahrt kostet wie
immer ca. 70 Märker (jede Gruppe beschließt ihren Teilnehmer-
preis selber), die am Anfang eingesammelt werden. Die Ab-
fahrt ist am Freitag, 2.Juni.95 um knallhart 18 Uhr am Haupt-
ausgang, Hauptbahnhof Duisburg; sie endet exakt auch dort-
selbst wieder am Montag, 5. Juni um 18 Uhr. Wie Du also nach
Duisburg (liegt im Ruhrgebiet) kommst, ist Dein Problem und
Dein Bier aber Freibier gibts erst in Paris. Wir nehmen wieder
alle Leute mit, soviel wie wir Bullis auftreiben können. Die Leute
aus Siegen melden sich deshalb beim Heiner, die aus Enger
beim Bernd, die aus Rendsburg beim Klaus, die aus Dortmund
bei Birgit und Holger, die aus Duisburg beim Klaus, die aus
Dresden bei Matthias oder Elke, die aus Lippstadt beim Jörg,
die aus Magdeburg im JUZ-Stasiknast; nur wenn Du jetzt nicht
weiter weißt, meldest Du Dich beim Tiger (02304-755190),
der sagt Dir dann ob noch freie Plätze da sind. Wenn Du noch
nicht 18 bist, mußt Du eine Erklärung Deiner Mutter vornehmen, daß Du mitdarfst. Das Ziel ist Paris mit seinen abenteu-
erlichen Plätzen, den ganz besonderen und einzigartigen auf
dieser Welt zeigen wir Euch und auch, was Du da mitmachen
kannst, damit es anschließend Freibier regnet. Außerdem
siehst Du alles was Dein Herz begehrt, wir machen eine
Rundfahrt zu all den schönen Türmen und Bögen und Louvren
und so. Auf dem Centre Pompidou zeigen wir den Parisern und
freilaufenden Germanen unsere im Yeti und unseren Musik
und Trommeln mit unseren Freunden aus dem Senegal und aus
Zaire bis die Polizei kommt und sammeln danach das Geld ein

- dazu brauchen wir Dich. Außerdem wollen die Ruhrkanaker
wieder 50 Millionen falsche Dollars vom Himmel regnen lassen
um zu sehen was passiert wenn Du selber die Wirklichkeit in
die Hand nimmst, Du wirst Dich wundern und staunen...
Deinen Personalausweis nimmst Du mit. Ein Fuffi als Taschen-
knete reicht, sagt Paul. Du weißt, wir schlafen wieder da, wo
der Fuchs auch schläft, also Schlafsack und Isomatte in die
Tasche. Außerdem mußt Du noch was zum Essen mitbringen:
250gr. Kaffee, aber gemahlen, etwas Marmelade, ein Stück
Käse, eine grüne Gurke oder drei Tomaten, 7 Zwiebeln und
eine Knoblauchzehe, Margarine oder eine Dose Tomaten-
mark, ein halbes Brot und `ne Dose Frühstücksfleisch, ein Stück
Salami und vier Kartoffeln, dazu eine Mettwurst oder sowas,
damit die Suppe ordentlich schmeckt. Wenn Du Dich nicht
wäscht ist das Deine Sache. Wenn Du zu dritt oder so kommst,
kannst Du Dich auch zu dritt oder je nachdem anmelden, ist
uns sowieso lieber, weil Einzelgänger meistens ganz schön
fertig sind. Der Fahrplan sieht so aus: Freitag nach Paris und
schlafen, am Samstag dann zick und zack durch Paris und zum
Flohmarkt; abends dann zum Chateau und da steigt die große
Illumination, am Sonntag dann vor`s Centre Pompidou und da
spucken einige von uns Feuer, akrobaten, spinnen einfach nur,
machen Musik, lassen Geld regnen, lachen und tanzen, staunen, machen Theater und gucken uns die Augen nach all` den
Menschen aus - so was hast noch nicht gesehen; stell` Dir vor,
so ganz plötzlich dämmerts Dir daß Du selber Ausländer
geworden bist. Dann geht`s abends auf den place des chevriere
pennen und am Montag Croissants naschen und ab nach
Hause. Also wenn Du jetzt wirklich wach geworden bist und
die Lust aufs Leben bei Dir angeklopft hat und Du spürst, daß
Du langsam verschimmelst und raus mußt, ruf den Klaus an
(Tel.: 02065-62058) oder den Tiger (02304-755190) und
sag langsam, laut und deutlich: "Wir sind dabei". Du bekommst dann von uns eine Anmeldebestätigung, die Dein
Herz drei Takte schneller schlagen lassen wird, denn ist ja auch
wahr, wo kämen wir hin wenn alle sagten: "Wo kämen wir
hin" und keiner ginge um nachzusehen wohin man käme
wenn man ginge; also nach Paris geht`s. Außerdem: Ab heute
heißt unsere Tour und Fete in Paris: JAMBOREE OFFENE
ARBEIT, weil die Indianer ihr Stammestreffen auch immer so
genannt haben. Dabei sind Leute aus allen Bundesländern, aus
Görlitz ebenso wie Köln, Erfurt, Jena, Bottrop, Rostock, Münster, Frankfurt oder Main, Minden, Passau, Hamburg, Bielefeld, Potsdam, Neuruppin, Schwerin, Potzblitz oder was. Be-
sorgt Euch einen Untersatz, plant die Tour und kommt mit!
Außerdem fährt der Tiger wieder den Ohnemoosbulli für Leute
mit Nullknete. Dieser wartet auf Deinen Anruf (02304-
755190). Alle anderen Gruppen planen die Tour mit Klaus
(02065-62058) oder selber. Noch drei Tips: 1.Die 70 Märker
gehen i.d.R. für Maut und Diesel drauf. Nehmt also reichlich
Futter mit. 2. In Frankreich gibts immer noch das Nomaden-
gesetz für Leute die ihren Platz wieder sauber verlassen; für eine
Nacht könnt Ihr ohne Probleme fast überall pennen. 3. Exakte
Karten, Stadtpläne, Treffpunkte, Anfahrtbeschreibungen gibts
beim Tiger (Tel.s.o.) Also haut rein.

Achtung für alle Gruppen, die zum er-
stenmal mitfahren; jede Gruppe organisiert die Teilnahme selbstständig.
Dazu gehören die Finanzen, Bullis,
Versicherung, Verpflegung, Zel-
te, Aufsichtspflicht, Zeitplanung
usw.
Beratung erhaltet Ihr vom
Ralf-Erik unter der Tel.Nr.
02304-755-190 oder
0208-35564. Bitte
fordert im Amt für
Jugendarbeit der
EKvW, Haus Villigst, 58239 Schwerte, die zu-
sätzlichen Hinweise für das Jamboree Offene Arbeit mit
Karten, Stadtplänen, Zeitraster und Treffpunkten an.

Wir lassen unsere FreundInnen nicht allein! Nach den rassistischen Anschlägen in Deutschland wird es Zeit, **COURAGE** zu zeigen und den Kontakt zu unseren FreundInnen in der Türkei und in Marokko zu intensivieren, und gemeinsam mit ihnen zu überlegen, wie Gewalt und Rassismus deeskaliert werden können. Selber AusländerIn zu sein birgt dabei die Chance zu überprüfen, warum Ausländer so leicht zu Sündenböcken gemacht werden und was Du dagegen unternehmen kannst. Von daher sind zu unserem Projekt auch durchgeknallte Jugendliche eingeladen, die durchaus "Gewalt am Stecken" haben aber immerhin noch von einer Zukunft mit eigener Perspektive träumen können.

Unser **MAROKKO-PROJEKT** begann mit einem Brief unseres Freundes Ahmed aus Marokko. Ahmed wohnte vor einigen Jahren noch in Deutschland, weil sein Vater hier Arbeit gefunden hatte, war selbst Mitarbeiter in einem evangelischen Jugendzentrum und mußte dann mit seinen Eltern nach Marokko zurückkehren.
Ahmed lebt heute in der **Oase Tidrheste** im südöstlichen Sahara-Randbereich bei Quarzazate. Er hatte uns über die Trockenheit und den akuten Wassermangel geschrieben und uns gebeten, eine Dieselpumpe zur Rettung der Oase mitzubringen. Im Winter 1986/87 begannen wir mit den Vorbereitungen für unser erstes MAROKKO-PROJEKT.
Im Sommer 1987 fuhren wir dann mit drei VW-Bullis und allem, was sonst noch dazugehört, in die Oase Tidrheste...
Dort angekommen, mußten wir feststellen, daß die schon sieben Jahre während Trockenheit in **Südost-Marokko** zu katastrophalen Folgeer-scheinungen geführt hatte. Obwohl noch deutliche Spuren des einstmals mäßigen

Wohlstandes sichtbar waren, waren alle Palmen der Oase schwer erkrankt, war das landwirtschaftlich noch nutzbare Gebiet auf wenige kleine Parzellen zusammengeschrumpft, war der Teich völlig ausgetrocknet, es gab keine Schafe, Rinder, Kamele mehr...
Der Wasserspiegel der Oase war mittlerweile von 0 auf -18 Meter abgesunken. Eine einzige altersschwache Motorpumpe, überhaupt das einzig nützliche Fördemittel, diente zur existenziellen Versorgung der dort noch lebenden Oasenbewohner.
Wir mußten feststellen, daß zur Rettung der Oase Tidrheste nur die sofortige Beschaffung einer leistungsstarken **Dieselpumpe** beitragen konnte.
Nach dem sofortigen Kauf der Motorpum-pe durch unsere Gruppe haben wir den Aufbau und die Instal-lation derselben den Bewohnern der Oase überlassen müssen, da nur
sie selbst über das erforderliche Know-How verfügen, um unter den dort herrschenden klima-tischen Verhältnissen eine derartige Anlage zu errichten.
Aber, wir sind dringend aufgefordert und gebeten worden, in die **Oase Tidrheste** zurückzukehren, um die gemeinsam begonnene Arbeit zu feiern, fortzusetzen und die Pumpe mit einem Fest einzuweihen - wir sind zu FreundInnen und PartnerInnen der Atlasberber geworden und haben gelernt, in einer anderen Kultur zu leben.

Nach dem erfolgreichen ersten MAROKKO-PROJEKT 1987 fanden weitere Reisen vieler Marokko-Projekt-Gruppen statt.
Diese Gruppen haben in der Zwischenzeit noch eine weitere Pumpe angeschafft, da die erste durch einen Brunneneinbruch nicht mehr zu reparieren war. Außerdem wurde auch ein Sonnenkollektor auf dem Dach der Kashba (Wohnhaus der Atlas-Berber) installiert, mit dessen Energie das Haus nachts beleuchtet werden kann. Driss, der Sohn des dortigen Sheiks (Bürgermeister/Stammeschef) war für mehrere Wochen zu Gast bei uns in Deutschland.

Im Sommer 1992 waren wir zuletzt mit Jugendlichen aus **Brandenburg und NRW** in der Oase Tidrheste, um unsere FreundInnen dort zu besuchen und über weitere Projekte nachzudenken.
"Unsere Oase" hat sich zum Teil wieder erholt; mit Hilfe der Wasserpumpe konnte Getreide, Gemüse, Obst, Minze, Datteln u.v.a. angebaut und geerntet werden. Aber viele der jüngeren Bewohner der Oase sind zwischenzeitlich in die größeren Städte abgewandert, um dort Arbeit zu finden und um von dort aus ihre Familien zu unterstützen. Es wird noch viele Jahre dauern, bis wieder genügend Palmen in der Oase wachsen (und Schatten für den Anbau anderer Pflanzen spenden), um allen Bewohnern der Oase Arbeit und Lebensunterhalt zu gewährleisten.
Bei unserem letzten Marokko-Projekt haben wir mit den Oasenbewohnern einen **Dieselgenerator** gekauft, den sie dringend für die Stromversorgung bei Hochzeiten und anderen kulturellen Ereignissen benötigen. Für uns und den

Sheik war es wichtig, daß die Menschen in Tidrheste bei Festen **nicht in die Stadt abwandern**, sondern bei sich selber, im eigenen Stamm, das kulturelle Leben erhalten, und dazu gehört heute auch Strom. Zudem kann durch die Vermietung des Generators an andere etwas Geld verdient werden.

Angesichts der **rassistischen Entwicklungen** in der Bundesrepublik Deutschland ist es für uns selber außerdem wichtig geworden zu überprüfen, in wieweit wir selber hier in Deutschland in rassistische Diskurse verstrickt und welche Lösungs-möglichkeiten noch vorhanden sind. Weil gute Worte nicht mehr weiterhelfen, haben wir beschlossen, unsere Projekte und Aktionen in unmittelbare Taten umzusetzen. Wir haben gelernt, daß es nicht reicht, **COURAGE** zu haben, Du mußt Courage auch zeigen. Es erfordert Mut, uns dem fremden Leben, der anderen Kultur, dem wilden Klima und der Fürsorge "unseres Sheiks" anzuvertrauen. Wir werden lernen müssen, uns selber als Gäste zu verhalten, um zu verstehen, warum viele Arbeitsemigranten in Deutschland so große Schwierigkeiten haben. Dieser Prozeß gelingt nur mit guten FreundInnen, die Dir und mir zeigen, wo wir stark sind und ab und zu auch klarmachen, wo wir unsere Schrammen haben.

Aus diesem Grund haben wir uns von der Arbeitsgruppe **SOS-Rassismus NRW** entschieden, zusammen mit unseren FreundInnen aus dem Kinder- und Jugendzentrum in Enger, dem Jugendzentrum TEMPEL in Duisburg - Rheinhausen, der Antifa-Courage-Gruppe in Dortmund, aus der Landeskirche Anhalt und dem Landesschülerrat in Brandenburg in der Zeit vom 23. Juni bis zum 14. Juli 1994 ein neues Marokko-Projekt zu organisieren. Neu an diesem Projekt ist, daß wir mit etwa acht Einzelgruppen der Reise planen und in Tidrheste nicht allein beim Sheik (wie bisher), sondern auch bei **sieben anderen Familien** leben werden. Ziel dabei ist es, eine Bestandserhebung über mögliche Kooperationen im gesamten Stammesgebiet für notwendige **Wasserpumpen-projekte** durchzuführen und zu klären, wie wir dann in einem zweiten Schritt das Geld für die jeweiligen Pumpen (ca. 5000.- DM) besorgen. Im nächsten Jahr (1995) werden wir dann wieder gemeinsam mit allen und noch mehr Leuten nach Tidrheste fahren, die Pumpen kaufen und ein großes Stammes-Fest feiern, wo es der Orient in seinen letzten 1001 Jahren und diversen Nächten noch nicht erlebt hat. Allein die Lust am Leben gibt uns den Mut und die **COURAGE** dazu.

Für unser MAROKKO-PROJEKT 1994 suchen wir nun Leute und Cliquen aus der Offenen Arbeit und ihrer Umgebung, aus **Courage**-Gruppen, aus Rassismus-Initiativen und Menschenrechtsgruppen oder Schüler-räten/ -vertretungen, die einen Hammer von einer Sichel unterscheiden können, sich körperlich und geistig noch unter Kontrolle haben und die Lust besitzen, sich selbst in Grenzerfahrungen wahrzunehmen. (Allein das Klima zeigt Dir Deine psychischen und physischen Grenzen auf.)

Die Erfahrung, MarokkanerInnen als GastgeberInnen zu erleben und die Reflexion unserer real existierenden Wirklichkeit hier in Deutschland, ist vermutlich Anlaß genug für **Korrekturen an unserem Weltbild**, unseren Möglichkeiten, etwas zu tun, und an uns selber. Das Kennenlernen eines fremden Lebens, der Kontakt zu einer anderen Gruppe schaffen einen starken Anreiz, Neues kennenzulernen (manchmal auch getrost Fremdes fremd bleiben zu lassen) und Vorurteile zu überprüfen. Selbst AusländerIn zu sein, verändert das Verhältnis zu den AusländerInnen. Hier entstehen entscheidende Momente für eine positive Entwicklung von Offenheit (kontra Rassismus), die in langfristigen Projekten weiter verarbeitet werden können. Dabei ist es unvermeidlich, daß die gesellschaftliche und politische Ordnung einschließlich ihrer Zwänge und Machtverhältnisse nicht ungeprüft hingenommen wird, sondern ihr Sinn, ihre Zwecke und ihre Notwendigkeiten befragt und die Herrschaft der zugrunde liegenden Normen und Wertvorstellungen kritisch überprüft und in Frage gestellt werden. Es entwickelt sich die Fähigkeit und die Bereitschaft, die Chancen zur Einflußnahme auf gesellschaftliche und politische Entscheidungs- prozesse und Herrschaftsverhältnisse zu erkennen, zu nutzen und auszuprobieren.

Der Wunsch, Vorurteile über andere Gruppen und Gesellschaften abzubauen, die Bedingungen ihrer Andersar- tigkeit zu erkennen, für einen gerechten Ausgleich und für die Interessen benachteiligter Gruppen und Völker einzutreten und für deren Schöpfung, Kultur und Religion zu schützen, ist dabei die Mutter des Gedankens zur Idee und zur Realisierung unseres Projektes.

Darüber hinaus werden wir vielfältige Erfahrungen mit uns selber sammeln und reflektieren können: auch als Europäer und "Europayer" in einem entwicklungspolitischen Schwellenland. Unsere Körper werden sich gegen die klimatischen Verhältnisse und **Montezumas Rache** wehren und manchmal versuchen, ihre Dienste zu versagen; unsere Psyche kann in Schwierigkeiten geraten, weil sie manchmal die Wirklichkeit in Marokko nicht wahrhaben möchte und uns als Futa Morgana vorgaukeln will.

Dies erfordert gemeinsame Vorbereitungen, die verbindlich für alle TeilnehmerInnen sind. Auf unserer Reise werden wir versuchen, wie Berber zu denken, zu handeln und zu leben. Wir werden uns selbst bekochen und in und auf den Bullis schlafen. Die Reise kostet nur 600.- DM, auch deshalb, weil wir wissen, daß jede/r TeilnehmerIn eine Menge Kraft und Zeit vor, während und nach dieser Fahrt einbringt. Dazu gehört der Ausbau und die Ausrüstung von sechs VW-Bullis (wir werden das Land der Atlas-Berber erfahren), die Planung der Reiserouten, die Besorgung von Proviant und Material, die Einübung bestimmter Verhaltensweisen und Sprachkenntnisse und die Einstimmung auf Land und Leute.

Anmeldebögen und Informationen bekommst Du bei:
Arbeitsgruppe SOS-Rassismus NRW, c/o Ralf-Erik Posselt, Haus Villigst, 58239 Schwerte, Tel: 02304-755190
Kinder- und Jugendzentrum Enger, c/o Bernd Rammler, Ringstr. 65, 32130 Enger, Tel: 05224-6306
Jugendzentrum TEMPEL, c/o Klaus Schumacher, Peschmannstr. 2, 47228 Duis   burg, Tel: 02065-62058
RUHRKANAKER, c/o Benjamin und Malte, Tel: 0208-35564
Landesschülerrat Brandenburg, c/o Benjamin Minack, Berliner Str. 49, 14467 Potsdam
Amt für Jugendarbeit der Evang. Landeskirche Anhalt, c/o Heinz-Jürgen Uffmann, Schäferberg 7, 06406
Bernburg, Tel: 03471-   21502
ARIC-NRW, Anti-Rassismus Informations-Centrum NRW, Haus der kath. Jugend,   Grünstr. 4, 47051 Duis-
burg

221

Antirassismustag 1995 in der Bürgerhalle im Rathaus Dortmund

Es ist nicht die Gewalt, die den Konflikt auslöst ...
... es sind die Konflikte, die Gewalt auslösen!

Gewalt und Rassismus existieren in der Mitte unserer Gesellschaft und scheinen auf der Suche nach immer neuen "Sündenböcken", Feindbildern und Opfern schon fast zur Normalität in unserem Land geworden zu sein. Zwar hat die gesellschaftliche Ächtung der Gewalt gegen Minderheiten inzwischen glücklicherweise bewirkt, daß die Anzahl rassistisch motivierter Straftaten rückläufig ist - das bedeutet aber nicht, daß auch die geistigen Wurzeln, die Ideologie der Ungleichwertigkeit, die einhergeht mit Verachtung und Angst vor dem jeweils "Anderen", wirklich aus den Köpfen verschwunden ist.

Nach wie vor spüren wir überall die Verunsicherung der Menschen durch existentielle Bedrohungen: durch Vereinzelung und damit einhergehende soziale Verelendung, Arbeitslosigkeit und Wohnungsnot, spürbare Folgen der weltweiten Krisen bei gleichzeitigen Ohnmachtsgefühlen.

"Es genügt in der Tat nicht mehr, nur Befürchtungen unter die Menschen zu bringen. Man muß ihnen auch begründete Hoffnungen vermitteln". (Robert Jungk)

Auf der Suche nach den Wurzeln, Ursachen und Lösungswegen zur Bekämpfung von Gewalt und Rassismus sind wir allerdings auch auf vielfältige Initiativen und Projekte und Menschen gestoßen, die sich in besonderer Weise für die Achtung der Menschenwürde und zur Bekämpfung von Gewalt und Rassismus engagieren. Dabei hat sich gezeigt, daß Demokratie (im wahrsten Sinne des Wortes) begriffen werden muß, damit man sie begreifen kann und daß wir zur Sicherung und Weiterentwicklung unserer Demokratie keine neuen Helden oder Sensationen brauchen. Wir wissen heute, daß dort, wo Menschen immer wieder neu beginnen, engagiert, offensiv, demokratisch und mitmenschlich aufzutreten, dem Rassismus als dem zentralen Auslöser für Gewalt die entscheidenden Grundlagen entzogen werden.

Der Internationale Antirassismustag der UN ist uns heute Anlaß, fünf beispielhafte Initiativen, Gruppen und Menschen mit dem "Goldenen Hammer zur Überwindung von Gewalt und Rassismus" auszuzeichnen und Sie zu dieser Ermutigung freundlich einzuladen.

Ralf-Erik Posselt	Dr. Herbert Schnoor	Horst Winter	Sigrun Scheve
AG-SOS-Rassismus	Innenminister NRW	Landesjugendring NRW	ARIC-NRW

Internationaler Antirassismustag der UN
am
18. März 1995 in der
Bürgerhalle des Rathauses Dortmund

Programm:

ab 18.45 Uhr	Informationen, Marokkanische Dröhnung und Istanbuletten
19.00 Uhr	Antirassismus-Revue der Evang. Jugend Dortmund N/O (1.Akt)
19.05 Uhr	Begrüßung durch den **Landesjugendring**
19.15 Uhr	Die Sklaventerminbörse (TPZ-Köln und JUZ TEMPEL Duisb.)
19.25 Uhr	**Einführung in den Antirassismustag** Wenn aus Hetzparolen Brand-Sätze werden... Ralf-Erik Posselt (AG-SOS-Rassismus NRW)
19.35 Uhr	Antirassismus-Revue (2. Akt)
19.40 Uhr	Begrüßung durch die **Bürgermeisterin der Stadt Dortmund** Frau Marianne Wendzinski und den **Superintendenten des** **Kirchenkreises Dortmund N/O** Herrn Remmer Schunke
19.50 Uhr	Tanz der Geister Roma-Theater CINGARELA O BASNO
20.00 Uhr	Ansprache und Verleihung des Goldenen Hammers durch den **Innenminister NRW**, Dr. Herbert Schnoor an **Rolf-Arnd Marewski und das Fan Projekt Dortmund** **Die Antifa-Initiativen der Ev. Jugend Dortmund N/O** **Die RUHRKANAKER** **Die ROMA-Flüchtlingsfrauen aus Mülheim**
20.20 Uhr	Ein Bild vom Krieg Roma-Theater CINGARELA O BASNO
20.25 Uhr	Verleihung des Goldenen Hammers durch die Mädchen des Mädchenzentrums Gladbeck an den **Jugendminister Franz Müntefering MAGS/NRW**
20.30 Uhr	"Wie wahr" Antirassismus-Revue (3. Akt)
20.35 Uhr	Antworten der Preisträgerinnen und Preisträger
20.45 Uhr	Dank an alle Beteiligten und Hammerfest mit Kulinarischem und einer letzten Dröhnung

Antirassismustag in Dortmund (1995): Der Internationale Antirassismustag der UN war Anlaß, die beispielhafte Initiative „Die Ruhrkanaker" (vgl. S. 239ff. in diesem Band) mit dem „Goldenen Hammer zur Überwindung von Gewalt und Rassismus" auszuzeichnen. Die Verleihung erfolgte durch den Innenminister von Nordrhein-Westfalen, Herbert Schnoor.

Sigrun Scheve

Das Anti-Rassismus Informations-Centrum ARIC-NRW e.V.

Einleitung

Nach rund einjähriger Vorbereitungszeit fiel im Januar 1994 der Startschuß: Das Anti-Rassismus Informations-Centrum Nordrhein-Westfalen, kurz ARIC-NRW, nahm in einem kleinen Büroraum im Duisburger Zentrum seine Arbeit auf. In den 10 Monaten seither hat sich deutlich gezeigt, daß es großen Bedarf für eine Einrichtung gibt, wie sie ARIC sein will: eine praxisorientierte Anlaufstelle für antirassistische und interkulturelle Arbeit. Grund genug, im folgenden über den Hintergrund und die Entwicklung des Duisburger Projektes zu berichten und zur Nachahmung in anderen Bundesländern zu ermutigen. Mit ARIC-Berlin hat bereits das zweite ARIC in Deutschland seine Arbeit aufgenommen, und vielleicht könnte ja die Gründung weiterer ARICs oder ähnlicher Institutionen ein Schritt in dem Bemühen sein, antirassistische Theorie und Praxis langfristig in der deutschen Gesellschaft zu verankern.

Der große Bruder: Das Anti-Rassismus Informations-Centrum (ARIC) in Rotterdam/Niederlande

ARIC-NRW und ARIC-Berlin orientieren sich konzeptionell eng an ihrem niederländischen Vorbild und Partner, dem schon seit 1984 bestehenden ARIC in Rotterdam.

Die Versäumnisse deutscher Politik in puncto Einwanderungspolitik – die sich bei einem Vergleich mit den Niederlanden etwa bei der rechtlichen und politischen Gleichstellung von EinwanderInnen oder Maßnahmen gegen Diskriminierung beobachten lassen – werden bei einem Besuch des Rotterdamer ARIC augenfällig: 25 ehrenamtliche und feste MitarbeiterInnen sind hier mit erheblicher finanzieller Unterstützung dreier Ministerien in Sachen Anti-Rassismus aktiv.

ARIC (Rotterdam) ist mittlerweile landesweit anerkannte und tätige Informations- und Beratungsstelle, eine weitere personelle und materielle Aufstockung ist derzeit in Planung.

Am Rotterdamer Modell lassen sich die Grundprinzipien von ARIC aufzeigen: Herzstück der Arbeit von ARIC ist die Bibliothek, die in Rotterdam rund 10.000 Titel umfaßt. Die Themen reichen von theoretischen und wissenschaftlichen Auseinandersetzungen mit Rassismus, Diskriminierung, Rechtsextremismus und Antisemitismus, historischen, politischen, rechtlichen, sozialen und kulturellen Fragen der Einwanderung, rechtsextremistischen Parteien und Aktivitäten bis hin zu Literatur von MigrantInnen.

Ein Schwerpunkt liegt auf Informationen und Materialien für die antirassistische Praxis: Bildungs- und Projektmaterial (siehe Materialanhang), Unterrichtsreihen, Spiele, Videofilme und Ausstellungen können im ARIC ebenso wie alle übrigen Publikationen eingesehen und kopiert, direkt oder per Fernleihe ausgeliehen werden.

Ein extra für ARIC entwickeltes Computerprogramm namens ARICbase sorgt für den nötigen Überblick: In diesem Programm ist jeder Titel neben den üblichen bibliographischen Angaben mit Stichwörtern und Zusammenfassungen versehen und erlaubt so die gezielte Suche nach gewünschten Publikationen und das Erstellen von themenspezifischen Literaturlisten. ARICbase wird derzeit von ca. 50 Organisationen in den Niederlanden auf Diskette abonniert und so als aktuelles Nachschlagewerk für die eigene Arbeit genutzt.

Im Eingangsbereich von ARIC befindet sich der sogenannte ARIC-Shop – hier werden Plakate, Aufkleber, T-Shirts und diverse andere Artikel ausgestellt und verkauft: ein Standbein von ARIC, das zunehmend nicht nur jüngere BesucherInnen reizt und inzwischen Bestellungen aus dem ganzen Land nach sich zieht. In Zusammenarbeit mit anderen Organisationen und KünstlerInnen werden regelmäßig neue Ideen und Motive herausgebracht und ganze Plakatserien produziert.

Bibliothek und ARICbase bilden quasi das Rückrat für die eigentliche Arbeit von ARIC: Unterstützung und Beratung bei der Suche nach Informationen und Materialien, dem Aufsetzen von antirassistischen Projekten, Workshops und Unterrichtsreihen, der Fort- und Weiterbildung von MultiplikatorInnen. Die Arbeitsweise ist praxisorientiert und zielt auf den sogenannten alltäglichen Rassismus: Ob in der Schule, an der Uni, im Sportverein oder Jugendzentrum, im Stadtteil oder am Arbeitsplatz – überall, so die ARIC-Philosophie, läßt sich etwas gegen Rassismus und Diskriminierung tun. Machbarkeit und kleine Schritte zählen dabei mehr als riesige PR-Aktionen. Was und wie etwas getan werden kann, wird jeweils im konkreten Einzelfall gemeinsam abgestimmt. Die ARIC-MitarbeiterInnen helfen dabei mit Ideen, Beispielen, Materialien und einem reichhaltigen Erfahrungsschatz. Zu den Hauptklienten, die sich wegen solcher Unterstützung an ARIC wenden, gehören SchülerInnen, StudentInnen, LehrerInnen, BildungsreferentInnen und Sozialarbeiter. Großen Wert legen die ARIC-MitarbeiterInnen auf die Erschwinglichkeit ihrer Dienstleistungen gerade auch für Menschen mit geringem Einkommen; finanzkräftigere KundInnen und Einrichtungen werden daher kräftiger zur Kasse gebeten.

Die Bilanz der nunmehr 10jährigen Entwicklung von ARIC ist beeindruckend: Jährlich nehmen inzwischen über 3000 KundInnen aus dem In- und Ausland die ARIC-Dienstleistungen in Anspruch. ARIC arbeitet mit den anderen landesweiten Antirassismus- und Migrantenorganisationen in den Niederlanden wie z.B. der Anne-Frank-Stiftung eng zusammen und spielt eine wichtige Rolle in der Vernetzung antirassistischer und interkultureller Aktivitäten im Land.

Die Gründungsphase

In Rotterdam gab es seit Beginn der 90er Jahre verstärkte Bemühungen, die Zusammenarbeit mit deutschen Organisationen auszubauen und die Möglichkeiten zur Gründung eines ARICs in Deutschland auszuloten. Hintergrund für diese Überlegungen waren dabei zum einen die gestiegene Zahl von Anfragen aus Deutschland und das wachsende Interesse deutscher Initiativen und Organisationen am Modell ARIC, zum anderen war nicht mehr zu übersehen, daß Rassismus und Rechtsextremismus nicht an nationalen Grenzen halt machen und deswegen grenzüberschreitende Modelle zu ihrer Bekämpfung erforderlich sind.

Diese Bestrebungen trafen sich mit bestimmten Entwicklungen auf deutscher Seite: hier hatte spätestens nach den Krawallen von Rostock im Sommer 1992, den sie (mit)auslösenden und begleitenden Debatten um das Asylrecht und den Morden von Mölln im darauffolgenden Herbst ein Nachdenken darüber eingesetzt, wie mittel- und langfristig Rassismus und Gewalt der Boden entzogen werden könne. Die Zunahme rassistischer und antisemitischer Äußerungen und die Gewalt gegen EinwanderInnen und andere Minderheiten hatten ein nicht mehr hinzunehmendes Ausmaß erreicht. Daß es mit Lichterketten alleine nicht getan war, daß der gewalttätige Terror gegenüber Flüchtlingen und EinwanderInnen nur die Spitze eines über Jahre gewachsenen und in allen Teilen der Gesellschaft verankerten Eisberges darstellte, darüber waren sich jene VetreterInnen einig, die sich dann schließlich zum Initiativkreis „ARIC-NRW" zusammenfanden. Die Schaffung neuer, qualitativ verbesserter Strukturen stand auf der politischen Tagesordnung: Strukturen, die in der Lage wären, das sich in den Lichterketten – wenn auch hilflos – manifestierende Entsetzen in kontinuierliche und zielgerichtete Aktivitäten zu lenken, Strukturen, die das vorhandene Engagement unterstützen und stabilisieren und neue Initiativen anregen konnten. Das seit Jahren in Rotterdam erfolgreich erprobte Modell ARIC schien dabei in mehrfacher Hinsicht für diese Anforderungen geeignet:

Erstens um bestehende strukturelle Mängel in der Informations- und Aufklärungsarbeit und damit zugleich zeitliche und arbeitsökonomische Überforderungen abzubauen. Mit seinem Charakter als Informationsstelle ermöglicht es ARIC-NRW, sich einen Überblick über (und Zugriff auf) Informationen und vorhandene Materialien zu verschaffen. Damit können unnötiger und zeitintensiver Arbeitsaufwand (z.B. bei der Suche nach geeigneten Informationen) reduziert und Kräfte für die praktische Arbeit vor Ort freigesetzt werden. Die Erfassung und Systematisierung vorhandener Informationen, Publikationen und Materialien erleichtert zudem den Informationsaustausch zwischen Organisationen und Gruppen in der antirassistischen und interkulturellen Praxis. ARIC-NRW nimmt hier eine Brückenfunktion ein, um die gegenseitige Zusammenarbeit und den Austausch untereinander zu fördern.

Zweitens unterstützt und fördert ARIC-NRW mit seinem Angebot an praxisorientierter Beratung und Projektentwicklung den Transfer vorhandener Ansätze und Ideen in praktische Schritte gegen Rassismus und Gewalt und ist in der Lage, neue Initiativen anzuregen und zu ermutigen.

Vor diesem Hintergrund fanden sich ab Januar 1993 recht unterschiedliche Organisationen und Initiativen zur Gründung eines ARIC-NRW zusammen. Maßgeblich beteiligt waren das Amt für Jugendarbeit der evangelischen Kirche von Westfalen, die AG-SOS Rassismus NRW, der Materialdienst Asyl, das Duisburger Institut für Sprach- und Sozialforschung (DISS), der Verband der Initiativen in der Ausländerarbeit (VIA), ARIC Rotterdam und die Arbeitsstelle Neonazismus der FH Düsseldorf sowie die Aktion Gemeinwesen und Beratung (AGB). Alle diese Organisationen sind seit Jahren auf unterschiedlichen Gebieten mit den Problemen antirassistischer und interkultureller Arbeit vertraut. Ohne dieses breite Bündnis mit seinen vielfältigen Kompetenzen und Kontakten wäre wohl weder die Einrichtung von

ARIC-NRW noch seine bisherige Arbeit möglich gewesen. Daß dieses Vorhaben bis heute ohne jegliche Unterstützung von seiten staatlicher Institutionen durchgeführt wird, ist bezeichnend. Von den großen gesellschaftlichen Gruppen bilden hinsichtlich fianzieller Unterstützung Teile der Kirchen, vor allem viele evangelische Kirchengemeinden und der Caritasverband, eine bemerkenswerte Ausnahme.

So war ARIC-NRW von Anfang an eine Angelegenheit der Basis und aktiver antirassistischer Organisationen und Einrichtungen. Nach einer breit angelegten Werbephase im Sommer und Herbst '93 erfolgte im Dezember die Vereinsgründung mit zunächst 30 Mitgliedern. Ein größerer einmaliger Zuschuß des Caritasverbandes, die Hälfte der Einnahmen aus einem Benefizspiel zwischen Bayern München und Solingen, viele Spenden und die Mitgliedsbeiträge ermöglichten schließlich die Arbeitsaufnahme einer hauptamtlichen Fachkraft und die allernötigste Büroausstattung. Einen gut erreichbar im Zentrum gelegenen Büroraum stellten uns kostenfrei katholische Jugendverbände zur Verfügung.

Projektkonzeption und Arbeitsschwerpunkte

Kennzeichnend für ARIC-NRW ist sein Dienstleistungscharakter: Informations-, Beratungs-, Seminar- und Projektarbeit zur Förderung antirassistischer und interkultureller Praxis und Initiativen. In Anlehnung an das Rotterdamer Modell umfassen die Arbeitsschwerpunkte:

1. Bibliothek und Infobörse:
Sammlung und Dokumentation von Publikationen aller Art, Projekt- und Infomaterialien, Videos, Ausstellungen, Postern usw. zu folgenden Gebieten:
- Rassismus, Diskriminierung, Rechtsextremismus, Antisemitismus, Migration, interkulturelles Lernen;
- gesellschaftliche Situation ethnischer Minderheiten und Flüchtlinge;
- rassistische Entwicklungen, rechtsextreme Parteien, Organisationen und Aktivitäten;
- politische Maßnahmen und Strategien von Regierungen, Parteien, gesellschaftlichen Institutionen, Organisationen und Gruppen;
- gesetzliche und juristische Regelungen zu Einwanderung, Asyl, Aufenthalts-, Arbeits- und Wohnrecht, Bekämpfung von Diskriminierung und Rassismus usw.;
- Projektbeschreibungen und Materialien für die antirassistische Ar-

beit (Berichte, Aktionsvorschläge, Unterrichtsmaterial, Spielideen) usw. (siehe Anhang);
- Kultur, Adressen und Medien.

Alles kann studiert, kopiert, direkt oder per Fernleihe ausgeliehen werden:

2. *Systematisierung und Aufbereitung der Publikationen und Materialien durch:*
- computergestützte Erfassung / Dokumentation und Aufbau einer Datenbank;
- Einspeisung der Datenbestände in ARICbase und Mailboxnetze (in Kooperation mit dem Materialdienst Asyl, AGB, ARIC (Rotterdam) und ARIC-Berlin);
- Erstellung von Materialübersichten, Bibliographien und themen- sowie gruppenspezifischen Infopaketen.

3. *Praxisorientierte Beratung und Projektarbeit mit den Schwerpunkten:*
- Entwicklung und Unterstützung interkultureller Arbeitsansätze in der (offenen) Jugendarbeit;
- Beratung von Schulen, Institutionen, Organisationen und Initiativen.

Die Beratungs- und Projekttätigkeit soll – in Zusammenarbeit mit entsprechenden Forschungseinrichtungen – mit der wissenschaftlichen Reflexion von Rassismus, Rechtsextremismus und interkulturellen Arbeitsansätzen verbunden werden.

4. *Vernetzung antirassistischer Ansätze und Bündelung politischer Initiativen:*
In diesem Punkt geht ARIC-NRW über das Rotterdamer Modell hinaus. Der Grund liegt in den schon angesprochenen wesentlich schlechteren politischen und rechtlichen Rahmenbedingungen für antirassistische Praxis und Politik in Deutschland. Die Schwerpunkte sind dabei:
- Unterstützung und Entwicklung von Politikansätzen zur rechtlichen und sozialen Gleichstellung von EinwanderInnen (kommunales Wahlrecht, doppelte Staatsbürgerschaft, Fördermaßnahmen usw.);
- Förderung von Maßnahmen gegen Diskriminierung auf gesetzlicher und kommunaler Ebene (Anti-Diskriminierungsgesetzgebung, Einrichtung von kommunalen Anti-Diskriminierungsbüros);
- Zusammenarbeit und Vernetzung mit antirassistischen und interkulturellen Initiativen und Organisationen sowie MigrantIn-

nenorganisationen auf regionaler, bundesweiter und europäischer Ebene.

Anfragenentwicklung und Bilanz
Um einen Überblick über die Inanspruchnahme des ARIC geben, aber auch um bestimmte Trends aufspüren zu können, werden seit Eröffnung des ARIC-Büros alle eingehenden Anfragen statistisch ausgewertet. Für den Zeitraum von Januar bis Oktober 1994 ergibt sich dabei folgendes Bild:

Insgesamt sind bislang etwa 520 Anfragen bei ARIC-NRW eingegangen. Davon konnten 90% bearbeitet oder zumindest weitervermittelt werden. Die meisten Anfragen kommen aus NRW, allerdings ist bemerkenswert, daß ein Viertel der InteressentInnen sich aus dem übrigen Bundesgebiet bzw. dem Ausland an ARIC-NRW wandte. Die weitaus meisten Anfragen gehen telefonisch ein, wobei der Anteil direkter Kontakte – sei es über interne oder externe Besuche – in letzter Zeit deutlich zugenommen hat. Diese Entwicklung hängt mit bestimmten Trends in der qualitativen Ausrichtung der Anfragen zusammen. Eine entsprechende Aufschlüsselung ergibt dabei folgendes: Den größten und stabilsten Anteil bilden die „klassischen" Anfragen: also Informationen aller Art, Projekt- und Arbeitsmaterialien für Schule, Studium, Bildungs- und Jugendarbeit. Leichte Schwerpunkte bei den erwünschten Informationen sind die Themen Jugend/Gewalt/Rechtsextremismus, bei den Materialien sind neben Postern, Aufklebern usw. besonders häufig Unterrichtshilfen, Projekt- und Spielideen gewünscht. In letzter Zeit gibt es außerdem eine steigende Nachfrage nach geeigneten Videos. Der Bedarf an ausführlicheren Informationen über ARIC-NRW ist im Vergleich zur Anfangszeit deutlich zurückgegangen. Da die Anfragenentwicklung in quantitativer Hinsicht nach wie vor stabil ist bzw. eine leicht steigende Tendenz aufweist, führen wir diesen Rückgang auf den gestiegenen Bekanntheitsgrad von ARIC-NRW zurück

Zunehmend wird ARIC-NRW - neben seiner klassischen Aufgabe als Informations- und Materialverteiler - für Projektentwicklung, Fortbildungsveranstaltungen und ausführliche Beratungsgespräche in Anspruch genommen. Die Arbeit von ARIC-NRW verschiebt sich daher insgesamt deutlich in Richtung zeitlich und personell aufwendigerer Arbeit. Das erklärt die oben angesprochene Zunahme direkter Kontakte über interne oder externe Besuche: Ins ARIC-NRW kommen LehrerInnen, DiplomantInnen, Jugend- und SozialarbeiterInnen auf der Suche nach Unterrichtsmaterialien, Literatur für die Diplomarbeit,

Projektideen usw. sowie interkulturelle und antirassistische Initiativen, um sich über Unterstützungs- und Kooperationsmöglichkeiten zu informieren. Da wir den Anspruch haben, möglichst individuell auf die jeweiligen Bedürfnisse einzugehen, sind diese Termine aufgrund der beschränkten räumlichen und personellen Kapazitäten derzeit nur nach vorheriger Absprache möglich.

In Kooperation mit befreundeten Organisationen war ARIC-NRW auch an einer Reihe externer Veranstaltungen beteiligt:

- eine Fortbildung für GrundschullehrerInnen in Zusammenarbeit mit der Moerser Info- und Beratungsstelle (MIB), der AG SOS Rassismus und der Jugendgruppe „Die Ruhrkanaker";
- Workshops für hauptamtliche pädagogische MitarbeiterInnen in der Jugendarbeit und SozialpädagogInnen beim BDKJ Aachen und an der Fachhochschule Esslingen in Kooperation mit Susanne Wiegmann vom Internationalen Bildungs- und Begegnungszentrum (IBB);
- ein interkulturelles Planspiel im Rahmen der Kampagne „Fremde finden Freunde" des Deutschen Pfadfinderverbandes (ebenfalls mit dem IBB);
- mehrere Courage-Trainings gegen Gewalt und Rassismus zusammen mit der AG SOS Rassismus;
- gemeinsam mit der Aktion Gemeinwesen und Beratung (AGB) organisierte ARIC-NRW im Auftrag von Helsinki Watch eine Anhörung zum Thema rassistische Menschenrechtsverletzungen in der Bundesrepublik;
- im Raum Duisburg/Niederrhein, in Wulfen und im Bergischen Land war ARIC-NRW bei verschiedenen Veranstaltungen mit Info-Ständen vertreten;
- Vorträge zu den Themen (Anti-)Rassismus/Rechtsextremismus bei einer Veranstaltungsreihe der evangelischen Sozialseminare in Westfalen;
- ein Seminar zum Thema: Praktische Politik gegen Rassismus und Diskriminierung - ein deutsch-niederländischer Erfahrungsaustausch (ebenfalls mit der AGB).

Grundsätzlich versteht sich ARIC-NRW nicht so sehr als Projektträger, sondern als Service- und Beratungszentrum für MultiplikatorInnen, Einrichtungen und Interessierte, die selber Projekte und Aktionen planen und organisieren wollen. Wie an den genannten Beispielen deutlich wird, führen wir jedoch im Rahmen unserer Möglichkeiten und meist in Kooperation mit Partnerorganisationen auch selber Veranstaltungen und Projekte durch.

Eines dieser Projekte soll im folgenden einmal ausführlicher beschrieben werden (die angesprochenen Methoden/Spiele können alle im ARIC angefordert werden).

Kinderprojekt „Gewalt in unserer Stadt"

Im Rahmen der Nettetaler Kulturwochen im September 1994 war ARIC-NRW gemeinsam mit der AG SOS Rassismus und dem Veranstalter, „Projekt PRO-VIEL" aus Nettetal, an der Konzeption und Organisation einer Projektwoche für Kinder zwischen 6 und 14 Jahren beteiligt. Die Auseinandersetzung mit dem Thema „Gewalt in unserer Stadt" sollte unter vier besonderen Schwerpunkten stattfinden:
1. Eigenschaften von Gewalt (herausfinden und benennen),
2. Gewalt sichtbar machen (Wahrnehmung),
3. Gewalt dokumentieren,
4. Was wir gegen Gewalt machen können.
An der Projektwoche beteiligten sich regelmäßig 15 Kinder im Alter von 6 bis 11 Jahren, die allesamt aus einem multikulturellen, sogenannten „sozialschwachen" Stadtteil stammten.

In der ersten Kontaktphase und Gesprächsrunde, in der es um die Frage ging, welche Erfahrungen zum Thema Gewalt von den Kindern benannt werden können, wurden Begriffe wie Mord, Selbstmord, Vergewaltigung genannt, sowie: jemanden zwingen, streiten, Tierquälerei. Im Verlauf dieses ersten Gespräches wurde die Liste zögerlich ergänzt: rücksichtsloses Autofahren, Straßenverkehr – Tier überfahren, Kind entführen, jemandem Angst machen. Auffallend war, daß sich die Kinder zunächst nicht einigen konnten, ob schlagen und prügeln zu Gewalt gehören oder nicht. Diese gewalttätigen Alltagserfahrungen, z.T. im Elternhaus, insbesondere aber auch untereinander ausgetragen, wirkten offensichtlich „normal" und selbstverständlich. Gewalterfahrungen in der Schule, ebenso wie in Freizeit, Freundeskreis und Familie, wurden nicht benannt und kamen in diesem Zusammenhang „nicht vor".

Bei unseren Überlegungen, Alltagsgewalt zusammen mit den Kindern durch Fotos sichtbar zu machen, zu dokumentieren, gingen wir davon aus, daß Gewalt von den Beteiligten wahrgenommen und benannt werden kann. Schon hier stellten wir fest, daß die Diffusion in bezug auf einen einheitlichen Gewaltbegriff erst aufgearbeitet werden muß. Daher veranstalteten wir eine Reihe spielerischer Übungen, um gemeinsam mit den Kindern – Schritt für Schritt – Eigenschaften, Merkmale, Wirkungen, Ursachen von Gewalt erst erlebbar und erfahrbar, später auch sichtbar und benennbar zu machen. Dabei entwickelte sich bei fast allen Kindern ein Erzählbedürfnis (mehr „nebenbei erwähnt"), insbesondere über Erlebnisse, die deutlich ihre Erfahrungen mit Gewalt aufzeigten, aber von den Kindern bislang noch nicht bewußt in Verbindung zu Gewalt gesehen wurden. Diesem Erzählbedürfnis wurde von uns Raum gegeben.

Trotz großer Schwierigkeiten, sich verbal dem Begriff Gewalt zu nähern, war durch Nachfragen nach Erlebnissen langsam mehr Übereinstimmung unter den Kindern möglich, was für sie Gewalt ausmacht und woran sie erkannt werden kann.

In einem weiteren Schritt, während des „Elefantenspiels", ergab es sich schnell, daß die Situation trotz klarer Vorgaben der Spielregeln zu eskalieren drohte, d.h. einige Kinder schlugen sich, traten, bissen, kratzten, es flossen Tränen. Erstaunt stellten die Kinder fest, daß aus einem Spiel Ernst geworden war; sie waren erstaunt über die Frage, was ein Spiel denn mit Gewalt zu tun hat und warum es während dieses Spieles Kindern Spaß zu machen schien, anderen Kindern weh zu tun. Der Grund hierfür wurde von den Kindern selbst ausschließlich auf die jeweils anderen geschoben. Trotz der Spielregeln, die schnell vergessen waren, war die Faszination an körperlicher Auseinandersetzung und Gewalt deutlich zu spüren, unter Lachen und Tränen.

Die mehrfache Wiederholung des Spiels, in dem ProjektleiterIn als „Elefantenjäger" nun „mitspielten", brachte langsam Klärung. Der Spielverlauf wurde zwar nicht ruhiger, geschah aber mit immer weniger Schlagen, Treten etc., Grenzüberschreitungen wurden seltener. Im Anschluß an das Spiel wurde durch die Frage nach dem Unterschied der Spielverläufe deutlicher, was für die Kinder „Gewalt - keine Gewalt" sein kann:

Gewalt - wehtun, treten, prügeln, schreien;

keine Gewalt - Spaß haben, nicht ärgern, Freunde, nicht schlagen; Im Verlauf der Woche wurde noch ergänzt: vertrauen, sich auf andere verlassen können, wenn man sich wieder (v)ertragen kann, Natur.

Mit folgenden, aufeinander aufbauenden Aktivitäten wurde im Verlauf der Woche die Grenze zwischen Gewalt - keine Gewalt langsam deutlicher:
- „Pinguin-Spiel",
- Auswertung, Zuordnung der Fotos (Stellwand),
- 'Was ist nur los in Feuerland', Ton-Dia-Reihe nach dem Bilderbuch,
- Vertrauensübung, Steh-Übung,
- Bilder malen (Umgebung ohne Gewalt nach den Vorstellungen der Kinder).

Die Phasen waren begleitet von Gesprächen und Fragen, die gezielt die Wahrnehmung der Kinder ansprechen sollten.

Durch die Spiele und Übungen konnten wir die Wahrnehmung für Gewalt und Alltagsgewalt schärfen und benennen lassen. Zunehmend tauten die Kinder auf, schilderten aktuelle Situationen und Erlebnisse und stellten immer wieder die Frage, ob bestimmte Anteile Gewalt beinhalten bzw. gewalttätig sind oder nicht.

Insgesamt läßt sich nach dieser Projektwoche folgendes festhalten:

1. Deutlich hat sich gezeigt, wie schwierig es ist, thematisch orientiert mit diesen Kindern zu arbeiten und zu spielen. Nervosität, allgemeine Unruhe, unterschwellige und offensive Aggressivität, unkontrollierbarer Taten- und Bewegungsdrang, erhebliche Konzentrationsschwächen und Sprunghaftigkeit sind Phänomene, die heute in der Schule beklagt werden und in der (Kinder- und Jugend-)Freizeitarbeit offensichtlich zu einem Bruch geführt haben. Die von den Kindern veranstaltete „permanente Action" und der starke Bewegungsdrang überlagerten sehr deutlich unsere thematischen Vorgaben. Weil wir uns konsequent auf diese Kinder und ihre Bedürfnisse eingelassen hatten, war die Woche kontinuierlich mit einer regelmäßigen Besuchergruppe durchzuführen. Für die Kinder blieb dabei nicht immer „unser" Themenschwerpunkt sichtbar.

2. Im Verlauf dieses Projektes trat für uns selber eine neu zu entwickelnde Fähigkeit in den Vordergrund. Wir hatten zwar zielgerichtet „auffällige" Kinder aus dem Stadtteil für dieses Projekt angesprochen und eingeladen, uns selber hatten wir aber nur unzureichend auf diese Kinder vorbereitet. Streckenweise waren wir mit unserer Rolle überfordert, thematisch arbeiten zu wollen, und hatten teilweise Schwierigkeiten, die Kinder überhaupt auszuhalten.

Obwohl wir gerade Kinderszenen ansprechen wollten, mußten wir feststellen, daß unser Verhaltens- und Handlungsrepertoire sich als korrekturbedürftig erwies. Stichpunkte dazu sind:
- Vertrauensbildung,
- Vertrauenserwartungen,
- zuhören können,
- und dabei herauszufinden: worum geht es wirklich?
- schneller Szenen- und Methodenwechsel,
- Entwicklung von didaktischen Zwischenbausteinen, die der Körper- und Actionbetonung der Kinder entsprechen,
- und nicht zuletzt die Fragestellung: was will ich mit diesem Thema und der immer wiederkehrenden Fragestellung, was jetzt und morgen gut und im Interesse der Kinder ist.

3. Gerade bei dem Thema Gewalt sind wir auf die Probe gestellt worden, mit renitenten Kindern nicht selber in gewalttätiges Handeln abzugleiten.

4. Unsere Vorbereitungen in bezug auf Gewalt wahrnehmen, Gewalt benennen und bewerten sowie Gewalt reduzieren sind heute neu zu relativieren. Allein die von uns auf zwei Tage ausgerichtete Phase des Wahrnehmens und der Wahrnehmungsübungen dehnte sich auf die gesamte Woche aus. Die Erfahrungen von Alltagsgewalt bei den Kindern schoben sich so deutlich in den Vordergrund und überlagerten im Verlauf des Projektes unsere inhaltlichen Vorgaben, daß wir immer wieder in die erste Phase der Wahrnehmung zurückkehren mußten. Nur ansatzweise und auch nur sehr individuell konnten wir erkennen, daß Kinder bewußt und gezielt Gewalt bei sich selber und bei anderen vermeiden oder verhindern wollten.

5. Unsere Projektwoche ist für uns im nachhinein betrachtet nicht nur eine Wiedergabe der Lebenswelt der beteiligten Kinder gewesen. Deutlich ist auch geworden, wie dringend Kinder eine partnerschaftliche, undogmatische, kontinuierliche und an ihren Interessen ausgerichtete Begleitung benötigen. Schritte in diese Richtung sind vom Projekt PRO-VIEL in Nettetal entwickelt worden. Besondere Stichworte aus unserer Projektwoche dazu sind von uns festgehaltene und von den Kindern offenbar als Bedrohung wahrgenommene Phänomene:

Einsamkeit, Ohnmachtsgefühle, Handlungsunsicherheit, Gleichgültigkeit, enttäuschte Leistungserwartungen und Herrschaftsansprüche, aber auch der Mangel an Geborgenheit, Zusammengehörigkeit, Selbstwertgefühl, Beteiligung, erkennbaren Strukturen, Zukunftschancen, überprüfbaren Orientierungen und Werten, attraktiven Erlebnisfeldern, Körperlichkeit.

Neben den verschiedenen Projekten, Veranstaltungen und Anfragen gibt es darüber hinaus natürlich zahlreiche Kontakte mit anderen Gruppen und Organisationen aus der antirassistischen und interkulturellen Arbeit, die für die Weiterentwicklung unserer Arbeit unverzichtbar sind: dabei geht es um Kennenlernen, Erfahrungsaustausch und Sondierung von Kooperationsmöglichkeiten. So haben sich beispielsweise zwei feste Arbeitskreise im ARIC angesiedelt: Zum einen ein Zusammenschluß von StudentInnen, die ihre Diplomarbeit zum Thema Rassismus/Rechtsextremismus o.ä. schreiben und sich in regelmäßigen Treffen über ihre Ergebnisse und Probleme austauschen. Der Arbeitskreis ist als offenes Beratungsangebot an StudentInnen gerichtet und dient neben der praktischen Hilfestellung auch der inhaltlichen Weiterentwicklung von theoretischen Ansätzen und Konzepten.

Zweitens hat sich eine Arbeitsgruppe „Frauen und Rechtsextremismus" etabliert, der BildungsreferentInnen der IG Metall, des Aachener Bildungswerks für Friedensarbeit sowie Mitarbeiterinnen von ARIC-NRW und der AG SOS Rassismus angehören. Neben der theoretischen Auseinandersetzung mit Rassismus und Sexismus hat sich diese Gruppe mittlerweile die Erarbeitung eines Seminarkonzeptes für Frauen vorgenommen, das im nächsten Jahr praktisch erprobt werden soll.

Ein anderes Beispiel ist die Mitgliedschaft von ARIC-NRW im AK Ruhr, einem Zusammenschluß der Ruhrgebietsstädte gegen rechtsextreme Tendenzen bei Jugendlichen. Hier werden Modelle und Konzepte interkultureller Jugendarbeit ausgetauscht und gemeinsame Aktivitäten für das Ruhrgebiet koordiniert.

Für die Arbeit von ARIC-NRW ergeben sich aus diesen direkten Kontakten immer mehr Möglichkeiten, an einer Vernetzung der vielfältigen Aktivitäten mitzuwirken. Dazu paßt ein weiterer Trend, der sich von Anfang an abzeichnete: Viele Initiativen und Einrichtungen (besonders auch aus dem Medienbereich) wenden sich an uns, auf der Suche nach KooperationspartnerInnen, ReferentInnen, Interview- und GesprächspartnerInnen. ARIC-NRW wird also auch auf diesem Gebiet als das genutzt, was es sein soll: eine praxisorientierte Anlaufstelle für die antirassistische und interkulturelle Arbeit.

Ausblick

Die große Zahl von Anfragen sowie die insgesamt sehr positive Resonanz auf ARIC-NRW ermutigen uns, die Arbeit fortzusetzen und auszubauen. Für die Zukunft sind bereits eine Reihe weiterer Projekte geplant: die Erstellung eines „Who is who" für die antirassistische Arbeit in NRW, die Einspeisung unserer ARIC-NRW-Datenbank in Mailboxsysteme, ein Videofestival für Jugendliche, eine Reihe deutsch-niederländischer Austauschprojekte. Von unserem gemeinsam mit der AGB Düsseldorf geplanten Seminar zum Thema Anti-Diskriminierungsarbeit erhoffen wir uns Impulse, an denen wir aktiv weiterstricken wollen und und und ...

Alles wird davon abhängen, ob es gelingt, das Projekt nicht nur abzusichern, sondern personell und materiell weiter auszubauen. ARIC-NRW stützt sich bisher ausschließlich auf Mitgliedsbeiträge, Spenden und einmalige Zuschüsse der rund 150 unterstützenden Gruppen und Organisationen. Die praktische Arbeit wird von einer hauptamtlichen und sieben ehrenamtlichen MitarbeiterInnen sowie den befreundeten Gründungsorganisationen geleistet. Kontinuierliche und professionelle Arbeit kann damit jedoch bei anhaltender Nachfrage in absehbarer Zeit nicht mehr gewährleistet werden. Dennoch sind wir nicht pessimistisch: Erstens erfahren wir gerade von vielen kleineren Initiativen und Gruppen, von unten also, weiter wachsenden Zuspruch. Zwei Solidaritätskonzerte für ARIC-NRW mit insgesamt 6000 BesucherInnen sind hierfür ein Beispiel. Zweitens können wir im Gegensatz zur Gründungsphase mittlerweile die Notwendigkeit unserer Arbeit auch praktisch belegen und auf eine Reihe von Aktivitäten auch und gerade für öffentliche Einrichtungen und Projekte verweisen. Wir sehen daher durchaus Chancen, über kurz oder lang mehr als nur blumige Worte von seiten der NRW-Landesregierung und der Kommunen zu bekommen. Weil wir uns darauf aber nicht verlassen können und wollen, gilt weiterhin: neue Mitglieder, Spenden und sonstige Unterstützung sind nicht nur herzlich willkommen, sondern für eine Fortsetzung der Arbeit dringend notwendig.

Literatur

AG SOS Rassismus: Courage-Projektmappe (aktuelle Projektideen 1995). Schwerte 1995

Arbeitsgemeinschaft der Ausländerbeiräte Hessen (AGAH): Antirassistische und multikulturelle Sozialarbeit in den Niederlanden – Bericht von einer Bildungsreise. Frankfurt/M. 1994; Bezug: AGAH, Kaiser-Friedrich-Ring 31, 65185 Wiesbaden

ARIC-NRW: Alltagsrassismus-Projektmappe. Duisburg 1995

Anti-Rassismus Informations-Centrum in Nordrhein-Westfalen (ARIC-NRW) – Gründungsaufruf und Projektkonzeption, in: IZA 1/94, S. 50–53

Plöger, T. / Mintzel, G.: Die Antirassismusarbeit in den Niederlanden. In: IZA 1/94, S. 42–47

Posselt, R.-E. / Schumacher, K.: Projekthandbuch Gewalt und Rassismus. Mülheim/Ruhr 1993

Wlecklik, P. (Hrsg.): Frauen und Rechtsextremismus. Göttingen 1995

Wir sind die Ruhrkanaker

Angefangen hat unsere Clique (wir sind 16 Mann zwischen 12 und 14 Jahren und ein Mädchen), weil wir auf der Suche nach Abenteuern in der Stadt immer wieder feststellen mußten, daß wir überall unwillkommen weggeschickt und meistens verjagt wurden. Für Kinderspielplätze sind wir zu alt, für Jugendzentren zu jung. Plätze für Kids zum Austoben gibt es nicht – oder diese sind so weit weg, daß man sie zu Fuß oder per Skateboard nicht erreichen kann, und Geld ist nicht da. Zuerst wurden einige Eltern wild – als unsere Clique versuchte, unsere Kinderrutschbahn auf dem Spielplatz als Halfpipe für die Skateboards zu erproben. Danach war es die Polizei, die, durch wütende Autofahrer aufgebracht, versuchte, uns einzufangen, weil wir mit unseren Skateboards und BMX-Rädern über die Straßen und durch die Einkaufszone der Innenstadt zogen (na ja, schnell sind wir schon).

Also was tun – zwischen Lust aufs Abenteuer – und (bl)öder Langeweile in kinderfeindlichen Städten? Als es dann wieder einmal so weit war und wild gewordene Mütter den Spielplatz für ihre Kleinkinder verteidigten, dazu noch Tuncay mit einem Regenschirm drohten und ihm nachriefen: „Haut bloß ab, ihr Kanaker", haben wir Streß gemacht und dann war die Idee zur Gründung der RUHRKANAKER da: Erstens wollen wir, daß es irgendwo hier einen richtigen Platz für uns gibt und zweitens brauchen wir richtige Abenteuer in der Stadt, weil Langeweile nur zu Blödsinn führt, und drittens haben wir was gegen Ausländerfeindlichkeit, die fängt ja schon bei den Müttern auf dem Spielplatz an! Also haben wir uns als Clique (unsere Eltern kommen aus der Türkei, Iran und Deutschland) zusammengeschlossen und treffen uns jetzt immer und machen was gegen Rassismus, und was Spaß macht und Abenteuer, und in Lappland Goldsuchen waren wir im letzten Jahr auch.

Den Namen Ruhrkanaker haben wir uns gegeben, weil die Leute von SOS-Rassismus gesagt haben, daß sie von uns einen Namen brauchen, wenn wir mit ihnen zusammen was machen wollen. Und weil die Eltern uns als Kanaker ausgeschimpft haben und wir nachgeschaut haben, daß die Kanaker sich so nennen, weil Kanaker „Mensch" bedeutet, und weil wir hier ja die Ruhr-Menschen sind (erst wollten wir uns Ruhr-Gebieter nennen, aber das war dann doch zu blöd), haben wir uns den Namen Ruhrkanaker gegeben, das klingt auch gefährlicher.

In unseren Seminaren (wir kommen gern zu zweit oder dritt zu euch) zeigen wir euch, warum die Pinguine unsere Freunde sind, was wir bei ARIC machen, was der große Knulp für einer ist, warum wir ein politisches Kinderbuch gemacht haben und was Kinder machen können, wenn sie einer läßt und wir an die Computer und Kopierer dürfen. Außerdem haben wir Spiele zusammengetragen, die wirklich Spaß machen und Gewalt zum Thema haben.

Tuncay, Benjamin und Ali

Die Ruhrkanaker – Das Buch:
„Was ist nur los in Feuerland?"

Zuerst war es nur ein Plakat: Pinguine als Tiger und Zebras und der Gröhlsatz: „Ich bin so stolz ein Tiger zu sein". Der Erfolg dieses Plakates war Anlaß für neue Aktivitäten und Zusammenkünfte der Ruhrkanaker mit dem Illustrator **Klaus D. Schiemann.** Herausgekommen ist nun der Bilderband (für Erwachsene ebenso...) in dem die türkisch-iranisch-deutsche Kinderclique (12 bis 13 jährige) ihre Phantasien über die Ursachen von Mölln bis Solingen und die eigenen Erfahrungen mit Langeweile und Einsamkeit verarbeiten... In Feuerland ist eine Menge los, denn die Tigerpinguine marschieren auf. „Zebras raus", brüllen sie, schwenken Fahnen und machen Randale. Das findet der kleine Tigerpinguin toll. Endlich ist's vorbei mit der Langeweile, denn diese verwegenen Kerle wissen, wie man richtig was losmachen kann. Und daß die Zebrapinguine an allem schuld sind, hat er im Grunde immer schon gewußt. Daß Feuerland gar nicht mehr so weit weg ist, dürfte mittlerweile klar sein. Die Unruhen in unserem Land geben Anlaß zu schlimmsten Befürchtungen, politische Arbeit bekommt einen neuen Stellenwert. Kinder stehen dabei nicht außen vor, schon lange nicht mehr solche wie die Ruhrkanaker, die sich selber als „Kanaker" beschimpfen lassen mußten; sie nehmen wahr und ahmen nach. Kinder für Menschlichkeit und Demokratie zu begeistern, ist die Basis für dieses Buch. Die Parabel in diesem Kinderbuch (auch für Erwachsene) will dazu beitra-

gen und erzählt vom Tigerpinguin der Zebrapinguine schikaniert, dem großen Knulp, der die Rodelbahn gebaut hat, von Kampffischen ... und einem Zebrapinguin, der zwar seine Flügel verliert, dem Tiger aber trotzdem zeigt, daß Zusammenhalt lebenswichtig sein kann. Die ausdrucksvollen Illustrationen von Klaus D. Schiemann transportieren zeitgenössische Geschichte, machen aufmerksam und veranschaulichen Kindern, was eigentlich los ist – und das nicht nur in Feuerland ...

Ein politisches Bilderbuch über randalierende Tigerpinguine, Aufmärsche, Fahnen und Kampffische. Eine Parabel gegen Gewalt und Rassismus, die zeigt, wo's langgeht ...

Die Ruhrkanaker werden heute als Kinder-Initiative begleitet von der Arbeitsgruppe SOS-Rassismus und unterstützt vom **Amt für Jugendarbeit der Evangelischen Kirche von Westfalen.** Das Buch „Was ist nur los in Feuerland" ist zu beziehen bei der:

AG-SOS-Rassismus, Haus Villigst, 58239 Schwerte, Tel. 0 23 04-75 51 90 oder beim **Verlag an der Ruhr,** Postfach 10225, 45422 Mülheim an der Ruhr oder im Buchhandel.

„Was ist nur los in Feuerland"; herausgeben von der AG-SOS-Rassismus, Haus Villigst; gezeichnet und getextet von Klaus D. Schiemann in enger Zusammenarbeit mit den Ruhrkanakern. (Ab 5 Jahre, 36 Seiten farbig, 20,5 x 23,5 cm Hardcover, ISBN 3-86072-134-8, 24,80 DM.)

Ausschnitte aus dem Buch „Was ist nur los in Feuerland?"

Früher hatte er keine Freunde.
Heute hat er Kameraden,
die ihm sagen,
was richtig ist und was falsch.

Und
noch was
lernt der Tigerjunge:
Daß die Sonntage langweilig sind,
daran sind nur die Zebras schuld. Kapito? Klare Sache.
Das leuchtet dem Tiger ein. Nun schreibt er „Zebras raus" auf
viele Wände und Türen in Feuerland. Manchmal verteilt er
auch Zettel, auf denen steht „Feuerland den Tigern".
Oder er sagt den Zebras direkt, was Sache ist,
aber erst mal nur den ganz kleinen.

Doch plötzlich hört er Tumult. „Ja, ist denn heute Karneval oder was?" denkt der Tigerjunge. „Feuerland den Tigern!" rufen die Tiger, und „Zebras raus!". Die Langeweile ist wie weggeblasen. Endlich ist was los.

Der Tigerjunge hat ein mächtig schlechtes Gewissen, und es geht ihm gar nicht gut. Daran sind natürlich die Zebras schuld. Und wieder wird er richtig böse.

Mit freundlicher Genehmigung des Autors Klaus D. Schiemann; entnommen aus: „Was ist nur los in Feuerland?"
Verlag an der Ruhr, Mühlheim 1993; zum Buch gibt es ein Video gleichen Titels

242

Die schärfsten Rätsel aus dem Orient für 1001 Nacht.

Auf die Idee für unser Projekt sind Ali, Tuncay und Benjamin von den RUHRKANAKERN gekommen, als sie mal wieder nichts als Blödsinn im Kopf hatten, und vor lauter Langeweile anfingen unser Büro abzubauen und deswegen mit uns Streß bekamen. Als wir sie fast schon vor die Tür setzen wollten, meinte einer von ihnen, ...ist ja klar, daß man Scheiß baut, wenn man Langeweile hat, was sollen wir denn sonst machen...

Und genau in diesem Moment kam Shirin die Idee mit den Rätseln aus 1001 Nacht. Sie sagte, ...wenn ihr nix zu tun habt, dann nehmt euch 3 Mark 50 mit, haut ab, holt euch ʼne Pommes mit Mayo, und hier habt ihr ein Rätsel, taucht wieder auf, wenn ihr es gelöst habt. Das Rätsel ging so:

In einem Dorf gingen zwei Väter mit zwei Söhnen in die Wüste um ihre Kamele einzufangen. Obwohl nun jeder von ihnen ein Kamel einfing, brachten sie insgesamt nur drei Ka-

mele in die Oase zurück. Warum?
Nach dreißig Minuten kamen die RUHRKANAKER wieder, hatten ihr Rätsel gelöst und immer noch Hunger; also mußten weitere Rätsel her... Nachdem sich die RUHRKANAKER mittlerweile zwanzigmal satt gegessen haben, sind uns die Rätsel ausgegangen. Dabei ist allerdings die Idee für dieses Forschungsprojekt entstanden. Wir wollen ein Rätselbuch für Kinder, Jugendliche und Erwachsene herausgeben, mit etwa hundertund einem orientalischen Rätsel. Dazu brauchen wir Dich und Deine Freunde/innen. Entweder Du schreibst uns selber ein Rätsel oder interviewst Deine orientalischen Freunde/innen bzw. Klassenkamerad/innen,

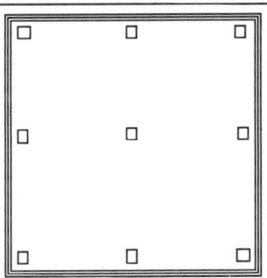

Rätsel aus 1001 Nacht

Nimm bitte einen Stift, setze in einem der neun kleinen Felder an und verbinde alle neun Felder durch vier gerade Linien (vertikal, horizontal oder diagonal) miteinander; dabei darfst Du allerdings den Stift nicht abheben.

jemanden aus dem Flüchtlingslager nebenan oder deren Onkel, Tanten, Schwäger, Omas, Freunde/innen oder wen es sonst noch so gibt. Weil wir unser Rätselbuch in verschiedenen Sprachen herausgeben werden, bitten wir Dich ,daß Du uns Dein Rätsel in deutsch, und wenn es geht, in der Sprache und der Schrift (z.B. iranisch, arabisch, tamilisch, roma, usw.) Deiner Freundin oder Deines Freundes zuschickst.

Als Belohnung für Deine Mühe nehmen wir Dich und Dein/en Partner/in mit Namen in das Buch auf und laden Euch dann zur Herausgabe des Buches ein. Wir haben eine Pommesbude angemietet, in der Ihr an diesem Festtag soviele **Pommes mit Mayo** essen könnt, bis sie zu den Ohren wieder herauskommen. Außerdem erhältst Du natürlich ein erstes Exemplar dieses orientalischen Rätselbuches für Dich und gegen Deine Langeweile...wenn es die noch gibt.

Martin Koppold

Mit Phantasie und Kreativität gegen Gewalt

> Wir haben gelernt
> Wie die Vögel zu fliegen
> Wie die Fische zu schwimmen
> Doch wir haben die
> Einfache Kunst verlernt:
> Wie Brüder zu leben
>
> MARTIN LUTHER KING

Training in gewaltfreiem Handeln

Niemand ist machtlos – zwischen Wegschauen und Dreinschlagen gibt es immer noch ein ganzes Spektrum von Handlungsmöglichkeiten, das es zu entdecken gilt. In den Trainings wird aktive Gewaltfreiheit vermittelt. Das ist eine bewußte Lebenshaltung, aber auch eine Möglichkeit, konkret durch gesellschaftliche Einflußnahme zur positiveren Gestaltung unserer Lebenszusammenhänge beizutragen.

Aktiver Minderheitenschutz, das Entwickeln längerfristiger, gewaltfreier Strategien sowie die Auseinandersetzung mit dem eigenen Konfliktverhalten sind wichtige Bausteine eines solchen Trainings.

Basis der Trainings in gewaltfreiem Handeln

Geschichtliche Erfahrungen weitergeben

Trainings in gewaltfreier Aktion entwickelten sich parallel zu den großen, gewaltfreien Bürgerbewegungen dieses Jahrhunderts. Die Anfänge solcher Trainings reichen bis in die 30er Jahre zurück. Die US-Bürgerrechtsbewegung bereitete schon damals Gruppen so auf einen gewaltfreien Einsatz vor. Inzwischen hat sich diese Art der Aktionseinübung in aller Welt verbreitet. Es bestehen internationale Trainernetzwerke.

Anfang der achtziger Jahre leitete ich meine ersten Trainings in gewaltfreier Aktion. Im Vordergrund stand die Förderung deeskalierender Haltungen der Aktionsteilnehmer und die Vermittlung von aktiver Gewaltfreiheit. Bis dato war die allgemeine Auffassung die, daß Gewaltfreiheit mit passivem Widerstand gleichzusetzen sei. Aktive Gewaltfreiheit unterscheidet sich aber grundsätzlich vom passiven Hinnehmen der Gewalt.

Nach Abflauen der großen Aktionswelle der Friedensbewegung 1987 wurden die Trainings in Richtung gewaltfreier Konfliktbearbeitung erweitert. Der Schwerpunkt verlagerte sich auf Supervision von Gruppen, auf die Entwicklung langfristiger Arbeit und auf die Krisen- und Konfliktbearbeitung im Großen (Ex-Jugoslawien) wie im Kleinen.

Ende 1991, als die ersten Anzeichen für ein Erstarken der öffentlichen Ausländerfeindlichkeit erschienen, leitete ich in Mutlangen ein gewaltfreies Training zum Schutz von Flüchtlingen. Dem sollten bald sehr viele folgen. Eine Spezifikation hiervon sind die „Zivilcourage-Trainings".

Die Strategien der gewaltfreien Aktion können nicht nur in großen politischen Konflikten, sondern auch in anderen Konfliktebenen angewendet werden. Die Methoden der Trainings in Gewaltfreiheit sind am Verhalten und an der aktuellen Betroffenheit der Teilnehmenden orientiert. Die Erfahrungen mit Deeskalation in gewaltbereitem Umfeld während politischer Aktionen sind in alltäglicheren und unpolitischen Zusammenhängen verwertbar.

Das zugrundeliegende Menschenbild

Die Gegnerperson oder -gruppe ist nicht der Feind, sondern ein Mensch. Die Person, die aktive Gewaltfreiheit leben will, versucht auf der gleichen Ebene mit der Gegenüberperson, -gruppe einen Dialog über Lösungsmöglichkeiten aufzubauen. So einfach hört sich das an! Aber was gibt es da für mannigfache Stolpersteine, die dies verhindern. Diese gilt es zu erkennen und zu lernen, sie aktiv zu beeinflussen.

Da ist erst einmal jeder Mensch selbst mit seiner Geschichte, seinen Verletzbarkeiten und Ängsten. Nehme ich wahr, was für eine Haltung ich habe, und wie wirkt sie auf mein Gegenüber? Kann ich meine eigene Person wirklich zeigen? Ist meine Position klar dargestellt und habe ich selbst meine Motive und die dahinterliegenden Gefühle erkannt? Bin ich selbst bei mir oder gerade außer mir, so daß ich gar nicht in der Lage bin, Konstruktives zu denken, geschweige denn so zu handeln? Kann ich der anderen Person zuhören? Will ich das überhaupt?

Bekomme ich aus ihrer Haltung Informationen, die mit der verbalen Kommunikation nicht übereinstimmen? Kenne ich Methoden, die andere Person zu ermutigen, daß auch sie sich als ganzer Mensch zeigen kann? Im verbalen Bereich ist dies zum Beispiel mit aktivem Zuhören möglich. Wie bringe ich die andere Person wieder dazu, daß sie zu sich kommt, daß sie ihren eigenen Werten und Moralvorstellungen wieder folgen kann?

Mit diesen Grundfragen in Konfliktsituationen arbeite ich in allen meinen Trainings in gewaltfreiem Handeln. Das zugrundeliegende aktive Verhalten in einer Auseinandersetzung ist in der Bergpredigt mit einem sehr anschaulichen Beispiel belegt.

„Wenn dich jemand zwingt, eine Meile mit ihm zu gehen, so gehe zwei mit ihm." Wozu die zweite Meile? Er hat mir Unrecht zugefügt und ich lasse ihn deswegen nicht in Ruhe. Ich vergrößere das Unrecht, das er mir angetan hat, und bringe ihn zum Überdenken seiner eigenen Position, indem ich ihm Zeit einräume und ihn mit meiner Person konfrontiere. Dennoch greife ich ihn nicht an! Die zweite Meile gibt aber auch mir die Möglichkeit, wieder aus meiner Wut herauszukommen und mich selbst zu fragen, ist mir dieses Unrechtsgeschehen so wichtig, daß ich dran bleiben muß? Sie gibt mir auch Zeit, kreativ nach Lösungsmöglichkeiten zu suchen und auch meine eigene Position im Konflikt zu überdenken. Bei der ganzen Arbeit ist es wichtig, das Sieger-Verlierer-Schema zu durchbrechen und beiden Seiten Lernmöglichkeiten einzuräumen.

Und die Praxis? Ich bin doch meist die kleine Person, das Opfer, nur die Bürgergruppe. Die andere Person ist mächtig, der bewaffnete Angreifer oder gar eine allmächtige Regierung. Wie wird sie mich als gleichberechtigte Person, als Mensch mit grundlegenden Bedürfnissen akzeptieren? Sie hat es doch gar nicht nötig, mit mir in Dialog zu treten. Ein Großteil der Handlungen, sei es beim Zeigen von Zivilcourage oder in einer gewaltfreien Aktion, dient nicht dazu, den Gegner handlungsunfähig zu machen oder ihn zu besiegen, sondern das Ziel ist erstmal, eine gleichberechtigte Basis zu schaffen. Das fängt beim Aufbau des eigenen Selbstwertgefühls an und geht weiter beim Erkennen und Benennen der zugrundeliegenden Bedürfnisse des Gegenübers. Eine Waffe benützt zum Beispiel jemand, der Angst hat. Oder die Person/Gruppe will etwas durchsetzen, und es fehlt ihr die Erfahrung, daß ein anderer Weg für alle Seiten viel befriedigender sein kann.

Die nächste Stufe der Aktion mit dem Ziel, einen Dialog zu ermöglichen, ist der Aufbau von Macht (nicht zu verwechseln mit Gewalt!), um mein Gegenüber zur Wahrnehmung von meiner Person/

Gruppe zu bringen. Das ist kein Selbstzweck! Praktisch kann das bei einer Bürgergruppe (auch Jugendgruppe u.a.) durch verschiedenste Öffentlichkeitsaktionen bis hin zur Dramatisierung des wahrgenommenen Unrechts durch zivilen Ungehorsam geschehen. Es kann aber auch einfach dadurch geschehen, daß ich mich bei der Gegenübergruppe erstmal nur an den Chef wende, um selbst als gleichberechtigter „Chef" Verhandlungspartner zu sein.

Manchmal ist es auch notwendig, durch eine paradoxe oder verrückte Handlung die Aufmerksamkeit auf das Problem zu lenken oder einen unheilvollen Ablauf zum Innehalten zu bringen. Ein wenn auch nur augenblickliches Innehalten kann alle Beteiligten zu einer Neubewertung der Situation sowie des Gegenübers bringen.

Grundsätzlich gilt: Ich mache mich bereit, aus der Anonymität herauszutreten, mache mich selbst dafür verletzbarer und gebe der anderen Person auch jede Möglichkeit, ihre eigene Persönlichkeit zu zeigen. So kann eine Begegnung von Mensch zu Mensch erfolgen mit einer Chance – keiner Sicherheit – der positiven Veränderung der Situation.

Rückmeldungen von Trainingsteilnehmenden und eigene Erfahrung zeigen mir, daß es funktioniert. Aber es ist auch ein Prozeß des sich Einlassens auf neue, wenig geübte Verhaltensweisen. Auch bei nicht „optimalem" Verhalten verändert sich bei mir und bei der anderen Person einiges zum Positiven durch meine geänderte Grundeinstellung.

Trainingsmethoden

Rollenspiel und Elemente aus dem Theater der Unterdrückten nach Augusto Boal sind ein fester Bestandteil dieser Trainings. Ebenso werden grundsätzliche Elemente der Familienkonferenz nach Gordon im verbalen Bereich angewendet. Erweitert wird dieser Bereich durch Trai-ning von Entscheidungsfindung in Einmütigkeit und gegenseitiger Beratung (das Konsensmodell mit aktivem Minderheitenschutz). Allein durch die Einführung dieses Modells in bestehenden Gruppen konnte ich jahrelange Gruppenkonflikte an einem Abend in Luft auflösen! New Games, NLP und andere ganzheitliche Therapiemethoden, Erfahrungen aus der Sozialarbeit, bei Vermittlertätigkeit und aus Psychologie und Pädagogik machen die Trainings zu einem kurzweiligen, aber sehr intensiven Lernprozeß. Ausgangspunkt dieses Prozesses sind die Erfahrungen und Verhaltensweisen der Teilnehmenden. Es geht nicht darum, „die" gewaltfreie Methode zu propagieren, sondern aus-gehend vom eigenen Wesen, kreativ in Konfliktsituationen zu werden.

Da der inhaltliche Aufbau sowie vor allem die Zielrichtung der Trainings in gewaltfreiem Handeln nur wenig bekannt sind, führe ich unten zwei spezifische Modelle hiervon an. Des weiteren beschreibe ich eine Erfahrung zur möglichen Modifikation einer Extremsituation. Dieses Fallbeispiel kam in Variationen in vielen Trainings vor. Trainingsteilnehmende haben mir später Rückmeldungen gegeben, daß sie in vergleichbaren Situationen in der Lage waren, aus ihrer bisher erlebten Passivität auszubrechen und tatsächlich eine Situation zu entschärfen. Die Umsetzung der gewaltfreien Konfliktbearbeitung in einem längerfristigen Konzept ist mir ein besonderes Anliegen. Auch hier geht es nicht um die Vernichtung des potentiellen Gegners (z.B. ein öffentliches Entscheidungsgremium oder eine Randgruppe), sondern um die Möglichkeit, zusammen mit diesem Gegner eine Lösung zu finden.

Konkrete Anwendungsbereiche dieser Trainings

Fünf Bausteine der Trainings „Schutz von Flüchtlingswohnheimen"

Zur Vorbereitung auf eine möglicherweise gewalttätige Situation, ähnlich der, wie es sie in Rostock-Lichtenhagen gegeben hat, habe ich viele Bürgerinitiativen und Telefonketten mit dem unten folgenden Seminaraufbau trainiert. Die Gruppen sollten dadurch über den Punkt der Reaktion auf eine kurzfristige gewaltsame Krisensituation hinaus auf eine längerdauernde, deeskalierende Arbeit im Bereich Asyl hingeführt werden.

1) Auseinandersetzung mit Gewalt und Gewaltfreiheit
Ziel ist es, den Handlungsspielraum der Einzelperson in kritischen Situationen zu erweitern. Ausgegangen wird von den schon bestehenden Erfahrungen und Verhaltensmustern der Einzelpersonen. Methodisch werden scheinbar unauflösbare Konfliktsituationen mit Rollenspielen und Mitteln des „Theaters der Unterdrückten" bearbeitet. Es wird vor allem körperorientiert und nur in wenigen Methoden sprachorientiert gearbeitet. Am Ende soll die Erfahrung stehen, daß es zwischen Reinschlagen und Nichtstun noch eine Fülle an eigenen Handlungsmöglichkeiten gibt. Diese sollten im Training wenigstens ansatzweise erlebt worden sein.

2) Konkrete Hilfestellungen zur Nacht X

Je weniger die Situation vor Ort bekannt ist und je weniger ein Gesamtkonzept vorliegt, desto mehr konzentrieren sich die Überlegungen darauf, wie verhalte ich mich, wenn ich tatsächlich angegriffen werde. Übertrieben heißt das: nehme ich Kerze oder Schlagstock in der Nacht X mit? Diese Grunderwartung sollte ein Trainer in gewaltfreier Aktion auffangen. Hier möchte ich nur die wichtigste aus mehreren Verhaltensregeln nennen: „Dreh dein eigenes Drehbuch!" Das heißt: Geh aus der Opfer- oder Zuschauerrolle heraus und verändere die Situation. Eine gründliche Analyse des möglichen Tatortes und Tatumfeldes hilft in der Regel beim Abbau von Ängsten und irrationalen Befürchtungen. Anschließend sind konkrete Organisationshilfen und Rollenverteilungen gefragt.

3) Entwickeln einer längerfristigen Strategie

Die Situationsanalyse bringt in den allermeisten Fällen das Ergebnis, daß die Gruppe im Ernstfall nicht in der Lage sein wird, rechtzeitig am Tatort als Gruppe gegenwärtig zu sein. Sie offenbart zusätzlich, daß viele Grundlagen für ein Eingreifen oftmals nicht gegeben sind. Dazu gehören Kontakt zu den Flüchtlingen, Kontakt zu den mit den Flüchtlingen Arbeitenden, Vorarbeit bei den Anwohnern, ungeklärtes, teilweise unrealistisches Einschätzen des Polizeiverhaltens u.v.m. Diese offenen Fragen benutze ich, um mit den Teilnehmenden konkrete Ansatzpunkte für eine längerfristige politische und soziale Arbeit zu finden. Die Frage nach den eigenen Kräften spielt dabei eine wichtige Rolle. Auch wenn das durch die Medien entfachte Strohfeuer vieler Asylgruppen quantitativ nicht sehr lange anhielt, hoffe ich doch, manchen Gruppen zu einem längeren Atem verholfen zu haben.

4) Gruppenkonsens bzw. die Entscheidungsfindung in Übereinstimmung

Gemeinsame Handlungsfähigkeit der Gruppe sowohl in kritischen Situationen als auch in der Alltagsarbeit herzustellen ist ein Ziel des Trainings in aktiver Gewaltfreiheit. Die Technik der Entscheidungsfindung im Konsens bzw. in Übereinstimmung hat sich als sehr effektiv erwiesen. Sie hat zudem den Vorteil des Schutzes von Minderheiten und von Schwächeren, und sie funktioniert basisdemokratisch. Mit etwas Übung steht sie in der Schnelligkeit Autoritäts- oder Mehrheitsentscheidungen nicht nach. Die Umsetzungsquote einmal getroffener Entscheidungen ist sehr hoch. Bei der Einführung dieser Methode, oft schon von Teilaspekten, habe ich mehrmals die Auflösung von schon lang bestehenden Konflikten beobachten können.

Ähnlich wie bei den Übungen zu Gewalt und Gewaltfreiheit wird die Handlungsfähigkeit durch Phantasie und Kreativität, diesmal im Denken, erweitert. Ein Schritt dazu ist der von Bewertungen ungestörte „Gedankensturm" zu Lösungsmöglichkeiten. Anweisungen zu Ablauf und Vermittlung der Entscheidungsfindung im Konsens sind über die Literaturangaben zu finden.

5) Vertrauen und gegenseitige Kenntnis in der Gruppe aufbauen

Gruppendynamische Übungen und auflockernde Spiele sind Bestandteil eines Trainings in gewaltfreier Aktion, wie das Salz in der Suppe. Die gewaltfreie Bewegung ist etwas sehr Lebendiges. Lachen, Spielen, Tanzen, Musik machen und kreativ miteinander sein, das öffnet die Menschen für eine lebenswerte Zukunft trotz all der oft niederschmetternden Realität.

Verhalten in Bedrohungssituationen (Zivilcouragetraining)

Angeregt durch die Anfragen von vielen pädagogischen Institutionen zum Verhalten in gewaltbestimmten Situationen und die Betroffenheit vieler Bürger über offene (rechte) Gewalt in der Öffentlichkeit, habe ich einen speziellen Typ von Gewaltfreiheitstraining entwickelt. Dieser kann ohne den Zusammenhang mit der gewaltfreien Aktion verwendet werden.

Dieses Training ist eine Verkürzung und zugleich eine Verallgemeinerung des zuvor Beschriebenen. Das Thema kam auf in der Folge der öffentlichen Diskussion um Gewalt gegen Andersartige (Farbige, Behinderte, Schwächere...).

Es geht darum, in akuten Fällen von Gewaltanwendung handlungsfähig zu bleiben und es zugleich möglichst nicht zu eigener Gewaltanwendung kommen zu lassen. Jede Situation kann vom Zuschauer oder Opfer zumindest mitbestimmt werden. Eine reale Situation kann im Training nicht vorweggenommen werden. Aber das Erproben von Handlungsalternativen, das Kennen der eigenen Reaktionen, auf das Ungewohnte gefaßt und vorbereitet zu sein, dies alles verändert innere wie äußere Realität. Anfragen für diesen Trainingstyp kommen neben der Erwachsenenbildung vor allem aus Schulen und der Jugendarbeit.

Drei Schritte zum Aufbau des Trainings „Verhalten in Bedrohungssituationen"

1) Eigenes Konfliktverhalten erkennen
In Spannungssituationen und solchen, in denen wir glauben, im Recht zu sein, verengen wir unsere Handlungsspielräume. Durch das kontrollierte Erfahren eigener Konfliktmuster und das Erleben von anderen Mustern können wir dieser Konditionierung etwas entgegensetzen. Auch hier werden körperorientierte Übungen eingesetzt.

2) Verhaltensmuster in konkreten Situationen erweitern
In der Regel gehe ich hierbei von tatsächlichen Erfahrungen der Teilnehmenden aus. Die Situation wird als Rollenspiel, Forum- oder Statuentheater gespielt. Durch mehrmaliges Wiederholen finden alle gemeinsam Aspekte, die die Gewalt hindern, mindern oder sie noch mehr provozieren. Es gibt nicht den gewaltfreien Königsweg, da alle Beteiligten ihre eigenen Muster und ihre eigene Geschichte haben. Aber die Chancen für eine positive Meisterung einer solchen Situation für alle Beteiligten erhöhen sich stark, auch wenn nur eine Person das erwartete Streitmuster nicht benützt. Ein Beispiel ist weiter unten aufgeführt.

3) Langfristige Strategien entwickeln
Gewaltsituationen haben oft ein Vorspiel, manche sogar eine Geschichte vorher. Ort oder Zeitpunkt kann regelmäßig wieder auftauchen. Gewalttaten haben Rahmenbedingungen, in denen sie wachsen können. Ist die Gruppe für ein Training spezifisch, z.B. Schule, Stadtteil, können diese Rahmenbedingungen

mit ihr angeschaut und analysiert werden. In einem weiteren Schritt werden die eigenen Kräfte und Möglichkeiten ausgelotet. Daraus kann gemeinsam eine mittel- bis langfristige gewaltfreie Strategie für den betroffenen Bereich entwickelt werden. Manchmal genügen schon kleine Veränderungen, um eine Dynamik der Veränderung einzuleiten.

Fallbeispiel: Fünf gegen einen

In der Realsituation waren es fünfzehn gegen drei. Für das Training habe ich die Situation auf fünf gegen einen mit und ohne Zuschauer verkürzt. Die Auswertung geschieht mittels der subjektiven Erfahrungen von Tätern, Opfer und gegebenenfalls der Zuschauer.

Fünf gehen in der klaren Absicht auf einen zu, um ihn zusammenzuschlagen. Für den einen gibt es keinen Fluchtweg. Eine hoffnungslose Situation!

Reaktionsmöglichkeiten des „Opfers" und wahrscheinliche Folgen (ohne Zuschauer):

* Es verkauft seine Haut so teuer wie möglich; Berechtigung zur Gewaltanwendung und „Spaß" der Täter erhöhen sich, eigene Waffen wie Tränengas, Messer und Schlagwerkzeuge werden gegen das Opfer selbst gewendet. Die Wahrscheinlichkeit, schwer verletzt zu werden, ist sehr hoch.

* Ducken oder sich auf den Boden werfen; die Hemmschwelle der Täter zu schlagen und zu treten sinkt noch weiter.

* „Feuer" rufen und hinter die Täter zeigen oder Trillerpfeifen benützen; Irritationseffekt, es käme darauf an, wie die folgenden Sekunden genützt würden oder ob tatsächlich andere Personen alarmiert wären.

* Tai-Chi-Grundhaltung einnehmen, Hände unten, nach vorne öffnen, entspannen, mit potentiellem „Chef" der Täter Blickkontakt aufnehmen; Hemmschwelle der Täter zumindest vor dem ersten Schlag deutlich gestiegen. Trotz körperlicher Unterlegenheit hat sich das Opfer auf die gleiche Stufe mit den Tätern gestellt und kann unter Umständen eine Kommunikation beginnen, in deren Folge die Gewaltanwendung ausbleibt.

* Verbal, möglichst ohne Panik, Angst und Unterlegenheit eingestehen; es besteht die vage Möglichkeit, die Täter in ihrem Gewissen anzusprechen, zumindest aber, daß sie ihr Aggressionspotential nicht voll ausfahren.

* Auf die Gruppe zugehen und sie zum Bier einladen; als „Opfer" wurde ich erst in der Mitte der Gruppe gestoppt, deutliche Konfusion der Täter, Ausgang ungewiß.

* Wenn es dem Opfer in Sekundenschnelle gelingt, den Anlaß des Angriffes zu erfassen, kann es dies verbal vielleicht mittels einer Frage ausdrücken. (Ihr wollt meine Jacke? Euch passen meine grünen Haare nicht. Braucht ihr Geld?...); trifft das einigermaßen zu, besteht die Möglichkeit zu einem Gespräch und damit einer Abwendung der ganz akuten Gefahr.

* Irgend etwas Verrücktes oder Unerwartetes tun, z.B. laut beten, singen, jonglieren, slow-walk, Gedichte und Reime sagen... wie auch immer: schreibe dein eigenes Drehbuch der Situation; das Opfer kann damit als Minimum irritieren

ohne zu eskalieren, es schafft sich die Chance damit, daß beide Seiten sich als (kreative) Menschen erkennen und so einen anderen Umgang als Gewalt miteinander finden.

Das gleiche Beispiel mit Zuschauerreaktionen:
* Gaffersituation verschafft den Tätern ein willkommenes Publikum.
* Wegrennen und Polizei holen; wenn die Polizei in der Nähe und willig ist, sofort zu kommen, kann es im Einzelfall nützen. In der Regel ist es zu spät für das Opfer.
* Sich dazwischen werfen; kurze Atempause für das Opfer, eventuell mit Chance zur Flucht. Die Reaktionen der Täter reichen von Verprügeln des Zuschauers bis zu bassem Erstaunen und Innehalten. Letzteres geschah vor allem dann, wenn die eingreifende Person deutlich körperlich schwächer war (alt oder eine Frau). Das Risiko für die eingreifende Person ist sehr hoch, nur ein hohes Maß an Selbstbewußtsein oder die Überraschung können eine weitere Eskalation verhindern.
* Einen Angreifer von hinten packen und wegzerren; nur bei deutlicher Kraftüberlegenheit zu empfehlen, ansonsten ist die eigene Verletzung garantiert.
* Dem Opfer zugewandt und mit dem Rücken zu den Tätern dazwischen gehen, das Opfer ansprechen; Irritation bei den Tätern. Sie „verlieren ihr Angriffsziel aus den Augen". Das Opfer fühlt sich geborgen. Der weitere Fortgang ist ungewiß, aber die Gefährlichkeit der Situation ist herabgesetzt. Für die eingreifende Person gibt es keine Sicherheit, nicht doch von hinten geschlagen zu werden, aber die meisten Täter würden dieses erst einmal nicht tun. Bei zu wenig Distanz kann es als Eingreifen im Sinne von Dazwischenwerfen mißverstanden werden.
* Sich vor oder an die Seite des Opfers stellen. Reaktionen ähnlich wie Dazwischenwerfen.
* Ablenken durch irgend etwas Verrücktes oder Unerwartetes; ähnliche Reaktionen der Täter, wie wenn das Opfer dies tut. Meist deutlich deeskalierend, das Interesse der Täter kann sich der intervenierenden Person zuwenden;
* andere Zuschauer miteinbeziehen;
* Richtung Geschehen gehen und gleichzeitig zwei andere an den Schultern mit einbeziehen; auf die Täter kommt eine neue Front zu. Wenn der Tumult nicht zu unübersichtlich ist, werden die Täter schnell vom Opfer ablassen und das Feld räumen. Für die eingreifenden Personen ist das Risiko deutlich geringer, als wenn eine allein handelt. Nachteil: In der Folge ist durch die starke Konzentration auf die Angreifer meist das Opfer unbeachtet liegengelassen worden.
* Initiative ergreifen und Regieanweisungen geben, „Sie mit dem Regenschirm holen die Polizei, Sie mit dem grünen Pullover übernehmen den dort, Sie mit der gelben Jacke kommen mit mir...; das Entscheidende hierbei ist, die „Gaffer" aus ihrer passiven Haltung herauszulösen. Die Täter stehen binnen Augenblicken einem organisierten Widerstand gegenüber.
* Zuschauer, die sich an dem Geschehen erfreuen oder es gar anfeuern, deutlich durch Stimme und Wortwahl bremsen; den Tätern wird das moralische Recht genommen, hinter ihrem Rücken geschieht etwas, das nicht zu ihrem Vorteil ist. Sie werden ihre Augen nach hinten richten.
* Freunde, noch besser Freundinnen der Täter auffordern, auf ihre „Partei"

> mäßigend einzuwirken; sind diese bereit dazu, ist das die beste Methode, nicht nur um im Augenblick zu deeskalieren, sondern auch um Wiederholung zu vermeiden.

In der Regel arbeite ich an einer Situation, bis mindestens fünf positive, d.h. chancengebende Varianten dabei herauskommen. Es gibt natürlich noch wesentlich mehr, und die Realsituationen sind wieder anders. Nur wenn wir einmal die vorgegebenen Muster, wie unrealistisch das auch immer sein mag, durchbrochen haben, können wir in einer Krisensituation kreativ werden und beiden Seiten mehr Menschenwürde verschaffen. Der Täter verliert durch die Gewaltanwendung an eigener Würde. Er ist nicht in der Lage, sich angemessen zu verhalten. Das Idealziel bzw. die Vorstellung, die Opfer und Zuschauer leiten sollte, ist nicht, über den Täter zu triumphieren, sondern die Überwindung dieses für beide unwürdigen Zustandes.

Die gewaltfreie Kampagne

Das Schema der Strategie für die gewaltfreie Aktion (gewaltfreie Kampagne) wurde im politischen Umfeld entwickelt. Es sollte Mitgliedern von Bürgerbewegungen verstehen helfen, wie effektiv und auf welches Ziel hin gearbeitet werden kann. Damit können Rahmenbedingungen in gewaltbereiter Umgebung positiv verändert werden. Neben der positiven Vision als Fernziel brauchten die Bewegungen auch kurz- und mittelfristig erreichbare Ziele. Ein Unterschied zu vielen anderen politischen Programmen aber liegt darin, daß der Erfolg nicht im Sieg über den Gegner zu finden ist, sondern darin, gemeinsam mit ihm Lösungen für ein Problem zu finden. Das Schema ist mit Bedacht übertragbar auf kommunale, institutionelle oder internationale Konflikte. Das zugrundeliegende Menschenbild sieht im Gegner einen Menschen, der nicht vernichtet, sondern mit dem zusammen um Lösungen gerungen wird. Das gilt universal für alle zwischenmenschlichen Konflikte. Voraussetzung ist die Bereitschaft, auch seine eigene Position in Frage zu stellen.

Die Entstehung von Gewalt hat viele Hintergründe. Zwei möchte ich nennen und sie auf das Trainingskonzept beziehen. Einer ist die scheinbare Ohnmacht, die wir als einzelne oder kleine Gruppe in unserer Gesellschaft haben. Mit einer gewaltfreien Kampagne können wir positiv verändernd in gesellschaftliche Mißstände eingreifen. Schon das öffentliche Aktivwerden an einem Punkt schafft Voraussetzungen in uns, die zu persönlichen Veränderungen befähigen, z.B.

mehr Courage zeigen, mehr Selbstbewußtsein haben. Das beeinflußt das Umfeld. Den zweiten Grund für Gewalttaten habe ich das „schwarze Loch in unserem Hirn" genannt. Dies kann sich aus vielen Komponenten bilden: aus Perspektivlosigkeit, Frust, Sinnlosigkeit des eigenen Lebens, nicht entfalteten Fähigkeiten et cetera. Wird in dieses Dunkel durch Phantasie und Kreativität irgendwie Farbe gebracht, fällt das Potential an Gewaltbereitschaft und sinnloser Zerstörungswut in sich zusammen. Diese „Farbe" kann etwas Ungewöhnliches sein oder es kann schöpferische, künstlerische Tätigkeit im weitesten Sinne auslösen. In einer gewaltfreien Kampagne sollte es viele solche Elemente geben.

Strategie der gewaltfreien Aktion bzw. Aufbau einer gewaltfreien Kampagne

0. Information und Organisation

Sich mit dem Unrecht vertraut machen.

Genaue Analyse, keine vagen Gefühle, keine subjektiven Eindrücke, sondern Tatsachen offenkundig werden lassen.

Wissen, wogegen und wofür wir sind und wieso! Wer ist der Gegner?

Information und Organisation der eigenen Gruppe / des eigenen Umfeldes.

I. Dialog mit dem Gegner

Den Gegner ernst nehmen und gemeinsam mit ihm nach neuen Lösungsmöglichkeiten suchen.

Das Ziel ist nicht Unterdrückung des Gegners, sondern Versöhnung.

Den Gegner für die eigene Sache gewinnen.

Dies ist der Grundschritt der gewaltfreien Strategie. II. und III. sollten darauf abzielen, dies zu ermöglichen.

II. Legale Protestformen

Druck durch öffentliche Information und Demonstration erhöhen, um (wieder) in Dialog mit dem Gegner zu kommen.

Methoden u.a.: Unterschriftenlisten, Öffentlichkeitsarbeit, Schweigekreise, Demonstrationen, Infotische.

III. Dramatisierung des Unrechts, Eingriff in den Unrechtszustand

Verschärfter Einsatz gewaltfreier Methoden, um das Unrecht offenkundiger zu machen und den Gegner zum Dialog zu bewegen.

Methoden u.a.: Ziviler Ungehorsam, Streik, Boykott, Direkte Aktion.

Während der ganzen Kampagne an einem aufbauenden Programm arbeiten. Eigene Alternativen entwickeln und anbieten. Die Phantasie ist ein wichtiger Partner der Gewaltfreiheit. Den eigenen Standpunkt und Lebensstil in Frage stellen. Gegebenenfalls beginnen, eine neue Kultur / Lebensweise zu entwickeln. Bisweilen können auch Aktionen zur Organisierung und Mobilisierung der eigenen Bewegung notwendig sein, z.B. Fasten und Mahnaktionen.

Den „langen Atem" von vornherein einplanen. Nach Kraftquellen hierfür suchen.

Wir müssen uns immer wieder der eigenen Verdrängung, wie auch der Verdrängung unserer Gegner stellen, ohne fatalistisch zu werden.

Einige Erfahrungen mit dem Entwickeln längerfristiger gewaltfreier Kampagnen:

- zu 0.: Gerüchte und Meinungen müssen dringend von Tatsachen getrennt werden, um nicht überflüssige Feindbilder aufzubauen. Das Erkennen bzw. der Aufbau der eigenen Organisationsstruktur wird oft sträflich vernachlässigt. Die eigene Struktur steht bisweilen im Gegensatz zu den formulierten Zielen. In einer so komplexen Gesellschaft ist es enorm schwierig, den Gegner als Person oder Personenkreis ausfindig zu machen. Wird dies aber versäumt, verliert sich die Aktion im Dagegensein und bekommt keinen Ansprechpartner.
- zu I.: Dies ist der Kernpunkt der gewaltfreien Aktion. Es wird davon ausgegangen, daß auch der Gegner eine subjektive Wahrheit besitzt. Ebenso hat der gewaltfrei Agierende die Aufgabe, das Problem von mehr Seiten als seiner eigenen anzuschauen. Außerdem wird ihm über lange Strecken nichts anderes übrigbleiben, als den Part des Kreativeren zu spielen.
- zu II. und III.: Diese beiden Schritte dienen nur dazu, vom Gegner als auf einer Ebene stehend wahrgenommen zu werden. Dies kann durch Aufbau von moralischer, psychischer (Selbstwert) oder tatsächlicher Macht geschehen. Diese beiden Schritte sind kein Selbstzweck, um eine Forderung durchzusetzen.
- zum aufbauenden Programm: Hier kommt die Kraft der Kreativität zum Tragen. Das echte Bemühen hierum ist eine Voraussetzung für den Erfolg des Dialoges mit dem Gegner. Zudem ist es eine Kraftquelle für langdauernde Kampagnen.

Ausbildungskonzeption

Trainings in gewaltfreier Aktion, manchmal auch Teilaspekte oder Methoden, werden in immer mehr Bereichen angefragt. Die Palette reicht von pädagogischen Einrichtungen über Institutionen, Wirtschaftsbetriebe bis zu internationalen Einsätzen. Geschichtlich bedingt gibt es bisher keinen Ausbildungsgang zum Trainer in Gewaltfreiheit. Die Schulung erfolgte über einzelne Trainertrainings, Trainingskollektive und durch Hospitation. Derzeit, 1995, sind mehrere professionelle Trainer dabei, eine kontinuierliche Ausbildungsmöglichkeit zu schaffen. Eine Grundausbildung soll sich auf die Themen der Gewaltfreiheit und auf die Vermittlung von methodischen Ansätzen beziehen. Aufbaukurse werden spezifischer auf Zielgruppen ausgerichtet werden.

Ein längerfristiges Projekt zur Ausbildung von Multiplikatoren zum Thema Gewalt an der Schule betreue ich derzeit. Auf Anfrage kann ich im Bereich Jugendarbeit ebenso Multiplikatorentrainings halten.

Literatur

Friedens- und Begegnungsstätte Mutlangen (Hrsg.): Mutlanger Erfahrungen. Eine Dokumentation der Friedensbewegung in Mutlangen

Koppold, Martin: Konsens oder Entscheidungsfindung in Übereinstimmung, Mutlanger Text Nr. 11

Koppold, Martin: Methodensammlung zum Training „Schutz von Flüchtlingswohnheimen", Mutlanger Text Nr. 12

Bestelladresse und Büroanschrift des Verfassers: Friedens- und Begegnungsstätte Mutlangen e.V., Forststr. 3, 73557 Mutlangen

Blum, Heide/Knittel, Gudrun: Training zum gewaltfreien Eingreifen gegen Rassismus und rechtsextreme Gewalt, Bestelladresse: Graswurzelwerkstadt, Scharnhorststr. 6, 50733 Köln

Werkstatt für gewaltfreie Aktion Baden (Hrsg.): Konsens – Anleitung zur herrschaftsfreien Entscheidungsfindung, Bestelladresse: Pazifix-Materialversand, Alberichstr. 9, 76185 Karlsruhe

Painke, Uwe/Beck, Detlef/Müller, Barbara: Man kann ja doch was tun! Gewaltfreie Nachbarschaftshilfe. Kreatives Eingreifen in Gewaltsituationen und gemeinschaftliche Prävention fremdenfeindlicher Übergriffe, Bestelladresse: Bund für soziale Verteidigung, Pstf. 2110, 32378 Minden

Gundula Sperling

Das Projekt „friendship" –
Interkulturelle Bildung auf Rädern

Einleitung

Seit September 1992 ist der Informations- und Aktionsbus „friendship" auf „großer Fahrt" durch niedersächsische Städte und Gemeinden.

„friendship"   ist ein mobiles Forum für Verständigung und Weltoffenheit und wirbt für das gleichberechtigte Zusammenleben aller Menschen.

„friendship"   unterstützt Initiativen, Vereine, Schulen, Kommunen ... bei der Planung und Durchführung von Stadt/teil/festen, Bildungsveranstaltungen, öffentlichkeitswirksamen Aktionen, Projekttagen oder -wochen ... gegen Fremdenfeindlichkeit, Rassismus und Gewalt.

„friendship"   ist der geeignete Ort für Information und Aktion, für Begegnung, Kommunikation und Diskussion.

„friendship"   wurde konzipiert und wird koordiniert durch den Landesverband der Volkshochschulen Niedersachsens e.V.

„friendship"   wird finanziert durch die Ausländerbeauftragte des Landes Niedersachsen.

Und was ist „friendship" nun konkret?

Die Projektidee entstand in einer Zeit, in der Städte wie Hoyerswerda, Rostock, Mölln und Solingen (als vier Beispiele unter Hunderten) eine traurige Berühmtheit erfuhren – und dies auch außerhalb der neuen bundesdeutschen Grenzen. Rassistisch motivierte Gewalt machte beinahe täglich Schlagzeilen in den Medien – die Reaktionen der Bevölkerung reichten von Applaus bis zu öffentlich bekundeter Betroffenheit. Letztere äußerte sich nicht nur in spontan organisierten Lichterketten, sondern auch in der Gründung zahlreicher Initiativen, Vereine, sogenannter Runder Tische u.ä. gegen Rechtsextremismus und Rassismus.

In Niedersachsen schlossen sich im Herbst 1991 Gewerkschaften und Arbeitgeberverbände, MigrantInnenvereine, katholische und evangelische Kirche, die jüdischen Gemeinden, Wohlfahrtsverbände, Eltern- und SchülerInnenvertretung, der Landesjugendring, Landesflüchtlingsrat und der niedersächsische Sportbund in einem interessenübergreifenden „Bündnis gegen Ausländerhaß und Fremdenfeindlichkeit" zusammen, um ein „deutliches Signal gegen Gewalt und Mißachtung von Fremden zu setzen. (...) Zu den Gründungsmitgliedern sind inzwischen mehr als 20 weitere landesweite Organisationen gekommen, neben einigen Erwachsenenbildungseinrichtungen auch umwelt-, entwicklungspolitisch und soziokulturell orientierte Verbände sowie die im Landtag vertretenen Parteien. Die neuesten Partner sind der Landestrachtenverband, die Jugendfeuerwehr und der ADAC.

Die Bündnispartner haben sich zum Ziel gesetzt, Haß und Gewalt entgegenzuwirken und für ein partnerschaftliches und friedliches Zusammenleben von deutschen und ausländischen Niedersachsen zu werben. Dabei spielt Aufklärungs- und Informationsarbeit zum Thema Migration und Wanderung, zu den unterschiedlichen kulturellen Hintergründen und zu Fragen der sozialen und rechtlichen Integration eine wichtige Rolle. Es sollen Ängste und Vorurteile abgebaut und Wege für ein tolerantes Miteinander aufgezeigt werden. Die Arbeit des Bündnisses ist langfristig angelegt. Dabei geht es nicht um spektakuläre Aktionen nach außen, sondern um Prozesse zur Sensibilisierung und Veränderungen innerhalb der Verbände." (Auszug aus den Informationen über das Bündnis gegen Ausländerhaß und Fremdenfeindlichkeit, herausgegeben vom Niedersächsischen Ministerium für Bundes- und Europaangelegenheiten)

Eine geeignete Möglichkeit, um diese Vorhaben in die Tat umzusetzen, war und ist die mobile und aufsuchende Arbeit des Informations- und Aktionsbusses „friendship".

Auf Initiative des Landesverbandes der Volkshochschulen in Zusammenarbeit mit dem Büro der Ausländerbeauftragten des Landes und mit der Unterstützung des Bündnisses wurde die Arbeit dieses Busses Anfang/Mitte 1992 konzipiert und am 4./5. September 1992 beim „Bündniskongreß gegen Ausländerhaß und Fremdenfeindlichkeit" in Hannover erstmalig der Öffentlichkeit vorgestellt.

Seither haben Vereine, Verbände, Schulen, Volkshochschulen, Kirchengemeinden und andere Einrichtungen die Möglichkeit, den „friendship"-Bus für die verschiedensten Aktivitäten anzufordern. Die besondere Betonung liegt an dieser Stelle auf dem Begriff „anfordern", denn – im Unterschied zu anderen Bildungs- bzw. Aufklärungsprojekten – hält „friendship" seine Angebote zwar bereit, wird aber in der Regel erst auf Nachfrage aktiv.

Informations- und Aktionsbedarf wird also in den jeweiligen niedersächsischen Städten und Gemeinden festgestellt, ein Kooperationsbedürfnis zunächst am Ort diskutiert und erst in einem zweiten Schritt an das Projekt herangetragen.

Durch diese Bedarfsorientierung können unterschiedliche (Problem-)Konstellationen am Ort und die damit verbundenen Motivationen, Bedürfnisse und Organisationsstrukturen der Anforderer bei der Planung und Gestaltung der jeweiligen „friendship"-Aktionstage berücksichtigt werden.

Bei Vorbereitungs- bzw. Koordinierungstreffen, die zwei bis drei Monate vor den „friendship"-Terminen stattfinden, stellen ProjektmitarbeiterInnen die Möglichkeiten des Informations- und Aktionsbusses vor und geben Impulse und Anregungen für eine mögliche Programmgestaltung am Ort. Diese Anregungen reichen – je nach Bedarf – von der ReferentInnen-Vermittlung über die Weitergabe von Adressen-, Literatur- und Materiallisten bzw. Veranstaltungsideen und -erfahrungen, die Vermittlung von Kontakten zu anderen niedersächsischen Orten/Organisationen/Vereinen bis hin zu einer eigenen Gestaltung einzelner Programmpunkte.

Besonderen Wert legt das Projekt „friendship" auf eine breite Beteiligung der verschiedensten gesellschaftlichen und politischen Gruppierungen. Bus-Anforderer werden in der Regel vor den Koordinierungstreffen angeregt, ein möglichst breites Spektrum an Initiativen, Schulen, Vereinen, VerwaltungsmitarbeiterInnen, „Basisorganisationen" der Bündnismitglieder einzuladen, um so möglichst vielen Organisationen/Einzelpersonen die Möglichkeit zu geben, sich an einem – auch langfristigen – Aktionsprogramm gegen Rechtsextremismus, Rassismus und Gewalt zu beteiligen. Diese Vorgehensweise hat darüber hinaus den Effekt, die verschiedensten Aktivitäten am Ort zu sammeln und ggf. zu bündeln.

Beraten, vermitteln, vernetzen gehört damit ebenso zum Arbeitsalltag der ProjektmitarbeiterInnen wie die konkrete Planung und Durchführung der einzelnen Bus-Termine.

Und was macht „friendship" nun konkret?

Wenn das bisher Gesagte den Eindruck erweckt hat, als würde eine Beschreibung der verschiedenen „friendship"-Aktivitäten den Rahmen dieses Artikels sprengen, so sei an dieser Stelle angemerkt, daß sich in den knapp zweieinhalb Jahren Projektarbeit durchaus ein gewisses Standardprogramm herauskristallisiert hat, dessen Ablauf sich an vielen Orten wiederholt.

Beispielsweise sind die meisten Anforderer in der Regel darum bemüht, möglichst viele Schulen (ab Orientierungsstufe) in das „friendship"-Programm einzubinden.

Praktisch heißt das, daß der Bus vormittags häufig auf Schulhöfen allgemein- bzw. berufsbildender Schulen zu finden ist und seine Angebote sowohl Lehrkräften als auch Schülerinnen und Schülern zur Verfügung stellt. Wichtig für das „Gelingen" dieses Programmpunktes ist die Einbindung der Bus-Aktionen in den Ablauf eines Projekttages bzw. einer Projektwoche zum Thema sowie eine Vor- und Nachbereitung der Aktionen durch die beteiligten Lehrkräfte.

Gehen wir davon aus, daß an einem Vormittag fünf bis sechs Klassen (also 100–150 SchülerInnen) den Bus besuchen möchten, wird sehr schnell deutlich, daß das Projekt nur Impulse für weitere Aktionen und Diskussionen geben kann, deren Anleitung bzw. Betreuung von der jeweiligen Lehrkraft übernommen werden muß. Auch hier bieten die ProjektmitarbeiterInnen allerdings in Vorbereitungsgesprächen ihre Mithilfe an.

Den Schülerinnen und Schülern stehen während ihres Bus-Besuches folgende Angebote zur Verfügung:

– das „Sinneswandel-Quiz", bei dem die TeilnehmerInnen Fremdes und Bekanntes mit ihren fünf Sinnen neu bzw. wiederentdecken können. Hier werden Gewürze „erschnüffelt", Nüsse und Samen geschmeckt, Musik gehört, verschiedene Materialien ertastet u.v.m. Diese sinnlichen Erfahrungen ermöglichen einen Einstieg in die Diskussion über Themen wie Kolonialismus, Dynamik der Kulturen oder Deutschland: ein Einwanderungsland!? Der spielerisch-sinnliche Zugang zum Thema weckt Neugierde und Interesse und eröffnet Möglichkeiten der kulturellen Selbstreflexion, die beispielsweise auch in dem folgenden Angebot gefragt ist.

– die „Stille Diskussion", die als „stille" Papp-Litfaßsäule zur (anonymen) Meinungsäußerung auffordert. Wechselnde Fragestellungen werden hier von den ProjektmitarbeiterInnen vorgegeben. SchülerInnen und Lehrkräfte haben die Möglichkeit, ihre Meinung auf Karteikarten kundzutun bzw. Meinungsäußerungen zu kommentieren. Im Jahr 1994 lautete die Frage: „Was bedeutet für Dich/für Sie 'Deutsch-Sein'?"

Während sich die beiden eben beschriebenen Angebote sowie ein Infotisch mit aktuellen Materialien in der Regel vor dem Bus befinden, gibt es auch in dem umgebauten Linienbus Interessantes zu entdecken und eine Menge zu stöbern, z.B.

- von der „Stiftung Lesen" zusammengestellte Bücherkoffer mit Kinder- und Jugendliteratur zu Themen wie Migration, Leben in anderen Kulturen, interkulturelles Lernen,
- Fachliteratur für MultiplikatorInnen,
- eine Videothek mit themenbezogenen Videos sowie eine Videoanlage, die von der Sitzecke (für zehn bis zwölf Personen) im Busheck aus einsehbar ist,
- diese Sitzecke kann darüber hinaus für Spiele, Diskussionen, Lesungen, Malaktionen u.v.m. genutzt werden,
- auch im Bus besteht die Möglichkeit, an einem Quiz teilzunehmen.

Der sog. Info-Tunnel mit verbal-kognitivem Schwerpunkt will Denkanstöße geben, Vorurteile entlarven, Informationen vermitteln und richtet sich eher an ältere SchülerInnen bzw. Erwachsene. Auf Fragen wie „Was bedeutet das heute als Schimpfwort benutzte Wort ‚Kanake' wirklich?" oder „Welche Beschäftigungszweige würden in Deutschland wohl am schnellsten zusammenbrechen, wenn alle ausländischen ArbeitnehmerInnen gehen würden?" stehen jeweils drei Antwortmöglichkeiten zur Verfügung. Ob die richtige Antwort angekreuzt wurde, kann mit Hilfe eines Lösungsbogens verglichen werden, damit eventuell entdeckte Informationsdefizite an Ort und Stelle behoben werden können.

Sowohl die genannten Spiele und Aktionen wie auch die Titel der Fachbibliothek wurden von den ProjektmitarbeiterInnen dokumentiert und veröffentlicht. Die Broschüren „Spiele und Aktionen zur Förderung interkultureller Praxis" sowie „Literaturempfehlungen für die interkulturelle Praxis" können kostenlos beim Landesverband der Volkshochschulen Niedersachsens e.V. angefordert werden.

Ausgangspunkt für die bisherigen Aktionsbeschreibungen war der Versuch, ein fiktives „friendship"-Programm an einem beliebigen Ort in Niedersachsen vorzustellen.

Im Gegensatz zu dem - beinahe obligatorischen - Vormittagsprogramm an Schulen haben „friendship"-Anforderer für das Nachmittagsprogramm häufig sehr spezifische Wünsche und Vorstellungen.

Die Bus-Stellplätze waren in der Vergangenheit ebenso vielfältig wie ihre - eingangs dargestellte - regionale Verteilung. „friendship" stand auf Marktplätzen und in Fußgängerzonen, vor Volkshochschulen, Jugendzentren, Kirchen, Flüchtlingswohnheimen, in Einkaufszentren, auf Messen, vor Stadtteilläden, in einer Justizvollzugsanstalt und an einer Landespolizeischule.

Die - in Ansätzen beschriebenen - „friendship"-Angebote wurden am Nachmittag bzw. Abend zumeist durch Angebote der beteiligten Vereine, Initiativen, Volkshochschulen, sowie des jeweiligen Bus-Anforderers ergänzt.

In der Praxis waren dies zum Beispiel:
- multikulturelle Feste
- BürgerInnen-Fragestunden (mit kommunalen PolitikerInnen, der niedersächsischen AusländerInnenbeauftragten etc.)
- Seminare oder Workshops
- Podiumsdiskussionen
- Ausstellungen
- Filmveranstaltungen
- Stadt/teil- oder Vereinsfeste
- Tage der offenen Tür (z.b. im Flüchtlingswohnheim).

Alle genannten Veranstaltungsangebote haben einen regionalen bzw. lebensweltlichen Bezug - eine wichtige Tatsache, die verhindert, daß Aktionen, Informationen und Diskussionen über Themen wie Rassismus, Gewalt oder Rechtsextremismus „von oben" verordnet erscheinen.

Damit die „friendship"-Aktionen keine ein- bis dreitägigen Pseudo-veranstaltungen werden, sollten sie regionale Aktionen, Veranstaltungen, Diskussionen in Politik und Gemeinwesen ergänzen, aber nicht ersetzen - ein hehrer Anspruch, dessen Umsetzung nicht immer gelingt. Nichtsdestotrotz ist festzuhalten, daß sich das Konzept eines mobilen Forums in der Praxis bewährt und auch über die Landesgrenzen hinaus NachahmerInnen gefunden hat.

Das Projekt bzw. dessen „Vehikel" - der Bus - bietet durch seine Ausstattung, Mobilität und Flexibilität größere Handlungs- bzw. Nutzungsmöglichkeiten als traditionell ortsgebundene Bildungsangebote. Da „friendship" Erscheinungen wie Rassismus oder Gewalt nicht als Jugendprobleme fokussiert, ist seine Arbeit offen für die verschiedensten Alters- und Bevölkerungsgruppen bzw. unterschiedlichste Lebenswelten. „friendship" setzt auf Kreativität, Engagement und gemeinsames Handeln, denn: Fremdenfeindlichkeit und Rassismus, Haß und Gewalt gehen uns alle an!

Verzeichnis der Autorinnen und Autoren

Sahabettin Atli, geb. 1953; Studium an der Pädagogischen Hochschule Kiel; hauptamtlicher pädagogischer Mitarbeiter der „Brücke Kiel e.V."; ehrenamtliches Vorstandsmitglied des türkischen Arbeitnehmervereins in Kiel; Mitglied beim Rat für Kriminalitätsverhütung Schleswig-Holstein und beratendes Mitglied des Kinder- und Jugendhilfeausschusses des Kreises Plön.
Veröffentlichungen: Beiträge in der Zeitschrift „Beiträge zur interkulturellen Pädagogik in Theorie und Praxis" sowie in der zweisprachigen Zeitschrift „Yasam" in Kiel.

Ingrid Braun-Badie-Massud, geb. 1946; Tanzausbildung an der Royal Academy London; Schauspielausbildung an der Staatlichen Hochschule für Musik und Darstellende Kunst; Engagements als Tänzerin u.a. an den Städtischen Bühnen Wuppertal, Staatstheater Saarbrücken, als Schauspielerin u.a. am Nationaltheater Mannheim, Städtische Bühnen Nürnberg und Freiburg; Gründung eines Kinder- und Jugendtheaters und eines freien Theaters in Saarbrücken; Regie bei verschiedenen Theaterprojekten.

Klaus Farin, geb. 1958; freier Journalist und Autor in Berlin; Arbeitsbereiche: jugendliche (Sub-)kulturen, Rockmusik & Politik, Medien (rezeption); derzeit Koordinator eines Forschungsprojektes zum Thema Skinheads, dessen Ergebnisse im Frühjahr 1996 veröffentlicht werden.
Veröffentlichungen u.a.: Krieg in den Städten. Jugendgangs in Deutschland, Berlin 1991; Ohne Gewalt läuft nichts!, Köln 1993; Skinheads, München 1993.

Jochen Gerstner, geb. 1968; Studium der Sozialpädagogik; Diplomarbeit über Rahmenbedingungen, Konzeption und Realisation des Theaterprojektes „Sehnsucht"; seit 1994 Stadtjugendpfleger in Waldkirch.

Michael Heinisch, geb. 1964; Sozialdiakon bei der Sozial-Diakonischen Jugendarbeit in Berlin-Lichtenberg; gründete und gestaltet seit 1988 Wohn-, Arbeits- und Freizeitprojekte mit „schwierigen und gefährdeten" Jugendlichen im Ostberliner Stadtteil; 1992 bis 1994 Lehrauftrag an der Alice-Salomon-Fachhochschule für Sozialarbeit/ Sozialpädagogik in Berlin.

Andreas von Hören, geb. 1961; Medienpädagoge, Filmemacher (Dokumentarfilm), Referent, Publizist; Leiter des „Medienprojektes des Jugendamtes Wuppertal", einer Modelleinrichtung der aktiven Jugendvideoarbeit; Lehrauftrag an der FH Köln im Fachbereich Sozialwesen. Veröffentlichungen in pädagogischen bzw. medienpädagogischen Büchern und Zeitschriften.

Harald Klingebiel, geb. 1951; Volkswirt und Sozialwissenschaftler; in den Jahren 1987/88 hauptamtlicher Mitarbeiter in der Vereinsgeschichtsforschung bei Werder Bremen; Lehrauftrag an der Universität Bremen zur Bremer Sportgeschichte; seither neben- und hauptamtliche Weiterarbeit in der Werder-Vereinsgeschichte und hauptamtlicher Mitarbeiter im Fan-Projekt Bremen e.V. in den Jahren 1984/85 und seit 1989.
Verschiedene Veröffentlichungen in Büchern und Fachpublikationen.

Martin Koppold, geb. 1959; seit 1981 Trainer in gewaltfreier Aktion; Fortbildungen in Techniken des konstruktiven Streitens und in Mediation; teilzeitbeschäftigt als Friedensarbeiter beim Verein „Friedens- und Begegnungsstätte Mutlangen" seit 1989.

Franz Josef Krafeld, Prof. Dr., geb. 1947; Hochschullehrer an der Hochschule Bremen, Fachbereich Sozialwesen; vorher tätig in der Jugendarbeit und Jugendbildung.
Veröffentlichungen u.a.: Cliquenorientierte Jugendarbeit, Weinheim 1992; Akzeptierende Jugendarbeit mit rechten Jugendcliquen, Bremen 1992; Jugendarbeit in rechten Szenen, Bremen 1993 (zusammen mit Kurt Möller und Andrea Müller).

Jonas Lanig, geb. 1950; Leiter des Nürnberger Projektbüros Schule; 1979–1991 Lehrer am Gymnasium; dabei u.a. im Projekt „Offene Schule" und in der Schulsozialarbeit engagiert.
Veröffentlichungen zur Projektarbeit, zum Interkulturellen Lernen und zur Schulsozialarbeit.

Elke Lutzebäck, geb. 1964; Diplom-Sozialpädagogin; Mitarbeiterin im „Verein zur Förderung akzeptierender Jugendarbeit". Veröffentlichungen und Praxisberichte zum Themenbereich akzeptierende Jugendarbeit.

Margarete Mehring-Fuchs, geb. 1952; Ausbildung zur Sozialarbeiterin 1977–82; Ausbildung in systemischer Familienarbeit 1988–90; Fernstudium Kulturwissenschaft Universität Hagen; Jugendreferat Städtische Bühnen Freiburg 1989–90; seit 1990 Sozial- und Jugendamt Freiburg, Sonderdienst Flüchtlinge – Soziokulturelle Arbeit „Miteinander Leben in unserer Stadt".

Andrea Müller, geb. 1954; Pädagogischer Mitarbeiter in der Jugendbildungsstätte Bremen Lidice-Haus; Arbeitsbereiche: Jugendsituation; jugendliche Subkulturen, insbesondere Seminararbeit mit subkulturellen Cliquen; Fortbildungs- und PraktikerInnenveranstaltungen zur Jugendarbeit in rechten Szenen, Mobiler Jugendarbeit, Jugend und Gewalt. Veröffentlichungen: Jugendarbeit in rechten Szenen, Bremen 1993 (zusammen mit Franz Josef Krafeld und Kurt Möller); Beiträge zu den Themenbereichen Jugend, Gewalt und Rechtsextremismus in Fachzeitschriften und Publikationen.

Ralf-Erik Posselt, geb. 1948; Sprecher von SOS-Rassismus NRW; Mitinitiator der Aktion COURAGE und Mitbegründer des ARIC-NRW; Mitarbeiter der Evangelischen Kirche von Westfalen. Veröffentlichungen: Projekthandbuch Rechtsextremismus, Mülheim 1993; Projekthandbuch Gewalt und Rassismus, Mülheim 1993.

Rolf Richter, geb. 1945; Berlin-Brandenburger Bildungswerk e.V., Arbeitsstelle für historische Bildung und Forschung.

Sigrun Scheve, geb. 1967; Diplom-Politologin; 1992 Mitarbeiterin beim Anti-Rassismus-Informations-Centrum ARIC in Rotterdam/ NL; Gründungsmitglied und seit 1994 hauptamtliche Mitarbeiterin bei ARIC-NRW in Duisburg; Arbeitsbereiche: Antidiskriminierungspolitik, alltäglicher Rassismus, Frauen und Rassismus, antirassistische Bildung.

Gundula Sperling, geb. 1961; Diplom-Pädagogin; Studium der Interkulturellen Pädagogik und Beratung an der Universität Hildesheim;

z.Z. Leitung des Projektes „friendship" (Informations- und Aufklärungskampagne gegen Fremdenfeindlichkeit und Rassismus.

Hagen Thiel, geb. 1966; pädagogischer Ausschuß des Brüderhauses in Berlin-Weißensee; 1989–1993 Komitee zur Auflösung des Ministeriums für Staatssicherheit der DDR (mehrere Publikationen); seit 1993 bei der sozial-diakonischen Jugendarbeit tätig.

Bernd Wagner, geb. 1955; Dipolomkriminalist; wissenschaftlicher Mitarbeiter im Mobilen Beratungsteam Brandenburg; Vorsitzender des Berlin-Brandenburger Bildungswerkes e.V.; bis 1991 Staatsschützer im Gemeinsamen Landeskriminalamt; 1992-94 Institut für Sozialarbeit und Sozialpädagogik, Frankfurt/M.
Veröffentlichungen: Beiträge in Handbüchern und Jahrbüchern „Demokratie und Extremismus" zu den Themenbereichen Rechtsextremismus, Neonazismus, Jugend und Gewalt.

Anschriften der Autorinnen und Autoren

Sahabettin Atli
Heisterbusch 5
24235 Stein

Ingrid Braun-Badie-Massud
Theaterprojekt „Sehnsucht"
Badenweiler Straße 6
79115 Freiburg

Klaus Farin
Journalistenbüro presstige
Fidicinstraße 3
10965 Berlin

Jochen Gerstner
Theaterprojekt „Sehnsucht"
Badenweiler Straße 6
79115 Freiburg

Michael Heinisch
Albertinenstraße 27
13086 Berlin

Andreas von Hören
Jugendamt Wuppertal
Neumarkt 10
42103 Wuppertal

Harald Klingebiel
Fan-Projekt Bremen e.V.
Auf dem Peterswerder 44
28205 Bremen

Martin Koppold
Friedens- und Begegnungsstätte Mutlangen e.V.
Forststraße 3
73557 Mutlangen

Prof. Dr. Franz Josef Krafeld
Kleiberstraße 2
28816 Stuhr

Jonas Lanig
Projektbüro Schule/
Nürnberger Schülerbüro
Fürther Straße 80a
90317 Nürnberg

Elke Lutzebäck
c/o Prof. Dr. Franz Josef Krafeld
Kleiberstr. 2
28816 Stuhr

Margarete Mehring-Fuchs
Theaterprojekt „Sehnsucht"
Badenweiler Straße 6
79115 Freiburg

Prof. Dr. Kurt Möller
Fachhochschule für Sozialwesen
Flandernstraße 101
73732 Esslingen

Andrea Müller
Jugendbildungsstätte Bremen
Lidice-Haus
Auf dem Hohen Ufer 118–124
28759 Bremen

Ralf-Erik Posselt
AG-SOS-Rassismus
Haus Villigst
58239 Schwerte

Rolf Richter
Berlin-Brandenburger Bildungswerk e.V.
PF 1
10371 Berlin

Sigrun Scheve
ARIC-NRW
Niederstraße 5
47051 Duisburg

Siegfried Schiele
Direktor der Landeszentrale für politische Bildung
Stafflenbergstraße 38
70184 Stuttgart

Gundula Sperling
Landesverband der Volkshochschulen Niedersachsens e.V.
Postfach 3720
30037 Hannover

Hagen Thiel
Albertinenstr. 27
13086 Berlin

Bernd Wagner
Berlin-Brandenburger Bildungswerk e.V.
PF 1
10371 Berlin

Lieferbare Titel der Didaktischen Reihe der Landeszentrale für politische Bildung

Siegfried Schiele
Herbert Schneider (Hrsg.)
Rationalität und Emotionalität in der politischen Bildung
VII + 188 Seiten, kartoniert
ISBN 3-87920-377-6

Karl Pellens (Hrsg.)
Historische Gedenkjahre
im politischen Bewußtsein
VII + 242 Seiten, kartoniert
ISBN 3-87920-375-X

Gerold Niemetz (Hrsg.)
Vernachlässigte Fragen der
Geschichtsdidaktik
VII + 211 Seiten, kartoniert
ISBN 3-87920-376-8

Gerhard Schmid (Hrsg.)
Wehr- und Zivildienst in
europäischen Ländern
VII + 240 Seiten, kartoniert
ISBN 3-87920-378-4

Wolfgang Mickel
Dietrich Zitzlaff (Hrsg.)
Methodenvielfalt im
politischen Unterricht
VIII + 312 Seiten, kartoniert
ISBN 3-87920-379-2

Lothar Schaechterle (Hrsg.)
Deutschland und Europa
VII + 211 Seiten, kartoniert
ISBN 3-87920-374-1

Klaus J. Bade
Dieter Brötel (Hrsg.)
Europa und die dritte Welt
VIII + 180 Seiten, kartoniert
ISBN 3-87920-373-3

Günther C. Behrmann
Siegfried Schiele (Hrsg.)
Verfassungspatriotismus als
Ziel politischer Bildung?
VIII + 248 Seiten, kartoniert
ISBN 3-87920-380-6

Gerd Hepp, Siegfried Schiele,
Uwe Uffelmann (Hrsg.)
Die schwierigen Bürger
VIII + 267 Seiten, kartoniert
ISBN 3-87920-381-4

Gottfried Böttger
Siegfried Frech (Hrsg.)
Der Nord-Süd-Konflikt in
der politischen Bildung
XII + 296 Seiten, kartoniert
ISBN 3-87920-382-2

Kurt Möller
Siegfried Schiele (Hrsg.)
Gewalt und Rechtsextremismus
VIII + 270 Seiten, kartoniert
ISBN 3-87920-383-0

WOCHEN SCHAU VERLAG

Adolf-Damaschke-Str. 103 • 65824 Schwalbach/Ts.
Tel: 06196/84010 • Fax: 06196/86060

DAS NEUE HANDBUCH
POLITISCHE JUGENDBILDUNG

Die ganze Bandbreite des Wissens zur politischen Jugendbildung

Zum Inhalt:

Lebensphase Jugend • Geschichte der politischen Bildung • Strukturen • Institutionen • Förderung politische Bildung in Ausbildung und als Beruf • Politische Bildung und Demokratie • Demokratiegefährdung • Politische Bildung in den neuen Bundesländern • Politische Bildung und Geschlechterfrage • Politische Bildung und Arbeit • Politische Bildung und Ökologie • Politische Bildung und multikulturelle Gesellschaft • Politische Bildung in der Region • Jugendbildungsarbeit als Subjekt der Regionalentwicklung • Politische Bildung und Medien • Politisch-kulturelle Jugendbildung • Politische Bildung und Theaterarbeit • Perspektiven politischer Bildung.

Politik
und Bildung

Handbuch
politische
Jugendbildung

Benno Hafeneger (Hrsg.)

WOCHENSCHAU VERLAG

Benno Hafeneger (Hrsg.)
Handbuch politische Jugendbildung

*ISBN 3-87920-610-4
ca. 320 Seiten
Schwalbach 1996
i. V. Hardcover
DM 56,–*
Subscriptionspreis
bis 31.6.1996 DM 42,-

Unter Mitarbeit von:

Richard Münchmeier
Hans Schwab
Thomas Rauschenbach
Konrad Schacht
Helmut Heitmann
Mechthild Jansen
Christiana Klose
Wolfgang Schroeder
Gerd Brenner
Albert Scherr
Achim Schröder
Peter Krahulec
Josef Röll
Jürgen Fiege
Willy Prami
Michael Kelbling
Diethelm Damm

Das Wochenschau–Handbuchkonzept
Für jeden, der sich mit politischer Bildung beschäftigt:
• Fachübergreifendes Nachschlagen
• lexikalische zu benutzende Lesestichwörter
• Grundlageninformation im längeren Textzusammenhang
• viele zusätzliche Arbeitshilfen z. B.:
• Personenregister
• Stichwortregister
• Such- und Studierhilfen am Rand
Endlich die komplette Fachinformation für den Laien und den Profi – am besten immer griffbereit.

Adolf-Damaschke-Str. 103
65824 Schwalbach/Ts.

Telefon: 06196 / 84010
Fax: 06196 / 86060

WOCHEN
SCHAU
VERLAG

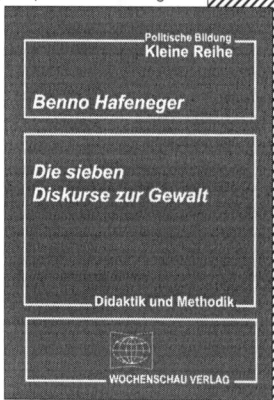